Einführung in die politische Analyse

Klaus-Peter Saalbach

Einführung in die politische Analyse

Mit Stichwortverzeichnis und vielen praktischen Beispielen

Verlag Dirk Koentopp

Saalbach, Klaus-Peter:
Einführung in die politische Analyse
Mit Stichwortverzeichnis und vielen praktischen Beispielen
Osnabrück: Verlag Dirk Koentopp, 2009
ISBN 978-3-938342-15-2

Titelfoto: aboutpixel.de

ISBN 978-3-938342-15-2

Herstellung: Books on Demand GmbH

Printed in Germany

Inhaltsverzeichnis

Tabellenverzeichnis

1. Vorwort

Politische Fragen betreffen jeden von uns, und oft stellen wir uns die Frage, wie eine bestimmte politische Entscheidung zustande kommt und warum Politik so ist, wie sie ist.

Genau mit diesen Fragen beschäftigt sich dieses Buch, das sich sowohl an den interessierten Laien als auch an Einsteiger in die Politikwissenschaft wendet und aus einer Vorlesungsreihe an der Universität Osnabrück entstanden ist.

Das Ziel ist eine knappe und verständliche Einführung in die Materie, bei der sowohl die wichtigsten Theorien und Begriffe als auch praktische Beispiele präsentiert werden.

Jeder kennt das Vorurteil, dass in den Politik- und Sozialwissenschaften viel geredet, aber wenig Verwertbares produziert würde. Diese Fächer stellen aber wichtige und grundlegende Fragen, z.B. wer wir sind, was wir wollen und was die dahinterstehenden Motive und Ziele sind und die Frage nach dem Sinn und Handeln von Individuen und Gesellschaften. Die Analyse von Politik ist von besonderer praktischer Relevanz, weil die richtige Einschätzung der Lage Grundlage jedes erfolgreichen Planens und Handelns sind.

Das Buch gliedert sich in einen theoretischen und einen praktischen Teil. Der erste Teil führt die wichtigsten Überlegungen, Begriffe, Debatten und Theorien ein, bevor es dann an die praktische Anwendung geht.

Die Vorführung von Analysen hilft dem Einsteiger in der Regel wenig, weil das Hintergrundwissen über die politischen Inhalte am Anfang oft noch nicht reicht, um irgendetwas davon anwenden zu können. Deshalb werden auch verschiedene Politikbereiche inhaltlich vorgestellt.

Naturgemäß kann eine Einführung nur die wichtigsten Aspekte zeigen und soll deshalb nicht die Lektüre der Fachbücher ersetzen, sondern Appetit auf mehr machen.

In der Realität hat jeder von uns unterschiedliche Interessen, weshalb ein ganz ausführliches Stichwortverzeichnis am Ende des Buches und inhaltlich abgeschlossene Kapitel das schnelle Lesen und auch das beliebige Springen im Buch erleichtern sollen.

Selbstverständlich wird in diesem Buch das Fach nicht neu erfunden, aber um eine unnötige Aufblähung zu vermeiden, wird nicht jede Theorie mit einem Zitat oder einer Einzelquelle versehen, sondern am Ende des Buches eine umfangreiche

Literaturübersicht gegeben. An geeigneten Stellen werden auch die aktuellen Diskussionen zu einem Thema dargestellt, damit die Leser ihre eigene politische Position entwickeln, diese überdenken oder auch festigen und besser begründen können. Deshalb kommen auch aktuelle Themen wie die Energie- und Klimapolitik, das Internet und die Finanzkrise zur Sprache.

Wenn dieses Buch dazu beitragen kann, das Interesse an dieser zugleich schönen wie nützlichen Materie zu fördern, dann hat es seinen Zweck erfüllt.

2. Wie analysiert man Politik?

2.1 Was ist Politik eigentlich?

Der Begriff leitet sich vom Griechischen **polis** (Stadt) ab und meint letztlich die öffentlichen Angelegenheiten, d.h. diejenigen Dinge, die alle etwas angehen. Die alten Römer unterschieden **res publica** (die öffentlichen Angelegenheiten, daher ‚Republik'), und die **res privata**, die Privat- und Familienangelegenheiten. Damit ist im Prinzip schon klar, dass Politik vereinfacht gesagt die öffentlichen Angelegenheiten umfasst.

Häufig wird Politik mit Ränkespielen, Machtgier und eigensüchtigen Interessen gleichgesetzt und die Frage gestellt, ob die Welt nicht ‚ohne' Politik viel besser wäre.

Aber selbst dann, wenn sich eine Gesellschaft im Grundsatz einig ist und die Politiker bereit sind, an einem Strang zu ziehen, entbindet sie das nicht davon, politisch denken und zu handeln, weil menschliche Gesellschaften immer unter Knappheit leiden, z.B. an zu wenig Geld, Menschen, Zeit, Ressourcen, Energie oder Lebensqualität usw.

Es müssen immer Wahlentscheidungen getroffen werden, welche Ressourcen für welche Zwecke eingesetzt werden sollen (auch als Zuordnungs- oder besser als **Allokationsproblem** bekannt), dies gilt für Demokratien wie auch für Diktaturen. Solange sich Menschen zwischen Alternativen entscheiden müssen, wird es Politik geben, Politik ist daher ein unvermeidbarer, aber auch unverzichtbarer Bestandteil unseres Lebens.

Der deutsche Begriff 'Politik' umfasst drei im internationalen Gebrauch getrennte Dimensionen

Die **Polity** – für die formale, institutionelle Ordnung politischer Systeme (das wäre zum Beispiel die Verfassung, der Aufbau eines Staates usw.)

Die **Politics** – für den mehr oder minder konflikthaften Prozess des Politikgestaltens (das wären zum Beispiel Abstimmungsverfahren)

Die **Policy** – für die tatsächlichen konkreten Inhalte von Politik (zum Beispiel Steuern senken oder erhöhen?)

Es gibt noch andere Definitionen, die z.B. das Handeln und Entscheiden ins Zentrum rücken, man kann sich dem Begriff also aus unterschiedlicher Perspektive nähern.

2.2 Vorgehen bei der Analyse

Die Frage, wie man an ein politisches Thema herangeht, lässt sich letztlich in eine allgemeine Frage fassen, nämlich die Frage, *was politische Akteure tun, warum sie es tun und was sie letztlich bewirken.*

Noch viel mehr vereinfacht könnte man fragen: Was wollen die anderen und wieso? Wie gleich gezeigt wird, lässt sich diese Frage in 5 Schritten abarbeiten.

In der politischen Analyse geht es also darum, die Theorien und Methoden auf ein politisches Problem (z.B. Arbeitslosigkeit-was tun?) oder ein konkretes Politikergebnis (z.B. Hartz IV) anzuwenden, also angewandte Wissenschaft zu betreiben.

Es gibt 3 Ansätze, die man auch nebeneinander anwenden kann:

- **Prozessanalysen**: Untersuchung politischer Abläufe, z.B. der Entstehung eines Gesetzes (Wie?)
- **Kausalanalysen**: Frage nach den Motiven und Faktoren für eine bestimmte Maßnahme (Warum?)
- **Beratungsorientierung**: Nicht nur Argumente analysieren, sondern auch welche liefern (Was tun?)

Kommen wir gleich zu den 5 Fragen:

Frage 1: Welches politische Problem/Politikergebnis liegt vor?

=> Je präziser das Problem formuliert wird, desto geringer wird der Analyseaufwand

Ein häufiger Anfängerfehler besteht darin, sich nicht genau genug zu fragen, was man eigentlich klären will.

Das führt dann zu einleuchtend klingenden, aber praktisch schwer handhabbaren Fragen wie: „Wie schaffe ich mehr Gerechtigkeit?" Dazu müsste man zunächst klären, welcher Bereich gemeint ist (z.B. zwischen arm und reich, alt und jung, Kinderreiche versus Kinderlose, Industrie- und Entwicklungsländern usw.), was Gerechtigkeit ist (z.B. im Sinne von Gleichheit oder Leistungsgerechtigkeit oder nach Bedürftigkeit usw., an welche Maßnahmen man denkt (Steuern, Sozialpolitik, Bildung usw.), um zu erreichen, dass die Analyse nicht zu sehr ausufert.

Es gibt 'große' und 'kleine' Politikbereiche (**Politikfelder**), z.B. die Sozialpolitik als großen Bereich, der die kleineren Bereiche Gesundheit, Rente usw. umfasst.

Man sollte den Bereich so eng wie möglich formulieren, um dafür dann mehr ins Detail gehen zu können. Manchmal gibt es sogenannte **Querschnittspolitiken**, z.B. die Bereiche Innovationspolitik oder Kommunalpolitik, die mehrere Bereiche erfassen. Die Innovationspolitik kann zum Beispiel je nach Definition Forschungs- Technologie-, Umwelt-, Bildungs- Patentpolitik usw. umfassen, weshalb man sich evtl. all diese Bereiche anschauen muss.

Frage 2: Welche/s Politikfeld/er ist/sind davon betroffen?

Was ist überhaupt ein Politikbereich oder fachsprachlich **Politikfeld**?

Zunächst erstmal muss es ein Thema geben, also eine **politische Materie**. Wo es keine Konflikte gibt oder es nichts zu verhandeln gibt (z.B. morgens geht die Sonne auf und abends wieder unter), gibt es auch kein Politikfeld. Die Materie muss natürlich auch strittig sein, man spricht von **issues** (zu klärenden Angelegenheiten) oder auch **Agenda** (Dingen, die zu tun sind, von lat. agere = machen, handeln).

Dann benötigt man **Akteure** (Handelnde) und **Institutionen**. Umgangssprachlich wird der Begriff Institution vielfältig verwendet, sowohl für Organisationen (z.B. „die Universität X ist eine altehrwürdige Institution“) als auch für Menschen (z.B. „Franz Beckenbauer ist eine Institution im deutschen Fußball“)

Im Alltag ist das o.k., aber in der Politikwissenschaft meint man mit Akteuren stets Menschen oder gemeinsam handelnde Gruppen von Menschen (Politiker, Parteien, Verbände, Behörden, Gewerkschaften usw.), man spricht auch von **individuellen** und **kollektiven Akteuren** (bei gemeinsam genutzten Ressourcen und Zielen auch von **korporativen Akteuren**); mit Institutionen meint man hingegen Regeln im weiten Sinne wie Gesetze, Normen, Traditionen. Merke also: *Akteure = Menschen, Institutionen = Regeln.*

Tab. 1 Korporative Akteure

Korporative Akteure		**Ziele**	
		separat	kollektiv
Ressourcen	separat	Koalition	Bewegung
	kollektiv	Club	Verband

Organisationsformen können auch nach dem Modus, d.h. der Art und Weise des Zustandekommens ihrer Entscheidungen, unterschieden werden:

Tab. 2 Organisationsformen

	Anarchisch	**Netzwerk**	**Verband**	**Organisation**
Einseitig	X	X	X	X
Verhandlung	(X)	X	X	X
Mehrheitsentscheidung			X	X
Hierarchische Steuerung				X

Praktisches Vorgehen:
Politik findet nicht nur auf einer Ebene statt, sondern auf mehreren Ebenen (**Mehrebenensystem der Politik**), nämlich global mit den Vereinten Nationen, mit internationalen Verträgen, in Europa mit der Europäischen Union und dem Europarecht und dann natürlich auch auf nationaler Ebene in der Bundesrepublik Deutschland. Je nach Materie kommen noch Bundesgesetze, Verordnungen, Landesgesetze und kommunale Satzungen zur Anwendung. Die Zeiten, in denen die Europäische Union nur für die Wirtschaft zuständig war, sind lange vorbei. Deshalb muss am Anfang der Recherche die Frage stehen, ob Europa für ein Thema auch zuständig ist. Darum lohnt es sich immer, erstmal auf der Homepage der Europäischen Union vorbeizuschauen, denn diese hält viele einfach gehaltene Übersichten zu den politischen Themen bereit, mit denen sie sich beschäftigt, die Recherche geht dadurch schnell und vor allem auch preiswert vonstatten.
Aber woher weiß man nun, worin sich die Europäische Union engagiert?
Neben dem Einsatz von Suchmaschinen (Suchworte: Europäische Union und das Stichwort für das man sich interessiert) hilft auch das Europa-Portal http://europa.eu/pol/index_de.htm mit 32 Tätigkeitsfeldern der EU.
Wenn man danach noch nicht weiß, wer die wichtigsten Akteure sind, liegt man im Zweifel immer mit *Parteien, Ministerien* oder *Verbänden* (siehe Liste unter www.verbaende.com mit 12.000 Adressen) immer richtig.
Wem alle Ideen ausgehen und wenn man zu wenig Zeit hat, hilft auch *Wikipedia* www.wikipedia.de weiter. Wikipedia hält für viele Begriffe und Themen einfache, laienverständliche und schnelle Übersichten bereit, die häufig auch erste weiterführende Literaturhinweise enthalten. Wikipedia eignet sich häufig gut für einen ersten Einblick, ersetzt aber nicht die Fachliteratur. Wikipedia-Artikel werden mitunter oft geändert und aktualisiert, manchmal fallen auch Sachen weg und obwohl die Qualität und Detailliertheit in vielen Bereichen schon sehr gut ist,

schwankt sie zuweilen noch, so dass ein Verweis auf wikipedia in wissenschaftlichen Arbeiten mit Vorsicht betrachtet werden sollte.

Frage 3: Wer will was von wem warum?

Damit geht es dann ans ‚Eingemachte'.

=> Was *dürfen* diese Akteure?, d.h., man klärt, welche Akteure es gibt in dem Politikfeld und ob für diese nun deutsches Recht oder EU-Recht gilt.

=> Was *tun* diese Akteure? Diese Frage ist besonders bei Regierungen oder Behörden interessant. Aber Vorsicht: Manchmal ist das Problem, dass die Akteure nichts tun, sondern Dinge auf die lange Bank schieben. Man sollte sich wenigstens einmal fragen, was die Akteure *nicht* tun...

=> Was *wollen* sie? Diese Teilfrage löst sich mit Hilfe von Positionspapieren, Parteiprogrammen, Gesetzgebung usw.

=> *Von wem* wollen sie es *und warum*? Nicht alles, was Parteien oder Verbände fordern, richtet sich an die Regierung. Mitunter richtet es sich mehr an andere Beteiligte. Man denke hier z.B. an den Bahnstreik 2007, wo die Deutsche Bahn mit 3 Gewerkschaften verhandelte und diese auch noch untereinander diskutierten. Die Frage nach dem Warum ist die Frage nach den **Motiven**.

4 Motive, nämlich **Kosten-Nutzen-Abwägungen**, **Überzeugungen/ Werthaltungen**, die **Schaffung, Nutzung oder Änderung von Regeln** sowie das **Machtstreben** spielen in der Praxis die entscheidende Rolle. Selten wird ein Motiv alleine verfolgt, sondern ein **Motiv-Mix**. Aber auf jeden Fall sollte man eine politische Maßnahme oder Forderung auf die 4 Eckpunkte Nutzen-Überzeugungen-Regeln und Macht abchecken.

Auf diese 4 Motive, die Grundlage vieler politik- und sozialwissenschaftlicher Überlegungen sind, wird später noch eingegangen. Es wird nicht behauptet, dass dies die einzigen Möglichkeiten sind oder sein könnten, aber ein Blick in die Zeitung oder in die Fachliteratur zeigt schnell die herausragende Bedeutung dieser 4 Motive.

Frage 4: Welche Probleme und Konflikte resultieren daraus?
Akteure und ihre Wünsche allein ergeben noch keine Politik, sondern die sich daraus ergebenden Konflikte, d.h. die Verknüpfung: Wer mit wem bzw. gegen wen?
Entscheiden ist es, die sogenannten **Konfliktlinien**, d.h. die *wesentlichen Interessenkonflikte* aufzufinden, entlang der sich Koalitionen bilden können oder an denen kein Weg vorbei führt, wenn man zu einer Lösung gelangen will.
Es gibt natürlich immer Standardkonflikte, z.B. Bund gegen Länder, aber man muss sich überlegen, ob das für die konkrete Frage überhaupt relevant ist, also das **Relevanzkriterium** prüfen: Welche Akteure und welche Konflikte sind entscheidend?
Fallstrick 1: Parteien/Verbände bestehen immer aus vielen Menschen, daher gibt es auch immer abweichende Meinungen. Diese sind analytisch nur dann wirklich relevant, wenn sie Einfluss auf den politischen Prozess haben, wie z.B. bei dem jüngsten Konflikt in der hessischen SPD um die Zusammenarbeit in der Linkspartei. Gegenbeispiel: Bei der Euro-Einführung gab es quer durch die Parteien und Länder besorgte Stimmen, am Ende ging der Euro jedoch wie ursprünglich geplant durch die Parlamente.
Fallstrick 2: Nicht jede Klage oder Beschwerde ist auch schon ein Konflikt. In jedem Politikfeld wird von irgendwelchen Lobbys behauptet, es wäre zu wenig Geld da („Unterfinanzierung", „totsparen"). Eine solche Aussage sollte nicht einfach ungeprüft übernommen werden, sondern gefragt werden, für was das Geld genau benötigt wird. Umgekehrt ist deshalb nicht jede Lobbyistenaussage verkehrt, die Prüfung kann auch ein berechtigtes Anliegen ergeben.

Frage 5: Welche Lösungen wurden vorgeschlagen oder bereits umgesetzt?
Wenn man in die Vergangenheit von Diskursen und Politikfeldern zurückgeht, wird man häufiger als erwartet feststellen, dass viele Klagen und Lösungsvorschläge bereits uralt sind. Manchmal wurden sogar heute diskutierte Lösungen, schon in der Vergangenheit erörtert und wurden evtl. sogar schon praktisch erprobt und sind gescheitert. Dann sollte man nach den Gründen für das Scheitern fragen.
Achtung: Statistiken und Zahlen in der Sozialpolitik erweisen sich je nach Rechengrundlage (politischem Interesse) häufig als dehnbar. Fast zu jeder Quelle findet sich eine Gegenquelle. Wichtiger: *Auf die Gesamtaussage achten* statt sich in Details zu verlieren.

Wenn man sich fragt, welche Politik betrieben wird, bietet sich das weit verbreitete Schema der Politikformen an, das ursprünglich von Lowi stammte:

- **Regulative Politik** beinhaltet das Setzen von Regeln (Gesetze, Richtlinien, Verordnungen). Diese Politikform ist billiger als Geld zu investieren und findet insbesondere auch dann Anwendung, wenn mehrere Staaten beteiligt sind, wie in der Europäischen Union oder bei internationalen Abkommen.
- **Distributive Politik** erfolgt durch Verteilen, z.B. als Subvention oder Fördermittel. Besonders ausgeprägt findet sich das in der Agrarpolitik, in der viele Bereiche auf die Mittel der EU angewiesen sind.
- **Redistributive Politik** erfolgt durch Umverteilen von materiellen und immateriellen Werten. Diese Politikform ist schon aufgrund der begrenzten Geldmittel des Staates häufig und kann auf vielfältige Weise geschehen, z.B. über das Solidarprinzip in der Sozialversicherung, aber auch durch einkommensabhängige Steuersätze. Wenig überraschend spielt dies in der Sozialpolitik eine zentrale Rolle.
- Eine spezielle Form ist die **sozialregulative Politik**, bei der Akteuren Hoheitsrechte (z.B. an Kammern, den TÜV, DIN-Normen usw.) übertragen werden, um den Staat so zu entlasten. Die privaten Organisationen werden so zu sogenannten **private governments** („**Privatregierungen**" nach einem Begriff von Streeck und Schmitter), die dafür die Einflussnahme des Staates auf ihre Organisation akzeptieren müssen.
- **Persuasive Politik** ist die Einwirkung auf Akteure durch Überzeugungsarbeit. Die Einführung des Euro, aber auch die Einführung der Arbeitsmarktreformen der Agenda 2010 wurde von kontinuierlicher Überzeugungsarbeit begleitet.
- Die **symbolische Politik** mit Worten, Gesten, Symbolen gehört nicht zu den Politikformen nach Lowi, ist aber in vielfältiger Hinsicht bedeutsam (**Symbol** = Zeichen mit Bedeutung, **Ritual** = Abfolge von symbolischen Handlungen). Man denke nur an die Anerkennung von Unrecht durch Entschuldigungen, an griffige Formeln wie *„Yes, we can"*, an Farbenspiele wie das Aufkommen der Farbe Orange als Symbol für Frische und Aufbruch (sowohl in der *orangenen Revolution* in der Ukraine als auch im Wahlkampf der CDU). Flaggen und Hymnen gehören ebenfalls in diesen Bereich.

In der Diplomatie kommt es häufig gar nicht so sehr darauf an, was gesagt oder getan wird, sondern *wie* es gesagt oder getan wird. Der Rang der Gesprächspartner, die für das Anliegen des Besuchers Zeit haben, signalisiert bereits, wie ernst ein

Anliegen genommen wird, schon bevor ein Wort gesprochen wurde. Die Größe der Begleiteskorte beinhaltet ebenfalls die Einstufung des Besuches. Die Tisch- oder Sitzordnung, also die sogenannten **Protokollfragen,** können zum Polit-Drama werden, wenn es um die Frage geht, wer nun den Ehrenplatz bekommt (was aber bei Privatveranstaltungen kaum anders ist).
Politische Rituale gibt es viele, ein klassisches Beispiel sind Tarifverhandlungen: Beide Seiten stellen sich weit auseinander liegende Forderungen, dann wird gedroht und die Lage erscheint völlig verfahren, dennoch einigt man sich häufig in letzter Sekunde doch noch. Ein anderes klassisches Beispiel sind die stalinistischen **Schauprozesse**, bei denen die Beklagten unter starkem Druck die größten Verbrechen gestehen sollten und auch gestanden. Das hat auf westliche Beobachter bizarr und nutzlos gewirkt, war es aber in der Logik des Systems nicht. Es ging es vielmehr darum, eine innerparteiliche Diskussion um den 'richtigen' Weg zum Kommunismus zu vermeiden. Da gab es jene um Trotzki, die auf internationalen Revolutionsexport setzten (während Stalin auf den nationalen Weg setzte) und dann jene, die der Gruppe der Agrarier zuneigten (also jene, die die Landwirtschaft statt wie Stalin die Schwerindustrie ins Zentrum der Politik rücken wollten). Indem Stalin jene, die abweichende Auffassungen vertraten, öffentlich als Spione und Saboteure 'entlarvte', waren auch ihre Theorien erledigt und es war 'Ruhe' getreu seinem Motto: Ein Mensch, ein Problem, kein Mensch, kein Problem....

Ein Sonderproblem der deutschen Analytik ist die Theorie des **Deutschen Sonderwegs**, die zum festen Bestandteil der Literatur gehört und die hier nur ganz in Ansätzen dargestellt werden kann.
In der Zeit nach Napoleon wurde im 19. Jahrhundert die Rolle des Staates idealistisch überhöht. Vorstellungen, nach denen der Staat als Hüter des Gemeinwohls über den zänkischen Parteien steht, waren sehr beliebt. Die letztlich gescheiterte Revolution von 1848 hat verhindert, dass eine Demokratie erwachsen konnte, stattdessen wurde mit Hilfe von Bismarck und den Einigungskriegen ein einiges Deutschland mit kriegerischen Mitteln geschaffen. Dies mündete in einen Nationalismus, der nach der Niederlage im ersten Weltkrieg durch das Ende der Monarchie und dem als ungerecht empfundenen Versailler Vertrag autoritären und antidemokratischen Strömungen Nährboden gab, die die junge Weimarer Republik schließlich zerstörten. Theoretiker wie Carl Schmitt, der den **Dezisionismus** entwickelte, bei dem es vor allem darauf ankam, dass etwas entschieden wurde,

nicht auf das Wie, halfen bei der geistigen Vorbereitung des Dritten Reiches. Die Abneigung der Deutschen gegen den Parteienzwist tat ihr übriges und so nahm das Dritte Reich seinen Lauf.
Für diese Theorie spricht, dass auch heute noch Teilinteressen (**Partikularinteressen**) den Ruch des negativ-schädlichen haben statt sie als natürlichen Teil des politischen Geschehens zu betrachten, und Parteien und Verbände behaupten müssen, sie dienten nur dem Gemeinwohl, diese Gemeinwohlverträglichkeit wird in der Literatur auch als **X-Verträglichkeit** bezeichnet. Bei einer näheren Betrachtung finden sich jedoch auch Gegenargumente.
Betrachtet man mal die Entwicklung im europäischen Ausland zwischen dem ersten und zweiten Weltkrieg, dann finden sich zahlreiche Parallelen zu anderen Ländern, deren Konflikte zum Teil noch schlimmer ausfielen als die deutschen, z.B. Spanien. Die Weimarer Demokratie hat sich sogar länger und besser gehalten als in vielen anderen europäischen Ländern, Deutschland lag hier etwa im Mittelfeld.
Aber es sprechen wie gesagt auch gute Gründe *für* die Annahme eines deutschen Sonderweges, was jedoch gezeigt werden sollte, ist, dass man auch mal den Blick ins Ausland werfen sollte, um zu schauen, ob das, was bei einem zu Hause geschieht, wirklich anders ist.

Für die politische Analyse gilt noch folgendes:
Unabhängig davon, welche Auffassungen man auch immer vertritt, bei der Beschäftigung mit einer Theorie kommt es nicht so sehr darauf an, ob man sie selber gut findet oder für logisch hält. Es kommt letztenendes einzig und allein darauf an, ob irgendwer an diese Theorie glaubt, der Einfluss und Macht hat und einem irgendwie gefährlich werden kann.
Viele Menschen lehnen es ab, sich mit Theorien auseinanderzusetzen, die sich mit ihrer eigenen Sichtweise bzw. moralischen Grundhaltung nicht decken. Das ist aber eine der wichtigsten Analysefehler überhaupt, weil so die jeweils andere Seite ungestört und unwidersprochen ihre Konzepte weiterentwickeln und verbreiten kann, und man so das Gegenteil von dem erreicht, was man selber für wichtig und richtig hält.

2.3 Prozessanalysen

2.3.1 Vier Modelle des Politikprozesses

Eingangs wurde gesagt, dass man die Politik nach dem Prozess, nach der Ursache (Kausalanalyse) oder beratungsorientiert durchführen kann.
Zunächst soll die Entwicklung der Prozessanalyse beleuchtet werden, bei der sich vier aufeinanderfolgende Modelle der Prozessanalysen unterscheiden lassen.

Modell 1: Ursprünglich stellte man sich den Politikprozess so vor, dass der Staat die Politik macht und Entscheidungen fällt, also z.B. ein König macht die Gesetze. Diese Vorstellung entsprach aber schon lange nicht mehr den Realitäten. Im vom Fürsten regierten Deutschen Bund im 19. Jahrhundert lässt sich bereits eine intensive Lobbyistentätigkeit beobachten, wobei man das damals noch ‚Abordnungen' nannte, die zur Regierung ‚vorgelassen' wurden. Gerade die kleineren deutschen Staaten wurden im 19. Jahrhundert ständig bedrängt, sich dem zusammenwachsenden Handel nicht in den Weg zu stellen.

Modell 2: Einen großen Fortschritt stellte dann nach dem zweiten Weltkrieg das **input-conversion-output-Modell** von Easton dar.
In diesem Modell wirken **demands** (Forderungen) und **supports** (deren Unterstützung) auf Politik und Verwaltung, das sogenannte **Policy making system bzw. politisch-administratives System PAS** ein.
Das PAS verarbeitet diese Einwirkungen (**input**) zu Ergebnissen (**output**), nämlich zu **decisions** (Entscheidungen) and **actions** (Maßnahmen).
Das Problem bei dem Modell war, dass das PAS einen undurchsichtigen Block, eine **black box** darstellte, bei der man nicht weiß, was in ihr vorgeht. Außerdem wurde das **Feedback**, also die Reaktion der Betroffenen auf die Politik, nur angedeutet.

Modell 3: Tatsächlich scheint Politik jedoch niemals wirklich zu enden, denn auf jede Maßnahme folgen Überlegungen, was man anders oder besser machen könnte.

So entstand das Konzept des **Policy Cycle** (Politik als Zyklus).

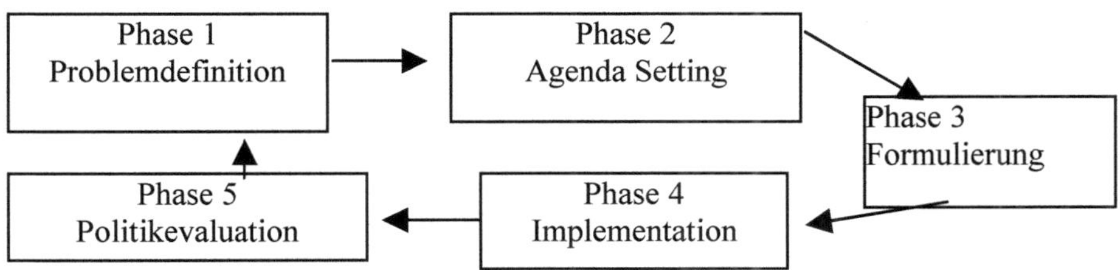

In der Literatur kennt man vielerlei Varianten, was die Begriffe und die Unterteilung der Phasen betrifft, hier wird eine einfache Form vorgestellt.

Zunächst, und das ist auch in der Analyse von Politik der entscheidende Schritt, muss das Problem definiert werden (Worum geht es?). Häufig sind Diskussionen zu diffus, z.B. um daraus handfeste politische Forderungen machen zu können. Aber selbst wenn ein Ziel klar genug formuliert ist, muss es auch noch auf die politische Agenda kommen, d.h. es muss die Aufmerksamkeit der Politik erregen. Dies kann aus der Politik selbst kommen (z.B. Vorschläge zur Steuer), kann durch äußere Ereignisse geschehen (z.B. Konjunkturprogramm wegen Finanzkrise), kann durch die Medien aufgebracht werden (z.B. Fälle verwahrloster Kinder), aber wenn sich die Politik der Sache nicht annimmt, geschieht letztlich nichts.

Manchmal macht ein Thema auch ‚Karriere' in dem Sinne, dass es vom Randthema ins Zentrum der Diskussion rückt (**Themenkarrieren** nach Cobb und Ross). Themen können demnach politikintern, also ggf. ohne öffentlichen Diskurs verwaltungstechnisch bearbeitet werden, oder extern, d.h. von der Öffentlichkeit ausgehend oder unter ihrer Mitbeteiligung, Themen können auch von intern nach extern 'aufsteigen' ('hochkochen'), ggf. können Probleme auch international **diffundieren**, sog. **Politikdiffusion**, wie man sehr schön bei der Finanzkrise gesehen hat, die von den USA 'herüberschwappte'.

Gelegenheiten, bei denen ein Thema ins öffentliche Bewusstsein vordringen kann, nennt man auch **Policy Windows** (Politikfenster), z.B. als man anlässlich des Tsunamis in Asien plötzlich Defizite im Tsunami-Vorwarnsystem erörterte, die sonst nur von Meeresforschern debattiert werden. In der Formulierungsphase muss das Ganze in eine verhandlungs- oder abstimmungsfähige Form gebracht werden, sei es ein Gesetz, eine Fördermaßnahme, eine Aktion (z.B. Entsendung von Soldaten nach xy) usw.

Beschlüsse müssen auch umgesetzt werden, die Umsetzung bezeichnet man auch als **Implementation**. Früher sah man das als selbstverständlich an, aber in der Praxis können Gesetze auch unzureichend umgesetzt werden oder im Extremfall überhaupt nicht, so wurde zur Jahrtausendwende eine Kollektivhaftung der deutschen Kassen-Ärzte für zu hohe Arzneimittelausgaben einfach nicht angewendet, als der Haftungsfall eintrat und dann stillschweigend gestrichen. Manchmal scheitern Gesetze auch an der Software (so zunächst beim Autobahnmautsystem *TollCollect*) oder an fehlendem Personal. Umsetzungsdefizite werden auch als **Implementationsdefizite** bezeichnet.
Auf diesen Punkt werden wir gleich noch mal zurückkommen.
Schließlich muss ein Ergebnis noch **evaluiert** (überprüft) werden. So sollte Hartz IV Kosteneinsparungen bringen, zunächst fiel Hartz IV aber erheblich teurer aus, weil Jugendliche durch Auszug in eigene Wohnungen eigene Ansprüche begründen konnten, so dass das Gesetz noch mal geändert werden musste, etwas, was wir als **Nachbesserung** kennen.

Modell 4: Aus der Organisationslehre stammen Überlegungen für ein weiteres Modell, bei dem Politik nicht systematisch geplant, gesteuert und vollzogen wird, sondern Lösungen (Technologien) nach Anwendungen suchen (z.B. Transrapid), Teilnehmer nach Gelegenheiten suchen, sich einzuschalten und Probleme aufeinander treffen, wobei dies von außen so ungeordnet erscheint wie der Inhalt eines Papierkorbs, daher wird dieses Modell von March und Olsen auch **garbage can-Modell** genannt. Sie argumentieren weiterhin, dass Routine-Entscheidungen weder automatisch noch mathematisch gefällt werden.
In diesem Modell erscheint agiert der Politiker als Feuerlöscher, der von einem Brandherd zum nächsten hetzt und vor allem ein Krisenmanager ist (**muddling through** = sich durchwursteln). Ein klassisches Beispiel für so ein Modell war die **Kampfhunddebatte**, nachdem im Jahr 2000 in Hamburg ein Kind durch Kampfhunde getötet wurde. Durch die aufmerksam gewordenen Medien folgten zahlreiche weitere Berichte, die den Eindruck erweckten, dass eine Invasion von Killer-Kötern im Gange war, woraufhin in größter Eile von den Bundesländern Kampfhundeverordnungen erlassen, die dann recht unterschiedlich ausfielen, was zwar für Ruhe in der Öffentlichkeit sorgte, aber noch zu Kritik und Modifikationen führte.

Es wäre aber sicherlich übertrieben, sich vorzustellen, dass Politik nur aus kurzfristigen (**ad hoc** = von jetzt auf gleich)-Maßnahmen besteht, denn viele Gesetze sind das Ergebnis langfristiger Vorbereitung und Diskussion, bei Richtlinien der Europäischen Union sind sogar Planungszeiten von mehreren Jahren noch als normal anzusehen.

Insofern kann man sagen, dass der Policy-Zyklus einen Großteil der Politikproduktion widerspiegelt, von Fall zu Fall aber das Garbage can-Modell die Vorgänge besser beschreibt.

2.3.2 Umsetzungsforschung (Implementationsforschung)

Was ist, wenn am Ende des politischen Prozesses nicht das rauskommt, was man erwartet oder gerne gesehen hätte? Hier gibt es verschiedene Phänomene, die man checklistenartig prüfen kann, um zu sehen, woran es gelegen hat:

Nachträgliche Sinnzuschreibung: Manchmal ist das Problem nicht klar definiert und die eigentlichen Probleme kristallisieren sich erst in der Diskussion oder im Vollzug heraus, z.B. weil man gemerkt hat, dass man was vergessen hat oder es zu Auswirkungen auf die internationale Politik kommt usw. Manchmal stellt erst im Nachhinein fest, dass sich die gesamte Richtung der Politik verändert hat, z.B. immer liberaler oder restriktiver (Mayntz)

Nicht-intendierte Politikfolgen: z.B. Es kommt anders, als man denkt oder beabsichtigt (intendiert) hat, z.B. **Trittbrettfahrerphänomen**, bei dem sich Leute, die eigentlich nicht die Zielgruppe einer Maßnahme waren, auch Ansprüche erheben.

Kontingenz (lat. contingentia = Zufall): Zwei Ereignisse hängen nicht kausal zusammen, sondern treten nur womöglich zufällig gleichzeitig auf. Das ist einer der häufigsten Analysefehler, eine Veränderung einer politischen Maßnahme zuzurechnen, nur weil diese in zeitlicher Nähe zu der Veränderung gelegen hat und möglicherweise mit der Veränderung zu tun hat. Übungsbeispiel:

Warum sank die Arbeitslosigkeit in den Jahren 2005-2008?

- Die einen würden sagen, wegen der Arbeitsmarktreformen von Rot-Grün.
- Die anderen würden sagen, dass erst mit der Großen Koalition ab 2005 der Durchbruch kam.
- Manche behaupten sogar, dass die Industrie nicht wegen, sondern *trotz* der Regierungspolitik erfolgreich war.

- Manche sagen auch, dass es weitgehend egal ist, was deutsche Politiker tun, da Auf- und Abschwung ganz wesentlich von der Weltwirtschaft abhängen und nur noch geringfügig von dem nationalen Umfeld.

Daher sollte man, bevor man einen Zusammenhang behauptet, Anhaltspunkte sammeln, die einen bestimmten Zusammenhang belegen.

Aus diesen Überlegungen ergab sich die in den Achtzigern u.a. von Schmidt erörterte Forschungsfrage: Spielen Parteien und Politik überhaupt eine Rolle (**Do parties matter? Does politics matter?**) oder wurstelt man sich nur so durch (**Muddling through**)? In demokratischen Staaten finden sich immer wieder mal Politikbereiche, bei der nach einem Regierungswechsel dieselbe Politik einfach fortgesetzt wird.

Non-decisions (Nicht-Entscheidungen): Ursprünglich kam die Theorie der Non-decision aus der neomarxistischen Forschung, die argumentierte, dass kapitalistische Staaten gar nicht die wesentlichen Dinge, nämlich das Gesellschaftssystem, zur Debatte stellten, sondern nur solche Dinge, die die bisherigen Verhältnisse nicht wirklich berühren.

Aber inzwischen ist längst klar, dass die Non-decision ein überall vorkommendes Phänomen ist: Probleme werden ausgesessen, Abstimmungsblockaden verhindern Entscheidungen, Geldmangel sorgt dafür, dass nichts passiert usw. usw.

Interessant ist das Schicksal des sogenannten **Kranzgeldes**, eine finanzielle Entschädigung, die eine Frau von ihrem ehemaligen Verlobten fordern konnte, wenn sie die Jungfräulichkeit verloren hatte, dann aber nicht geheiratet wurde. Es war schon lange fraglich, ob dies noch in die Zeit passte, aber für die Politiker war es besser, die Sache einfach auszusitzen: Wer für die Abschaffung plädiert hätte, hätte als verlottert dastehen können, wer für die Beibehaltung plädiert hätte, als angestaubt, also besser, man sagte und tat nichts. Obwohl der Paragraph 1300 des BGB noch Bestand hatte und geltendes Recht war, wurde 1993 eine Klage auf Kranzgeld vom Gericht abgelehnt mit der Begründung, der Paragraph passe nicht mehr in der Zeit und könne deshalb nicht mehr angewendet werden. Nachdem dies geschah, hat die Politik ihn 1998 kassiert.

Hidden agendas: Es werden im Wahrheit andere Ziele verfolgt als offiziell angegeben. Für die Analyse ist es sehr wichtig, ohne konkrete Indizien nicht einfach zu vermuten/behaupten, dass es verborgene ‚wahre' Absichten gäbe, sonst droht ein Abgleiten in **Verschwörungstheorien**, bei denen am Ende die Illuminaten oder sonst wer an allem schuld sind…

Wechselwirkung mit anderen Politikfeldern: Es gibt ständige und wohl unauflösbare Spannungen zwischen Sozial- und Wirtschaftspolitik, die sich erstmal daraus ergeben, dass jede sozialpolitische Maßnahme Geld kostet und über die Sozialabgaben die Lohnkosten erhöht (es sei denn, man löst sich vom Lohn als Abgabengrundlage), aber wichtiger ist noch, dass die Wirtschaftspolitik eine zentrale Angelegenheit der Europäischen Union ist, während die Sozialpolitik immer noch Sache der Nationalstaaten ist. Da kann es nicht wundern, wenn sich das, was man national vorhat, mit europäischen Vorgaben reiben kann.

Akteurfiktion: Man ist schnell dabei, sein Gegenüber als einen monolithischen Block wahrzunehmen und darzustellen, z.B. ‚die USA' wollen, oder ‚der' Islam usw. So gehört es auch zu den gängigen Klischees, dass die Europäische Union ‚der' Industrie dient.

Tatsächlich bestehen aber solche Blöcke, die man als einen Akteur betrachtet, aus mehreren, oft uneinigen Gruppen und in der Europäischen Union kommt es zuweilen vor, dass es nicht um Industrie- gegen Verbraucherinteressen geht, sondern Industriegruppen gegeneinander antreten. Ein Extremfall waren z.B. die Softwarepatente, bei der nicht die Industrie gegen die Verbraucher agierte, sondern vor allem Streit in der Industrie selbst herrschte, denn Softwarepatente schützten das geistige Eigentum die Entwickler, erzeugen aber natürlich Lizenzgebühren, die die Internetwirtschaft hemmen können und die EU wurde deshalb schon von Hunderten von Lobbyisten beider Seiten belagert…

Implementationsdefizite: Ein Gesetz wird gemacht, die Umsetzung jedoch nicht/nicht effektiv kontrolliert. Manchmal sind die Gerichte auch schlicht überlastet und zur Anzeige gebrachte Fälle werden nicht weiter verfolgt. So haben 2008 Richtlinien einiger Staatsanwaltschaften für Aufsehen gesorgt, in denen geregelt wurde, dass Fälle, die eine bestimmte Zahl von illegalen Musikdownloads nicht überschreiten, gar nicht erst verfolgt werden sollen, was von der Musikindustrie heftig kritisiert wurde[1].

Machbarkeitsparadox: Bei der Analyse findet sich oft das seltsame Phänomen, dass sich nicht nur die größten Befürworter einer Maßnahme große Dinge von einer Sache versprechen, sondern auch deren größte Kritiker. Der Klassiker ist hier die Biotechnologie: Die Befürworter sahen schon in den Achtziger Jahren die Medizin der Zukunft, das lange Leben, den Sieg über Hunger, Alter und Krebs kommen. Die Feinde sahen sich zur selben Zeit von Wunderpflanzen überwuchert und von

---

[1] Vgl. Die ZEIT, 21.08.2008

Killerbakterien, die alles natürliche Leben zerstören, bedroht. In der grauen Wirklichkeit ist jedoch bisher weder das eine noch das andere geschehen...

2.3.3 Ergebnisforschung (Evaluation)

Immer wieder gibt die praktische Politik Anlass zur Klage in den Medien: Wo sind sie, die großen Reformen, die grundlegenden Änderungen, der Wandel, diejenigen, die das Ruder herumreißen? Es scheint mitunter, als wenn die Politik zu schwach sei, die Dinge zu tun, die nötig und richtig sind. Man ist auch schnell mit Erklärungen bei Hand, z.B. dem **Parteienstaat**, bei dem die Interessen des Volkes in den Händen zänkischer Parteien liegen oder dem **Lobbyismus**, bei dem Parteien zu Geiseln von egoistischen Teilinteressen verkommen und so das Gemeinwohl aus dem Auge gerät. Solche Sichtweisen stellen die Frage nach der Funktionsfähigkeit von Politik überhaupt und waren und sind Anlass für die Forschung, sich der Sache mal näher anzunehmen.

Eine zentrale Frage der Analyse deutscher Innenpolitik lautet: Warum fallen die politischen Ergebnisse weniger weitreichend als ursprünglich geplant oder gewollt aus?

Dafür gibt es eine Vielzahl von Gründen, insbesondere jedoch das sog. **Inkrementalismus-Problem** (z.B. Jann/Bogumil), mit der Politik der kleinen Schritte (Inkremente). Politik ist oft kleinschrittig, und es wird nicht der große Wurf gemacht.

Wie die Forschung gezeigt hat, gibt es dafür Vielzahl von Gründen, die auch zeigen, dass es nicht unbedingt Schwäche ist, wenn man nur eine kleine Reform macht, sondern dass dies durchaus ein Gebot der praktischen Vernunft sein kann. Das schließt natürlich nicht aus, dass Reformen auch durch den Widerstand von Interessengruppen und Parteiengezänk aufgerieben werden, es soll nur deutlich werden, dass die politische Praxis vielfältige Gründe kennt.

Natürlich ist die nachfolgende Aufzählung nicht vollzählig, sie enthält jedoch typische und häufige Forschungsbefunde, die sich in die Gruppen *Vorsicht, Abhängigkeiten, administrative Probleme und Verhandlungstaktik* gliedern lassen.

<u>Vorsicht</u>

- *Risikoscheu:* Große Reformen können auch schwere Fehlkalkulationen verursachen, z.B. Hartz IV, das zunächst mehr als 10 Mrd. Euro Zusatzkosten erzeugte. Kleine Reformen haben also ein geringeres Fehlerrisiko.

- *Vortasten* im Rahmen der **Kompetenz-Schwierigkeitslücke (Competence-Difference CD-Gap)**: Neue Herausforderungen werden häufig vortastend gelöst statt durch radikale Maßnahmen, von denen man nicht weiß, ob sie wirklich nötig/wirksam/verhältnismäßig sind. Ein Beispiel war die Reaktion des Bundes auf das Auftauchen von AIDS ab Dezember 1980. Man wusste über die Krankheit noch wenig und auf Kuba plante man, alle mit dem AIDS-Virus HIV Infizierte in Lagern zu sammeln. In der Bundesrepublik wandte man hingegen das Verfahren des Beobachtens und Abwartens an, durch das letztlich radikale Brüche im Umgang mit Menschen erspart blieben.

Abhängigkeiten

- *Verflechtung der Politikfelder:* Die EU bestimmt in der Wirtschaftspolitik, die Nationalstaaten in der Sozialpolitik. Man darf die Verhältnisse in den anderen Ländern nicht außer Acht lassen (Standortfrage, Gefahr der Kapitalflucht).

Administrative Probleme

- *Mittelbindung durch Planung:* Viele Gelder z.B. in der Forschung oder Agrarsubvention sind auf mittlere oder lange Sicht fest verplant oder gar schon rechtsverbindlich zugesichert. Man sieht zum Beispiel in der Forschungspolitik große Kontinuitäten in der Ausgabenentwicklung und Aufteilung, viele Projekte könnten ohne Planungssicherheit gar nicht sinnvoll betrieben werden.
- *Verwaltungsstruktur:* Man muss bei der Gesetzgebung Rücksicht auf die vorhandene Verwaltungsstruktur und -routinen nehmen. Man kann diese zwar ändern, dies geht aber u.a. mit dem Risiko von Kompetenzgerangel und Unklarheit über Zuständigkeiten oder Reibungsverlusten bei neuen Abläufen (z.B. neue Software!) einher
- *Bindung an Vorschriften* (Verfassung, Gesetze, Internationale Verträge). Es kann passieren, dass ein politischer Plan z.B. aus verfassungsrechtlichen Gründen scheitert, man erinnere sich an die Diskussion um die Privatisierung der Fluglotsen, wo der Bundespräsident Bedenken erhob, weil es sich um eine hoheitliche Aufgabe handelte.

Verhandlungstaktik

- *Erfordernis der positiven und negativen Koordination:* Man muss sich über die eigenen Interessen im Klaren sein (was will ich als Partei/Politiker, wenn es die anderen nicht gäbe = **negative Koordination**), um sie klar vertreten zu können, aber man muss sich dann mit anderen Ressorts einigen, wenn im Alltag wenigstens

Teile davon wirklich durchsetzen will (**positive Koordination**=sich mit anderen abstimmen).

- *Notwendigkeit zu Kompromissen:* Politik ist ein **n-Züge-Spiel**, d.h. die andere Seite könnte eines Tages auch 'am Zuge' sein. Also wenn man die Opposition bei jeder Gelegenheit ignoriert und sie der Lächerlichkeit preisgibt, könnte sich das rächen, wenn man nach den Wahlen die andere Partei plötzlich braucht. Kompromisslosigkeit kann sich also später rächen. Sprichwort: Man begegnet sich immer zweimal.
- *Modifizierung von Gesetzen im Gesetzgebungsprozess* durch Referentenentwurf, Ausschüsse, Vorabstimmungen, Koalitionspartner, **Ressortegoismen** (jeder Minister möchte mehr Geld fürs eigene Ressort), Bundesrat, Vermittlungsausschuss, Lobbys usw.…

Aus diesen Überlegungen folgt der These: Die Politik von gestern erklärt die Politik von heute, was man auch als **Pfadabhängigkeit der Politik** bezeichnet. Grundlegende Pfade können in der Politik auch zur Falle werden, falls sich die Umwelt drumherum plötzlich ändert. Natürlich ist das nicht immer so, aber als Denkansatz im Alltag ist die These oft ganz nützlich.
Die Pfadabhängigkeit und Kleinschrittigkeit von Politik hat natürlich auch viele Nachteile. So gibt es die **Theorie vom Überleben von Organisationen**. Wenn eine Organisation ihre alte Aufgabe verliert, sucht sie sich einfach was Neues, indem sie ihre Aufgabe umdefiniert oder erweitert. Manche Praktiker argumentieren, dass man Organisationen deshalb nicht wirklich reformieren kann und wenn man etwas reformieren wolle, müsse man die alten Strukturen auflösen. Dem wird entgegengehalten, dass das Zerschlagen von Strukturen immer leicht geht, der Aufbau hingegen schwer, man zerstört mitunter auch Fach- und Organisationswissen.

2.4 Kausalanalysen

Wie eingangs erwähnt, gibt es vor allem 4 große Motive, die die Triebfeder von Politik sind, nämlich

Kosten-Nutzen-Erwägungen, Werte und Überzeugungen, die **Setzung, Änderung von Regeln** und natürlich die **Macht**.

Jedes dieser Motive ist Kern eines **Paradigmas**, d.h. einer grundlegenden Denkweise, von der man aus seine Annahmen entwickelt. Fachlich spricht man auch vom **theorieleitenden Basiszusammenhang**, also einer grundlegenden Sichtweise dessen, was Aufgabe und Gegenstand der Wissenschaft ist, der Berliner würde hingegen schlicht von der ‚Denke' sprechen.

Nach Myers kann man auch von der **Großtheorie** sprechen. Der Sinn solcher Paradigmen oder Großtheorien ist zum einen die Erklärung, Problemlösung und Legitimation (**Sinnstiftung**), ggf. auch die emanzipatorische Aufklärung, d.h. Kritik zu üben und Utopien zu zeigen.

Ein Paradigma dient der Erklärung des Ist-Zustandes, also wie die Dinge sind, nicht wie sie sein sollen. Etwas, dass sich auf den beobachteten Ist-Zustand richtet, nennen wir auch **positive Theorie**.

Konzepte, die sich damit beschäftigen, wie die Welt sein sollte, nennt man hingegen **normativ**. Wenn normative Konzepte zu geschlossenen Weltbildern werden, spricht man von **Ideologie**.

Natürlich beschäftigen sich auch Ideologien mit dem Ist-Zustand, aber mit dem Ziel, den Sollzustand zu begründen, den es anzustreben gilt.

Die Meinungen über normative Konzepte sind geteilt. Die einen sagen, dass ohne Visionen einer anderen und besseren Gesellschaft der Politik im Grunde das Ziel fehlt, so dass im Endeffekt auch nichts besser werden kann.

Die Gegenposition bezweifelt den Sinn solcher Konzepte und, um Altbundeskanzler Helmut Schmidt zu zitieren: „wer Visionen hat, soll zum Arzt gehen".

Man unterscheidet nun die im folgenden vorgestellten 4 Paradigmen, wobei die Bezeichnungen in der Literatur durchaus variieren, man sollte sich hier nicht an Namen klammern, sondern mehr auf die Inhalte achten.

- Kosten Nutzen-Erwägungen => Rationalwahlparadigma (Rational Choice)
- Werte und Überzeugungen => konstruktivistisches Wissensparadigma
- Regeln =>Institutionenparadigma
- Macht => Macht- und Einflußparadigma

2.4.1 Kosten-Nutzen-Überlegungen: Rationalwahlparadigma Rational Choice

Dieses Paradigma spielt in der Wirtschaftswissenschaft eine zentrale Rolle und wird daher auch von diesen besonders intensiv vertreten.

Ausgangspunkt der Analyse ist das Individuum, Handlungen von sozialen Gruppen (z.B. Volk, Staat) gehen von den Einstellungen und Verhaltensweisen ihrer individuellen Mitglieder aus. Die Gesellschaft ist letztlich die Summe der Individuen. Ein Argument hierfür ist, das, wenn man alle Individuen aus einer Gesellschaft entfernt, natürlich nichts mehr da ist. Die Methode, vom Individuum auszugehen, bezeichnet man auch als **methodologischen Individualismus**.

Die Individuen verhalten sich rational, besser gesagt, versuchen dies nach bestem Wissen, wobei rationales Verhalten als nutzenmaximierendes (oder kostenminimierendes) Verhalten verstanden werden kann. Dies mündet im Menschenbild des **homo oeconomicus** mit **Minimumprinzip**: gerade so viel tun, um ein gegebenes Ziel zu erreichen und **Maximumprinzip**: aus einem gegebenen Mittel so viel wie möglich herauszubekommen

Oft unausgesprochen (implizit) enthalten ist der **Utilitarismus (lat. usus = Nutzen)**: Entscheidend ist das maximale Gemeinwohl, d.h. die Politik sollte versuchen, den Gesamtnutzen für das Volk zu maximieren. Wenn der **Gesamtnutzen** so groß ist, dass er durch eine Änderung der Verteilung nicht weiter gesteigert kann, nennt man das das sogenannte **Pareto-Optimum**.

Es besteht die Gefahr, dass die Interessen einzelner nicht mehr berücksichtigt, sondern dem Gemeinwohl geopfert werden, dass z.B. wegen des Grundsatzes ‚Gemeinnutz geht vor Eigennutz' rigoros enteignet wird, wenn etwas einem Großprojekt im Wege steht.

Der Utilitarismus gilt seinen Kritikern daher als potentiell gefährlich, als Rechtfertigung der **Diktatur der Mehrheit** über Minderheiten.

Aber der schon Jahrhunderte diskutierte Gegenentwurf hat seine Probleme. Nehmen wir mal an, es gäbe ein objektives Gemeinwohl, könnte dies nicht von einem sog. „**wohlwollender Diktator**", der für das Volk entscheidet, was für dieses am besten ist, umgesetzt werden, sozusagen als weiser und erster Diener seines Staates, wozu braucht man dann noch die Demokratie? Wieso gibt es dann überhaupt Meinungsverschiedenheiten in der Politik, wenn dieses Gemeinwohl offenbar wäre? Das spricht nicht dagegen, dass bestimmte Maßnahmen, z.B. der Erhalt des Friedens, dem Gemeinwohl dienen, aber man sollte vorsichtig sein, wenn jemand behauptet, er wolle nur das Beste für alle.

Natürlich gibt es auch Kritik am Bild des **homo oeconomicus** und andere Menschenbilder, sogar aus der Betriebswirtschaft selbst. Im Marketing ist es gesicherte Erkenntnis, dass der Mensch bei seinen Entscheidungen psychologisch beeinflusst wird und deshalb oft mitnichten rational zugreift. Die Größe der Einkaufswagen, die Platzierung der Produkte, die passende Werbung, eine nette Verpackung sind oft wichtiger als rationale Preis- und Qualitätsvergleiche. Von dieser Erkenntnis leben Produktmarken und Imagekampagnen. Manchmal bricht der Mensch wegen des Aufwandes beim Produktvergleich, den **Suchkosten**, die Suche irgendwann ab und nimmt schließlich irgendwas von dem, was halt gerade da ist, auch wenn vielleicht drei Straßen weiter dasselbe Produkt noch etwas billiger oder besser gewesen wäre. Manchmal zieht der Mensch auch aufgrund seiner Vorerfahrungen von vornherein nur wenige Möglichkeiten in Betracht, diese nennt man das **evoked set**.
Menschen können sich außerdem irren und sie können auch was vergessen, ihre Rationalität ist beschränkt (**bounded rationality** nach Simon).

Nun soll gezeigt werden, welche Phänomene der Alltagspolitik damit unter anderem gut erklärt werden können:

Individuelle und kollektive Rationalität können auseinanderfallen: Was für alle gut ist (**kollektive Rationalität**), ist für den einzelnen noch lange nicht von Vorteil (**individuelle Rationalität**) und umgekehrt

- Hohe Abfindungen nützen dem Manager, schaden aber dem Unternehmen
- **NIMBY** (Not in my backyard = Nicht im meinem Hinterhof)-Phänomen: jeder hätte gerne einen kurzen Weg zum Flughafen, aber keiner möchte in seiner Nähe wohnen
- **Trittbrettfahrerproblem**: Nutzen ziehen aus fremden Maßnahmen, z.B. Luftverschmutzung fällt wegen fremder Anstrengungen, man selber hat so weiter gemacht wie bisher

- **Allmende-Problem**: Übernutzung von **kollektiven Gütern**, also solchen, die allen zusammen gehören (z.B. Überfischung). Der Begriff stammt von der mittelalterlichen Allmende, dem gemeinsam genutzten Grund der Dorfgemeinde.
- **Negative Externalität**: Ein anderer leidet unter einer Maßnahme, z.B. ein Kartell erhöht seine Preise auf Kosten des Verbrauchers

Die Theorien aus Ökonomie und Politik sind an verschiedenen Stellen miteinander verflochten, und man hat viele Überlappungen zwischen Politik und der Ökonomie, insbesondere im Bereich der Organisations- und Managementlehre. Ein Beispiel für die Anwendung betriebswirtschaftlicher Theorien für die Politik soll hier exemplarisch vorgeführt werden, nämlich das Konzept **fit to stretch** (vgl. Osterloh).

Früher war gutes Management durch 'Fit' charakterisiert, d.h. man hatte alles richtig gemacht, wenn man genug Menschen, Geld und Zeit für ein Projekt hatte. In den Neunzigern überdachte man dies, jetzt spricht man vom 'Stretch' (Dehnen), bei dem bewusst Zeit, Geld und Personal knapp hält, um aus den gegebenen Ressourcen wirklich alles herauszuholen. Der Mangel wird hier zum System und die Ironie ist, dass es ja meistens 'irgendwie dann doch' geht. Dies führt zu einer organisationspsychologischen **Klagefalle**. Wenn Mitarbeiter über Überlastung klagen, stellen sie häufig fest, dass ihre Klagen nicht gehört werden. Dann versuchen sie, alles herauszuholen, was geht, um sich und ihr Projekt über Wasser zu halten und ärgern sich über die Chefs, die doch ‚Traumtänzer' seien oder ähnliches. Der Clou an der Sache ist, dass die Mitarbeiter genau dadurch, dass sie das Projekt trotzdem schaffen, die Behauptung, so ginge es nicht, selbst widerlegen, und so am Ende als gegenüber den Vorgesetzten als kurzsichtige Jammerlappen dastehen. Nicht umsonst sind Stresskrankheiten in modernen Gesellschaften so häufig.

Aber was haben nun 'Fit und Stretch' mit der Politik zu tun?

Als Politiker sieht man sich ständig Klagen über Überlastung und Unterfinanzierung ausgesetzt. Ein Blick in die Zeitschriften und man hat das Gefühl, der Staat stünde kurz vor dem Zusammenbruch: Mal sind es die Gerichte, mal das Gesundheitssystem, mal die Schulen, mal die Bundeswehr mit zu vielen Einsätzen usw. usw.

Da auf der anderen Seite ohnehin niemals genug Ressourcen da sind, um alle Forderungen zu befriedigen, bietet sich dann die unschöne, aber einfache Lösung an, erstmal abzuwarten, ob es nicht doch so geht, und oft geht es dann ja doch so, was zwar dann den Eindruck von abgehobenen realitätsfremden Politkern ergibt, sich diese sich aber widerstandsfähig gegen äußeren Druck erweisen. Die Mittel kann man dann immer noch einsetzen, wenn man realisiert, dass die Sache tatsächlich ernst ist, z.B. durch Schaffung neuer Stellen in einem Bereich.
Vor allem stehen Politiker vor dem Problem, dass, wenn sie zu rasch nachgeben, nur um ihre Ruhe zu haben, häufig neue Forderungen von denselben oder anderen zu kurz gekommenen Akteuren nachgeschoben werden, also rasches Nachgeben das Gegenteil von dem bewirkt, was es eigentlich bringen sollte, nämlich Ruhe. Für die Betroffenen ist es daher wichtig, mit überzeugenden und wenn möglich publikumswirksamen Fakten zu argumentieren, um ihre Anliegen auf die politische Agenda zu bringen.

Nützlich sind auch die Erkenntnisse der **Organisationssoziologie**. Übereinstimmend haben Studien gezeigt, dass die optimale Teamgröße 6-8 Mitglieder beträgt, weil in größeren Teams die Kommunikation zu kompliziert wird. Dies erklärt, wieso in größeren Runden oft Ausschüsse oder gar Unterausschüsse gebildet werden müssen.
Damit verlagert sich aber auch die inhaltliche Arbeit in die Ausschüsse und somit auch die eigentliche Politik. Das begünstigt das Phänomen, dass Politik in Hinterzimmern gestaltet wird. Wenn es sich nicht vermeiden lässt, dass wie bei internationalen Konferenzen 20 oder mehr Staaten in einer Runde sitzen, z.B. in der Europäischen Union, in der Organisation für Sicherheit und Zusammenarbeit (OSZE) oder ähnlichen Anlässen, dann kann man sich ausrechnen, dass, wenn dreißig Leute reden wollen, im Zweifel viel Zeit vergeht und wenig bei rumkommt. Deshalb werden solche Großtreffen häufig lange vorbereitetet und Positionen informell vorab geklärt. Mitunter hat man auch Informationszuträger, sogenannte **Sherpas**, die evtl. auch mit ihresgleichen aus anderen Staaten reden, um im Hintergrund Konflikte zu entschärfen und Kompromisse auszuloten. Daraus resultiert eine beachtliche **Beratermacht**.
Auch in Parteien kann der Parteitag nicht 365 Tage im Jahr tagen, irgendwann muss ja auch noch die Alltagsarbeit gemacht werden. Also liegt die Macht häufig bei irgendwelchen geschäftsführenden Gremien. Ein Extrembeispiel war die

Sowjetunion. Die kommunistische Partei der Sowjetunion KPdSU konnte auch nicht ständig tagen, also gab es das **Zentralkomitee** ZK als leitendes Gremium. Aber auch das war noch zu groß, also schuf man das **Politbüro** als geschäftsführende Einheit. Aber auch hier musste jemand die Alltagsarbeit machen, und das war der **Generalsekretär**. In der Theorie ist dies die Hilfskraft des Unterausschusses des Hauptausschusses, im wirklichen Leben konzentrierte sich hier die politische Macht, so dass die Führer der Sowjetunion natürlich diesen Posten innehatten.

Eine andere Konsequenz dieses Systems ist es, dass sich die Debatte im Parlament zwar eignet, um Positionen auszutauschen und diese der Öffentlichkeit vorzustellen, die konkrete Arbeit aber in den nicht-öffentlichen **Ausschüssen** stattfindet. Insofern sind die immer wieder aufkommenden Klagen über den leeren Bundestag und die 'faulen Politiker' nicht gerecht, denn die Ausschußarbeit sieht man nicht.
Schwierige Entscheidungen erfordern intensive Diskussion und je mehr Leute sich streiten, desto weniger kommt dabei rum. Dies hat nicht nur in der Bundesrepublik, aber eben auch dort zur Schaffung von **faktischen Entscheidungsgremien** geführt, die in der Verfassung gar nicht vorkommen: Seien es **Kanzler-** oder so genannte **Elefantenrunden**, bei denen nur die politischen Spitzen dabei sind, **Koalitionsausschüsse**, ‚Zirkel' von Vertrauten um den Kanzler bzw. die Kanzlerin. Hier kollidieren fehlende demokratische Legitimation[2] und Effizienzerfordernisse.

Schließlich und endlich kann man Gremien durch **Aufblähung** auch lähmen. Julius Cäsar ließ dereinst den römischen Senat vergrößern, um die Debatten zu chaotisieren und ungestört regieren zu können und gerade Diktaturen leisten sich riesige Vollversammlungen, die man dann um so leichter einer effizienten **Veranstaltungsregie** unterwerfen kann, bei der nur das geredet und beschlossen wird bzw. werden kann, was die Führung hören möchte. Große Versammlungen geben dann auch eine hübsche Staffage für die Medien ab.

Es wurde 2008 wiederholt gefordert, die als exklusiv empfundene **G8**, die Gruppe der führenden Industrienationen um weitere Mitglieder zu erweitern. Vor dem

---

[2] Denn eigentlich gilt formal das **kollegiale Kabinettsprinzip**, d.h. Beschlüsse werden vom Kabinett gemeinsam gefasst, und nur im unlösbaren Konfliktfalle gilt die Richtlinienkompetenz des Kanzlers als **monokratisches Kanzlerprinzip**.

Hintergrund des eben Gesagten wird dies die Probleme wahrscheinlich nicht lösen, sondern nur dazu führen, dass die wichtigen Dinge in Vorabsprachen verlagert werden.

Eine wichtige Anwendung des Rationalwahlparadigmas ist noch die **ökonomische Theorie der Politik von Downs**, der davon ausgeht, dass Wähler auch ihren Nutzen maximieren. In einem einfachen Wahlsystem versuchen Politiker ihre Parteien so aufzustellen, dass sie möglichst viele Wähler erreichen, was die Entstehung von Volksparteien erklärt. Die Parteien tendieren bei einer über das ganze politische Spektrum verteilten Wählerschaft zur Mitte, wo im Zweifel die meisten Wähler sind. Das Ziel ist die Eroberung des **Medianwählers**, also des Wählers, mit dem man 50%+1 Stimme erobert hat und regieren kann. Dies erklärt wiederum, warum sich die Volksparteien manchmal (zu) ähnlich sind. Rücken die Parteien jedoch zu sehr in die Mitte, werden die politischen Ränder nicht mehr bedient. Dann besteht das Risiko der Entstehung neuer Parteien am rechten oder linken Rand. Dies würde erklären, warum die Agenda 2010 die Entstehung der Linkspartei begründete. Also müssen Volksparteien versuchen, zumindest rhetorisch die Ränder mit abzudecken, ohne die Wähler der Mitte zu verschrecken.
An der Theorie von Downs wird unter anderem kritisiert, dass sie Wählerbindungen und Milieus übersieht, z.B. dass die Arbeiter traditionell am ehesten SPD wählen, Senioren eher konservativ wählen usw. Ein **Milieu** sind geteilte Lebens- und Problemlagen, frei nach Sido: „Mein Haus, meine Straße, mein Block, mein Revier…“. Jedoch sind sich Parteienforscher einig, dass traditionelle Bindungen an Parteien immer mehr abbröckeln, so dass die Parteien sich auf bestimmte Wählergruppen immer weniger ‚verlassen' können.

Eine weitere Anwendung ist das sogenannte **Gefangenendilemma (Prisoner's dilemma)**. Das geht so: zwei Gefangene werden verhört, und jedem wird getrennt versprochen, dass seine Strafe gemildert wird, wenn er gesteht. Wenn beide schweigen, ist die Strafe jedoch noch geringer oder vielleicht erfolgt überhaupt keine Strafe. Gesteht nur einer von beiden, ist der andere jeweils angeschmiert, denn er muss für die volle Zeit ins Gefängnis. Die Angst, was der andere wohl tut und der Druck ‚auszupacken', sind enorm.

Praktisch bedeutsam ist dies bei **Kartellen**. Solange alle dicht halten, läuft der Laden, aber wenn nur einer die Nerven verliert und auspackt, um glimpflich davonzukommen, sind die anderen dran.
Auf diesem Dilemma basiert auch die **Kronzeugenregelung**, mit der man Mitglieder krimineller Organisationen zum Ausstieg locken möchte. Sie selber kommen davon und die anderen sind dran. Kritiker der Kronzeugenregelung bemängeln, dass dadurch auch schwere Verbrechen desjenigen, der aussteigt, ungesühnt bleiben können.
Eine weitere Anwendung ist das **Chicken Game**, ursprünglich eine Mutprobe, bei der zwei Autos aufeinanderzurasen und jeder darauf setzt, dass der andere zuerst die Nerven verliert und wie ein ängstliches Huhn (chicken) beiseite springt. Wenn keiner nachgibt, kann es natürlich zum Crash kommen, was den ‚Reiz' des Spieles ausmacht. Auf die Politik übertragen heißt dies: Wenn man der Gegenseite droht, muss man erstens glaubwürdig und entschlossen erscheinen, damit der andere beiseite springt und nachgibt. Jedoch hatte man sich klar zu machen, wie bereit man selber gehen will, das wäre schlimmstenfalls im kalten Krieg der atomare Schlagabtausch gewesen. Beim Konflikt Kennedy-Chrustschow um die Raketen in Kuba, wo man sich gegenseitig mit Atomkrieg drohte, sprang nicht nur Chrustschow beiseite, indem er die Raketen wieder abzog, Kennedy ließ im Gegenzug auch Raketen aus der Türkei abziehen und der Atomkrieg fiel zum Glück aus….

Handlungen, bei denen Zug und Gegenzug nach Regeln erfolgen, fasst man auch als **Spiele** auf und die zugehörige Theorie als **Spieltheorie**. Studien haben gezeigt, dass in Spielen, in dem man mit dem anderen kooperieren oder ihm schaden kann, die Strategie **tit for tat** (wie Du mir, so ich Dir) in vielen Situationen erfolgreich war. Tit for tat ist nicht, wie viele glauben, die Logik von Rache und Vergeltung, sondern, wenn der andere einen positiven Zug macht, sollte man diesen auch erwidern, selbst dann, wenn man in der Runde davor versucht hat, sich gegenseitig zu schaden. Man hat gesehen, dass mit tit for tat sogar Kooperationen zwischen West und Ost möglich waren, denn nachdem ein Austausch von Spionen auf der Berliner Glienecker Brücke erfolgreich war, tauschte man immer mehr Spione aus, was den Staaten und den Agenten, die so die Chance bekamen, die Heimat wiederzusehen, das Leben trotz der Spionage erleichterte. Tit for tat kann die Basis für **Vertrauen** sein, d.h. die Annahme, dass man aufgrund der bisherigen

Erfahrungen davon ausgehen kann, dass auch der nächste Zug desjenigen, dem man vertraut, kooperativ sein wird und Zusagen daher glaubwürdig sind. Gerechtfertigtes Vertrauen erspart Kontroll- und Überwachungskosten, manchmal genügt dann ein Handschlag, wo andernorts Anwälte monatelang an Verträgen feilen müssen.

Die Spieltheorie kennt noch viel mehr Anwendungen, von denen hier noch zwei erwähnt werden sollen, der Kampf der Geschlechter (**battle of the sexes**), bei dem eine Situation vorliegt, wo einer der Beteiligten in einer Entweder-oder-Situation zurückstecken muss. Zurückstecken kann sich dann lohnen, wenn es später noch genug Gelegenheiten gibt, wo die andere Seite einem einen Gefallen tun kann oder muss, was man auch den **Schatten der Zukunft** nennt.
Ein wichtiges Problem stellen auch sogenannte **Vetospieler** dar, das sind bei Verhandlungen oder Abstimmungen solche Akteure, an denen man nicht einfach vorbeikommt. Diese kann entweder einbinden, in dem man ihre Forderungen berücksichtigt oder ihnen dafür etwas gibt (politischer Tauschhandel als **bargaining**, in einigen Ländern so als Stimmentausch (**logrolling**) im Sinne von „Stimmst Du hier für mich, stimme ich beim nächsten Mal für Dich...“) oder sie hereinlegt, was sehr riskant ist, oder Überzeugungsarbeit (**arguing**) leistet. Bargaining und Arguing spielen auch in **Netzwerken** eine Rolle, bei denen Akteure z.B. wegen eines konkreten politischen Problems (**issue-spezifische Netzwerke**) miteinander reden und handeln. Netzwerke können sich durch längere Zusammenarbeit auch verfestigen und so dieselbe Bedeutung erlangen wie offizielle formale Organisationen.

Eine generelle Kritik an den Überlegungen des Rationalwahlparadigmas wird von John Rawls geübt, der in der **Theorie der Gerechtigkeit** behauptet, dass die Menschen Ungleichheit ablehnen, wenn sie unter einem Schleier des Nichtwissens leben würden, d.h., wenn sie nicht vorher wüssten, welche Position sie in einer Gesellschaft haben werden. Ungleichheit wird demnach nur von jenen akzeptiert, die wissen, dass sie von dieser profitieren werden. Die Kritiker von John Rawls meinen wiederum, dass dieser ein pessimistisches Weltbild vertrete, auch ein nicht wissender Mensch würde, um Entwicklungschancen haben zu können, nicht für völlige Gleichheit plädieren.

2.4.2 Überzeugungen und Werte -Konstruktivistisches Wissensparadigma

2.4.2.1 Die soziale Konstruktion der Wirklichkeit

Dieses Konzept wird vor allem von Soziologen vertreten, so wie das Rational Choice Paradigma vor allem von Ökonomen vertreten wird.

Die Ausgangsüberlegung ist grob vereinfacht wie folgt: Eine Gesellschaft ist weit mehr als die Summe der Individuen. Der Einzelne wird in eine schon bestehende Gesellschaft hineingeboren und mit deren Erfahrungen, Normen und Werten konfrontiert. Diese wirken auf den Menschen, wahrend er in die Gesellschaft hineinwächst (**Sozialisation**) und beeinflussen seine Sichtweise der Dinge. Oder wie ein Soziologe mal gefragt hat: Was ist es, dass uns daran hindert, im August einen Tannenbaum ins Wohnzimmer zu stellen und bei dieser Gelegenheit Schokoladenhasen zu verzehren?

Ein klassisches Beispiel ist die Sozialpolitik, deren Pendel schon seit den alten Römern (damals als Problem der sog. Getreideempfänger[3], in vielen Staaten später als „Armenpolitik") zwischen **Fordern und Fördern** schwankt. Je mehr man davon ausgeht, dass die Sozialbedürftigen Opfer gesellschaftlicher oder ökonomischer Umstände sind, desto eher wird man die Sozialpolitik ausbauen, um den Betroffenen zu helfen und um die Gesellschaft zu stabilisieren = „fördern".

Je mehr man davon ausgeht, dass der/die Einzelne selbst verantwortlich/schuld ist, desto eher wird man die Leistungen drosseln, um keine falschen Anreize zu setzen = „fordern".

Diese Debatte blieb ungelöst und das Pendel schwingt nun schon seit Jahrtausenden, das alte England betrieb z.B. schon lange ‚**Armenpolitik**', zwischen der Sichtweise von Armen als ‚selbst schuld', weshalb man sie antreiben müsse und ‚Opfer gesellschaftlicher Umstände', weshalb die Hilfe im Vordergrund stehen müsse, hin und her. Es scheint so zu sein, dass es die einzig wahre Position nicht gibt und die Menschen nicht umhinkönnen, ihre eigene Sichtweise und damit auch ihre Wertvorstellungen und Überzeugungen zum Maßstab des Handelns machen.

So kommen wir zu der Kernaussage: Es gibt eine Kluft zwischen der Wirklichkeit und den Deutungen der Wirklichkeiten, weil man sie durch die Brille der eigenen

---

[3] Mit der Lex Sempronia frumentaria führte der Volkstribun Gaius Gracchus 123 v. Chr. die regelmäßige und staatlich kontrollierte Abgabe von Getreide an die römische Bevölkerung ein. Jeder Berechtigte erhielt monatlich die festgelegte Menge Getreide von 5 modii, was etwa 33 kg ungemahlenem Weizen entsprach.

Überzeugungen sieht (bzw. Parteien durch die Brille ihrer politischen Weltsicht). Man spricht auch von der **sozialen Konstruktion der Wirklichkeit**.
In politischen Organisationen ist **organisierte Deutungsarbeit** notwendig, d.h. man muss sich in Debatten klar werden, was zu tun ist, und warum, und politisches Handeln setzt demzufolge die Deutung der Wirklichkeit (also der z.B. der Frage, wer oder was an der Arbeitslosigkeit ‚schuld' ist) voraus. Politische Ideen sind nicht frei von Interessen, man kann ein politisches Programm auch nutzen, um sich an die Macht zu bringen, aber Ideen lassen sich nicht lediglich auf Interessen zurückführen. Umso wichtiger ist der Kampf um Begriffe und Worte (Begriffe und Themen „besetzen", in dem man die eigenen Vorschlage mit dem Begriff verknüpft, „Hoheit über den Stammtischen", die „Debatte an sich ziehen" usw.).

2.4.2.2 Der Mensch in der Gesellschaft

Das Konzept des **Homo sociologicus** sieht den Menschen als gesellschaftliches Wesen mit sozialen **Rollen** (gesellschaftlich definierten Verhaltenserwartungen), die ihrerseits von Normen, von Erwartungen und von sozialen Sanktionen anderer geprägt werden (Dahrendorf). Der Mensch ist **sozial eingebettet**, was ihm auch Halt gibt (Durkheim). Habermas hatte am Rollenkonzept kritisiert, dass Rollen nicht nur **integrativ** wirken, sondern auch **repressiv**, indem der Mensch eben das tun soll, was andere von ihm erwarten und auch Macht transportiert, denn es gibt Leute, die Rollen definieren und solche, die sie ausüben müssen (**role making** and **role taking** nach Turner, sogenanntes **Diskrepanztheorem**), so dass für Habermas eine kritische Distanz zu dem, was man tut, hilfreich sein kann.

Der Aufbau der Gesellschaft:

Nachdem zunächst Familien und Dorfgemeinschaften das Leben der Menschen prägten (sogenannte **segmentäre Gliederung** in Clan-Dorf-Familie-Stämme), bildeten sich in den Staaten **Stände**, d.h. gesellschaftliche Positionen, in die man hineingeboren wurde, wie Adel und Klerus gegenüber Kaufleuten und Bauern im Mittelalter, mit dem Aufkommen der Industrie und des Bürgertums dann **Schichten**, bei denen verschiedene Merkmale wie Bildung, Sozialstatus und Einkommen bedeutsam sind, oder in anderer Sichtweise **Klassen**, bei denen der Besitz der Produktionsmittel die Menschen in Arbeiter/Bauern und Unternehmer oder im Marx'schen Sinne Proletarier und Kapitalisten teilt. Wie dem auch sei, die Gliederung in Stände-Schichten-Klassen nennt sich **stratifikatorisch** (geschichtet).

Manche meinen, dass auch das überholt wäre, und stattdessen eine **funktionelle Gliederung** der Gesellschaft in Subsysteme wie Politik, Recht, Kunst usw. das Bild prägt.
Einig sind sich die Theoretiker aber weitgehend, dass ein genereller Trend zu mehr Differenzierung besteht, wobei aber Strata (wie z.B. die Schichten) und Segmente (wie z.B. die Clans) fortexistieren, wobei die Industriestaaten als ‚**Zentrum**' und die Entwicklungsländer als ‚**Peripherie**' unterschiedlich weit differenziert sind.

Soziologischer Möglichkeitenraum (Bourdieu)
Pierre Bourdieu war ein führender französischer Soziologe, der unter anderem mit dem Werk „Der feine Unterschied" ein Konzept entwickelte, bei dem frühzeitig erlernte Sichtweisen, kurz gesagt, der geistige Horizont, und das resultierende Auftreten (den **praktischen Sinn**) den Einzelnen in seine gesellschaftliche Position bringen, aus der er dann nur sehr schwer wieder rauskommt. Diese Position wird durch den Lebensstil verfestigt, der dann zeigt, ob man eher gehoben oder direkt gesagt ‚prollig' ist.
Formal spricht Bourdieu vom **Habitus** und definiert diesen als in der Sozialisation erworbenes Bündel von Dispositionen, der Regelmäßigkeit, interaktives Funktionieren und die kollektive Geltung der sozialen Praxis ermöglichen. Der ist jedoch ein System von Grenzen, insbesondere, wie er sagt, *Grenzen des Gehirns.*
Neben dem Habitus spielen auch die **Ressourcen** eine Rolle, über die das Individuum verfügt, Bourdieu gliedert diese Ressourcen in **ökonomisches Kapital** (Vermögen), **kulturelles Kapital** (Bildung), **soziales Kapital** (Beziehungen, ‚Vitamin B') und **symbolisches Kapital** (Titel, Zertifikate etc.).
Im Ergebnis wird das Individuum, je nach dem wie es ist und was es hat, in einer bestimmten gesellschaftlichen Position landen. In Deutschland wurde Bourdieu lange Zeit nicht so gern gesehen, weil seine Theorie als zynisch galt, nach dem Motto: ‚Schuster bleib bei Deinen Leisten'. Er erstellte zum Beispiel Tabellen, an denen man ablesen konnte, welche Getränke oder Hobbies 'prollig' waren und welche nicht. Bei oberflächlicher Betrachtung könnte man Bourdieu so deuten, als wenn er die Verhältnisse als im Kern unveränderlich betrachtet. Bourdieu vertrat aber den Standpunkt, dass eine schonungslose Analyse der gesellschaftlichen Verhältnisse nötig sei und zwar auch auf die Gefahr hin, dass einem die Ergebnisse nicht gefallen, weil nur so wirklich etwas verändert werden könne. Bourdieus Anliegen war, wie man sieht, also keineswegs konservativ.

In Deutschland jedenfalls wurde lange Zeit die **These der nivellierten Mittelschichtsgesellschaft** von Schelsky bevorzugt, nach der die Gesellschaft der Tendenz nach eher **egalitär** (gleichheitsorientiert) war. In den deutschen Kommunikationswissenschaften gab es aber schon länger einen Bezug zu Bourdieu, nämlich die Theorie vom **elaborierten Code**, d.h. der verfeinerten Sprache der höheren Schichten im Unterschied zum einfachen **restringierten Code** der unteren Schichten, durch die man beide unterscheiden kann und was für die Kinder der Unterschicht zum Aufstiegshindernis werden kann. Die Zahl der Worte, die ein Kind lernt und anwendet, ist umso höher, je höher die soziale Schicht ist. Folge ist, dass die Ausdrucksmöglichkeiten der sozial schwächeren Kinder unabhängig vom geistigen Potential häufig begrenzter sind, und sie deshalb in Diskussionen in einer schwächeren Position sind.

und/oder?

Definition der Schichten durch individualistische Ausgestaltung des eigenen Lebensstils

Schulze verfolgte in seinem in den Neunziger Jahren viel diskutierten Werk „Erlebnisgesellschaft“ einen anderen Ansatz, bei dem das Individuum letztlich das ist, was es aus sich macht, d.h. der Mensch ist aktiver Gestalter seines Lebens und seine Lebensstils. „**Erlebnisgesellschaft**" meinte eine auf Glück und auf Genuss ausgerichtete gegenwartsorientierte Konsumgesellschaft, die zunehmend auf Solidarität, Anstrengung, Geduld und Askese verzichtet.

Ausgangspunkt der Überlegungen was der **Wertewandel**, d.h. der Wandel von materiellen zu **postmateriellen (postmaterialistischen)** Werten in den Achtzigern, von Karriere/Einkommen zu Lebensqualität und Freizeitorientierung etwas, was man heute so schön als **work-life balance** kennt. Geld und Karriere sind schön, aber es soll noch Zeit für Familie und Hobbies bleiben. Der Wertewandel war unter anderem vorher schon von Klages untersucht worden, der einen Wandel von später als **‘Sekundärtugenden’** bezeichneten Werten wie Pflichtverständnis und Gehorsam zu Selbstverwirklichung und Hedonismus (Befriedigung eigener Bedürfnisse) konstatierte.

Durch das Aufkommen der Verhütungspille Ende der Sechziger Jahre kam auch die sogenannte **sexuelle Revolution** hinzu, bei der man erstmals Sex haben konnte,

ohne deshalb gleich Kinder zu bekommen[4] und die zusammen mit der **Reform des Scheidungsrechts** in den Siebziger Jahren die Zwänge, sich an einen bestimmen Partner zu binden, nicht beseitigte, aber doch merklich reduzierte. Diese Individualisierung schlug sich in einer höheren Scheidungsrate, aber auch in dem Aufkommen der früher seltenen **Singles** und neuer Phänomen wie des Lebensabschnittsabgefährten nieder, auch die Zahl der Alleinerziehenden ist gewachsen. Die stetig fortschreitende **Säkularisierung** (Verweltlichung) führte zu einem deutlichen Rückgang der Kirchenmitglieder.
Schulze definiert 5 verschiedene **Erlebnismilieus**:
1) Das **Niveaumilieu** entspricht am ehesten bildungsbürgerlichen Vorstellungen
2) Das **Harmoniemilieu** steht dem Unterhaltungsbedürfnis der Arbeiterschicht nahe, das früher für Heimatfilme und Volksmusik stand.
3) Dem **Selbstverwirklichungsmilieu** werden **Hedonismus** (Genußorientierung) und **Narzismus** (Selbstverliebtheit, hier im Sinne von Selbstbezogenheit) zugeschrieben.
4) Das **Unterhaltungsmilieu** ist an Spannung- und Action-interessiert (hier finden sich gemäß der Theorie die Liebhaber von Computerspielen und Action-Videos wieder), während
5) das **Integrationsmilieu** alle Unterschiede zwischen Unterhaltungs- und ernsthafter (U- und E)-Kultur ignoriert und sich aller Stilemente der vorgenannten Milieus bemächtigt.

und/oder?

Mehr **materialistisch ausgelegte Fassungen** = Klassen statt Schichten
Die in den 90er Jahren und danach weithin akzeptierte These, dass die Schichtzugehörigkeit mit dem Selbstverständnis und dem selbstgewählten Lebensstil zu tun hat, wird zunehmend angezweifelt.
Materialistische Sichtweisen der Debatte sind wieder auf dem Vormarsch, die in loser Anknüpfung an Marx davon ausgehen, dass das Sein das Bewusstsein prägt, wobei nicht so sehr auf die Produktionsverhältnisse oder gesellschaftliche Gesetzmäßigkeiten abgestellt wird, sondern darauf, dass das (knappe) Geld

[4] Natürlich gab es schon andere Verhütungsmethoden, die aber immer noch eine beachtliche Zahl von 'ungeplanten' Babys mit sich brachten und bringen.

maßgeblich den Lebensstil und die Möglichkeit zur gesellschaftlichen Teilhabe bestimmt: „Ohne Moos nichts los!“

Die Scoring–Systeme der Banken (d.h. Punkteskalen zur Ermittlung der Kreditwürdigkeit wie z.B. der **Informa-Score**) und das Marketing teilen diese Sichtweise, in dem sie unter anderem davon ausgehen, dass Wohngebiete entgegen den Wünschen der Politiker in der Regel sozial entmischt sind und die ökonomischen Leistungsparameter und die Lebensumstände in direkter Verbindung stehen „Sag mir wo Du wohnst und ich sag Dir wer Du bist“ oder wie es eine Zeitung mal ausdrückte: „Wehe, Du wohnst am Bahnhof“...In der These, dass das (knappe) Geld maßgeblich den Lebensstil und die Möglichkeit zur gesellschaftlichen Teilhabe bestimmt, werden sich Marxisten und Kapitalisten paradoxerweise immer einiger.

Tab. 3 Zahlen und Fakten zur sozialen (Un)Gleichheit

Bruttojahreseinkünfte in Deutschland	Personen
5,0 Mio. und mehr Euro	1067
2,5 bis 5,0 Mio.	2090
1,0 bis 2,5 Mio.	9347
0,5 bis 1 Mio.	24242
375000-500000	22286
250000-375000	62445
175000-250000	120967
125000-175000	250947
75000-100000	364217
50000-75000	3,19 Mio.
37500-50000	3,60 Mio.
30000-37500	3,34 Mio.
25000-30000	2,87 Mio.
20000-25000	2,90 Mio.
15000-20000	2,55 Mio.
10000-15000	2,37 Mio.
5000-10000	2,52 Mio.

2500-5000	1,18 Mio.
unter 2500	2,45 Mio.

Spiegel 19/2006, FAZ, Zeit 2008

Die obigen Daten enthalten unter anderem die folgenden Informationen: Die Verdienstpyramide wird bei 75.000 Euro plötzlich deutlich kleiner, weil ab dort die Führungskräftegehälter beginnen. Der Grund ist, dass selbst Fachspezialisten in der Regel nicht mehr verdienen, es sei denn, sie sind Führungskräfte.
Die Tabelle zeigt außerdem ‚nur' knapp 30 Millionen Menschen, was bedeutet, dass der Rest der deutschen Bevölkerung hiervon leben muss, sei es z.B. als Kind in einer Familie oder als Bezieher von Transferleistungen aus den Systemen der sozialen Sicherung.

Tab. 4 Bruttolöhne abhängig Beschäftigter inkl. Einmalzahlungen (inflationsbereinigt)

Angaben in Euro	1994	2004
ärmste 10%	1033	1053
mittlere 10%	2141	2409
reichste 10%	5304	6206
oberstes %		8000 und mehr (2006)

Die Bruttolohnentwicklung zeigt, dass der Befund der FAZ und der Hans-Böckler-Stiftung, dass die Löhne seit Ende der Achtziger Jahre stagnieren, differenziert gesehen werden muss. In den unteren Lohnklassen sind die Bruttolöhne konstant, die Nettolöhne hingegen gesunken, wobei dies in der Regel nicht durch Lohnkürzungen, sondern durch niedrigere Eingruppierung bei Neueinstellung und ähnliche Mechanismen geschieht. Eine deutliche Aufwärtsentwicklung gab es dafür in den obersten Lohngruppen.

Tab. 5 Einkommenssteueraufkommen

2006 zahlten die reichsten x% zusammen y% der Einkommenssteuern...

X	y
5	41,1
10	52,9
15	61,0
20	67,5
30	77,4
40	85,1
50	**91,7**

Diese Graphik verweist auf ein zentrales Problem der Politik: Die unteren 50% zahlen mangels großen Einkommens nur sehr wenig Steuern, und schon fast die halbe Steuerlast wird von den oberen 10% getragen: Daraus ergibt sich das praktische Problem, dass bei vielen nur wenig zu holen ist, aber nur bei wenigen viel zu holen ist.

Ungleichheitsanalysen der ZEIT 2008

Es gibt verschiedene Aspekte der materiellen Ungleichheit:

Frauen:

2006 lagen die Bruttoverdienste noch 25,4% (bei Arbeitern) und 28,4% (bei Angestellten) unter denen der Männer

Migration: (nein vs. ja): Abitur 29 vs. 15%, Realschule 40 vs. 24%, Hauptschule 27 vs. 58%, die Ausländerarbeitslosigkeit betrug 2007 20,2% versus 9,0% Deutsche

Rentner: Monatsrente nach 40 Jahren 2007 bei durchschnittlich 1050 Euro

Armut: weniger als 60% des Durchschnittseinkommens hatten 2000 12%, 2006 18,3% der Bundesbürger

Vermögensverteilung: die unteren 10% sind verschuldet, die nächsten 20% haben ‘nichts’, das zweitoberste Zehntel ca. 20% des Gesamtvermögens, das oberste knapp 60% des Gesamtvermögens (DIW 2007)

Regionen: Kinder unter 15 Jahren in Hartz IV-Familien im Jahr 2006 Berlin 37%, Bayern 8,1%

Dazu Alleinerziehende: Diese haben eine deutlich nach unten verschobene Einkommensverteilung.

Kritiker werfen daher die Frage auf, ob die Definition von Milieus, die die gesellschaftliche Position auch an der Einstellung der Menschen zum Leben festmachen, nicht vor allem Wunschdenken sei, mit denen unangenehme Wahrheiten abgemildert würden. Man spricht in dem Zusammenhang mal von **Würdeasylen**, in die sich die Menschen (aus der Realität) zurückzögen. Die Studie von Skopek 2007 konstatiert eine zunehmende Entmischung der Schichten im Bezug auf Wohnviertel, materielle Ausstattung, Lebensstil, Bildungsorientierung, Schulform, Berufe und Ehepartnerwahl. Die Studie des Darmstädter Soziologen Hartmann stellte fest, dass 85% der deutschen Spitzenmanager aus Elternhäusern der oberen 3,5% der Gesellschaft stammen (aber: Ex-Bundeskanzler Schröder entstammt aus einer Arbeiterfamilie).
Dies hat zum Begriff der sogenannten **Gentrifizierung** geführt, d.h. der These, dass die Schichten immer undurchlässiger werden, immer mehr unter sich bleiben und somit die Geburt immer stärker über die Lebenschancen entscheidet. Der Ausdruck **gentry** bezieht sich eigentlich auf den englischen Adel, wobei die normannischen Eroberer Englands nach der Schlacht von Hastings 1066 lange unter sich blieben und der Adel sehr große Distanz zum Volk hielt. Wegen seiner Schärfe ist der Ausdruck Gentrifizierung in der Diskussion umstritten, jedoch wird die These, dass Herkunft und genetische Eigenschaften eine wesentliche Rolle für der Eignung als Führungskraft eine Rolle spielen, zunehmend vertreten[5].

Gesellschaft im Spiegel der Debatte

In dem Zusammenhang ist das Verschwinden des Begriffes der **Leistungsgesellschaft** interessant. Dieser in den Achtziger Jahren noch ständig in den Medien und Gesprächen benutzte Begriff sollte verdeutlichen, dass die Unterschiede in der Bundesrepublik durch Leistung bedingt sind, d.h. die Eliten vor allem Leistungseliten sind und somit jeder Bundesbürger, wenn er/sie nur genug leistete, den Aufstieg schaffen konnte. Nach der Wiedervereinigung verschwand dieser Begriff relativ rasch, obwohl die meisten, seien es Unternehmer oder Arbeiter, wahrscheinlich heute unter größerem Leistungsdruck stehen als in den stabilen Achtzigern. Insofern sollte dieser Begriff aktueller denn je sein, aber er sollte eine nun nicht mehr nötige Abgrenzung gegenüber der DDR ermöglichen, die stets die

[5] Vgl. FAZ 24./25.11.2007, SZ 12.102.2007

Gleichheit betonte. Die DDR hielt der Bundesrepublik die Ungleichheit vor, obwohl in der DDR die Unterschiede mit der Zeit langsam wuchsen[6].
In den Neunzigern kam dafür ein neuer, heute ebenfalls kaum noch verwendeter Begriff auf, der des **McJob**. Damit meinte man minderwertige, schlecht bezahlte[7], heute würde man sagen, '**prekäre**' Arbeit in Abgrenzung zu richtigen, anständig bezahlten Aufgaben. Der Ausdruck McJob war zunächst auf einfache Tätigkeiten bei McDonalds gemünzt.
Nach der Jahrtausendwende sind die Ansprüche gesunken, heute gilt es als Erfolg, wenn Menschen ‚sozialversicherungspflichtige Tätigkeiten' haben, etwas, was früher wegen seiner Selbstverständlichkeit nicht so oft betont worden wäre.
Eine andere Form der Ungleichheit wurde vom Soziologen Beck im Buch „**Risikogesellschaft**" thematisiert, das in den Achtzigern viel diskutiert wurde und in dem These vertreten wurde, dass Ungleichheit auch darin besteht, dass die potentiellen Vorteile von **Risikotechnologien** wie der Atomkraft und der Gentechnologie nur weniger (den Produzenten) zugute kämen, die Risiken aber von allen getragen werden müssten. Kritiker bestreiten dies und tragen vor, dass z.B. von gentechnischem Insulin sehr viele Menschen profitiert hätten. Diese Debatte ist nach wie vor im Gange.

2.4.3 Genetik und Neurobiologie als alternative Erklärungen?

2.4.3.1 Einführung

Genetik

Stollorz-These: „Die Gene setzen Dir enge Grenzen für das, was Du werden kannst".
Der deutsche Soziologenkongress 2006 in Kassel konstatierte das Vordringen biologischer Gesichtspunkte in gesellschaftliches Denken und Handeln.
Die zentrale Diskussion dreht sich um die Frage, ob und in wieweit Gene einen **Möglichkeitenraum** für menschliches Denken und Handeln definieren, also die äußeren Grenzen, wozu ein bestimmter Mensch in der Lage wäre. Zunächst einmal ist festzuhalten, dass zwiebelschalenartig ineinander liegende physikalisch, biologisch, soziale Möglichkeitenräume denkbar sind.

---

[6] Um diese nicht zu deutlich werden zu lassen, verzichtete die DDR in den späten Achtzigern auf die Einführung der schon gedruckten 200 und 500 Mark der DDR-Scheine.
[7] Menschen, die so schlecht verdienten, dass sie davon nicht leben konnten, nannte man deshalb **working poor**.

In den Genen manifestieren sich zunächst physikalische Grenzen, die in sog. **Homöobox**-Genen konserviert sind, z.B. die Zahl der Wirbel in der Wirbelsäule. In dem physikalischen Möglichkeitenraum, an dessen Grenzen Menschen normalerweise gar nicht kommen, befinden sich biologische Grenzen, die selbst durch intensivste Förderung und Training nicht überwunden werden können. Dies betrifft zum Beispiel die Muskelmasse, die dann ab einem genetisch fixierten individuellen Maximum nur mit Doping durch anabole Steroide noch erweitert werden kann. Die Gene definieren nur die äußersten Grenzen, beim Auto würde man sagen, die maximale Drehzahl.

Die nächste 'Schale' wäre ein soziologischer Möglichkeitenraum, der beschreibt, was Menschen in der Interaktion mit anderen Menschen tun bzw. erreichen können (Bourdieu). Der Habitus ist jedoch ein System von Grenzen, insbesondere Grenzen des Gehirns.

Die Überlegung, dass Gene möglicherweise Verhalten direkt festlegen können, mündete in die im angloamerikanischen Raum mit Hochdruck betriebene **Verhaltensgenetik** (**behavioural genetics**). Die Analysen versuchen den Zusammenhang zwischen Genotyp (vorliegendem Gen), der konkreten Ausprägung (Phänotyp) und der Umwelt bzw. der Interaktion zwischen Genen und Umwelt herauszuarbeiten. Der ‚bottom-up'-Ansatz geht von einem wichtigen Gen aus, sucht dann nach dessen Defekten und Varianten mit den Folgen für Betroffene. Der ‚top-down-Ansatz' geht vom Verhalten der Individuen aus und versucht dann genetische Gemeinsamkeiten aufzuspüren. Tierversuche erweisen sich wegen der anderen Nutzungsmuster und -dauern von Genen als wenig aussagekräftig. Bei den häufig hohen Verhaltensähnlichkeiten zwischen Zwillingen und Verwandten ist zu berücksichtigen, dass sich zusammenlebende Fremde auch aufeinander einstellen. Gesichert werden konnte bisher nur ein Zusammenhang (**Korrelation**) von r = 0.4 zwischen Gehirngröße und Intelligenz, d.h. 40% der gefundenen Intelligenz lassen sich mit der Gehirngröße erklären.

Bei Heimkindern mit Hyperaktivität, Lernbehinderung und autistischen Tendenzen fanden sich gehäuft genetische Defekte. Bei antisozialem Verhalten im Sinne gängiger psychologischer Skalen (z.B. Aggression) zeigte sich in verschiedenen Studien durchgängig ein genetischer Einfluß von r =0.3-0.5 und zwar je näher an 0.5, je gründlicher die Studien designt waren. Zusammenfassend liegt also keine vollständige genetische Determinierung menschlichen Verhaltens vor. 50%

Wahrscheinlichkeit für aggressives Verhalten bedeuten umgekehrt auch, dass 50% durch Umwelteinflüsse bedingt sind.
Die Vorstellung, menschliches Verhalten könnte durch Gene bestimmt sein, stößt bei vielen Menschen auf Ablehnung, weil dies die Fähigkeit, über sich selber zu entscheiden, in Frage stellt, aber auch die Möglichkeit, Menschen und die Gesellschaft durch politische Maßnahmen, Erziehung oder ähnliches zu beeinflussen.
Kritiker meinen, dass dies unlogisch sei, denn wieso sollten die Gene, die ganz selbstverständlich die körperlichen Eigenschaften bestimmen, vor der imaginären Grenze des Verhaltens Halt machen? Bei Zuchthunden stelle auch niemand in Frage, dass die Rasse, also die genetische Kombination, auch den Charakter der Hunde präge, wobei da wiederum entgegengehalten wird, dass der Mensch durch seine Fähigkeit zum abstrakten Denken nicht vergleichbar sei. Überhaupt werde die Genetik der Komplexität menschlichen Lernens und Handelns in keiner Weise gerecht, sondern gesellschaftliche Missstände würden mit unabänderlicher Biologie als genetisch bedingt gerechtfertigt.
In Frankreich hat eine Studie des Insant-Institutes für das französische Innenministerium eine Debatte über „**aggressive Embryos**" ausgelöst. In der Studie wird die Frage der Erblichkeit von Gewaltneigung diskutiert und konkret gefordert, Kinder aus schwierigen Milieus schon während der Schwangerschaft in Beobachtungsprogramme einzubinden, um so früh wie möglich ggf. psychotherapeutisch und -pharmakologisch eingreifen zu können. Kritiker sprechen von einer Formierungsideologie. Sarkozy hat nach seiner Wahl zum französischen Präsidenten wiederholt bekräftigt, dass es Menschen gäbe, die aus genetischen Gründen nicht besserungsfähig wären.

Neurobiologie

Das Habitus-Konzept deckt sich mit den Theorien der Neurowissenschaften in vieler Hinsicht. Diesen Theorien zufolge entscheidet das Gehirn eines Menschen aufgrund der vorgegebenen Hirnstruktur und der Summe der vorhandenen Informationen und Erfahrungen. Dies steht noch nicht im Widerspruch zur Sozialisation, denn man könnte argumentieren, dass die Sozialisation eben jede Informationen und Erfahrungen vermittelt, auf deren Grundlage das Gehirn entscheidet.

Die Neurobiologen gehen jedoch davon aus, dass das Gehirn quasi automatisch entscheidet und diese Entscheidung dann erst in das Bewusstsein bringt, sie wird sozusagen **nachträglich repräsentiert**. Der Mensch glaubt also nur, sich frei zu entscheiden, in Wirklichkeit erscheinen vor dem geistigen Auge nur die Ergebnisse vorgeplanter Entscheidungsabläufe.
Der freie Wille wäre dann anders in der Soziologie *nur eine Illusion.*
Für diese These spielt das sogenannte **Libet-Experiment** eine wichtige Rolle, bei dem ein Mensch einen Gegenstand greifen sollte und dabei seine Hirnaktivität gemessen wurde. Der Bewegungsentwurf war im Gehirn jedoch schon fertig, bevor das für den Intellekt zuständige Frontalhirn aktiv wurde. Der Zeitabstand betrug zwar nur einen Millisekundenbruchteil, aber moderne Versuchswiederholungen zeigen, dass der Abstand zwischen Entscheiden und Denken wahrscheinlich noch deutlich größer ist[8].
Umstritten ist, welche Konsequenzen der fehlende freie Wille für eine Gesellschaft hätte. Letztlich wäre jeder Mensch immer noch Individuum und an der politischen Vielfalt und Komplexität der Gesellschaft würde sich nichts ändern. So gesehen würde sich selbst wenn sich das als uneingeschränkt wahr herausstellen sollte, gar nichts Wesentliches ändern.
Immanuel Kant hat dies jedoch schon im 18 Jahrhundert sehr viel kritischer gesehen: Kant versuchte in der **Kritik der reinen Vernunft** den Widerspruch zwischen dem zeittypischen Denken in Kausalitätsketten und dem freien Willen als moralischer Instanz aufzulösen. Dazu betrachtet er den Mensch aus doppelter Perspektive. Zum einen sieht er den Mensch als "Naturwesen". Hier unterliegt er den Naturgesetzen, also dem Ursache-Wirkungs-Prinzip. Als Naturwesen wird er von Trieben, Instinkten, Gefühlen und Leidenschaften gesteuert. Seiner Meinung nach ist der Mensch aber auch Vernunftwesen, damit hat er die Möglichkeit, der mechanischen Kausalität zu widerstehen, und sich an moralischen Prinzipien zu orientieren. Dadurch ist der Mensch überhaupt frei, sonst wäre er eine Art Mechanismus. Freiheit ist für Kant nicht Willkür, sondern die Freiheit, Gesetzen zu folgen, die sich die Vernunft selbst gegeben hat.

Moralisch ergibt sich noch ein anderes Problem: Wenn der Mensch nicht wirklich frei entscheidet, wie sind dann Verbrechen zu beurteilen? Sind Mörder also wissentliche und willentliche Killer oder sind sie in Wahrheit nur eine Art ‚defekte

---

[8] Vgl.; u.a. Die Zeit 17.04.2008

Automaten', die in bestimmen Situationen eben automatisch die falschen Entscheidungen treffen? Wenn Letzteres wahr wäre, sind diese Menschen dann überhaupt schuld, denn setzt Schuld[9] nicht Einsicht in das eigene Handeln voraus? Welche Funktion hätte dann noch die Strafe? Konsequenterweise müsste man Menschen, die sich nicht ändern können, nicht wegen der Verbrechen, die sie begangen haben, sondern wegen der Verbrechen, die sie in Zukunft noch begehen könnten, einsperren. Es erscheint unlogisch, Menschen wegen zukünftiger noch gar nicht begangener Taten einzusperren, jedoch genau auf dieser Überlegung beruht die **Sicherungsverwahrung**, nach der man Menschen, deren Prognose ungünstig ist, weiter in Gewahrsam hält, mitunter lebenslänglich. In der Praxis nehmen Sicherungsverwahrungen und auch die Akzeptanz für das Konzept immer mehr zu.

2.4.3.2 Studienwahl-Theorien

Die gängige Erklärung ist nach wie vor, dass sich Menschen für diejenigen Fächer entscheiden, von denen sie vermuten oder aus Erfahrung schon wissen, dass sie ihren Fähigkeiten und Interessen am ehesten entsprechen=>eine Deutung, die dem Rationalwahlparadigma am nächsten kommt.

Die 3 alternativen soziologisch/genetischen Erklärungen versuchen statistische Auffälligkeiten zu deuten, nämlich schichten- und geschlechterspezifische Differenzen bei der Studienfachwahl, der Diskurs hierzu ist noch völlig unentschieden:

These 1 (Koppetsch) *Studienwahl hängt mit (Nicht-)Notwendigkeit zum Lebens-unterhalt zusammen:*

Die im Spiegel 2006 publizierte, auf gesellschaftliche Ursachen abstellende These der Soziologin Koppetsch, dass Frauen in Fächer wie Germanistik strömten, weil sie wüssten, dass sie höchstens sich selbst ernähren müssten, ist umstritten. [10]

These 2 (Summer) *Studienwahl hängt mit biologischen Unterschieden des Gehirns zusammen*:

In Gehirnscans wurden signifikante geschlechtsspezifische Unterschiede zwischen Hirnregionen für Gedächtnisleistung und Stressbewältigung gefunden und

[9] Vgl. u.a. Die Zeit 11.10.2007

[10] Brandt, A, Kraft, S., Meyer, C., Neumann, C. (2006): Die Frauen-Falle. In: Der Spiegel 17/2006:34-44 (insbes.: S.37 mit Statistik).

postuliert, dass dies evtl. auch den geringeren Frauenanteil in den Naturwissenschaften erklären könnte[11]

Zu These 3 (Schölling) *Studienwahl hängt mit Sozialisation und Habitus im Sinne Bourdieus zusammen*[12]

Eine umfangreiche Studie an Studenten hat gezeigt, dass die Studienwahl nur Teil eines großen Komplexes zusammenhängender Eigenschaften ist. Die soziale Schicht, das gewählte Fach, die Kleidung, die Freunde, das Freizeitleben, die Wohnungseinrichtung und die Ernährung bilden häufig eine Einheit. Studieren wäre demnach viel schematischer als es dem Einzelnen erscheinen mag.

2.4.3.3 Quellen der Gewalt

Die Ursachen von Kriminalität, insbesondere Gewaltverbrechen, sind umstritten

- Armut? ungleichere, bzw. krisenhafte Gesellschaften haben häufig höhere Kriminalitätsraten
- Geschlecht?: Männer überwiegen bei Mord und Körperverletzung weltweit ganz deutlich die Frauen
- Alter? Die Verbrechensrate nimmt mit dem Alter eindeutig ab, je älter desto weniger
- Herkunft?: Ausländerkriminalität ist gemäß Polizeistatistiken höher als Inländerkriminalität
- Familie?: Gewalt wird in Eltern-Kind-Strukturen reproduziert, d.h. wenn der Vater schlägt, schlägt das Kind später auch deutlich häufiger (zu)
- Gene?: Bestimmte aggressionsfördernde Gendefekte sind bei Schwerverbrechern häufiger als in der Normalbevölkerung (also: kein "„Verbrechergen", jedoch begünstigende Veränderungen)[13]

---

[11] Cahill, L. (2006): Sein Gehirn, ihr Gehirn. In: Spektrum der Wissenschaft, März 2006:29-35 (insbes: S.35).
Brink, C. (2005): Anders von Anfang an. In: Die Zeit Nr.10/05:33. Kritisch hierzu: Schmitz, S. (2006): Niemand weiß, ob eine Frau oder ein Mann das Werkzeug erfunden hat. In Die Zeit, 24.08.2006, Nr.35:51.

[12] Koch, J.; Mohr, J. (2006): Gute Fächer, schlechte Fächer. In: Der Spiegel 50/2006, S.64-79 (insbes.: S.74) Koch, C.: Der Studenten-Profiler. (Interview). WOZ-online http://www.woz.ch/archiv/old/04/06/5550.html (Quelle läßt sich evtl. auch 'ergooglen')
Die Zeit: Der Lebensstil wählt mit. Interview von Nadja Kirsten mit Markus Schölling vom 25.09.2003, Die Zeit Nr. 40

[13] Vgl. SZ 16.03.2007

- Bindungen?: wer nichts zu verlieren hat, zeigt deutlich häufiger **anomisches** (nomos = Gesetz) Verhalten

Fasst man dies zusammen, merkt man schnell, dass eine Einzelerklärung das Wesen der Kriminalität nicht erfassen kann und man Vereinfachungen aus dem Wege gehen sollte.

2.4.3.4 Die Physiologie des Lügens

Bei den Neurowissenschaften wird häufig gefragt, wo denn abgesehen, vom Erklärungsanspruch der tatsächliche Alltagsnutzen bleibt. Dies soll an einigen Beispielen gezeigt werden, die den Lesern auch deutlich machen sollen, dass die Genetik und die Neurobiologie überhaupt zu den großen Herausforderungen der Sozialwissenschaften in diesem Jahrhundert gehören werden.

Dazu einige Betrachtungen über die Kunst des Lügens: Eine Lüge ist vereinfacht eine bewusst falsche Aussage über einen Sachverhalt. Das Problem beim Lügen ist, dass der Alltag eine in sich logische Anordnung von Ereignissen und Erklärungen ist. Beispiel: Morgens geht man zur Arbeit bei Firma Z, danach noch kurz zum Supermarkt A, anschließend eine Stunde Joggen und trifft sich dann noch mit den Bekannten X und Y, um anschließend noch die Tagesthemen zu gucken.

Dann handelt es sich zum einen um eine Zeitreihe, also 'Job-Einkaufen-Sport-Treffen-Fernsehen', aber auch noch um logisch nicht widersprechende Sachverhalte, nämlich die Existenz der Firma Z, des Supermarktes A (und dass er offen hatte, sonst hätte man nicht einkaufen können), der Bekannten X und Y und dem Schauen der Tagesthemen.

Arbeitet man aber nebenher noch für ein Verbrechersyndikat, um das spärliche Gehalt aus der Kategorie ‚geregelte Armut' aufzubessern, und musste deshalb noch zwischendurch irgendetwas Ungesetzliches ‚erledigen', hat man das Problem, wie man das in dem logischen Gitter aus Ereignissen und Fakten versteckt, damit einem keiner auf die Schliche kommt.

Wahre Ereignisse erzeugen ein anderes Muster im Gehirn als Lügen, denn wahre Ereignisse müssen lediglich erinnert werden, während man sich bei falschen Alibis, dem Weglassen oder Verzerren von Ereignissen zusätzliche Gedanken macht. In Aussagen finden sich deshalb manchmal kaum merkliche Pausen, die durch das Überdenken der Worte bei der Prüfung, ob die Geschichte noch zusammenpasst, entstehen.

Die logische Mehrarbeit beim Lügen ist im Gehirn durch Veränderungen des Hirnstoffwechsels und der aktivierten Hirnregionen erkennbar. Die Firma *No Lie* in den USA entwickelt **Gehirnscanner**, die genau diese Aktivitäten während des Verhörs sichtbar machen sollen. Die in Fernsehkrimis häufig gestellten Fragen im Stil von: „Wo waren sie am 21.04.2002 um 18 Uhr?“ kranken daran, dass wir uns an so was oft kaum noch erinnern können, echte Erinnerungslücken zeigen aber eine Suchaktivität in der Gedächtnisregion, der sog. **Hippocampus**-Region des Gehirns und sind so erkennbar.
Bei Befragungen kann das Immer-wieder-dasselbe erzählen-müssen ein Problem darstellen, denn wahrend sich die Wahrheit leicht variieren lässt, indem man z.B. erst abends bei den Tagesthemen anfängt, um dann den Tag zurückzugehen oder dieselbe Story von morgens nach abends erzählt, ist das Risiko, bei einer Lüge zu stolpern, deutlich erhöht. Lügner müssen sich daher oft an bestimmte Formulierungen klammern, diese beständig wiederholen und haben Probleme, die Sachverhalte locker darzustellen.
Die Menschen tendieren deshalb auch zur vorbeugenden ‘Übergenauigkeit’: Es lässt sich z.B. zeigen, dass in großen Finanzabrechnungen mit vielen Posten die Zahl 1 statistisch am häufigsten, die 2 am zweithäufigsten usw., vorkommt (**Benfordsches Gesetz,** auch **Newcomb-Benfords Law** genannt). Abrechnungsbetrüger haben sehr viel häufiger andere Zahlen als die Eins und Zwei, was damit zusammenhängt, dass sie bewusst versuchen, ein ‚buntes’ und somit ’unauffällig’ wirkendes Zahlenwerk abzuliefern, was aber genau das Gegenteil von dem erreicht, was beabsichtigt ist.
Beim Befragen bietet sich deshalb jene Fragetechnik an, bei der man zunächst gar nicht nach dem kritischen Sachverhalt fragt, sondern lediglich nach Nebensächlichkeiten, die sich jedoch nachher eignen, um zu überprüfen, ob die eigentliche Hauptstory stimmen kann. Menschen, die lügen, geben oft zu wenig Acht auf die Nebensächlichkeiten, weil sie sich auf den roten Faden konzentrieren und sind daher bei Nebensächlichkeiten oft auskunftsfreudig, weil sie denken, sie seien sicher.
Nach derselben Methode kann man auch z.B. als Revisor oder als Consultant in Organisationen vordringen, denn Menschen konzentrieren sich bei der Verteidigung dessen, was sie für kritisch halten, oft nur auf den eigenen Bereich. Befragt man jedoch die Menschen nach Sachverhalten, die ihren eigenen Bereich nicht betreffen, fällt die Aufmerksamkeit und Disziplin oft ab und zwar proportional mit der

Entfernung von ‚eigenen' Schutzbereich. Beschleunigen kann man dies noch, indem man andere um ihre Meinung über andere bittet, denn viele Menschen sind froh, wenn sie endlich mal jemand nach ihrer Meinung fragt.

Durch diesen Prozess wird über das Zwischenhirn jedoch auch das **vegetative Nervensystem** unspezifisch mit angeregt und man hat

- Pupillenverengungen => diese sind mit einer geeigneten Kamera direkt meßbar
- Schwitzen und Herzrasen[14] =>Messung über Lügendetektoren. Diese Detektoren kranken jedoch daran, dass Menschen in Stress-Situationen natürlich ohnehin Schwitzen und Herzrasen haben und die Ergebnisse all nicht wirklich aussagekräftig gelten, sondern bestenfalls als Indiz dienen können.
- Stimmenstressmuster => Dieses ‚Zittern' der Stimme lässt sich von Computern problemlos während des Sprechens erfassen. Englische Sozialbehörden haben 2008 mit der Testung solcher Geräte während des Telefonats mit Sozialhilfeempfängern begonnen und diverse Entlarvungen vermeldet, weshalb das Projekt ausgedehnt werden soll[15]. Diese Überlegungen sind also auch von praktischer politischer Bedeutung.

Um den 'logischen Druck' beim Lügen zu reduzieren, bietet es sich bei umfangreicheren Aktivitäten an, von vornherein eine Tarngeschichte (**Legende**) zu entwickeln, die die An- oder Abwesenheit zu bestimmten Zeiten bzw., an bestimmten Orten von vornherein sinnvoll erklärt. Solche Legenden scheitern jedoch wie das Lügen auf Dauer häufig daran, dass die Menschen oft nicht die Disziplin aufbringen, allen dieselbe Geschichte zu erzählen, sondern einige mehr oder minder ‚einzuweihen', so dass sie sich irgendwann in ihrem Lügengespinst verheddern.

---

[14] Eine aus der Psychotherapie stammende Methode, der international von Qualitätskontrolleuren eingesetzt wird und den Stress ausnutzt, ist folgender: Der zu Befragende wird ins Zimmer gebeten. Dieser ist häufig stark angespannt und hat sich schon irgendwas zurechtgelegt. Die Kontrolleure jedoch schweigen und schauen den Betreffenden mitunter minutenlang nur an. Viele Menschen können dem Druck, irgendwas sagen zu wollen oder wie sie meinen zu müssen, nicht lange standhalten und reden und reden und reden, ohne das man sie noch drängen müsste….

[15] U.a. FAZ 04.12.2008, S.5

2.4.3.5 Die Kontrolle der Persönlichkeit

Hirnimplantate (Hirnschrittmacher) werden mittlerweile als Therapie gegen psychiatrische Erkrankungen wie die Depression eingesetzt (mit Wirkung durch eine Stimulation des Vagus-Nerven, kurz **VNS-Therapie**) und könnten die Vorstufe einer umfassenderen Gehirnsteuerung darstellen (Firma Cyberonics 2007)[16].

Von Tieren ist längst bekannt, dass manche Parasiten das Gehirn des Wirtes beeinflussen, damit dieser die Dinge tut, die für die Ausbreitung des Parasiten nützlich sind. Beim Menschen ist der Einzeller *Toxoplasma gondii* als Kandidat für eine solche Lenkung des Menschen in der Diskussion, denn die Persönlichkeit der Befallenen ist verändert, u.a. in Richtung größerer Warmherzigkeit[17].

Schließlich können noch Hormone das menschliche Verhalten beeinflussen, woher auch der Ausdruck kommt, dass die 'Chemie' zwischen zwei Leuten stimmt, das Hormon **Oxytocin** fördert Vertrauen und das Bedürfnis nach Nähe zwischen Mutter und Kind.

Diese Einzelbefunde ergeben für sich noch keine Theorie, aber deuten darauf hin, dass es mit der Selbstbestimmtheit und -kontrolle manchmal nicht so weit her sein könnte wie man es sich wünscht. In dieselbe Richtung weisen auch Untersuchungen aus den USA, dass in uns immer noch mehr vom Affen steckt als uns lieb ist. Affen nehmen im Sozialverband immer dieselben Sitzplätze auf den Bäumen ein, denn Sitzplatzwechsel können Auftakt zu Rangkämpfen sein, was vielleicht erklären könnte, warum sich die allermeisten Menschen bei mehrtägigen Veranstaltungen immer wieder auf denselben Platz setzen....

2.4.3.6 Neurologische Grundlagen des Sozialen

Wenn jemand, der vor einem steht, plötzlich einen Arm hebt und in der Hand einen Gegenstand hat, dann...... ja was?

Das Gehirn verfügt für die Interpretation von Gesten, über sogenannte **Spiegelneuronen**. Diese übersetzen das Bewegungsmuster nach dem Motto: Was würde diese Bewegung bedeuten, wenn sie von mir selber ausgeführt würde? Die obige Bewegung würde im Zweifel als Angriff interpretiert und eine Abwehr- oder Ausweichbewegung in Gang gesetzt. Das schließt natürlich Irrtümer nicht aus, theoretisch könnte das Gegenüber gerade nur eine Frühsportübung vorführen

---

[16] Spektrum der Wissenschaft September 2007

[17] SZ 02.05.2007

wollen. Autistische Kinder haben defekte Spiegelneuronen, was einen Teil ihrer Probleme erklärt.
Ein weiterer Punkt ist die Interpretation von Wahrnehmungen. So werden Seheindrücke nicht nur 'gesehen', sondern im Gehirn aufbereitet (daher optische Täuschungen) und dann über die im Hinterkopf liegende **assoziative Rinde** mit anderen Informationen verknüpft. Ähnlich gibt es in der Hörrinde einen Bereich, der Ironie oder Aussagen zwischen den Zeilen lesen kann. Ist dieser Bereich zerstört, dann resultiert eine **prosodische Aphasie**, Aussagen werden nur noch wortwörtlich aufgefasst, Ironie wird nicht mehr verstanden. Wenn ein Trainer also nach einer 0:5-Niederlage also sagt: „Na, das war ja eine Glanzleistung!", würde der Betroffene zurückfragen: „Aber wieso, ihr habt doch verloren?"
Schließlich gilt es inzwischen als sicher, dass die *Mimik* zu einem beachtlichen Teil angeboren ist, wie Untersuchungen an Blindtaubstummen gezeigt haben, denen die Möglichkeit zur Nachahmung verbaut ist. Nachdem schon seit langem bekannt ist, dass der Mensch Proportionen, besonders schön findet, die dem sogenannten **goldenen Schnitt** genügen, also einem Seitenverhältnis von ca. 1 zu 1,1618, verdichten sich die Hinweise auf ein *angeborenes* Harmonieempfinden, so dass Kunst, wenn man so will, Ausdruck der geistigen Verarbeitung dieser Empfindungen wäre (**Neuroästhetik**[18]). So gesehen wäre Kunst gar nicht so frei, wie es zunächst den Anschein hat.

2.4.4 Überzeugungen, Kultur und Ideen als Faktoren der Politik

2.4.4.1 Überzeugungen und Werte

Es gibt Dinge, von denen Menschen grundsätzlich überzeugt sind, so dass sie die an sie gestellten Fragen immer vor dem Hintergrund dieser Überzeugungen bearbeiten werden (advocacy coalition-Ansatz nach Sabatier). Meinungsbildende Eliten haben **primäre core–Überzeugungen**, also Prinzipien, denen sie immer und unter allen Umständen folgen würden (z.B. Ablehnung der Todesstrafe, egal, was vorgefallen ist), und **sekundäre policy–Überzeugungen**, d.h. Überzeugungen, wie ein bestimmter Politikbereich zumindest grundsätzlich aussehen sollte (z.B. mit mehr oder weniger Einfluß der EU) und bilden die Triebfeder für **advocacy coalitons = Befürworter-Koalitionen**, wenn eine neue Maßnahme diskutiert wird. Das instrumentelle Handeln, also die Art und Weise, wie man seine Ziele erreichen will,

[18] Vgl. u.a. die Zeit, 15.05.2008

z.B. über Gesetze oder Fördergelder, ist nachgeordnet, lässt sich daher ggf. am ehesten verändern.

2.4.4.2 Politische Ideengeschichte

Überzeugungen können auch umfassender sein und schließlich zu ganzen politischen Konzepten heranwachsen.

In einer Einführung wie dieser kann natürlich nicht die politische Ideengeschichte abgehandelt werden, aber doch auf einige zentrale Begriffe aufmerksam gemacht werden.

Der **Liberalismus** ist vielschichtig, im Zentrum steht jedoch die Vorstellung, dass das freie Individuum Träger des gesellschaftlichen Geschehens ist. Adam Smith diskutierte den **Nachtwächterstaat**, der sich aus dem Alltag heraushält und mehr zur Sicherheit im Hintergrund steht. Die Kräfte des Marktes regeln die Dinge meistens von selbst, der Markt ist sozusagen die **unsichtbare Hand**, der Kapitalismus vertraut auf die Kräfte des Marktes. Wie Hayek deutlich machte, führen auch gut gemeinte staatliche Eingriffe zu Verzerrungen der marktlichen Abläufe, die dann ebenfalls korrigiert werden müssen, was zu neuen Verzerrungen führt usw. usw. Eine Kritik am Liberalismus ist unter anderem das **Monopol-Paradox**, nachdem der freie Markt sich am Ende nur selbst abschafft, wenn man ihn gewähren lässt, weil die Wettbewerber sich gegenseitig den Garaus machen, bis eine Firma die Marktherrschaft hat. Politische Heimat der Liberalen ist die **Freie Demokratische Partei Deutschlands FDP**.

Der **Konservatismus** (lat. conservare: erhalten, bewahren) verfolgt das Ziel, eine bestehende Gesellschafts- und Wertordnung zu bewahren. Konservative müssen demnach nicht zwangsläufig rechts angesiedelt sein, auch im Kommunismus hat es konservative Strömungen gegeben, die das sowjetische System nicht reformieren wollten. In Deutschland jedoch war der Konservativismus im 19. Jahrhundert vor allem christlich-ländlich geprägt und hat nach dem Kriege seine politische Heimat in den christlichen Parteien gefunden, also der **Christlich-Demokratischen Union CDU** und der **Christlich-Sozialen Union CSU**, die u.a. die früher führende Zentrumspartei ablösten. Grundaussage des Konservativismus ist, das ‘Neu’ nicht auch unbedingt besser ist und man das Bewährte nicht einfach über Bord werfen sollte. Am schönsten lässt sich das mit Konrad Adenauers Wahl-Slogan „Keine Experimente!“ zusammenfassen.

Die **Grünen** entstanden in den Siebziger Jahren, nachdem allmählich ins Bewusstsein drang, dass nicht nur die Ressourcen knapp sind (Club of Rome: die Grenzen des Wachstums), sondern auch die Umwelt selbst eine knappe Ressource ist. Während der Natur- und Tierschutz schon in den Dreißiger Jahren eine Blütezeit erlebte, ging es nun um einen umfassenden ökologischen Ansatz, der alle Bereiche des Lebens umfassen sollte, also auch die Ernährung. Der Kampf gegen die Atommüll-Endlagerstätte Gorleben beschleunigte die Formierung einer politischen Partei, was nach zwei Jahrzehnten eines Vier-Parteien-Systems aus CDU, CSU, SPD und FDP gar nicht so selbstverständlich war wie es heute scheinen mag. Die **Grün-Alternativen**, wie so zunächst hießen, betonten ihre außerparlamentarisch-basisdemokratischen Wurzeln, haben sich dann aber dann doch für die parlamentarischen Weg entschlossen, der sie 1998 erstmals an die Macht brachte. Durch die Wiedervereinigung kam das von DDR-Bürgerrechtlern gegründete **Bündnis 90** hinzu. Bekannte Flügel sind die mehr prinzipiell agierenden **Fundis** (Fundamentalisten) und die mehr Kompromiss- und machtorientierten **Realos** (Realpolitiker). Bündnis90/Die Grünen sind die führende ökologische Partei, andere ökologische Parteien wie die **Ökologisch-demokratische Partei ÖDP** sind stimmenmäßig deutlich kleiner.

Der **Marxismus** ist philosophisch ein **Materialismus**, d.h. das Sein bestimmt das Bewusstsein im Gegensatz zu Hegels **Idealismus**, der davon ausging, dass das Bewusstsein das Sein bestimmt, was also eine Art Henne oder Ei-was war zuerst da?-Problem ist. Sein Freund Friedrich Engels formulierte Marx' Thesen in griffiger Form und trug so zur Verbreitung des Marxismus bei, was erklärt, warum Engels so wichtig war, es aber keinen 'Engelsianismus' gibt.

Der junge Marx ging zunächst vom Individuum aus und erweiterte seine Theorie immer mehr auf das Kollektiv. Das Individuum war entweder Besitzer von Produktionsmitteln (also Fabrikbesitzer) bzw. Geld oder abhängiger Arbeiter, Handwerker, oder Bauer (**Proletarier**), wobei der Besitzbürger ein als auf sich selbst bedachter **Bourgeois** gesehen wurde (daher der Ausdruck **Bourgeoisie**) und nicht als engagierter Bürger **(Citoyen).** Das Individuum wurde durch die arbeitsteilige Produktionsweise von den Produkten seiner Arbeit entfremdet (**Entfremdung**) und der dabei geschaffene Mehrwert wurde ihm vorenthalten (**Expropriation**, **Ausbeutung**). Somit stand die Arbeiterklasse im Gegensatz zur besitzenden Klasse, was zwangsläufig Spannungen erzeugt, die zusammen mit dem als krisenhaft gedachten Verlauf des Kapitalismus zwangsläufig (geschichtsnotwendig) in einer Revolution münden würden. Diese würde den Sozialismus mit der **Überwindung der Klassengegensätze** und der **Vergesellschaftung der Produktionsmittel** bringen. Das nicht mehr ausgebeutete und entfremdete Individuum könnte seine Kräfte in der solidarischen Produktion voll entfalten und so die Endstufe des umfassenden Wohlstandes im **Kommunismus** („wenn die Springquellen der Materie reicher fließen") ermöglichen. Der Marx'sche Kommunismus war sowohl Gleichheits- als auch Wohlstandsversprechen.

Die **Sozialdemokratie** entstand in den sechziger und siebziger Jahren des 19. Jahrhunderts aus dem Marxismus und versuchte, die Situation der Arbeiter und Bauern evolutionär statt revolutionär, d.h. durch schrittweise Verbesserung der Lage statt durch revolutionären Umsturz zu verbessern und über Wahlen den **demokratischen Sozialismus** zu befördern. Die marxistischen Kritiker sahen darin einen **Revisionismus**, der letztlich den Kapitalismus retten statt ihn beseitigen würde. Dennoch überwog schon zu Marx' Lebzeiten die sozialdemokratische Linie, und die **Sozialdemokratische Partei Deutschlands SPD** wurde noch im Kaiserreich zur stärksten Partei im Land.

Der **Leninismus** wurde vom Gründer der Sowjetunion Lenin geschaffen. Er setzte statt auf einen breiten Massenumsturz auf einen straff organisierte Partei (**Kader**konzept), die als Vorhut **(Avantgarde) des Proletariats** die Revolution vorantreiben sollte. Seine Fraktion waren die Bolschewiki, daher der Ausdruck **Bolschewismus**. Er führte, um die Parteidisziplin zu wahren, auch noch den **demokratischen Zentralismus** ein, der die Bildung innerparteilicher Fraktionen für unzulässig erklärte und somit den Weg zur nach innen wie nach außen straff organisierten Einheitspartei und der **Diktatur des Proletariats** öffnete. In der Spätphase milderte Lenin den ökonomischen Kurs, sein Nachfolger Stalin zog jedoch die Zügel umso härter an und setzte u.a. die Planwirtschaft und die **Kollektivierung der Landwirtschaft** mit allen Mitteln durch. Stalin setzte auf den Aufbau der **Revolution in einem Lande** (statt auf Revolutionsexport wie Trotzki) und auf die Schwerindustrie. Mit **Stalinismus** bezeichnet man heute weniger die Theorie, bei der sich Stalin sehr auf Lenin berief, sondern die politische Praxis mit Personenkult, ständigen 'Säuberungen' von Partei und Staat, Schauprozessen, Straflagern und dem Fehlen jedweder Flexibilität in ideologischen Fragen, die

Lenin in der Spätphase noch gezeigt hatte. Der **Maoismus** war die chinesische Variante, der mit dem Einsatz großer Menschenmassen nicht nur das Kollektiv in den Mittelpunkt stellte, sondern so auch das agrarisch geprägte Land voran bringen wollte, u.a. im sogenannten „großen Sprung nach vorn".

In Deutschland spaltete sich als Reaktion auf die Zustimmung der SPD zum ersten Weltkrieg über Umwege wie den Spartakus-Bund schließlich die **Kommunistische Partei Deutschlands KPD** ab, die nach dem zweiten Weltkrieg die Herrschaft in der DDR übernahm und nach der Vereinigung der Ost-KPD mit der Ost-SPD die **Sozialistische Einheitspartei Deutschlands SED** gegründet wurde. Im Westen wurde die KPD verboten, in den sechziger Jahren die **Deutsche Kommunistische Partei DKP** wiedergegründet. Es gab auch eine maoistisch ausgerichtete Partei, den **Kommunistischen Bund Westdeutschlands KBW** und einige andere mehr, was man auch als **K-Gruppen** bezeichnete. 1989 benannte sich die SED in **Partei des demokratischen Sozialismus PDS** um, die zusammen mit den im Gefolge der Hartz IV-Gesetzgebung entstandenen vor allem im Westen aktiven linken Partei **Wahlalternative Arbeit soziale Gerechtigkeit (WASG)** zur **Linkspartei** (Die Linke) wurde.

Der **Faschismus** (benannt nach den *fasci di combattimento*, den Kampfbünden der Partei, sowie nach dem Rutenbündel lateinisch fasces = Bündel), das im altrömischen Staat ein Symbol staatlicher Autorität war, wurde von dem sozialistischen Politiker Mussolini als Reaktion auf den blutigen und aus seiner Sicht enttäuschend verlaufenen ersten Weltkrieg entwickelt. Als Lösung der Probleme schwebte ihm ein starker, aber nach innen ‚harmonischer' Staat (kein Klassenkampf, sondern ‚Volksgemeinschaft' o.ä.) vor. Typisch für faschistische Staaten ist z.B. die Zusammenfassung von Arbeitgeber- und Arbeitnehmerverbänden in einer einzigen Organisation, in Deutschland z.B. in der Deutschen Arbeitsfront. Die sozialistischen Wurzeln des Faschismus spielten in der **Nationalsozialistischen Deutschen Arbeiterpartei NSDAP** Hitlers insofern eine Rolle, weil ein 'linker' Flügel unter Strasser gegen das 'Großkapital' kämpfen wollte. Im modernen Rechtsextremismus finden sich ebenfalls antikapitalistische Tendenzen.

Während kommunistische Staaten den Klassenkampf betonten, betonten die faschistischen Staaten die innere Harmonie. Feinde standen nicht daher innerhalb des Volkes, sondern wurden aus diesem ausgegrenzt, so im Nationalsozialismus vor

allem die Juden und andere Gruppen wie die Sinti und Roma, die Homosexuellen und viele andere, die dann in den Konzentrationslagern ermordet wurden.
Statt der Besitzverhältnisse (Klasse) im Kommunismus kam es auf die erblichen Eigenschaften (Rasse) im Faschismus an, die man im eigenen als überlegen betrachteten Volk (Herrenrasse, **völkische Ideologie**) verwirklicht sah.

Während kommunistische Staaten vor allem Wert auf die ideologische Fundierung ihres Tuns legten, galt im Faschismus das Prinzip von Hitler, nachdem man die Ideologie 'in den Dienst des Willens' stellen sollte, d.h. wichtiger als ideologische Konsistenz war der 'Erfolg' einer Maßnahme. Das erklärt zum Beispiel das Paradox, dass die Weimarer Verfassung formal nie abgeschafft wurde während des Dritten Reiches.
Während kommunistische Staaten Wert auf die wissenschaftliche Fundierung des Sozialismus legten (**wissenschaftlicher Sozialismus**), betonte der Faschismus, dass er mehr sei als nur rational, so dass mit Begriffen wie dem **Mythos** gearbeitet wurde, Himmler sagte deshalb, dass man den Nationalsozialismus nicht verstehen könne, an den Nationalsozialismus müsse man *glauben*.
Man könnte hier noch endlos weiter machen, entscheidend ist für den Einstieg in die politische Ideengeschichte jedoch folgendes:
Die **Faschismustheorie** betont die Unterschiede zwischen dem Kommunismus und dem Faschismus, wobei letztere als Versuch der bürgerlichen Schichten geschehen wird, die Macht mit allen Mitteln zu behalten, sozusagen als Endstufe des Kapitalismus, während die **Totalitarismustheorie** die Ähnlichkeiten von linken und rechten Diktaturen betont und die sich trotz vorgeblicher ideologischer Differenzen in ihrer Praxis sich mehr ähnelten als ihnen lieb sein könnten. Hierbei wurde vor allem auf die Ähnlichkeiten in der Alltagspraxis (Polizeistaat, Staatsjugend, Politisierung des Alltags) und vor allem die für totalitäre Regime typische **Erfassung aller Lebensbereiche** abgestellt.
Die Faschismustheorie wird vor allem von linken, die Totalitarismustheorien vor allem von bürgerlichen Theoretikern propagiert, was angesichts der Aussagen in diesen Theorien aber nicht überraschen kann und auch erklärt, warum der Streit nicht enden will.
In den 1960er Jahren wurde nach dem Verbot der **Sozialistischen Reichspartei SRP** in den Fünfzigern die **Nationaldemokratische Partei Deutschlands NPD** gegründet. Die rechten Parteien der Bundesrepublik sind zersplittert, so sind die in

die Neunziger Jahren starken Republikaner und die **Deutsche Volksunion DVU** zu erwähnen.

Der **Islamismus** ist der Versuch, den Prinzipien des Islams im gesellschaftlichen Leben wieder mehr Geltung zu verschaffen. Ohne sich im Details zu verlieren, haben politisch-religiöse Bewegungen, auch die christlichen, schon im Mittelalter die Themen *Gerechtigkeit und Gemeinschaft* in den Mittelpunkt gestellt, d.h. neben religiösen Bedürfnissen spielt oft eine tiefgreifende Unzufriedenheit mit den herrschenden politischen Zuständen eine Rolle. Die Beschäftigung mit politisch-religiösen Bewegungen erfordert daher neben der Beschäftigung mit der religiösen Dimension eine Analyse der jeweils bestehenden politischen Verhältnisse, die häufig eine starke Triebfeder für den Aufschwung dieser Bewegungen bilden.

2.4.4.3 Die Rolle der Kultur

Was ist die Kultur?

Es gibt Sichtweisen, nach denen die gesamte menschliche Zivilisation dazu gehört, also Kultur versus Natur, dies nennt man den **weiten Kulturbegriff**.

Das andere Extrem ist jeder Kulturbegriff, der nur das Schöne, Wahre, Gute umfasst, also z.B. Mozart, Goethe, Rembrandt usw., dies nennt man den **engen Kulturbegriff**.

In der Mitte zwischen beiden kann man den **systemtheoretischen Kulturbegriff** von Luhmann ansiedeln, nachdem Kultur **beobachtete Gesellschaft** ist, oder anders ausgedrückt, das 'Wie' einer Gesellschaft ist. Häuser, Kleidung, Musik usw. hat jedes Land, aber *wie* diese aussieht, das macht eigentlich die Kultur aus. Wenn man sich fragt, welches denn der 'richtige' Kulturbegriff sei, darauf gibt es keine Antwort und der Streit darum ist letztlich fruchtlos.

Kunst, Kitsch und Geschmack

Das wäre systemtheoretisch das freie Spiel der Formen, Töne, Gesten und Farben, wobei diesem Spiel prinzipiell keine Grenzen gesetzt sind, jedoch das Ganze nicht sinnlos und beliebig ist, sondern jeweils eine Bedeutung zukommt. Eine **Kunstgattung** ist dann durch das typische Zusammentreffen bestimmter Merkmalskombinationen gekennzeichnet.

Kitsch wäre dann, wenn die Merkmale übertrieben werden. Ein Beispiel wäre z.B., wenn in einer Landschaft mit einem Kind der Himmel nicht blau, sondern knallblau

ist, nicht ein paar Blumen auf der Wiese sind, sondern viele bunte Blümchen, das Kind kräftig rote Bäckchen hat, die Vögel *fröhlich* singen usw. usw...Wann etwas übertrieben ist, ist natürlich Geschmackssache, so dass die Grenzen zwischen Kunst und Kitsch zuweilen fließen.
Geschmack ist dann nicht nur die Fähigkeit, Kunst zu erkennen, sondern auch die einzelnen Merkmale unterscheiden, vergleichen und beurteilen zu können.

Kultur und Kunst sind Ausdruck menschlichen Geistes und spiegeln auch jeweils die Bedürfnisse, Sehnsüchte und Ideen einer Epoche wieder, kurz gesagt: Kunst ist Spiegel der Zeit. Zunächst war die Kunst vor allem gegenständlich und sakral, was auch damit zusammenhing, dass die Kirche auch ein Ort der Kunst war. Erst mit der Industrialisierung und dem Bürgertum wurde Kunst zu einer breiteren Angelegenheit und man löste sich schrittweise vom Gegenständlichen, in dem man Farben, Formen, Material usw. immer mehr variierte, was zu einer Freisetzung kreativer Energie führte.
Das heißt nicht, dass gegenständliches Malen oder Darstellen sinnlos wäre, aber das reine technische Abbilden von etwas ist heute keine Kunst mehr. Kunst und Ästhetik fallen auseinander, etwas kann schön sein, aber keine Kunst, während Kunst umgekehrt nicht immer schön ist oder sein muss. Während beim Gegenständlichen oft klar ist, worum es geht, auch wenn das täuschen kann[19], muss das Abstrakte oft erst erschlossen werden, es ist zuweilen sperrig oder unverständlich.
Dies führt zum klassischen **kulturpolitischen Dilemma**: Die Politiker sind z.B. in Rahmen der Kunst am Bau an Kunst interessiert, die Bürger jedoch häufig an etwas Schönem und Verständlichen. Dann bricht ein Streit aus, der immer wieder dieselben Züge trägt. Die Politiker greifen die Bürger als Kunstbanausen an und versuchen sie, auf diese Weise mundtot zu machen, während die Bürger dann sagen: „Das da kann mein vierjähriges Kind auch“ oder die Vermutung anstellen, dass sich überforderte Kommunalpolitiker von irgendwelchen Künstlern haben hereinlegen lassen, in denen sie banale Produkte mit viel Begleiterläuterungen drumrum zu überhöhten Preisen als ‘Kunst’ loswerden konnten. Die Diskussionen

[19] Bei den sogenannten **Stillleben** sieht man verschiedene Gegenstände. Diese Gegenstände haben jedoch symbolische Bedeutung und das Arrangement und die Kombination können dann interessante Geschichten erzählen. Um die Gegenstände selbst geht es eigentlich gar nicht.

bekommen mitunter einen Touch von 'die da oben' gegen 'die da unten' (**Problem des Elitären** von Kunst), was der Kunstförderung und -begeisterung nicht zuträglich ist.

Kunst und kalter Krieg

Es ist nicht neu, dass sich Kunst auch nutzen lässt, um Menschen zu beeinflussen. Schon im 19. Jahrhundert dienten Kunst und Kultur als Mittel des **Nation building**: Fahnen, Hymnen, nationale Mythen und Nationalliteratur, also zum Beispiel als Nationalepos, halfen den Menschen, sich als nationale Gemeinschaft zu begreifen.

Nachdem der Kommunismus zunächst die abstrakte Kunst als Spiegel einer progressiven Gesellschaft förderte, wandelte sich die Stil zum **sozialistischen Realismus**, der konkret und bewusst parteinehmend in Erscheinung trat. Jetzt waren wogende Weizenfelder und glückliche Arbeiter, die entschlossen nach vorne schauten, gefragt. Verbal stumme Künste wie das Ballett und das Klavierspiel erhielten deutlichen Auftrieb. Allzu abstrakte Darstellungen bezeichnete man als 'Formalismus'.

Im Faschismus hingegen galt abstrakte Kunst gleich als 'entartet', Bilder hatten konkret zu sein. Wenn überhaupt, hatte Kunst 'mächtig' zu sein, wie das Land, in dem sie sich befand, was dann auch einen Körperkult beförderte. Mächtige Gebäude, riesige Figuren, Massenaufmärsche waren 'in'.

Nach dem zweiten Weltkrieg versuchte die Bundesrepublik mit dieser Entwicklung rigoros zu brechen, was sich unter anderem an einer bewusst offen und transparent gehaltenen Nachkriegsarchitektur zeigte.

Die abstrakte Kunst wurde planmäßig gefördert, wie ARTE und die FAZ berichteten, zunächst auch mit Hilfe der Geheimdienste[20]. Ziel war es weniger, bestimmte Künstler ins Zentrum zu rücken, sondern die Menschen wieder für diese freie Kunst zu öffnen und sie so zugleich der politischen Kunst zu entfremden.

[20] FAZ 13.05.2008, S.50

Exkurs Kalter Krieg
Bei dieser Gelegenheit ein paar Analysetipps zum Kalten Krieg, bei dem sich der Westen und Osten in scharfer Konkurrenz in zwei Militärblöcken gegenüber standen:
Der Kalte Krieg ist bei weitem nicht nur auf militärisches Gebiet beschränkt gewesen, sondern umfasste *alle Bereiche des Lebens*, wie Kunst, Medien und natürlich den Sport, in dem sich sie Systeme einen gnadenlosen (Doping-)Wettlauf lieferten. Anders als heute, wo klar ist, wie er ausging, war dies damals völlig ungewiss und so wurde mit harten Bandagen gekämpft, die Akteure der Kunstpolitik sahen dies in der ARTE-Dokumentation auch im Nachhinein als unter den gegebenen Umständen als notwendig und richtig an.
Man darf jedoch nicht auf den Fehler verfallen, alles, was heute ist, nur unter dem Gesichtspunkt des Kalten Krieges zu sehen, denn dieser ist schon fast 20 Jahre vorbei und die Politik wandelte sich auch schon während des Kalten Krieges:
War z.B. die NATO noch gegründet worden, um, wie von Bredow mal zitierte, *to keep America in, the Russians out and the Germans down* (amerikanische Truppen in Europa halten, die Russen draußen halten und Deutschland am Boden halten), war der letzte NATO-Generalsekretär des kalten Krieges ein Deutscher, nämlich Manfred Wörner. Entsprechend in der EU, deren erstes Teilstück, die Montanunion, insbesondere dazu dienen sollte, das Ruhrgebiet irgendwie international kontrollieren zu können, in der aber der europäische Gedanke rasch ins Zentrum des Planens und Handelns rückte.

Kunst und Kultur hat auch Anregungs- und Vorbildcharakter für den Lebensstil, so dass die Bundesrepublik auch viele Konflikte um die Kunst- und Kulturpolitik kennt, was in dem **kunstpolitischen Phasenschema** von Göschel mündet: Wer die Kultur vorgibt, gibt auch Lebensstile/Vorbilder vor, ist sozusagen 'in', gewissermaßen die '**Leitkultur**'.
In den Fünfziger Jahren, nach dem Schrecken der NS-Zeit und des Krieges und wurde das Schöne, Wahre Gute als klassischer Bildungskanon (**affirmativer Kulturbegriff**) gefördert als Rückbesinnung auf die bereits vorhandenen kulturellen Werte, sprich der guten Seiten der Deutschen. Dieser Kulturbegriff war aber bürgerlich geprägt und in der Diskussion galt nur die Hochkultur als wertvoll (**E-Kultur** = ernsthafte Kultur versus **U-Kultur** = Unterhaltungskultur), Unterhaltungskultur galt als 'seicht', Comics waren 'Schund' usw.

In den sechziger und siebziger Jahren setzte sich unter dem Einfluss der sozialdemokratisch dominierten **Kulturpolitischen Gesellschaft KuPoGe** das Konzept der **Soziokultur** durch, bei dem z.B. auch Kleinkunst und ähnliches als förderwürdig galt. Grundlage war ein breiter Kulturbegriff, der auf die Teilhabe aller Schichten an der Kultur zielte. Gefördert wurde dies auch durch das Vordringen neuer Schichten in Führungspositionen, durch die auch Kinder aus niedrigen sozialen Schichten vermehrt Einfluss gewannen. Wirtschaftswachstum und Bildungsexpansion machten diese Teilhabe möglich und in der Kulturpolitik manifestierte sich dieser Wandel.
In den Achtzigern geriet die Soziokultur als irgendwie konzeptlose „Kultur von allen für alle" in die Kritik und plötzlich waren Selbstverwirklichung und **Authentizität** (persönliche Echtheit des Ausdrucks) angesagt. Dabei spielten **Sozialdienstleister** eine führende Rolle (also Heil-, Pflege-, Lehr- und Erziehungsberufe), die mehr Anerkennung und institutionelle Mitsprache einforderten, die ihnen schon aufgrund knapper werdender Kassen nicht wirklich zuteil wurde.
In den 1990er Jahren, als letzter Phase des Schemas, mit dem Aufstieg der Betriebswirtschaft und neuer Medien breitete sich eine **Event- und Festivalkultur** aus, die jede Kleinstadt mit neuen Festen überzog, womit die Hoffnung verbunden war, aus den oft prekären Arbeitsverhältnissen im Marketing- und Mediensektor ausbrechen zu können, was aber insgesamt erfolglos blieb:
In der mexikanischen Politik nennt man das Phänomen, dass die Aufstiegsmöglichkeiten durch die Altvorderen blockiert sind, **carro completo** (den vollen Wagen). Fehlende Aufstiegschancen, die man weder durch Vorgabe von Lebensstilen noch durch den Bruch mit den bisherigen Ausdrucksformen ändern kann, sind ein Problem in vielen modernen Gesellschaften.
In der DDR hatte man versucht, eine Arbeiterkultur zu entwickeln, insbesondere mit der Bitterfelder Konferenz und dem Slogan *Kumpel greif zur Feder*, aber nach ernüchternden Ergebnissen gelangte die DDR nach und nach zu den Klassikern der Kultur zurück, so dass nachher die Semper-Oper, Goethe und Schiller auch tourismuswirksam in den Vordergrund gestellt wurden.

Politik im Kino

Natürlich finden sich politischen Probleme zum Teil auch unterschwellig im Kino wieder. In den siebziger Jahren geriet Amerika nicht nur den Vietnam-Krieg, sondern auch durch den Aufstieg Japans stark unter Druck und das Land durchlebte eine schwere Krise insbesondere in der Auto- und High Tech-Industrie. Ironischerweise hatten die Amerikaner diese Krise selber herbeigeführt, denn um Japan nach dem zweiten Weltkrieg zu stärken, hatten sie in den Fünfziger Jahren Bemühungen um eine qualitätvolle und modere Industrieproduktion planmäßig gefördert, Personen wie Ouchi spielten hier eine wichtige Rolle. Das war ein klassischer Fall einer nicht-intendierten Politikfolge. Das Kino half, diese Schocks psychologisch zu bewältigen.

Star Wars[21] **(Krieg der Sterne)** ist eine erfolgreiche Serie von Kinofilmen, die den Kampf zwischen Gut und Böse am Schicksal eines gewissen *Anakin Skywalker* erzählen, der zunächst mit den sogenannten Jedi-Rittern das Gute in einer galaktischen Republik hütet, dann dem Bösen verfällt und zum dunklen Lord *Darth Vader* wird, der dann mit seinem Meister, dem Imperator, das böse galaktische Imperium führt, aber von seinem Sohn *Luke Skywalker* nach langem und wechselvollem Kampf in letzter Sekunde wieder bekehrt wird.
Zunächst erschienen die Filme I bis III, die den Kampf von Vater und Sohn zeigen, denen dann später zur Jahrtausendwende drei Episoden 1 bis 3 vorangestellt wurden, die den Weg des Vaters zum Bösen zeigen, so dass die Filme I-IIII nun Episode 4 bis 6 hießen.
Der Film I (Episode 4), der während der Japan-Krise der späten Siebziger Jahre entstand, führt uns ein 'japanisch' aussehendes böses Imperium vor: Die Soldaten im Innendienst tragen selbst in vollklimatisierten Räumen Samurai-Helme und die Offiziere haben den Uniformschnitt der kaiserlich japanischen Armee aus dem 2. Weltkrieg. In Film II (Episode 5) verbeugt sich der Offizier, dem der Angriff mit Bodentruppen auf den Rebellenstützpunkt befohlen wird, vor Darth Vader auf japanische Art, die Einheiten sind formiert und diszipliniert und überdies eben sehr technisiert usw. usw.
Die politische Botschaft: Wir Amerikaner sind vielleicht ein bunter und zuweilen uneiniger Haufen, aber letztlich haben wir das Herz auf dem rechten Fleck und

---

[21] Für die Analyse ist noch wichtig, dass der Versuch unter Präsident Ronald Reagan, ein satellitengestütztes Rakenabwehrsystem zu entwickeln, die **Strategic Defense Initiative SDI**, in den Medien auch nur Star Wars hieß.

wenn wir zusammenhalten[22], dann werden wir auch mit einem uniform auftretenden, hochtechnisierten Gegner (wie eben den Japanern) fertig.
Episode 2 klärt uns im Nebensatz übrigens noch über die Kräfte auf, die hinter dem Aufstieg des Bösen stecken, die bei den Verhandlungen des Helfers des Bösen, Count Doocu, mit seinen Verbündeten genannt werden, nämlich der *Banken*-Clan, die *Handels*-Föderation und die *Technologie*-Union, also die bösen Kapitalisten.....
Zu den Bewältigungsfilmen zählte z.B. auch die Kinofilm-Serie **American Fighter** (American Ninja), bei der ein kleiner Junge von einem japanischen Soldaten gerettet und großgezogen wird und von diesem die Ninja-Kunst lernt. Als Ninja räumt er mit scharfen Schwert mit allerlei Fieslingen auf, vor allem mit zahlreichen Asiaten, obwohl diese ebenfalls die Ninja-Kunst beherrschen. Message: Wenn wir Amerikaner bereit sind, von den Japanern zu lernen, dann sind wir letztlich die 'besseren Japaner'.
Dass **Rambo** zu den Bewältigungsfilm gehörte, ist allgemein bekannt, aber wer möchte heute noch an das lichte Bild erinnert werden, dass 'Rambo III' in den 1980er Jahren von den Afghanen zeichnete? Dort entsprechen die Afghanen dem Idealtypus des amerikanischen Farmers: Fromm, ihr Land und ihre Familie liebend, bescheiden, bereit, Entbehrungen auf sich zu nehmen, und wenn es hart auf hart kommt, mit der Waffe in der Hand ihre Freiheit gegen die bösen Kommunisten zu verteidigen.

Eine in den Kulturwissenschaften kursierende Theorie ist die Theorie vom **Equilibrium der Gewalt**. Diese Theorie geht davon aus, dass jeder Gesellschaft Gewaltpotential und Aggressionen innewohnt, die irgendwie abreagiert werden müssen[23]. In Phasen, wo der Alltag viel Krieg und Gewalt birgt, wird die Gewalt aus Vorführungen und Filmen zurückgedrängt, während die Gewalt in Film und Fernsehen um so mehr zunimmt, je stabiler das Umfeld ist. Ein Beispiel: In dem Arnold Schwarzenegger-Film **Terminator I** alpträumt ein Soldat von einem

---

[22] Der zunächst als Gauner und Schmuggler eingeführte Han Solo rettet in Film I (Episode 4) selbstlos seinen Freund Luke Skywalker in letzter Sekunde, so dass dieser den imperialen Todesstern zerstören kann.

[23] In dieselbe Richtung zielt die sogenannte **Youth Bulge**-Theorie, die davon ausgeht, dass einen Überschuss jüngerer Menschen nicht nur mehr Aggressivität mit sich bringt, sondern dass deshalb auch in den Kriegen der Verlust junger Menschen leichter zu verkraften ist als in überalterten Nationen, was in der Summe demographisch junge Staaten aggressiver und gefährlicher macht.

Angriff einer Terminator-Killermaschine. Die dabei vorkommende Schießszene wurde von den Fernsehsendern im Laufe der letzten 20 Jahre immer weiter gekürzt, bis RTL schließlich einfach den ganzen Alptraum weggekürzt hat, was, wenn die Theorie wahr wäre, interessante Rückschlüsse auf unseren Alltag zuließe. Interessant auch, dass als erstes aus der Szene gekürzt wurde, dass der Terminator auch zwei ihn anbellende Hunde erschießt, mit den Menschen sahen die Zensoren das anfangs nicht ganz so tragisch...

Sprache und Politik

Ein besonderes Feld ist auch das Verhältnisse von Sprache und Politik. Aus dem Stammesleben stammt der Begriff des **Tabus**, damit meint man Dinge, die man aufgrund sozialer Übereinkunft nicht tun, anfassen oder thematisieren darf. So gibt es auch politische Tabus. Wenn jemand Dinge sagt, die er besser nicht gesagt hätte, so nennt man die auch **unsäglich**. Ein Klassiker sind hier Vergleiche von Personen oder Handlungen mit dem Nationalsozialismus (**Nazi-Vergleiche**). Die einen betrachten die als unsäglich wegen der damit verbundenen Herabwürdigung der so Verglichenen, andere fürchten auch, dass dadurch die Ereignisse des Nationalsozialismus relativiert und banalisiert werden. Demzufolge ist die **Sagbarkeitsgrenze**, also das, *„was man ja wohl noch mal sagen darf"*, ein politisches Reizthema. Reagiert man auf eine provozierende Aussage, steht man leicht als hysterisch dar, reagiert man nicht, kann diese Aussage zur akzeptierten Normalität werden und die Sagbarkeitsgrenze kommt in Bewegung.

Aus den USA kam die **political correctness**, die die Sprache auf diskriminierende Ausdrücke untersucht und diese aus der Sprache zu entfernen versucht, indem sie als *incorrect*, also unsäglich gebrandmarkt werden. Der Klassiker war hier das Wort *Neger (negro)*, weil es sehr abwertende Zuschreibungen (Konnotationen) aus der Sklavenzeit beinhaltet.

Kritiker halten die political correctness für den Versuch, die Sprache und über die Sprache auch das Denken zu manipulieren, das Stichwort war die **‚Schere im Kopf'**, bei der man vorauseilend schon (wie ein Zensor mit der Schere) überprüft, was man jetzt besser nicht sagt. Andere Kritiker sagen, dass dadurch die Dinge schöngeredet werden, und zwar aus der Sprache, aber doch nicht aus der Wirklichkeit verschwinden.

Aber all dies kann sogar Gegenstand der großen Politik werden. Als die Tschechoslowakei zerfiel, wurde der bis dahin nicht existierende Name *Tschechien* anstelle von *Tschechei* eingeführt, um mit der Vergangenheit, in der sich die Nazis die ‚Rest-Tschechei' einverleibten, zu brechen. **Sprachregelungen**, also wie etwas genannt oder gesagt wird, spielen in der Politik eine sehr große Rolle, insbesondere natürlich in der Diplomatie.

2.4.5 Macht- und Einflussparadigma

Obwohl Macht natürlich auch innenpolitisch, mitunter auch in zwischenmenschlichen Beziehungen eine Rolle spielt, sind die Machttheorien außenpolitisch orientiert (z.B. zur Erklärung von Themen Globalisierung, Rohstoffe, Friedenssicherung etc.).

Max Webers **Definition von Macht** gilt als die klassische Definition: Macht ist „jede Chance, innerhalb einer sozialen Beziehung den eigenen Willen auch gegen Widerstreben durchzusetzen, gleichviel, worauf diese Chance beruht." (Wirtschaft und Gesellschaft).
Mao-Tse Tung stellte auf die physische Gewalt ab, indem er definierte: *Die Macht kommt aus den Läufen der Gewehre.* Aus der Managementlehre stammt folgende Definition: *Macht heißt, aus Fehlern nicht mehr lernen zu müssen.* Einfluss wiederum kann abgestuft sein und auf Drohungen, Anreizen, oder auch Orientierung (Vorbildfunktion) beruhen. Macht ist auch von **Aktualisierungspotential** der Akteure abhängig, d.h. sie müssen darauf achten, dass sie die Quellen ihrer Macht beständig pflegen und bereit sind, sich in neuen Situationen rasch anpassen zu können.

Es konkurrieren der machtorientierte **Realismus**, der regel-orientierte **Institutionalismus**, der auf Zwangsläufigkeiten abstellende **Funktionalismus**[24] und die marxistisch orientierten Klassen/Konflikttheorien mit einander.
Alle Theorien wurden im Laufe der Zeit modifiziert und mit dem Vorsatz **Neo-** versehen. Neo- heißt in der Praxis, dass man die Theorie nicht mehr so rigoros wie die Ursprungstheorie. Die alten Theorien waren oft mit dem Anspruch verbunden, immer und überall zu gelten. Die überarbeiteten Theorien tun dies nicht mehr, sie

---

[24] Dieser spielt aber insbesondere in der EU-Debatte eine Rolle. In der alten Fassung ging die Theorie davon aus, dass es einen Integrationsdruck gibt, der zwangsläufig das Zusammenwachsen Europas bedingt. In der modifizierten Form (Neo-Funktionalismus) wird eher vom **spill-over (Übergreifen)** ausgegangen, bei dem Integrationsschritte in dem einen Gebiet den Integrationsdruck in anderen Gebieten erhöhen.

formulieren einschränkende Bedingungen, unter denen sie gültig sein wollen, (also statt: „es gilt stets…“ jetzt „unter den Bedingungen x und y gilt…“)

Realismus: Der alte Realismus stellte den Kampf um die Macht in den Mittelpunkt. Für internationale Kooperation war außerhalb von Militärbündnissen wenig Platz. Staaten sind theoriegemäß monolithische Blöcke in einem permanenten Überlebenskampf untereinander. Das internationale System ist tendenziell anarchisch, denn auf niemanden ist dauerhaft Verlass und es ist nicht in der Lage, dauerhafte übergeordnete Machtstrukturen auszubilden (z.B. Kissinger). Macht ist ein **Nullsummenspiel** (Wenn einer mehr Macht hat, hat der andere weniger).

Neorealismus: Der Neo-Realismus hält internationale Kooperation in internationalen Arrangements einschließlich der Kooperation auf gleicher Augenhöhe (Governance) für möglich, aber in der Regel nur im **Schatten der Hierarchie**, hier einer Vormacht (**Hegemon**), die sicherstellt, dass die getroffenen Vereinbarungen auch tatsächlich umgesetzt werden. Internationale Organisationen sind demnach **derivativ**, d.h. nur Instrumente der Nationalstaaten, letztlich wird Politik immer noch von den Staaten hinter der internationalen Organisation gemacht. Die Ausbreitung von internationalen Organisationen ist keine **Isomorphie** (Nachbau), d.h. Übernahme erfolgreicher Praxis und Strukturen von anderen Organisationen, sondern nur **Emulation** (Nachahmen von Mustern), ohne die dahinter stehende Idee zu teilen. Daher kann nach Meinung der Neorealisten die Global Governance jederzeit zusammenbrechen, wenn ein mächtiger Staat nicht mehr mitspielen will.

Die Neo-Realisten bevorzugen den **Unilateralismus**, also das einseitige Handeln, weil man eine Seite, sprich sich selber, jederzeit unter Kontrolle hat, während bei globaler Vernetzung immer die Gefahr besteht, in irgendwas reingezogen zu werden, an dem man nicht wirklich interessiert ist. Nicht-Regierungsorganisationen (NGOs) mischen sich in der Perspektive ein, sind selektiv und egoistisch. Der US-Sicherheitsexperte Brzezsinki fordert daher, dass die USA als militärisch, ökonomisch, technisch und kulturell führende Kraft Europa zum Juniorpartner machen und die 4 aufstrebenden großen Konkurrenten Brasilien, Russland, Indien und China, auch kurz als **BRIC** bezeichnet, eindämmen sollte. Ein US-Präsident sagte hierzu mal: *Speak softly and carry a big stick.*

Neo-Institutionalismus: Der alte Institutionalismus (z.B. vertreten von Veblen im frühen 20. Jahrhundert) ging von der prägenden Kraft formaler Institutionen aus,

der sich die Akteure letztlich nicht entziehen können (also eine idealistische Vorstellung). Der heutige Neo-Institutionalismus sieht die Rolle der Institutionen nicht mehr als zwingend (deterministisch) und erkennt auch die Bedeutung informeller Institutionen, sprich ungeschriebener Gesetze an.
Die wichtigste Theorie ist hier die **Interdependenztheorie** (Keohane) die von einer komplexen Interdependenz mit einer untergeordneten Rolle militärischer Macht, keiner eindeutigen Hierarchie zwischen den Beteiligten und der Beteiligung auch nicht-staatlicher Akteure ausgeht. Man kann zusammenfassend vom **Embedded Liberalism (eingebetteter Liberalismus)** sprechen. Die Märkte sind in ein System politischer Regulierung eingebettet mit Denationalisierung und Entgrenzung. Der Neo-Institutionalismus sieht diese Entwicklung aber nicht unkritisch, es gibt drei Lücken (gaps) der Zusammenarbeit von Regierungen (nach Reinicke und Deng), nämlich

- **Participatory gap**: Demokratiedefizit
- **Operational gap**: Staatliche Akteure allein können Probleme nicht adäquat lösen
- **Linkage gap**: Wechselwirkungen zwischen Politikfeldern

Der **Neo-Marxismus** betont die Rolle der Aufrechterhaltung einer kapitalistischen Weltordnung, insbesondere in der französischen **Regulationsschule**, einer Gruppe kapitalismuskritischer Theorien, die davon ausgehen, dass **Akkumulationsregime** (Kapitalströme) und die Regulationen (Regeln) eine **hegemoniale Struktur** (Herrschaft) stabilisieren, die den Kapitalismus auch über Krisensituationen retten kann. Wie, das gilt es zu untersuchen (z.B. **Fordismus**: Zahle Arbeitern mehr Geld, fördere den Konsum, mache mehr Gewinn in Verbindung mit Wohlfahrtsstaat, der über Krisen hinweghilft).
Die Entwicklung internationaler Organisationen dient einem **globalen Konstitutionalismus**, mit dem die Absicherung der Rechte und Privateigentum gegenüber Staaten und Organisationen erfolgt. Internationale Organisationen sind, so die Meinung der Kritiker, inhaltlich oft von amerikanischem Recht geprägt, so dass sie Transmissionsriemen der entsprechenden Rechtsauffassungen seien.
Die **Global Governance-Konzepte** sind häufig normativ gefärbt, denn die globale wirtschaftliche Entwicklung soll in den Konzepten in der Regel wirtschaftspolitischen, sozialen und ökologischen Leitlinien unterworfen werden. Der Begriff wurde schon in den 1970ern geprägt, seit den 1990ern aber normativer,

d.h. auf Sollverstellungen hin gefärbt. Hieran war insbesondere Willy Brandt beteiligt, der an der Commission on Global Governance der UN mitwirkte (1995 'Our Global Neighbourhood') und die Stiftung Entwicklung und Frieden SEF in Bonn und das Institut für Entwicklung und Frieden INEF in Duisburg initiierte. Für Global Governance-Konzepte sprechen die vielen ungelösten globalen Probleme, generelle Hindernisse sind aber Asymmetrien an Geld, Macht und Information. Die Nachhaltigkeit kann schon am widersprüchlichen Vorgehen in verschiedenen Politikbereichen (**inkohärenter sektoraler Politik**) scheitern, z.B. an den unterschiedlichen Logiken von Umwelt- und Energiepolitik (bei letzterer soll Energie billig und reichlich verfügbar sein, was der Umwelt nicht unbedingt gut tut).

Macht manifestiert sich heute in der Kontrolle über Menschen, Territorien, Informationen und Ressourcen, man spricht bei Maßnahmen, die sich solche Fragen drehen, auch von **Geopolitik**. Im sogenannten **Great Game** versuchen Staaten, sich Energiequellen und/oder ihre Zufuhr zu sichern. Deshalb versucht jeder, sofern er die Mittel dazu hat, Staaten mit Ressourcen bzw. Transportwegen zu kontrollieren und/oder zu befrieden und/oder vertraglich zu binden oder wie bei der **Nord-Ostsee-Pipeline** Transitstaaten zu umgehen oder wie bei den **Off-shore-Strategien** in Westafrika fernab der Küste (off shore) zu fördern, so dass man sich die Konflikte der Region schön auf Abstand hält und den jeweiligen Machthabern nur die Gebühren schicken muss.

In der **Dependenztheorie** (Dependencia-Theorie, Zentrum-Peripherie-Modell) werden Abhängigkeiten (Dependenzen) zwischen Industrie (**Metropolen**) und Entwicklungsländern (**Peripherien**) betont, ungleiche Handelsbedingungen und Preisrelationen (**terms of trade**) halten die Entwicklungsländer dauerhaft arm, d.h. **exogene (äußere) Faktoren** sind schuld. Dem wird jedoch die **Modernisierungstheorie** entgegengehalten, bei der die traditional-statisch orientierten Entwicklungsländer einfach unfähig sind, sich modernen Erfordernissen anzupassen und deshalb arm bleiben, d.h. **endogene (innere) Faktoren** sind schuld.

Es gibt aber auch alternative Annahmen, nach *denen die Ressourcen die Politiker kontrollieren* statt umgekehrt. Malthus nahm an, dass die Bevölkerung schneller

wüchse als die Nahrungsreserven, so dass Bevölkerungswachstum die Menschen über kurz oder lang an ihre Grenzen führen wird. Daraus schlossen Politiker, dass man die Geburtenzahl gerade in den Hungerländern begrenzen müsse, was eine kontroverse Diskussion auslöste: Sollte man nicht besser diese Länder so fördern, dass sie ihre Bevölkerung ernähren könnte? Ist dies latenter Rassismus, weil vor allem Nicht-Weiße an der Vermehrung gehindert werden sollen? usw. usw.
Jered Diamond stellt in seinem Buch **Kollaps** von 2005 die Vermutung auf, dass nicht das Wachstum der Bevölkerung, sondern vor allem der gleichzeitig wachsende Lebensstandard den ökologischen Kollaps bringen wird. Daraus schloss er, dass die westlichen Länder ihren Lebensstandard beschränken müssten, um die Erde zu retten. Realpolitisch ließ sich das aber auch so lesen, dass man die Menschen in den Entwicklungsländern gar nicht erst so weit hochkommen lassen soll, dass sie den Planeten ruinieren können. Diese Überlegung ist praktisch bedeutsam: die aufstrebenden Staaten sehen in den Forderungen der Industriestaaten nach Umwelt- und Sozialauflagen Versuche, ihren Aufstieg zu verhindern. Das Thema wird auch in Gabor Steingarts Buch **Weltkrieg um Wohlstand** erörtert.
Die Machttheorien tendieren wie gesagt zur vergröberten Vorstellungen von Staaten. Huntington ging in seinem Buch **Kampf der Kulturen (Clash of Cultures)** noch weiter und stellte ganze Kulturräume, insbesondere den 'Westen' gegen das 'asiatische' kollektiv-autoritäre Wertesystem auf. Demokratien wie Japan oder Taiwan passten da zwar nicht ganz ins Bild, aber das Buch war ein großer Erfolg und liefert bis heute intensiven Diskussionsstoff. Außerdem neigen Machttheorien zur Vorstellung von zyklischen Verläufen und historischen Gesetzmäßigkeiten, z.B. dem zyklischen Aufstieg und Fall von Imperien in den **Hegemonialzyklen** von Modelski, bei dem ein Imperium seinen Untergang durch die Überspannung seiner Möglichkeiten einleitet (**imperial overstretch**).
Die **Theorie vom Ende der Nationalstaaten** besagt, dass die Nationalstaaten im Zeitalter der Globalisierung, internationalen Verflechtung und Entgrenzung immer mehr an Bedeutung verlören. Ein Blick auf die Landkarte Ex-Jugoslawiens sagt da etwas anderes, und auch anderswo nimmt die Zahl der Nationalstaaten seit den Neunzigern stetig zu (Zerfall der CSSR, Zerfall der Sowjetunion, Osttimor, Abspaltung von Eritrea, die bisher nur von Russland und Nicaragua anerkannte Abspaltung von Abchasien und Südossetien, die geplante Gründung von Südsudan 2010 usw...).

Es gibt aber auch eine Art **Reifungstheorie**, die sagt, dass beides zusammenpasst. Die Menschen wollten zwar in ihrem eigenen Land leben, aber wenn sie dann endlich die Selbstkontrolle haben, sind sie auch freiwillig bereit, mit anderen zum Beispiel in der EU zusammenzuarbeiten. Demnach durchlaufen die Staaten die Phase der Nationengründung und Befreiung, um dann *selbstbestimmt kooperieren* zu können. Natürlich bietet die Geopolitik immer reichlich Stoff für Verschwörungstheorien, z.B. jene, dass Deutschland and Frankreich der Zerfall Europas in Kleinstaaten (Belgien, Spanien und vielleicht sogar Großbritannien[25] drohen in den nächsten Jahren auseinanderzufallen) insgeheim fördern, um dann als die 'letzten Großen' Europa auf Dauer beherrschen zu können. Dieser Theorie halten die Institutionalisten jedoch entgegen, dass angesichts der überproportionalen Bedeutung, die kleine Staaten in der EU haben, die Sache eigentlich umgekehrt aussieht: Einen kleinen Staat zu haben, heißt, selber mit Sitz und Stimme in der EU mitmachen zu können, so dass nicht die letzten Großen, sondern die neuen Kleinen profitieren würden.

2.4.6 Institutionenparadigma

Der Institutionalismus[26] wird in den einzelnen Disziplinen mit etwas unterschiedlicher Perspektive gehandhabt.

- Historisch: Ich handele, weil ich es immer so getan wurde => primäre Sichtweise der Institutionen als Traditionen
- Soziologisch: Ich handele, weil ich glaube, dass ich das tun soll => primäre Sichtweise der Institutionen als Normen
- Ökonomisch: Ich handele, weil ich es so will => primäre Sichtweise der Institutionen als Regeln
- Politisch: Betonung der integrativen Funktion von Institutionen (Regeln als Rahmen)

Institutionen sind in der Politik Regeln, die in zeitlicher und räumlicher Sicht variabel, aber innerhalb ihres jeweiligen Bereiches relativ stabil sind und die die

---

[25] Die Scottish Nationalist Party plant eine Abstimmung zur Abspaltung Schottlands 2010. Selbst, wenn dies scheitert, erodiert der Zusammenhalt rasch, so dass der schottische Premier Gordon Brown nach Möglichkeiten suchen läßt, die **Britishness** zu fördern.

[26] Hier ist natürlich der gerade eben erwähnte Neo-Institutionalismus gemeint, im Alltag spricht man aber oft einfach nur vom Institutionalismus.

hauptsächlichen Quellen der Regelmäßigkeiten, die wir beobachten und in unseren Erklärungen verwenden können, sind (Czada).
Der **Akteurszentrierte Institutionalismus** nach Scharpf geht davon aus, dass politische Entscheidungen als das Resultat von Interaktionen zwischen individuellen, kollektiven und korporativen Akteuren anzusehen sind, die von den jeweiligen institutionellen Kontext, in dem sie stattfinden, beeinflusst werden.

Diese Theorie wirkt zunächst 'klein', hat aber eine große Reichweite, denn wenn Regeln eine entscheidende Rolle spielen, ist natürlich immer auch bedeutsam, *wer* diese Regeln setzt und *wie* sie dann aussehen.
Die wirtschaftliche Vormachtstellung der USA bewirkt häufig, dass der Anpassungsdruck von den USA auf die anderen Länder ausgeht, so dass Anpassungsaufwand und -kosten auf Seiten der nicht-amerikanischen Geschäftspartner entstehen (z.B. beim für die Wirtschaftsprüfung bedeutsamen **Sarbanes-Oxley Act**). Der Anpassungsdruck entsteht nicht nur durch amerikanische Forderungen, sondern auch dadurch, dass die Diskrepanzen zwischen den betroffenen Rechtssystemen potentielle Handelshemmnisse und Quellen zusätzlicher Transaktionskosten darstellen. In der Praxis hat aber auch die EU die Möglichkeit, Druck auf die Amerikaner auszuüben (z.B. beim Datenschutzabkommen **safe harbour**, auf Deutsch: 'sicherer Hafen'), so dass sich diverse US-Unternehmen den Verpflichtungen von safe harbour unterworfen haben.
Der Institutionalismus hat mit der Liberalisierung einen großen Auftrieb erhalten, denn er legt nahe, dass das Setzen von Rahmenbedingungen entscheidend ist, in denen die Akteure dann so lange unbehelligt agieren können, wie sie sich an diese Regeln halten. Das heißt aber nicht, dass der Institutionalismus *per se* liberal ist, denn man kann ihn auch so deuten, dass man regulieren darf, mitunter auch muss.
Ein weiterer Faktor für die aktuelle Relevanz des Institutionalismus ist die ständige Zunahme regulativer Politik, insbesondere durch die Rechtsetzung der Europäischen Union mit ihren Richtlinien und Verordnungen. Der akteurzentrierte Institutionalismus bietet hier einen Ansatz, mit dem man die Wechselwirkungen zwischen den Akteuren, die ja mit den Gesetzen leben müssen, sie aber auch ändern oder machen können, untersuchen kann.

2.5 Beratungsorientierung

In der Politikwissenschaften hat es in den Neunziger Jahren eine argumentative Wende (argumentative turn) gegeben, nach der nicht nur die Untersuchung von Argumenten, sondern auch die Bereitstellung von politischen Argumenten wieder mehr on den Vordergrund rückt.

Ein beliebtes Instrument ist die **Szenario-Technik**, bei denen man grundlegende Annahmen trifft, diese dann variiert, und überlegt, welche Auswirkungen das hat, bekannt z.B. als die nach dem antiken Orakel benannte Delphi-Technik.

Szenarien werden häufig kritisiert wegen ihres spekulativen Charakters und die Unmöglichkeit, in die Zukunft zu schauen, bemängelt. Dennoch sind Szenarien nützlich, wie an einem einfachen Beispiel gezeigt werden soll. Ein Trend ist der ständig zunehmende Straßenverkehr auf den Straßen, der andere jedoch langfristig steigende Ölpreise. Auf ganz lange Sicht ist es wahrscheinlich, dass der Individualverkehr unter dem Kostendruck zurückgehen wird, weil sich viele das nicht mehr in der heutigen Form leisten können. Baut man jetzt die Autobahnen mit dem Blick auf die gegenwärtige Expansion stark aus, besteht dann das Risiko, dass man langfristig ein überdimensioniertes Straßennetz hat, dessen hohe Erhaltungskosten sich gar nicht mehr rechnen.

Szenario-Technik am Beispiel der Strategic Trends 2007-2036

Das britische Verteidigungsministerium hat eine Studie aufgelegt, in der sie versucht, Prognosen über die zukünftige Entwicklung abzuliefern. www.dcdc-strategictrends.org.uk

Dabei wird je nach zur Verfügung stehenden Information von weniger wahrscheinlichen (10%) bis hin zu sehr wahrscheinlichen Entwicklungen (90%) unterschieden.

These: Es sei ein Irrtum, zu glauben, dass Zukunftsprognosen unmöglich seien, denn die Zukunft wächst stets aus der Vergangenheit. Unter anderem wird erwartet:

- Die vielen Älteren vermutlich, da häufig noch aus 'stabileren' Zeiten stammend, wohlhabender sein als die wenigen Jungen, so dass die Spannungen zwischen Jungen und Alten zunehmen werden und der Umgang mit den Pflegelasten ein besonderes Problem darstellen wird

- Verarmende Gesellschaften werden in sozialpolitischen Debatten verstärkt auf Werte, Traditionen und Zusammenhalt pochen
- Deutschland wird langfristig keinen nachhaltigen Aufschwung mehr erleben, sondern stagnieren.

2.6 Fazit

Am Ende diese Kapitels mag man sich fragen: Jetzt gibt es verschiedene Theorien und Ansätze, welcher ist denn der Richtige?
Diese Frage ist mitverantwortlich für die traditionell hohen Abbrecherquoten in den Politik- und Sozialwissenschaften. Man lernte erst eine Theorie kennen und denkt: Aha, so ist es, dann eine Gegentheorie, dann denkt man: Klar, eine Gegentheorie muss es ja auch geben, aber dann noch eine und noch eine und noch eine....Am Ende steht Ratlosigkeit und Verwirrung die Frage nach dem Nutzen all dieser Überlegungen, und viele werfen dann hin.
Deshalb ist folgendes wirklich wichtig: Wer mit dem Anspruch herangeht, eine politische Theorie möge ihm in jeder Lebenslage Leitfaden und Quelle der Wahrheit sein, wird nicht weiterkommen.
Man ist besser beraten, die hier vorgestellten Paradigmen nur als unterschiedliche Perspektiven anzusehen und die Theorien und Methoden als *Diagnosewerkzeuge* zu betrachten, bei denen man sich je nach Problem bedient.

Da stellt sich natürlich die Frage, wozu es verschiedene Schulen gibt? Ist denn nicht klar, dass jede dieser Schulen nur einen begrenzten Denkansatz bietet und ist der Schulenstreit daher nicht nur Rechthaberei?
Tatsächlich jedoch sind Denkschulen, die bestimmte Sichtweisen vertreten, sehr nützlich. Die Vertreter der jeweiligen Sicht sind jeweils bestrebt, ihre Sichtweisen weiterzuentwickeln und ihre Theorien im Wettstreit mit anderen Denkschulen laufend zu verbessern. Der Schulenstreit bringt die Wissenschaft auf diese Weise voran.

Diejenigen, die für sich in Anspruch nehmen, 'über den Dingen' zu stehen, laufen mitunter Gefahr, dem **Eklektizismus** anheimzufallen, d.h. man nimmt sich aus jeder Theorie, was man gerade braucht, ohne noch darauf zu achten, wie die Grundlagen, mit denen man arbeitet, überhaupt inhaltlich zusammenpassen. Es

besteht das Risiko, dass man für alles eine schöne Erklärung parat hat, aber die Summe der Erklärungen widersprüchlich und unlogisch ist.
Das andere Extrem ist natürlich der **Dogmatismus**, bei dem man die eigene Schule zur absoluten Wahrheit hochstuft und die Anhänger der Schule zur **Epistemic community** (auch: **Scientific Community**) werden, d.h. einer Wissens- und Glaubensgemeinschaft, die durch Kommunikation und Interaktion zusammengeführt wird, und deren Anhänger sich nur noch gegenseitig zitieren (**Zitationskartell**).
Das kann soweit führen, dass auch das offenkundig Richtige an die Wand gedrängt wird. So wurde der Pionier der modernen Hygiene, Phillip Semmelweis, der heute so selbstverständliche Dinge wie das Händewaschen vor dem Anfassen von Wunden propagierte, von den Anhängern der **Miasmenlehre**, die die Krankheiten auf schlechte Lüfte zurückführten (Malaria heißt z.B. übersetzt 'schlechte Luft') bekämpft und psychisch zerrüttet. Unter anderem daher stammte die Aussage, dass man die stärksten Anhänger einer veralteten Theorie sowieso nicht mit Argumenten überzeugen könne, sondern warten müsse, bis sie ausgestorben seien.
Fazit: Gerade die Politik- und Sozialwissenschaften leben vom Wettstreit der Ideen, Konsens mag auch durchaus möglich sein, ist aber kein Selbstzweck.

3. Methoden und Debatten

3.1 Einführung

Wissenschaftliche Arbeitsmethoden sind für die Klärung von politischen Fragen unverzichtbar, und man könnte über sie allein ein ganzes Buch schreiben, hier soll aber eine Einführung in die wichtigsten Methoden und ihre Vor- und Nachteile genügen. Dieses in sich abgeschlossene Kapitel kann je nach Bedarf auch übersprungen werden.

Außerdem sollen die wichtigsten Debatten kurz vorgestellt werden, die einem helfen, grundsätzliche Meinungsverschiedenheiten zwischen den Wissenschaftlern zu verstehen.

Zunächst sollen einige Grundbegriffe eingeführt werden, ohne sich in Details zu verlieren:

3.1.1 Grundbegriffe

Das erste ist die Frage, wie man überhaupt an neue Erkenntnisse gelangt. Drei grundlegende Ansätze sind die Empirie, die Heuristik, und die Hermeneutik.

Bei der **Empirie**, dem Beobachten, konzentriert man sich auf das, was man beobachtet (hört, sieht usw).

Das zweite ist die **Heuristik**, wörtlich die Findemethode (von **Heureka**! = ich habs gefunden), bei der man nach einer Lösung oder Daten sucht.

Das dritte ist die **Hermeneutik**, historisch eigentlich die Kunst des Deutens. Dabei geht man im **hermeneutischen Zirkel** von seinem **Vorverständnis** aus, also dem, was man schon weiß, durchdenkt dies im Lichte neuer Fakten oder Eindrücke und gelangt so zu neuen Schlüssen (‚Sinn herausholen, nicht hineindeuten'), die wiederum eine nun erweiterte Basis für den nächsten Zirkel bieten.

Drei unterschiedlich 'saubere' Möglichkeiten des logischen Schließens sind die Induktion, Deduktion und die Abduktion.

Bei der **Induktion** schließt man vom Einzelnen aufs Ganze, z.B. die Gänse, die ich kenne, sind weiß, also sind alle Gänse weiß (wie man sieht, können Induktionen auch zu Fehlschlüssen führen, es könnte ja auch schwarze Gänse geben).

Bei der **Deduktion** schließt man vom Ganzen aus Einzelne: Alle Euro-Münzen sind rund, die nächste, die ich bekommen werde, wird also auch rund sein.

Bei der aus der Kriminalistik kommenden **Abduktion** (‘Seitenschluß’) verknüpft man zwei Sachverhalte miteinander.
Sachverhalt 1: Ich habe einen grauen Plastikfetzen gefunden
Sachverhalt 2: Dieses Material ist typisch für Müllsäcke
Schluss: Also stammt diese Spur von einem Müllsack (ist wahrscheinlich, aber nicht zwingend).

Eine Sonderstellung nimmt die in verschiedenen Varianten vorkommende **Dialektik** (wörtlich griechisch: Wechselrede) ein. Es geht dabei um das Aufzeigen von bzw. das Verwickeln in Widersprüche, um so zu neuer Erkenntnis zu gelangen.
In der Mathematik wird Dialektik in der Weise, dass Hypothesen aufgestellt und durch indirekte Beweise Widersprüche erzeugt werden, um Behauptungen widerlegen zu können. Man kann Dialektik aber auch so anwenden, dass Widersprüche zwischen zwei Sachverhalten zugunsten eines höheren Dritten aufgelöst werden können. Im Detail gibt es noch viele Varianten, Erweiterungen und Feinheiten, z.B. bei der marxistischen Dialektik, was hier aber zu weit führen würde.

3.1.2 Daten sammeln und erheben

Idealerweise erheben Wissenschaftler immer **Primärdaten**, Politikwissenschaftler würden also direkt Wähler- oder Politiker beobachten und befragen usw. Die Verwertung von **Sekundärdaten**, also Literaturdaten und Statistiken erscheint da eher als die zweitrangige Methode, wenn die Primärdatenerhebung nicht funktioniert. In der Praxis sieht es jedoch genau umgekehrt aus, die Sekundärdatenanalyse hat stets am Anfang zu stehen, um zu verhindern, dass man Interviewpartner mit überflüssigen Fragen nervt, deren Antworten auch die Bücher liefern und so die Chance auf wirklich spannende Fragen verpasst, oder etwas zu klären versucht, was andere schon längst entdeckt oder erklärt haben, also quasi das Rad noch mal neu erfindet.
Man kann zweierlei Daten sammeln, nämlich **quantitative Daten**, also vereinfacht alles, was sich in Zahlen ausdrücken lässt) oder **qualitative Daten** (z.B. Interviews).
Die Quantitative Methode hat Vorteile, wenn es um die Präzision und Objektivität geht, während z.B. die Interpretation von Interviews ‘schwammig’ (subjektiv, schwer fassbar) sein kann, die Wirklichkeit lässt sich jedoch nicht nur in Zahlen

pressen. Beim Versuch, Sachverhalte in Zahlenwerte zu fassen (**Operationalisierung**), kann auch Information und somit auch die Objektivität verloren gehen, z.B. wenn man versucht, die Meinung der Bevölkerung mit Hilfe von drei vorgegebenen Meinungen zur politischen Lage (bitte einen davon ankreuzen) zu erfassen. Dafür können quantitative Daten auch sehr präzise und detailliert ausfallen. Letztlich hängt es vom konkreten Untersuchungsziel ab, welche Methode sich besser eignet, und insgesamt ergänzen sich beide Methoden statt dass man entweder-oder sagen muss.

3.1.3 Einige Grundbegriffe der Statistik

Wie wichtig Statistiken für die Politik sind, können wir beim Blick auf die Arbeitslosenzahlen oder auch bei der Wahlberichterstattung sehen. Statistik dient nicht nur dazu, das Ist zu beschreiben, sondern kann auch bei der Erstellung von Vorausschauen der zukünftigen Entwicklungen (**Prognose**) helfen. Die Wahlforschung mit ihren Umfragen und Wahlstatistiken wird auch **Demoskopie** genannt.

Wichtig ist, dass diese Überlegungen natürlich nicht nur für Wahlforscher, sondern sinngemäß für alle Arten statistischer Erhebungen gelten, z.B. auch in der Marktforschung und generellen Meinungsumfragen.

Bei der Wahlforschung stellt sich das Problem, dass die alle Wahlberechtigten zusammen (statistisch als **Grundgesamtheit** bezeichnet) viele Millionen umfassen, man diese unmöglich alle befragen kann. Also wählt man einige aus, dies ist die Stichprobe. Woher weiß man aber, dass die Stichprobe **repräsentativ** ist, also die wenigen ungefähr das abbilden, was insgesamt alle wählen werden? Gerate ich z.B. zufällig in einen Parteitag, würde die Wahlumfrage ergeben, dass 100% diese Partei wählen wollen.

Hier greife ich auf die Vorerfahrungen aus früheren Umfragen zurück, also weiß in etwa, wo ich wie viele Menschen fragen muss, um die **Irrtumswahrscheinlichkeit** so gering wie es geht zu halten. Wenn die Irrtumswahrscheinlichkeit eines Ergebnisses besonders niedrig ist, nenne ich das Ergebnis **statistisch signifikant**[27]

Es gibt mathematische Verfahren, die sogenannten statistischen Tests, mit denen ich die Signifikanz des Ergebnisses prüfen kann, also die Wahrscheinlichkeit, sich

---

[27] Wobei dies nur für den sogenannten alpha-Fehler gilt, es können auch dadurch Irrtümer entstehen, dass man die Stichprobe zu klein wählt (zu geringe statistische 'Power') usw., aber das würde jetzt zu weit führen.

geirrt zu haben. Dazu ist es noch wichtig zu wissen, wie überhaupt die möglichen Werte verteilt sind. Die Körpergröße ist z.B. **statistisch normalverteilt**, d.h. die meisten Menschen sind mittelgroß und nur wenige besonders groß oder klein. Das Einkommen hingegen ist nicht **statistisch normalverteilt**, es gibt mehr, die wenig verdienen und weniger, die mehr verdienen. Deshalb ist neben dem **Mittelwert**, das ist der Durchschnittswert, auch der Medianwert interessant, das ist der Wert, unter und über dem jeweils 50% der Werte liegen

Beispiel:
9 Leute verdienen Geld, davon 4 Leute 5 Euro, einer verdient 10 Euro, 3 verdienen 20 Euro und einer 90 Euro. Dann ist der Mittelwert 4*5+1*10++3*20+1*90 =180 Euro geteilt durch 9 = 20 Euro Durchschnittsverdienst.
Der Median hingegen ist 10 Euro, denn 4 Leute verdienen weniger und 4 mehr als 10 Euro, was der Situation der Mehrheit dann schon näherkommt.
Um z.B. etwas über die soziale Situation zu erfahren, ist auch die **Spannbreite,** also der Abstand zwischen kleinstem (**Minimum**) und größtem Punkt (**Maximum**) interessant, in unserem 9 Leute-Beispiel sind dies 90-5=85 Euro. Man kann dann noch mit Hilfe von speziellen Formeln (die wir uns jetzt sparen) berechnen, wie stark die Werte um den Mittelwert streuen, diese Streumaße nennt man auch **Standardabweichung** und **Varianz**.

3.1.4 Quantitative und qualitative Analyse

Quantitative Analyse:

Aus der **Fragestellung** (Beispiel: nimmt die Politikverdrossenheit zu?)
entwickelt man ein **Modell** mit **Hypothesen**, d.h. man entwickelt Vermutungen, wie sich die Dinge verhalten (Beispiel: die Verdrossenheit umfasst die Phänomene x, y, z, und man geht davon aus, das x, y, z zunehmen und deshalb auch die Politikverdrossenheit)
dann folgt die **Operationalisierung** der Variablen (Beispiel: Fragebogen mit je drei Fragen zu x, y,z, jedes Ja gibt einen Punkt)
Die fertigen Gesamtergebnisse werden statistisch ausgewertet (**Aggregatdaten-analyse**), wobei man versuchen kann, die Daten mit statistischen Programmen weiter zu durchdringen, z.B. **Pfadmodelle** (Beispiel: wer jünger ist und dann erhöhte Werte von x zeigt, der zeigt auch insgesamt eine höhere Politikverdrossenheit) und **Korrelationen** (direkte statistische Zusammenhänge,

z.B. je höher x, desto höher auch y = **positive Korrelation**, eine **negative Korrelation** wäre: je höher x, desto geringer y).
Es können sich auch ganze Gruppen von Eigenschaften ballen, z.B. wie früher in den Milieus: wer älter, christlich und ländlich ist, wählt eher konservativ, jüngere städtische Arbeiter eher SPD), diese Eigenschaftsgruppen sind **Cluster**.

Qualitative Analyse:
Problem: Politik ist kompliziert und vielseitig und deshalb nur schwer fassbar, aus der Vielfalt der Methoden sollen einige politikbezogene Beispiele vorgestellt werden

Policy Narratives = Eine Politik überhaupt zu erklären und zu erzählen (narrare = erzählen, Narrativ = Erzählung), kann schon schwierig, aber dennoch nutzbringend sein. Sinn kann durch zusammenhängendes Erzählen politischer Entwicklungen vermittelt werden (wer, was, wieso, warum). Die fertige Erzählung gilt es auf ihre Schlüssigkeit zu prüfen (Kaplan/Roes).
Policy Frames Analyse der Interpretationsrahmen = Sichtweisen von Realität (Frames), um ideologische Einflüsse oder blinde Flecken in der Wahrnehmung aufzudecken. Beispiel: Waren die Indianer in den USA nur ‘Wilde’, die sich mit Gewalt der Zivilisation in den Weg stellten und friedliche Siedler terrorisierten oder waren die Weißen Eindringlinge, die ihnen ihr Land wegnahmen, wogegen sie sich wehren mussten oder stimmt ein bisschen von beidem oder nichts von beidem?
Policy Diskurse Analyse der Entstehung und Umsetzung von Ideen und die Frage nach dem Bezugsrahmen und den Hintergründen => Frage nach Handlungsfäden, Mythen, Metaphern, dem verwendeten Vokabular und den Grundüberzeugungen der Beteiligten.
In den 70er Jahren prägte die Politik den Begriff der ‘Kostenexplosion im Gesundheitswesen’, der letztlich bis heute die Debatte beherrscht, so dass die dann 1977 einsetzende **Kostendämpfungspolitik** nur logisch und konsequent erschien.
Bei der **Item-Analyse** wertet man die Texte systematisch nach dem Vorkommen bestimmter Begriffe aus, und kann mit Hilfe von **Kategorien** (z.B. positive Sichtweisen versus negative Sichtweisen) gewissermaßen semi-quantitative Aussagen machen, z.B.: „Die Zahl negativer Meldungen zur Wirtschaftslage nahm ab September 2008 deutlich zu“.

Es gibt drei Kriterien, die für die Beurteilung einer Methode hilfreich sind, nämlich die **Objektivität**: Kommen zwei unabhängige Untersucher mit der Methode zum selben Schluss? Wenn nicht, ist es vielleicht zu subjektiv.

Validität (Gültigkeit): Misst die Methode auch, was sie messen soll? Beispiel: Bedeutet die Aussage, dass sich jemand nicht für Politik interessiert, dass jemand politikverdrossen ist? Wenn dem so wäre, wäre jemand, der sich nicht für Goldfischzucht interessiert, ja auch 'goldfischverdrossen'. Daraus wird klar, dass Verdrossenheit voraussetzt, dass man sich mit etwas beschäftigt und sich dann davon abwendet. Desinteresse ist also etwas anderes als Verdrossenheit.

Reliabilität (Verlässlichkeit): Lässt sich die Messung wiederholen und kommt dann immer noch dasselbe heraus? Wenn nicht, kann das Ergebnis nur noch im *Journal of Irreproducible Results* publiziert werden....

3.2 Methodendebatte

3.2.1 Einführung

Nach dem Krieg drang von den USA aus in die Geisteswissenschaften der **Behavioralismus** vor, der die Notwendigkeit empirischer Befunde (Empirismus) betont, dessen Kernaussage war: Harte Fakten sind nur das, was ich beobachte, um aus diesen Gesetzmäßigkeiten ableiten zu können,

Beispiel: *Demokratische Staaten führen untereinander keinen Krieg.*

Dies ist zwar kein Naturgesetz, aber findet sich durch Beobachtungen praktisch immer bestätigt. Grund ist, dass demokratische Staaten praktisch immer eine Verhandlungslösung finden und sich ein Krieg, wenn man ihn denn wollte, gegen eine andere Demokratie innenpolitisch einfach nicht durchsetzen ließe, während dies beim Krieg gegen eine nicht verhandlungsbereite Diktatur schon anders aussieht.

Empirie, Statistik und das Streben nach Gesetzmäßigkeiten (**Nomologien**) stand in den Sechziger Jahren klar im Fokus. Es war klar, dass dies auf Dauer eine Gegenreaktion auslösen würde, die dann auch in Gestalt der unter anderem von Habermas wieder neu ins Spiel gebrachten **kritischen Theorie** nicht lange auf sich warten ließ.

3.2.2 Theoriegeschichte

Um dies zu verstehen, hilft ein Ausflug in die Theoriegeschichte weiter:
Manche gehe soweit, nur solche Dinge, die man beobachten kann, als gültig und wahr zu betrachten, diese Haltung nennt man **Positivismus**.
Das war aber schon im 18. Jahrhundert umstritten, denn wie sieht es mit den Dingen aus, auf die man zwar schließen kann, wie die Existenz des Atoms, dass man im Gegensatz zu heute aber nicht sehen konnte. Und wie sah es mit Gott aus? Deshalb meinten manche, dass es viel mehr auf das ankäme, was einer vernunftmäßigen Prüfung standhielte, diese Haltung nannte man **Rationalismus**. Aber wo hört beim menschlichen Geist die Logik auf und fängt das wüste Spekulieren an, fragten die Kritiker?

Immanuel Kant hatte in seiner **Kritik der reinen Vernunft** versucht, das Problem wie folgt zu lösen: Die Welt nimmt der Mensch wahr, bearbeitet die Eindrücke aber schon, während sie in ihn eindringen. Dadurch ist jede *Wahrnehmung* subjektiv. Der *Verstand* als Teil des menschlichen Geistes ordnet und verbindet die Dinge, die er sieht, um sie erfassen zu können, in Zusammenhängen. Die *Vernunft* als weiterer Teil des menschlichen Geistes kann dann Spekulationen und Vermutungen aufstellen[28].
Im Ergebnis spielen also sowohl die empirische Beobachtung als auch die Gedanken des Menschen eine Rolle, Beobachten und Vermuten sind beide Teile des Strebens nach menschlicher Erkenntnis und nicht etwa Gegensätze. Obwohl diese Untersuchung klar stellte, dass weder das Beobachten noch das Spekulieren allein weiterhelfen, brachen die Streitereien im 20. Jahrhundert wieder voll aus,

---

[28] **Theorie der Wahrnehmung** (Sinnlichkeit, Ästhetik): Der Mensch nimmt alle Dinge subjektiv wahr und ordnet sie beim Beobachten räumlich und zeitlich ein. Der Vorgang ist subjektiv, das objektive **Ding an sich** dringt nur als subjektive Wahrnehmung (Erscheinung) zu uns durch.
Theorie des Verstandes (Analytik): Der Verstand ordnet diese Dinge mit Hilfe von Urteilen. Urteile im Sinne von analysieren und verbinden, nicht im Sinne von bewerten. Der Verstand kann Dinge ordnen und verknüpfen = Synthese. Synthetische Urteile sind daher ein Kern des Denkens.
Theorie des Vernunft (Dialektik): Vernunft kann sich Dinge ausdenken, ohne dass diese erfahren wurden. Die Vernunft tendiert dazu, Gedankengebäude zu errichten und diese dann nicht für wahr, sondern auch für real zu erklären. Dies kommt durch spitzfindige und widersprüchliche oder wie Kant sagt, ‚dialektische' Schlussfolgerungen zustande. Vernunft darf und kann Hypothesen aufstellen, aber ohne erfahrbaren Beweis nicht einfach behaupten, dass es bestimmte Dinge gibt. Kant denkt dabei an Gott, die Seele und die Freiheit.

nachdem die Philosophie durch die industrielle Revolution und den Aufstieg der Naturwissenschaften ihre Rolle als Leitwissenschaft verloren hatte. So spalteten sich z.B. in Deutschland im früheren 20. Jahrhundert aus der Philosophie nach und nach die Psychologie und die Pädagogik ab.
Die Frage nach der **Leitwissenschaft** ist nicht, wie viele Kritiker meinen, nur eine Frage von Eitelkeiten und Animositäten zwischen konkurrierenden Fächern, sondern hat eine hohe politisch-praktische Relevanz. Wenn eine Wissenschaft als 'führend' gilt, so schenkt man als Politiker natürlich diesen Leuten mehr Gehör als allen anderen (mehr Einfluss), man gibt ihnen die Fördergelder, mehr Lehrstühle, die Studierenden machen leichter Karriere usw., also geht es nicht nur um das Streben nach Wahrheit, sondern auch um Geld und Macht.

3.2.3 Die kritische Theorie

In den dreißiger Jahren formulierten Horkheimer und Adorno ihre **Kritische Theorie**, mit sie bestimmte Defizite herkömmlichen Wissenschaft überwinden wollten.
An der herkömmlichen Wissenschaft, die sie 1937 als **Traditionelle Theorie** bezeichneten, bemängelten sie, dass diese nicht den Bedürfnissen der Menschen und den gesellschaftlichen Realitäten gerecht würde. Bezugnehmend auf den wissenschaftlichen Marxismus, forderten sie, dass Wissenschaft von den materiellen Verhältnissen ausgehen müsse. Diese Wirklichkeit enthielte Klassenunterschiede, die es kritisch zu analysieren gilt. Sie wandten sich gegen die Vorstellung, man könne wertfreie Wissenschaften jenseits der gesellschaftlichen Verhältnisse im Sinne eines **suprasozialen Lernens** betreiben. Aber auch die Rechtfertigung bestehenden Verhältnisse als das Ergebnis konkreter geschichtlicher Entwicklungen (**historische Verfasstheit**) lehnten sie ab. Auf diesen Überlegungen ruhte später das, was man heute als **Frankfurter Schule** kennt, zu der unter anderem Herbert Marcuse gehörte, und die eine wichtige theoretische Grundlage der 1968er Bewegung darstellt.
Eine 'zeitlose' Abhandlung der kritischen Theorie ist die zur **Kulturindustrie**[29].
Die These ist, dass die Massenmedien das Publikum mit inhaltsleerer und niveauloser Unterhaltung füttern. Dies ist natürlich leicht verdaulich und lustig und

---

[29] Vorsicht Falle: Die Europäische Union benutzt den Begriff Kulturindustrie amtlich als Begriff für Wirtschaftssektoren im Bereich der Kultur, ohne damit auf die kritische Theorie zurückzugreifen.

es lenkt vor allem von den Alltagsproblemen, aber eben auch von der gesellschaftlichen Wirklichkeit ab.

Das Publikum will natürlich unterhalten werden und so sind niveaulose Sendungen häufig auch Quotenhits, was wiederum die Produktion solcher Sendungen fördert.

In der Summe hat man einen **Zirkel aus Manipulation**, bei dem die Bevölkerung mit seichter Unterhaltung gelockt und zugleich von den Realitäten abgelenkt wird **und rückwirkendem Bedürfnis** nach noch mehr Unterhaltung, das Publikum ist, ohne dies wirklich zu durchschauen, Teil des Systems. Auf diese Weise stabilisieren die Medien die gesellschaftlichen Verhältnisse.

Die Medienkritik spielt insgesamt eine wichtige Rolle in der Politikwissenschaft: Da wäre zum einen die ‚Meinungsmache', bei der die Medien ihre Stellung nutzen, um ihre Ansichten durchzusetzen, wodurch die **öffentliche Meinung** und die **veröffentlichte Meinung** auseinanderfallen[30]. Die zunehmende Konzentration der Medienlandschaft weckt bei Politikern aller Couleur Sorgen um die Medienvielfalt.

3.2.4 Werturteils- und Positivismusstreit

Apel und Habermas entwickelten in den 1960er Jahren die Vorstellung einer Dreiteilung (**Trichotomie**) der Wissenschaften in einen empirischen Bereich, in dem naturwissenschaftlich-technisches Wissen generiert wird, einen historisch-hermeneutischen Bereich, in dem praktisches Wissen generiert wird und einen kritischen Bereich, in dem emanzipatorisches Wissen generiert wird. Damit sollte deutlich gemacht werden, dass naturwissenschaftliche Vorgehensweisen nicht ausreichen, um Gesellschaft erklären und gestalten zu können. Im Prinzip würde dies die Wahrheitsfindung einengen und läuft dem Grunde nach auf einen **Positivismus** hinaus, d.h. die Vorstellung, Wahrheit nur an Beobachtungen zu knüpfen.

Vielmehr, und hier kam die kritische Theorie in Spiel, muss Wissenschaft, wenn sie die Gesellschaft voran bringen will, die Verhältnisse kritisch analysieren und Entwürfe für eine bessere Gesellschaft liefern (**kritisch-emanzipatorische Funktion**).

[30] Von Noelle-Neumann stammt die kontrovers diskutierte **Theorie der Schweigespirale**, nach der die Medien durch Vorgabe bestimmter Meinungen abweichende Stimmen in der Öffentlichkeit nach und nach zum Verstummen bringen, selbst wenn sie in der Mehrheit sind (**schweigende Mehrheit**).

Die Behauptung der bisher betriebenen 'bürgerlichen' Wissenschaft, man könne neutrale, **wertfreie** und objektive Wissenschaft betreiben, diene nur der Stabilisierung der bisherigen Verhältnisse, wäre daher **affirmativ**.
Um Entwürfe einer besseren Gesellschaft liefern zu können, sollten Wissenschaftler auch normativ arbeiten, d.h. Vorgaben (**Prämissen**) setzen, wie eine bessere Gesellschaft aussehen sollte und dann versuchen, darauf aufbauende konkrete Utopien zu entwickeln.

Damit war das Feld für den **Werturteils- und Positivismusstreit** eröffnet, bei dem sich seit dem deutschen Soziologentag 1961 insbesondere Jürgen Habermas und der Philosoph Hans Albert gegenüberstanden, der den kritischen Rationalismus Karl Poppers vertrat.
Der **Werturteilsstreit** beschäftigte sich kurz gefasst mit der Frage, inwieweit Sozialwissenschaft normativ sein kann oder soll. Die Vertreter einer normativen Sozialwissenschaft argumentierten, dass man den **naturalistischen Fehlschluss**[31] zu vermeiden kann, indem man geeignete Soll-Vorgaben in die wissenschaftliche Analyse einführt, um dem Bedürfnis nach einer praktisch brauchbaren Wissenschaft gerecht zu werden[32]. Albert hält das Konzept einer normativen Wissenschaft, die dann von Prämissen ausgehend konkrete Anleitungen entwickelt, für utopisch und nicht realisierbar und verteidigte die Max Weber'sche Position der Wertfreiheit der Wissenschaft.
Nach Albert unterliegt die Frage, welche Soll-Vorgaben denn geeignet wären, dem Begründungsproblem des nach der literarischen Figur genannten **Münchhausen-Trilemmas**, dass es nicht möglich sei, eine letzte Gewissheit zu finden.[33]
Entweder muss man bei der Suche nach Gründen immer weiter zurückgehen, denn für jeden Grund gibt es wiederum einen Grund, ohne je zum Ende zu kommen

[31] Bei dem man vom Sein (Ist-Zustand) auf das Sollen (was der Mensch soll) schließt.
[32] Genau genommen gliedert Albert das Wertproblem in drei Unterprobleme, nämlich das Problem der Wertbasis, d.h. der Abhängigkeit von Forschung von Wertgesichtspunkten (die für Albert unproblematisch ist), dem Problem der Wertungen im Objektbereich der Sozialwissenschaften, d.h. dass die Sozialwissenschaften Wertungen zum Gegenstand ihrer Aussagen machen (was ebenfalls unproblematisch ist, soweit die Wertung im kognitiv-informativen Bereich verbleibt) und dem eigentlichen Werturteilsproblem, d.h. der Frage, inwieweit sozialwissenschaftliche Aussagen selbst normativen Charakter haben müssen. Dieses dritte Teilproblem ist Gegenstand der Albert'schen Untersuchungen.
[33] Da der Versuch, eine sichere Erkenntnis zu gewinnen, dem Versuch gleicht, sich selbst am Schopf aus dem Sumpf zu ziehen.

(**infiniter Regress**) muss, oder kommt in einen **logischen Zirkel**, bei dem man auf andere ebenfalls unsichere Aussagen zurückgreift und sich zwei unsichere Behauptungen gegenseitig stützen müssen, oder man muss seine Argumentation irgendwann abbrechen an dem Punkt, bei dem man die Aussagenmenge einfach für hinreichend begründet erklärt (ebenda). Dies könnte aber letztlich nur durch die Schaffung eines **Dogmas**, einer Behauptung, die einer weiteren Begründung nicht bedürftig ist, gelingen, so dass Albert zu seiner zentralen Aussage gelangt: *„Alle Sicherheiten in der Erkenntnis sind selbstfabriziert und damit für die Erfassung der Wirklichkeit wertlos“.*

Popper hatte bereits gesagt, dass man eine Aussage niemals endgültig für wahr erklären (**verifizieren**) kann, aber in einer Prüfung falsifizieren kann, so dass man der Wahrheit näher kommt, indem man falsche Vermutungen aussondert (Hypothesen falsifiziert, **Falsifikationsprinzip**). Die übriggebliebenen Thesen werden durch ständige Prüfung weiter ‚gehärtet'.

Anstelle der Idee der sicheren Letztbegründung setzt Albert die Idee der kritischen Prüfung, das heißt die kritische Diskussion aller in Frage kommenden Aussagen mit Hilfe rationaler Argumente, so dass man durch versuchsweise Konstruktion von prüfbaren Theorien und ihrer kritischen Diskussion (Konstruktion und Kritik) der Wahrheit schrittweise näher kommt. Die kritische Prüfung ist die wesentliche Methode des **kritischen Rationalismus**.

Beim **Positivismusstreit** ging es insbesondere um die Frage, ob der kritische Rationalismus Poppers und Alberts die Sozialwissenschaften nicht auf eine empirisch-technische Betrachtungsweise reduzieren würde. Albert sieht sich von Habermas und anderen Kritikern zu Unrecht als positivistisch charakterisiert und betont, dass sich sein kritisches Verfahren sich für alle Lebensbereiche eignen würde.

Im Ergebnis haben beide Seiten bis heute auf ihren Positionen beharrt und der Streit ist inzwischen in den Hintergrund getreten, da in den Neunziger Jahren die Wirtschaftswissenschaften in der Diskussion immer mehr an Gewicht gewonnen und die in Zeiten knapper Kassen die Nützlichkeit ihres Faches effektiv zur Sprache gebracht haben, was zu einem entsprechenden Aufschwung an wirtschaftswissenschaftlichen Studiengängen und Veröffentlichungen auch in den Medien geführt hat.

Die Ökonomen haben nicht nur gegenüber den Sozialwissenschaftlern, sondern, wie in ein Blick auf den Wandel in den Führungsstrukturen von Gesundheits- und Pharmaunternehmen zeigt, die auch gegenüber den Naturwissenschaftlern und Medizinern vorerst eindeutig die Oberhand gewonnen. Die Debatte der **Nützlichkeit und Verwertbarkeit** von Fächern beherrscht nun die öffentliche Diskussion, was zum später in Kapitel 10 noch näher betrachteten **Bologna-Prozeess** zur internationalen Studiengngssreform ebenfalls ein Diskussionsthema ist.
Um Missverständnissen vorzubeugen: Die kritische Theorie, die Frankfurter Schule und '1968' bestand natürlich nicht nur aus Habermas, Adorno und Horkheimer, in diesem Kapitel konnten nur elementare theoretische Grundzüge und Debatten vorgestellt werden. Die Zahl der aktiv beteiligten Wissenschaftler und ihrer Arbeiten ist vielmehr unüberschaubar. Es spielten auch noch viele geschichtliche Faktoren eine Rolle, wie der unbeliebte Vietnam-Krieg der USA und Diskussion über die wenig aufgearbeitete NS-Zeit, der Tod des Studentenführers Rudi Dutschke und vieles andere mehr. Deshalb noch einige wenige Grundbegriffe, die der politisch Interessierte wenigstens mal gehört haben sollte. Die 1968er-Bewegung brachte unter anderem auch viele neo-marxistisch geprägte Publikationen mit sich, die die grundlegende Richtigkeit Marx'scher Anliegen auch in den Zeiten der entwickelten und differenzierten Industrie- und Dienstleistungsgesellschaft zeigen wollten. Ein diskutiertes Problem war der sogenannte '**Konsumterror**'. Die westlichen Industriegesellschaften würden die Bürger mit begrenzter materieller Teilhabe und viel oberflächlichem und nett verpacktem, aber im Grunde nutzlosen Tand ('**Design statt Sein**') bei Laune halten. Im übrigen gebe es zwar Meinungsfreiheit, abweichende Meinungen würden also toleriert, aber wer jedoch wirklich substanzielle Kritik äußern würde, würde das 'wahre Gesicht' des Staates zu spüren bekommen ('**repressive Toleranz**'[34]).

[34] Dies waren in der damaligen Zeit nicht nur Schlagworte. Das erste terroristische Attentat der Bundesrepublik, nämlich auf die Auslagen eines Kaufhauses, fußte genau auf diesen Theorien. Mit einem Attentat auf Kaufhausauslagen träfe man die Konsumgesellschaft ins Mark und der Staat müsste, so die Überlegung, dann für alle sein ‚wahres' repressives Gesicht zeigen. Von dort war es geschichtlich nur noch ein kurzer Weg zum Terror der **Rote Armee Fraktion (RAF)**, die die Taktik des chinesischen Revolutionsführers Mao-Tse-Tung nutzen wollte, der mit seinen Kämpfern zunächst zahlenmäßig weit unterlegen war, aber mit Hilfe der sympathisierenden Landbevölkerung überlebte („wie ein Fisch im Wasser schwimmen") und schließlich gewann. Die RAF versuchte das, als '**Stadtguerilla**'

Wichtig war weiterhin, dass man die Gesellschaft nur verändern kann, wenn man in leitenden Positionen sitzt. Daraus folgte, dass man den '**Marsch durch die Institutionen'** machen musste, d.h. in einflussreiche Positionen zu gelangen. Dies gelang auch in vor allem in den Bereichen Medien, Bildung und Politik, was die 1968er natürlich gut fanden, ihre Kritiker aber als ein Grundproblem der bundesrepublikanischen Gesellschaft im Sinne fehlender Reform- und Handlungsfähigkeit ansahen. Insbesondere die in diesem Zusammenhang ebenfalls neu aufgekommene **anti-autoritäre Erziehung** ist, wie jeder weiß, bis heute ein Streitpunkt zwischen allen Beteiligten....

3.2.5 Moderne oder Postmoderne?

Die industrielle Revolution mit dem allgemeinen Fortschritt wissenschaftlicher Erkenntnis hat eine neue, hochdifferenzierte, fortschrittsorientierte Gesellschaft hervorgebracht, in der Naturwissenschaft eine wichtige Rolle spielt.

Das damit einhergehende **Kausalitätsdenken** (Denken in Ursache-Wirkungsketten) und die **Linearität** (es geht immer nur vorwärts und aufwärts), die typisch für die Haltung der **Moderne** waren, geriet insbesondere in den 1980er Jahren immer mehr in die Kritik. Ausgangspunkt der unter anderem von französischen Philosophen und Autoren wie Maturana erörterten **Postmoderne** ist die Überlegung, dass dieses Denken der komplexen Gegenwart nicht mehr gerecht wird. Gesellschaftliche Diskurse sind plural, es gibt eine Vielfalt von Meinungen, Diskursen und Theorien, die einem keine Gewissheit und sichere Wahrheit vermitteln könnten. Diese **neue Unübersichtlichkeit** mit ihrer Unbestimmtheit wäre aber angemessener, als ein blinder Fortschrittsglaube.

Reflexivität ist nun das wichtigste, d.h. sich die Ergebnisse der Erkenntnisse immer wieder neu vor Augen zu führen (=sie zu **reflektieren**) und in einer Welt mit vielfältigen Wechselwirkungen, die dazu führen, dass sich Entwicklungen auch mal umkehren können oder gar chaotisch im Sinne von sprunghaft verlaufen können (nicht-lineare Prozesse) und am die **Interdeterminiertheit (Unbestimmtheit)** von Prozessen akzeptieren muss. Einige **Konstruktivisten**, die die Konstruiertheit menschlichen Wissens betonten, dachten noch einen Schritt weiter und stellten die Möglichkeit eines Erkenntnisfortschrittes überhaupt in Frage, sie unterstrichen die kulturelle Verfasstheit menschlicher Sichtweisen. Die Kritiker an diesen

---

nachzuahmen, fand aber außerhalb eines kleinen Sympathisantenkreises keinerlei Rückhalt in der Bevölkerung.

Sichtweisen lassen sich vereinfacht in zwei Gruppen gliedern. Die einen argumentieren, dass die Postmoderne nur ein allzu durchsichtiger Versuch wäre, die Geisteswissenschaften wieder als Leitwissenschaft zu etablieren, in dem soziologische Diskurse über die naturwissenschaftliche Erkenntnis gestellt würden. Indem man ständig die Unübersichtlichkeit und Kompliziertheit der Dinge betont, aber selber behauptet, damit umgehen zu können, zieht man die **Deutungshoheit** an sich und entmündigt so alle anderen.

Die zweite Gruppe sieht in der Postmoderne nur Wortspiele; an diesem Punkt setzte die **Sokal-Affäre** (Sokal-Debatte) an, in der der Physiker Alan Sokal 1996 einen in postmoderner Sichtweise gehaltenen, aber inhaltlich unsinnigen Artikel in einer postmodernen Zeitschrift platzierte, um die Postmodernen vorzuführen und zu zeigen, dass diese Sichtweise die Fähigkeit der Linken, der er sich selber zurechnete, zur wirksamen Gesellschaftskritik schwächen würde.

4. Modernes Regieren, Steuern und Koordinieren

4.1 Einführung

Früher war der Staat Denker und Lenker im politischen System. In modernen Zeiten, zu denen leider auch chronisch leere Staatskassen gehören, stellt sich die Frage, ob der Staat die Gesellschaft noch allein steuern kann.

Tatsächlich haben Staaten schon im 19. Jahrhundert angefangen, Verbände und Körperschaften, die nicht direkt zum Staat gehören, in die politische Steuerung und Koordination einzubeziehen, auch auf das Risiko hin, dass die Verbände den Staat dann ihrerseits unter Druck setzen.

Dieses System hat sich nicht nur in demokratischen westlichen Staaten etabliert, auch im Kommunismus übertrug der Staat mitunter Aufgaben an die nachgeordnete Organisationen, so hatte in der DDR der **Freie Deutsche Gewerkschaftsbund FDGB** auch touristischen Aufgaben (FDGB-Heime) und administrative Aufgaben in der Sozialversicherung, um die Rentner kümmerte sich wiederum die 'Volkssolidarität'.

Die Einbindung von nachgeordneten Organisationen in gesellschaftliche Aufgaben ist also ein weithin akzeptiertes Mittel, den Staat von der direkten Steuerung zu entlasten und auch kein Zeichen von Schwäche.

In den Zeiten des wirtschaftlichen Aufschwungs nach dem zweiten Weltkrieg setzte sich der Eindruck durch, der Staat könne aktiv lenken und steuern, was zum Konzept des **aktiven Staates** führte. Dabei glaubte man auch zunehmend an die Planbarkeit der Zukunft, was der Zukunftsforschung, damals **Futurologie** genannt, enormen Auftrieb verschaffte. Das lief aber nicht so wie gewünscht und mit der ersten Ölkrise war der Traum des planbaren Aufschwungs ausgeträumt. Nun war Sparen angesagt und der **schlanke Staat** kam auf, der zunehmend auf privatwirtschaftliche Elemente setzte. Aber selbst das reicht in Zeiten einer alternden Bevölkerung und einer unter Globalisierungsdruck stehenden Wirtschaft mittlerweile nicht mehr, nun muss auch die Gesellschaft selbst ran, was im Konzept des **aktivierenden Staates** mündete, das die aktuelle Politik beherrscht. Kritiker bezweifeln, dass dies ein zwingend notwendiger Prozess ist, sondern sehen den Rückzug des Staates aus gesellschaftlichen Aufgaben als Ausdruck fehlenden politischen Willens zur Gestaltung von Gesellschaft an. Die Gegenkritik lautet, dass dies nur der Traum von besseren Zeiten sei, da der aktive Staat auch einen dauerhaften Wirtschaftsboom voraussetzte.

Die Einbindung anderer Akteure, seien es nun Verbände oder auch von Einzelpersonen in Ehrenämter warf die Frage nach dem Umgang miteinander auf. Früher war die Sache klar, der Staat gab die Befehle, das war die **vertikale** (=von oben nach unten) **hierarchische Steuerung**. Vielen Problemen scheint jedoch die Zusammenarbeit auf gleicher Augenhöhe, die **horizontale Kooperation**, angemessener zu sein.
Die Methode der Einbindung nicht-staatlicher Akteure und der horizontale Kooperation zwischen den Beteiligten bezeichnet man auch seit einigen Jahren als **Governance**.
Governance (lat. gubernare = regieren) *bedeutet* zunächst wörtlich Art und Weise des Regierens (Rhodes 1997) und *meint* moderne Formen der politischen Steuerung und Koordination als Antwort auf wachsende Komplexität (Zahl der Akteure, der Probleme und der politischen Ebenen sowie zunehmende Überlappungen zwischen Sektoren und Ebenen) und der Unmöglichkeit, alles aus einer Hand planen zu können. Dies meint nicht einfach 'weniger' Staat, sondern eine neue Aufgabenverteilung, wobei die gesellschaftlichen Aufgaben nicht 'jenseits' des Staates, sondern mit dem Staat gelöst werden. **Government** heißt also Regierung, z.B. die Bundesregierung, **Governance** Art und Weise des Regierens.

4.2 Eine kurze Geschichte der Theorie des Regierens, Koordinierens und Steuerns

Die Governance knüpft begrifflich unter anderem an den Neokorporatismus an. In der modernen Forschung wurde der Begriff durch den Ökonomen Coase eingeführt, um die Prozesse und Strukturen der Unternehmensführung zu beschreiben. In der Politik tauchte der Begriff zuerst im Bereich internationale Politik auf, wo Governance-Problematiken besonders ausgeprägt sind, um dann auch für nationale/regionale Zusammenhänge relevant zu werden.

4.2.1 Vom Pluralismus zum Korporatismus

Pluralismus: Die Pluralismustheorie ging davon aus, dass in Staat und Politik verschiedenen Interessen miteinander konkurrieren. Aber anders als z.B. in Lobbyismustheorien werden diese Interessen nicht bloß als schädliche Egoismen betrachtet, die das Gemeinwohl beeinträchtigen, sondern gelten als natürlicher Bestandteil der Politik. Menschen sind eben unterschiedlicher Meinung und besser ist, der Diskurs wird offen ausgetragen in der Hoffnung, dass vielleicht doch das

bessere Argument die Oberhand behält. Aber schon in der **Parteienstaatstheorie** wurde das bezweifelt. Faktisch haben die Parteien überall ihre Finger drin, von der Wahl des Bundespräsidenten bis hin zur Bestimmung der Verfassungsrichter, so dass der Staat in der Hand der Parteien zu sein scheint. Andererseits kann man auf Parteien zur Bündelung politischer Interessen auch nicht verzichten und bisher hat noch keine Partei auf Dauer die Herrschaft behalten, so dass sich die Befürchtungen relativieren. Gleichwohl wurde der Pluralismustheorie vorgehalten, dass sie die Verbände im Prinzip nur als Lobbyisten wahrnimmt und nicht erkennt, dass diese Organisationen auch eingebunden werden, so z.B. die Gewerkschaften und Arbeitgeberverbände. Hier setzte die **Korporatismusdebatte** (Korporationen = Körperschaften) an.
Mit **Korporatismus:** meint man ein Abhängigkeitsverhältnis von Akteuren der Interessenvermittlung vom Staat, das durch Aushandlungsmechanismen geprägt ist. Der klassische Korporatismus oder auch staatlich-autoritäre Korporatismus ist eine Form des Korporatismus mit einer begrenzten Anzahl gebildeter Verbände mit verbundener Zwangsmitgliedschaft, so zum Beispiel die (Wieder-)Einführung der **Handwerkskammern** und **Innungen** im Kaiserreich im 19. Jahrhundert. Die einzelnen Verbände sind nach funktionalen Aspekten voneinander abgegrenzt. Innerhalb ihrer Aufgabenbereiche verfügen sie über ein bestimmtes Monopol, was mit der Erfüllung bestimmter staatlicher Auflagen in Verbindung steht. Die Arbeit der Verbände erfolgt innerhalb der staatlichen Vorgaben. Im **Neokorporatismus** arbeitet der Staat mit Interessengruppen, die informell oder formell eingebunden sind, und im Gegenzug für ihre Mitwirkung auch verpflichtungsfähig sind. Im Gegensatz zum Korporatismus wird die formal-hierarchische Unterordnung nicht mehr betont. Der Begriff wurde von v. Alemann für die Verhandlungen/Gespräche Staat-Arbeitgeber-Arbeitnehmer etabliert (aber auch im Gesundheitswesen zwischen Ärzten und Krankenkassen). Man spricht auch von einer **tripartistischen Struktur** (lateinisch tres partes = drei Teile). In der Realität greift der Gesetzgeber jedoch auf vielfältige Weise ein, der Neokorporatismus ist nur eine idealisierende Modellvorstellung.

Schon in dieser Phase wurde das bis heute dominierende *Spannungsverhältnis zwischen aus Kooperation/Partizipation und Hierarchie/Durchsetzungsfähigkeit* deutlich, zunächst als sog. Janusköpfigkeit[35] der Organisationen: Sie müssen einerseits mächtig sein (Mitglieder, Kapital, andere Ressourcen), jedoch um der Teilhabe an der Macht willen auch ggf. gegen ihre Mitglieder durchsetzungsfähig sein („Autonomie“ der Organisation von ihren Mitgliedern). Daher gilt auch für Kooperationen im Governance-Stil: Je weniger Hierarchie, desto unverbindlicher der Beschluss, denn wer will einen anderen zur Einhaltung zwingen, wenn alle unabhängig und gleichberechtigt sind.

Aus dem Umstand, dass Organisationen, die Macht haben wollen, auch bereit sein müssen, Zusagen zu machen und einzuhalten (**Verpflichtungsfähigkeit**), folgt auch das allgemein bekannte Phänomen der Verbändeforschung, nämlich dass die Basis einer Organisation im Bezug auf die Organisationsziele in aller Regel radikaler ist als die Führung, was diese in den Augen der Mitglieder oft als ‚schwach' dastehen lässt.

Wenn nicht-staatliche Organisationen Aufgaben übertragen bekommen und diese dann tätig werden, spricht man auch vom **private government (‘Privatregierung’).** Beispiele wären der TÜV oder die Normungsorganisation DIN (Voelzkow). Jedoch bleibt der Staat immer im Hintergrund (**Schatten der Hierarchie**).

[35] Der Janustempel im alten Rom zeigte eine doppelgesichtige Figur, wobei das eine Gesicht für Krieg, das andere für Frieden stand. Janusköpfig heißt also doppelgesichtig.

Tab. 6 Verbände in Deutschland

<table>
<tr><th>Unternehmer</th><th>Arbeit-
nehmer-
verbände</th><th>Sozialer Bereich</th><th>Politische
Gruppierungen</th><th>Sonstige
(Beispiele)</th></tr>
<tr><td>Branchenver-
bände
BDI;
Handwerks-
verbände,
Verbände für
Freie Berufe,
Einzel- und
Großhandel
Banken,
Versicherungen
Arbeitgeber-
verbände</td><td>DGB
VerDi
Dt. Beamten-
bund
KAB; CGB</td><td>Wohlfahrtsver-
bände (Paritätischer
Wohlfahrtsverband)
Kirchen mit
Caritas, Diakonie,
DRK mit
4,7 Mill.
Mitgliedern
Volkssolidarität
Selbsthilfegruppen
Kriegsfolgen-
Verbände
(Vertriebene,
Kriegsgräber-
fürsorge)</td><td>Parteien: CDU,
CSU, SPD, Grüne;
FDP, Die Linke,
ÖDP, NPD usw.
Gebietskörper-
schaften
Deutscher Städte-
und Gemeindebund
Dt. Städtetag
Bürgerinitiativen
und -verbände
Greenpeace, NaBu,
BUND
Umweltgruppen
machen
personell >90% von
allen Basisgruppen
aus
Stiftungen</td><td>Bund der
Steuerzahler
Wohnen
Mieterbund
Haus und Grund
Bürger-
initiativen
Freizeitbereich
Deutscher
Olympischer
Sportbund,
DFB, ADAC,
AVD</td></tr>
<tr><td colspan="2">Kammern und Innungen
Berufsverbände wie z.B. der
VDI</td><td colspan="3"></td></tr>
<tr><td colspan="2">Verbraucherverbände</td><td colspan="3"></td></tr>
</table>

4.2.2 Coase' Governance Begriff

Der Begriff Governance wurde von Coase geprägt, der sich zunächst mit der Frage beschäftigte, warum es Firmen gibt. Das **Coase-Theorem** besagt in diesem Zusammenhang, dass im Prinzip jede Aufgabe, die in einer Firma ausgeführt werden kann, genauso gut auch außerhalb ausgeführt werden könnte. Daher lautete seine Frage:

Warum gibt es also Firmen?

Im Markt entstehen neben den eigentlichen Kosten auch noch Transaktionskosten (z.B. Porto, Überweisungskosten, Aufwand für den Vertrag, für Verhandlungen etc.), dies gilt aber auch für die Politik, der man Interessen organisieren und artikulieren muss, was ebenfalls Aufwand erzeugt. Je höher die Transaktionskosten zwischen Individuen sind, desto eher lohnt sich eine feste Organisation mit

Hierarchie (z.B. Firma, Partei). Die Zwischenstufe zwischen Markt und Hierarchie ist die vertragliche Kooperation (Coase: The nature of the firm 1937). Die Notwendigkeit zur Hierarchie kann sich auch aus einem Auseinanderfallen von individueller und kollektiver Rationalität ergeben, d.h. selbst wenn man erkennt/meint, dass etwas insgesamt gut und richtig ist, kann es für einen selbst nachteilig sein, mit dem Ergebnis, dass man das von einem selbst als insgesamt gut und richtig empfundene nicht tut/unterstützt (außer man muss Sanktionen fürchten). Könnte man nicht jedoch über geschickte Vertragsgestaltung die Transaktionskosten so drücken, dass sich alles an Fremdfirmen vergeben (**outsourcen**) ließe? Diese Frage wurde in den Outsourcing-Wellen der Neunziger Jahre von Praktikern erneut aufgeworfen. Dies ist jedoch wegen Unterschieden zum Idealbild des rationalen Nutzenmaximierer nicht möglich:

- Beschränkte Rationalität (**bounded rationality**). Individuen beabsichtigen zwar, rational zu handeln, ihre kognitive Kompetenz ist aber begrenzt. Sie unterliegen Täuschungen, Vorurteilen, kennen nicht alle Informationen, es gibt Missverständnisse usw.
- **Opportunismus**: Hierunter ist insbesondere die unvollständige oder verzerrte Weitergabe von Informationen durch die Wirtschaftssubjekte mit Verzerren, Verbergen, Verschleiern und Irreführen zu verstehen. Die beschränkte Rationalität schließt umfassende **ex ante-Verträge**, d.h. alles restlos in Vorhinein regelnde Verträge aus, weil eine vollständige Planung zukünftiger Entwicklungen nicht möglich ist, so dass die **ex post-Analyse** von Verträgen besonders wichtig ist. Der Opportunismus steht der Annahme, dass ein Vertrag stets zuverlässig von den Vertragspartnern erfüllt wird, entgegen.
- **Property rights**: Schließlich wendet sich die Transaktionskostenökonomik gegen die Annahme, dass Rechte genau definiert sind und die Gerichte kostenlos Recht sprechen (Regel: Recht haben ist eine Sache, Recht bekommen eine gänzlich andere), so dass häufig nicht gerichtliche, sondern außergerichtliche Regelungen bei der Klärung von Vertragsstreitigkeiten zur Anwendung kommen. Positive Transaktionskosten bedeuten nicht zwangsläufig Ineffizienz, sondern sind in der Realität oft *unvermeidlich*. Die klare Regelung von Eigentums- und Nutzungsrechten (**property rights**) kann jedoch die Transaktionskosten senken (**Property rights theory**).

Aber schon der ökonomische Governance-Begriff zielt nicht nur auf die Verbindlichkeit von Beschlüssen, sondern auch auf die Organisations-Effizienz ab und begreift die Governance ähnlich wie die späteren politischen Theorien als Ansatz zur Innovation. Die Transaktionskostenökonomik sieht die Firma als eine *Beherrschungs- und Überwachungsstruktur (governance structure)* an und erklärt organisatorische Innovationen mit Hilfe einer Transaktionskostenperspektive. Dabei werden drei grundlegende Prinzipien der Organisationsgestaltung formuliert:

1. Das **Asset Specifity Principle (Faktorspezifitätsprinzip**). Je höher die Faktor-spezifität, desto eher besitzt die interne Organisation Vorteile gegenüber dem Markt (auf Deutsch: je schwerer etwas zu machen/durchzuführen ist/Spezialisten zu finden sind, desto besser macht man die Sachen im eigenen Haus/mit eigenen Leuten).

2. Das **Externality Principle.** Je größer Nachfrageexternalitäten in der Distribution sind, desto eher lohnt sich eine Vorwärtsintegration (auf Deutsch: je eher Zwischenhandel und Vertrieb dazu tendieren, die Sachen anders zu verkaufen als man möchte, desto eher sollte man sie am engen Zügel bzw. unter eigener Kontrolle halten).

3. **Hierarchical Decomposition Principle.** Diesem Prinzip zufolge sollte die interne Organisation derart gestaltet werden, dass die einzelnen Teile quasi-unabhängig voneinander sind, die (kurzfristige) operative Planung und die strategische Planung voneinander getrennt werden sollten und das Anreizsystem auf lokale und globale Effektivität zielt ‚Divisionalisierung'. Damit soll ein möglichst störungsfreier Informationsfluss unter den Bedingungen der beschränkten Rationalität und dem Opportunismus gewährleistet werden. Dieses Konzept wurde in Anknüpfung an die Luhmann'sche Systemtheorie als die Vorstellung von *lose gekoppelten, sich selbst steuernden Systemen* wieder aufgegriffen.

Im wirklichen Leben führt die erstmals in den 20er Jahren durchgeführte Divisionalisierung oft zur Bildung von 'kleinen Königreichen', so dass man dann wieder anfing, Funktionen zu integrieren (insbesondere die IT-Abteilungen) und das Pendel seither zwischen straffer Führung durch die Zentrale und mehr oder minder selbstverantwortlichen Untereinheiten hin und her schwingt. Plötzliche Divisionalisierungen werden heute oft im Vorfeld anstehender Firmenverkäufe oder

Börsengänge (**Initial Public Offerings IPOs**) oder zum Aufbrechen von Tarifverträgen durchgeführt.

Tab. 7 Organisationsformen

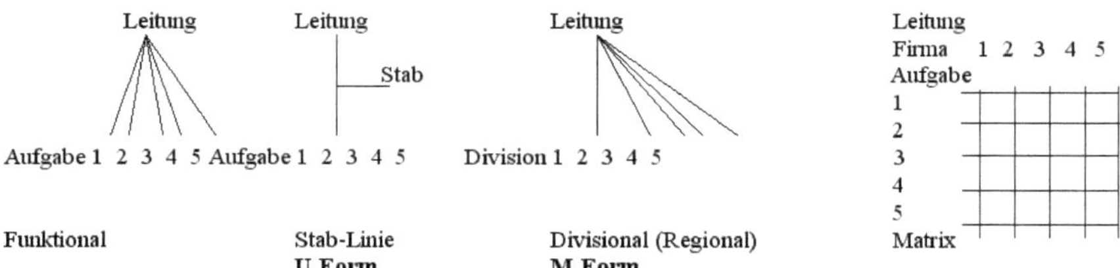

Grenzen der Verantwortungsübertragung (Delegation) und Selbststeuerung ergeben sich auch aus der **Prinzipal Agent-Theorie**. Häufig werden Maßnahmen nicht vom Eigentümer, sondern vom Manager (Manus agere = mit der Hand machen = „anpacken") ausgeführt. Oder z.B. Umweltschutz wird von Politikern beschlossen, aber von Unternehmen gemacht. Dies geht mit dem **Phänomen der asymmetrischen Information** einher, die den Agent dazu verleiten kann, Maßnahmen zu seinem Vorteil zu beeinflussen, ohne dass der Prinzipal etwas davon ahnt. Oder der Agent entwickelt sich zum eigentlichen Machtzentrum, z.B. in Form Institutionen, an die man Aufgaben delegiert und die einem auf der Nase herumtanzen statt einem zu dienen. Schon aus den ökonomischen Analysen folgte, dass die Delegation von Verantwortung an andere/private Organisationen kein Allheilmittel ist, um Probleme zu lösen, sondern dass diese Delegation vernünftig durchgeführt werden muss, also nicht bloß Governance, sondern **Good Governance**.

4.2.3 Die internationale Dimension

Auf internationaler Ebene ist die Globalisierung ist ein Prozess zunehmender zwischen- und überstaatlicher Verflechtung und Aktivitäten (ökonomisch, ökologisch, juristisch, militärisch....). Auch die internationalen Konzerne wachsen, wächst die Politik mit?

Man kann eine ständige Zunahme der internationalen Probleme und zu regelnden Materien beobachten, aber keine Weltregierung. Nun vertreten viele Politikwissenschaftler die These, dass die klassischen internationalen Verträge (internationale Regime) nicht mehr reichen, sondern internationale Organisationen

müssen die Umsetzung begleiten und ggf. kontrollieren, es muss Möglichkeiten der Anpassung veränderte Umstände geben. Dabei wird auch diskutiert, Nicht-Regierungsorganisationen (**Non-govermental organisations NGOs**) ggf. mit in eine Global Governance einzubinden, z.B. Ärzte ohne Grenzen, Greenpeace usw.
Aus Sicht anderer Staaten ist der 'Fehler' an den großen NGOs vor allem, dass sie sich ungefragt in die Angelegenheiten anderer Staaten einmischen statt sich um ihr eigenes Land zu kümmern, weshalb viele Länder versuchen, ihre Territorien z.B. durch Verbote oder administrative Behinderung ihrer Tätigkeit oder durch Druck auf einheimische Mitarbeiter von NGOs zu 'säubern'.
Diese Abschottungstendenz wurde durch **R2P (Responsibility to protect)**-Konzepte eher noch verstärkt, nach denen demokratische Staaten die moralische Pflicht und insoweit auch das Recht haben, Menschen in Not zu helfen, selbst wenn es einer einheimischen Diktatur nicht passt. Die asiatischen Staaten haben in dem Hilfseifer westlicher Staaten nach dem Tsunami auch einen Versuch gesehen, Einfluss vor allem in der indonesiches Bürgerkriegsregion Aceh gewinnen zu können, weshalb Burma (synonym Birma, Myanmar) sich trotz dringender Notwendigkeit nach einer Naturkatastrophe 2008 rigoros der Hilfe verweigerte. Global Governance-Konzepte gelten des weiteren aus Sicht machtpolitisch (neorealistischer) ausgerichteter Wissenschaftler als naiv und moralisch-normativ überfrachtet, was in ihren Augen der Grund für den fehlenden Erfolg von Global Governance-Ideen ist.

4.2.4 Der Wandel der Steuerungsdebatte - Auf dem Weg zum aktivierenden Staat

Die Steuerungs- und Staatsdebatte war zu allen Zeiten eingebettet in ein konkretes wirtschaftliches, soziales und gesellschaftliches Umfeld, d.h. manches in den Theorien wird eigentlich nur aus der Zeit verständlich, in der sie entstand. In der politischen Realität wurden die Konzepte (auch) den finanziellen Möglichkeiten angepasst, d.h. die Theorien waren meistens Erklärungsversuche dessen, was schon da war und weniger Visionen der zukünftigen Entwicklungen. Je älter die Bundesrepublik wurde, desto stärker wurde die Theoriebildung vom Geldmangel und dem Versuch, unter diesen Bedingungen (noch) Politik zu machen, beeinflusst. Hierzu zunächst eine kurze Gesamtübersicht der Theorie-Geschichte der Bundesrepublik:

Tab. 8 Die Theorie-Geschichte der Bundesrepublik

	Demokratischer Staat	**Aktiver Staat**	**Schlanker Staat**	**Aktivierender Staat**
	ab Beginn der 50er Jahre	**ab Mitte der 60er Jahre**	**ab Ende der 70er Jahre**	**ab Mitte der 90er Jahre**
Schlag-worte	Rechtsstaat Demokratie	Planung innere Reformen	Management Entbürokrati-sierung	Governance Zivil-/ Bürger-gesellschaft
Probleme	Demokratie-versagen Obrigkeitsstaat	Marktversagen reaktive Politik	Staats-/Bürokratie-versagen Überregelung	Gemeinschafts-versagen
Ziele	Rechtsstaat Demokratie	gesteigerte Problem-verarbeitungskapa zität Effektivität	Verwaltungs-vereinfachung Entbürokrati-sierung Dienstleistung	Inklusion Beteiligung Gemeinwohl-verantwortung
Theorien	Parlamentarismus Pluralismus Max Webers rationale Verwaltung	Makro-Ökonomie Policy Science Korporatismus	Public Choice New Public Management	Neo-Institutionalismus Kommunitarismus Sozialkapital
Lösungen	Verwaltungsrecht Politische Beamte	Globalsteuerung Regierungs- und Verwaltungsrefor m Planning-Programming-Budgeting-Systeme (PPBS)	Rechtsvereinfachu ng Aufgabenkritik Output-Steuerung Outsourcing Privatisierung	Gewährleistungs-staat Verantwortungs-teilung Regulierungs-staat

modifiziert nach: Jann/Wegrich

50er Jahre

Die 50 Jahre, die in DDR dem schrittweisen Übergang zum sowjetischen System im Rahmen des ‘Aufbaus der Sozialismus’ dienten, dienten in der Bundesrepublik der Herausbildung und Einübung der neuen staatlichen Prozeduren nach Überwindung der ersten Nachkriegsjahre, in der die staatliche Entwicklung noch maßgeblich von den Alliierten und des sich bildenden kalten Krieges beeinflusst wurde. So wurde der **Föderalismus** der Bundesrepublik, d.h., die Gliederung in Bundesländer mit eigenen rechtlichen Befugnissen noch durch alliierte Vorgaben, die sog. Frankfurter Protokolle festgeschrieben.

Eine wichtige Lehre aus der Weimarer Republik war, dass es nicht reicht, ein demokratisches Staatwesen zu haben, sondern dass dieses auch funktionsfähig und stabil sein muss. Kernelement war die **soziale Marktwirtschaft**[36], d.h. die Vorstellung, dass der Staat sich nicht völlig aus dem Markt heraushält, sondern diesem, wo nötig, auch (sozial)-politische Vorgaben machen konnte. Hierzu gehörte insbesondere die Einbindung der 'Sozialpartner', d.h. der Gewerkschaften und Arbeitgeberverbände, in vielfältige gesellschaftliche Aufgaben. Auf der anderen Seite waren die großen deutschen Firmen durch wechselseitige Eigentumsbeteiligungen, aber auch personell über die Aufsichtsräte miteinander verflochten ('Lex Abs'[37]), man sprach bildlich auch von der ‚**Deutschland-AG'**. Diese Sozialpartnerschaft wurde wegen der Hauptstadt Bonn am Rhein und dem Kölner Ex-Bürgermeister Adenauer als Bundeskanzler auch als ‚rheinischer Kapitalismus' bezeichnet.

Die Einführung der **5%-Hürde** bei Wahlen, d.h. der Vorgabe, dass eine Partei nur ins Parlament konnte, wenn sie mindestens 5% der Wählerstimmen auf sich vereinigte, war ein weiteres wirksames Mittel, um der Zersplitterung der Parteienlandschaft vorzubeugen, die in der Weimarer Republik eine enormes Ausmaß erreicht hatte, aber auch heute noch typisch für Staaten ist, die keine oder zu niedrige Hürden haben. Die 5%-Hürde ist oft kritisiert worden, insbesondere als undemokratisches Formierungsinstrument. Aber in Staaten, wo es sehr viele Parteien im Parlament gibt, sieht es dann in der Praxis mitunter so aus, dass die kleinen Parteien Zünglein an der Waage bei der Mehrheitsfindung sind und so einen weit überproportionalen Einfluss auf die Politikgestaltung bekommen, was nicht unbedingt demokratischer ist.

Die Existenz von stabilen Wählermilieus, die man grob vereinfacht so zusammenfassen könnte CDU/CSU: christlich und ländlich, SPD: Arbeiter, (groß)städtisch, FDP: Kaufleute, Freiberufler, sorgte für zusätzliche Stabilität, denn die Parteien konnten sich auf ihre Wähler 'verlassen'. Dieser Mix sicherte Kohärenz und Stabilität der westdeutschen Gesellschaft im kalten Krieg, Staat, Markt und Gesellschaft waren auf vielfältige Weise miteinander verflochten. Die

---

[36] Heutzutage erscheint dieses Konzept so selbstverständlich, das es fast wie ein Schlagwort erscheint, das war es aber nicht. Planwirtschaftliche Vorstellungen im Sinne von, dass der Staat die Wirtschaft am besten selber lenken solle und könne, waren weit verbreitet und die von Ludwig Erhard betriebene Freigabe des Marktes mit der Währungsreform 1948 war damals durchaus umstritten.

[37] Hans-Hermann Abs, Chef der Deutschen Bank, hatte bis zu 20 Aufsichtsratsmandate gleichzeitig, weshalb ein Gesetz erlassen wurde, das die zulässige Höchstzahl auf 10 begrenzte.

Stabilität äußerte sich unter anderem auch darin, dass die Bundesrepublik in Westeuropa mit großem Abstand das streikärmste Land war, obwohl es in den anderen EU-Staaten gleichermaßen bergauf ging.
Die Bildung übergreifender Dachgewerkschaften wie des **Deutschen Gewerkschaftsbundes DGB**, der **Deutschen Angestelltengewerkschaft DAG** und der ÖTV Öffentliche Dienste, Transport und Verkehr (später **Vereinigte Dienstleitungsleistungsgewerkschaft VerDi**) begünstigten die stabilen Verhältnisse, wahrend z.B. in Frankreich manchmal mehrere Gewerkschaften um dieselbe Firma konkurrierten.

Tab. 9 Die Deutschland AG

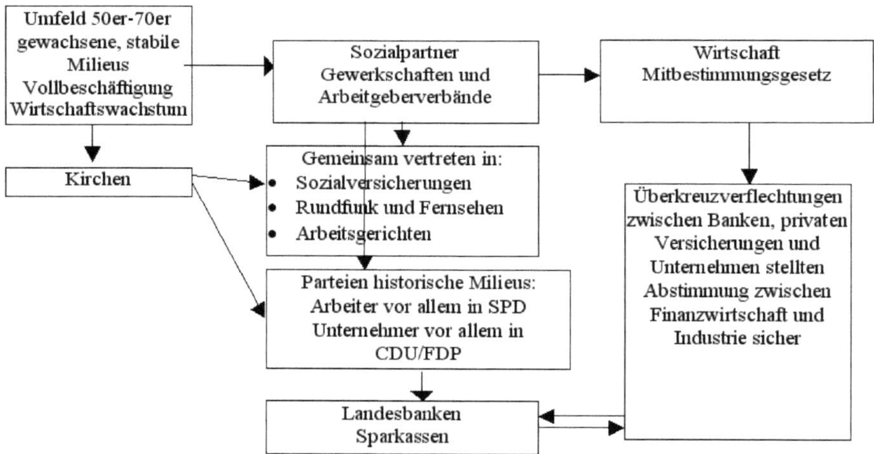

Eine betont rationale und sachorientierte Verwaltungsführung im Sinne Max Webers sollte zudem das Vertrauen in die staatlichen Institutionen fördern.
Die Lohnentwicklung tat ihr übriges: Bis in die 1980er Jahre stiegen auch die Nettolöhne der Arbeitnehmer ständig an, d.h. der Kuchen wurde ständig größer und es ging im wesentlichen nur darum, dieses Mehr aufzuteilen.

60er bis frühe 70er Jahre

1966, am Vorabend der ersten Krisen konnte man auf fast 2 Jahrzehnte kontinuierliches Wirtschaftswachstum zurückblicken. In der Wirtschaftspolitik dominierte der **Keynesianismus** (nach dem britischen Ökonomen John Maynard

Keynes) u.a. mit der Vorstellung, dass der Preis- und Marktmechanismus nicht umgebremst, sondern, wenn überhaupt, nur mit Zeitverzögerungen auf Änderungen reagiert. Staatliche Investitionen, auch um den Preis von Schulden (‚**deficit spending**'), können der Wirtschaft über Krisen hinweghelfen. Dies schien sich auch in der ersten kleinen Konjunkturdelle in den 60er Jahren als richtig zu erweisen. Daraus erwuchs das Bild einer staatlichen Beeinflussbarkeit, wenn nicht gar Plan- und Lenkbarkeit von Wirtschaft und Gesellschaft (Konzept der ‚**Globalsteuerung**' der Wirtschaft, '**Planungseuphorie**').

Politikwssenschaftlich wurde dies im **Konzept des aktiven Staates** deutlich (Mayntz/Scharpf 1973 „Aktive Politik"), in dem der Staat Gesellschaft aktiv gestalten wollte und sollte. Hierzu gehörte vor allem der Ausbau des Sozialstaates im Gefolge des stetigen Wirtschaftswachstums, der Staat trat hier als fürsorglicher, planender Staat auf Basis steigender Einnahmen in Erscheinung.

Leitidee war das **Marktversagen**: Der Staat muss dort auftreten, wo der Markt aus welchen Gründen auch immer versagt, insbesondere bei der Bereitstellung einer flächendeckenden Infrastruktur. Deshalb war eine Expansion der **Staatsquote**, d.h. des Anteils staatlicher Aktivitäten am gesamtwirtschaftlichen Aufkommen, durchaus nicht unerwünscht.

Im Hintergrund schwebt auch noch die Idee, dass durch wissenschaftliche Politikberatung und -analyse die Politik rational anleiten und Gesellschaft planmäßig geformt werden kann, ein Eindruck, der durch '**Think Tanks**' (Denkfabriken, Einrichtungen für Analysen und Konzepte wie die amerikanische *Rand Corporation* gefördert wurde. Endergebnis war einen überspannte Anwendung von theoretischen Konzepten, z.B. in der 'kybernetischen Welle'[38]. In der politischen **Kybernetik** wurde Gesellschaft als komplexer Regelkreis, den man politisch modifizieren kann, ganz in Analogie zur Technik. Das Konzept erfreute sich wegen der implizierten Plan- und Steuerbarkeit der Gesellschaft auch in der DDR großer Beliebtheit. Anzeichen für staatlichen 'Planungswahn' schon vor der Ölkrise zeigten sich schon bei der Schaffung der Trabantenstädte, bei denen technische Überlegungen, wie schön modern und platzsparend Hochhäuser sind, die soziale Dimension aus dem Blick verlieren ließen.

---

[38] Governance basiert auf dem Verb „to govern" und leitet sich aus dem lateinischen „gubernare" ab, das ähnlich wie der zu Grunde liegende griechische Begriff „kybernân" oder „kybernetes" auf die Tätigkeit des Steuerns (eines Schiffs – oder auch des Staates) abhebt (vgl. Schneider).

Das Bild des rationalen, steuernden Staates spiegelte sich auch in der soziologischen Theoriebildung wieder. In **Giddens Theorie der Strukturierung** ist die Moderne charakterisiert durch Auseinandertreten von Raum und Zeit (z.B. e-mail-Anfrage statt persönlichem Gespräch) und Einbettung sozialer Systeme in (institutionelle) Reflexivität. Auf Deutsch: Der Mensche verlässt sich bei der Sozialversorgung, Bildung und Berufswahl nicht mehr auf die Familie und das Dorf, sondern auf anonyme Institutionen (Schule, Behörden usw.), die mitunter an entfernten Orten sitzen. Hilfe wird nicht mehr nach persönlichen Bindungen vergeben, sondern aufgrund formaler Rechtsansprüche (sogenannte **institutionelle Rückbettung**).

Tab. 10 Giddens Theorie der Strukturierung

Ebenen sozialer Struktur **Institutionen**	Signifikation (Sinnkonstitution)	Herrschaft	Legitimation
Modalität **Umsetzung**	interpretativ	Fazilität (Ausstattung, Instrumente)	Norm
Ebene sozialer Interaktion **Handlung**	Kommunikation	Macht	Sanktion

Die Struktur manifestiert sich in der Handlung und die Handlung reproduziert die Struktur, d.h. die Struktur wird durch die Handlung immer wieder wirksam und sichtbar. Ein System ergibt sich dann aus Handlung plus Institution. Das ist natürlich bei weitem nicht die ganze Theorie von Giddens, aber so weit passt sie sehr gut zur Vorstellung des rationalen Staates.

Die **Systemtheorie im Luhmann'schen Sinne** stellt dann funktionelle Gesichtspunkte in den Vordergrund, d.h. die gesellschaftliche Ausdifferenzierung erfolgt nach Sach- und Zweckgesichtspunkten und nicht so sehr die einzelne Person, sondern das System steht im Zentrum der Betrachtung. Luhmanns Systemtheorie ist ein 'große' Theorie mit weitreichendem Erklärungsansatz, so dass hier nur ein Einstieg in die reichhaltige Materie gegeben werden kann.

In der **Systemtheorie** nach Luhmann wird Gesellschaft als Abfolge von Kommunikationen verstanden, als nicht endendes Frage-Antwort-Spiel, bei dem Ereignisse an frühere Ereignisse anknüpfen und zum Ausgangspunkt neuer Ereignisse werden. Die **funktionellen Teilsysteme** der Gesellschaft, wie z.B. das Rechts- oder politische System, setzen sich als gegenseitig unterstützende und ermöglichende Spiele fort. Die einzelnen Mitteilungen werden dabei aus den für das Teilsystem typischen Medien geformt. Beispiel: Das Rechtssystem kommuniziert mit Hilfe von Gesetzen und Gerichtsentscheidungen und steht dabei in Wechselwirkung z.B. mit der Wirtschaft und politischen System. Systeme sind an ihrer **Leitunterscheidung (Code)** erkennbar, also dem Thema, um die sich die Kommunikationen drehen, so zum Beispiel um Recht und Unrecht im Rechtssystem. Systeme differenzieren Subsysteme aus, so Ressorts, Verwaltungsebenen, Behörden....

Tab. 11 Die Systemtheorie nach Luhmann

Funktionssystem	**Code (Leitunterscheidung)**	**Kommunikationsmedium**
Wirtschaft	Haben nicht haben	Geld Eigentum
Recht	Recht unrecht	Recht Gesetze Entscheidungen
Wissenschaft	Wahr und wahr	Wissenschaftliche Erkenntnisse
Politik	**Macht Ohnmacht**	**Macht-Ämter**
Religion	Immanenz Transzendenz	Glaube
Technik kein eigenes System, sondern Unterstützung der anderen Systeme		

In diesem Konzept ist Steuerung etwas anders als Planung: es sollte nicht gegen die Logik der Subsysteme von oben herab angeplant werden, sondern in der Logik der Systeme („man muss die Menschen abholen, wo sie stehen“). Zum Teil wurde die Systemtherorie als Konzept einer ‘neutralen’, funktionell sachorientierten, sich selbst steuernden und steuerbaren Gesellschaft wahrgenommen (rezipiert).
Luhmanns Theorie wird viel diskutiert[39]. Politisch interessant ist die Kritik von Mayntz: Ohne Akteure geht es nicht und Akteure enthalten menschliche Komponenten, die die Systemtheorie nicht fassen kann. Wie zum Beispiel wären sonst unterschiedliche Parteien zu erklären oder die Bedeutung einzelner Politiker? Luhmanns **Leitunterscheidung (Code)** ‘Macht-Ohnmacht’ zeigt in den Augen der Kritiker ein unterkomplexes Politikverständnis, denn Macht ist nur eines der Motive (siehe auch Kapitel 2).
In diese Zeit fiel auch ein massiver Ausbau des Sozialsystems (siehe Kapitel Sozialpolitik), des Bildungssystems als ‘**Bildungsexpansion**’ und eine später oft

---

[39] Luhmanns Systemtheorie erlebte in der Managementlehre der Neunziger Jahre einen zweiten Frühling (u.a. St. Gallen), wobei es u.a. um die Überlegung ging, die Komplexität des Unternehmens in einer turbulenten Umwelt zu reduzieren. Demnach sind **lose gekoppelte Teilsysteme** besonders geeignet, d.h. Unternehmen sollten ihren Untereinheiten genug Spielraum für flexibles Reagieren lassen.

bereute absichtliche politische und finanzielle Verflechtung von Bund und Ländern durch Schaffung gemeinsamer Aufgaben und den Ausbau von Finanzbeziehungen.

Bruch durch die Ölkrise 1973

Nachdem sich schon in den frühen 70er Jahren eine erste Ernüchterung wegen des Ausbleibens von Planungserfolgen breitmachte, war mit der Ölpreisexplosion als folge des Jom-Kippur-Krieges[40] von jetzt auf gleich Schluss mit dem Wachstum.
Es kam zu steigenden Preisen (Inflation) bei wirtschaftlicher Stagnation (**Stagflation**), einem ungeplanten Abbruch der staatlichen Expansion, dazu kam die Bedrohung durch die **Organisation erdölexportierender Länder OPEC** ausgerechnet in einer Zeit chaotischer Wechselkurse (Zusammenbruch des Bretton-Woods-Systems)[41]. Die schwere Krise des Westens führte zur Bildung der G7 (Gruppe der 7 damals führenden Industrienationen, d.h. USA, Kanada, GB, Frankreich, Deutschland, Italien, Japan), dem Anfang der Entwicklung, durch intergouvernementale Kooperation komplexe Probleme in den Griff zu kriegen. Dies war der **Beginn der Governance Debatte.**

Die Schlussfolgerungen für die Politikwissenschaft waren: Mit der Krise rückte die Implementationsforschung in den Vordergrund, d.h. die Frage nach der Umsetzung von politischen Plänen, statt Marktversagen zeigte sich plötzlich ein **Staatsversagen** (Ernüchterung nach Planungseuphorie). Es fand gezwungenermaßen ein Übergang von aktiver Gestaltung zum defensiven Krisenmanagement statt: „Wer Visionen hat, soll zum Arzt gehen" (Helmut Schmidt). Dies mündete nach dem letztlich erfolglosen Versuch, mit Konjunkturprogrammen dagegenzuhalten, in einen Sparkurs, zu dem unter anderem die **Kostendämpfung** im Gesundheitswesen ab 1977 gehörte. Alle Versuche,

---

[40] Israel wurde von seinen Nachbarstaaten während des jüdischen Feiertages Jom Kippur angegriffen, in der Hoffnung, Israel so überraschen zu können. Nach Anfangserfolgen wendete sich das Blatt rasch zugunsten Israels und das verärgerte Saudi-Arabien drehte dem Westen den Ölhahn zu (**Ölembargo**). Obwohl dies unter amerikanischem Druck schließlich endete, entdeckte die OPEC ihre Möglichkeiten und seither waren die Zeiten dauerhafter Niedrigpreise für das Öl ein für alle Mal vorbei.

[41] In Bretton Woods wurden unter Führung der USA die Weichen für die Nachkriegsweltwirtschaftsordnung gestellt. Die Kopplung der Wechselkurse an den Goldstandard und den Dollar garantierte 25 Jahre stabiler Wechselkurse. Die Kosten des Vietnam-Krieges zwangen zur Aufgabe des Goldstandards und des Systems.

wirtschaftlich wieder auf den alten Erfolgskurs zurückzukehren, wurden durch die zweite Ölkrise 1980/81 (Iran-Irak-Krieg) endgültig zunichte gemacht.

Seither fragen sich alle, wieso es zwei Jahrzehnte so gut ging und warum man nicht einfach wieder dahin zurückkehren konnte: Vollbeschäftigung, steigende Nettolöhne und Netto-Wohlstand auch für die breiten Schichten und all das in vielen Staaten.
Die gängige Theorie ist die das **Nachholbedarfs** der Nachkriegsbevölkerung und durch den **Wiederaufbau** der zerstörten Europas. Dies wird jedoch zunehmend in Frage gestellt. Den Aufschwung gab es auch in Staaten, die nicht zerstört wurden, das Konsumniveau war außerdem schon bald deutlich höher als vor dem Krieg (Autos, Reisen, Fernseher, Wohnraum....). Es gibt die ressourcenbasierte Kritik, die argumentiert, dass das Wirtschaftswunder der Nachkriegszeit in Wahrheit nur auf Kosten anderer Länder und der Umwelt möglich war, denn das Öl und Gas wurde weit unter dem aus Knappheits- und Marktgesichtspunkten nötigen Preis angeboten, was am Einfluss des Westens auf die Öllander lag. Dies ermöglichte einen Wohlstand, der zum einen auf dem Fleiß und Aufbauwillen der Menschen, aber leider auch auf der Verschwendung und dem ineffizienten Einsatz von Energie und Rohstoffen ruhte[42].
Dann gibt es die Kritik, dass durch die Rekrutierung von Gastarbeitern im Grund veraltete und zu personalintensive Produktionen billig weiterbetrieben werden konnten, die sozialen Kosten dieser Maßnahme, insbesondere die Frage nach der Integration der Neubürger und ihrer Kinder, einfach in eine ferne Zukunft (nämlich heute) verschoben wurden, indem man sich um diese Frage nicht ernsthaft kümmerte, sondern hoffte, die **Gastarbeiter** würden ‚einfach wieder gehen', obwohl die Aufenthalte zeitlich nicht begrenzt wurden. Die Industrie und die sie unterstützende Politik hatten auf kurzfristige Expansion gesetzt, ohne an das Morgen zu denken. Der Anstieg der Arbeitslosigkeit ist in dieser Perspektive auch Folge der zu lange hinausgezögerten Rationalisierung der Produktion. Dazu kommt natürlich die **Globalisierung**, die Konkurrenz aus Asien setzte im Autosektor schon in den Siebziger Jahren ein, gefolgt man massivem Druck im Unterhaltungselektroniksektor, wo die Japaner (und später die sogenannten 'Tigerstaaten') schon vor China eben nicht nur mit Billigprodukten wie Textilien,

[42] Jetzt ist die Situation nämlich genau umgekehrt: Luxus und Pracht der arabischen Ölstaaten werden von den westlichen Konsumenten finanziert.

sondern auch mit höherpreisigen Qualitätsprodukten aufwarten konnten. In einem Punkt sind sich aber alle obigen Theorien einig: Es gibt *kein Zurück* mehr zu den 'guten alten Zeiten'.

80er Jahre - Vom Staat zum Markt

Die Krise des Sozialstaates mit dem raschen Wachstum der Staatsschulden und der resultierenden Zinslast begünstigte das Vordringen (neo)liberaler Konzeptionen zunächst im angloamerikanischen Raum. Hier ist insbesondere **Milton Friedman** zu nennen.

Studien von Milton Friedman zeigten, dass der Staat oft in Sektoren tätig ist, wo selbst die Politiker kein Marktversagen sahen. Rückbesinnung auf Liberalismus im Hayek'schen Sinne: Staatliche Eingriffe beschwören nur weitere Eingriffe zur Korrektur der Korrektur und zur Korrektur der Korrektur der Korrektur usw. usw.. herauf, d.h. der Staat meint es gut, aber macht es leider nicht gut, denn die Verzerrungen des Marktes, die er erzeugt, erfordern immer mehr Korrekturen und Bürokratie, bis schließlich alles (mangel)verwaltet wird.

Milton Friedman versuchte gar nicht erst, mit seinen Kollegen herumzustreiten, sondern die neuen Strömungen, auch als **Chicago School** bekannt, wurden über die Wirtschaftsmedien in die keynesianisch ausgerichteten, also auf staatliche Interventionen setzenden Universitäten hineingedrückt. Er verschüttete sozusagen seine zahlenmäßig überlegenen Gegner quasi mit einer Zeitungsartikellawine....

Leitbild war nun die Geldwertstabilität als Garant eines möglichst reibungslos funktionierenden Marktes (**Monetarismus**), Staatseingriffe wurden nun wie in der alten Neoklassik als verzerrende Eingriffe in das freie Spiel aus Angebot und Nachfrage begriffen. Hiermit, und mit der sogenannten „**Laffer-Kurve**“[43], der Theorie, dass mit Steuersenkungen die Wirtschaft so stimulieren könne, dass nachher für alle, also auch für den Staat mehr übrig ist, begannen die nach dem US-Präsidenten Ronald Reagan benannten **Reagonomics**, d.h. eine konsequente Liberalisierung, kurzum das, was man heute als **Neo-Liberalismus** bezeichnet. Seither wurde der **Shareholder value**, also der Aktienwert des Unternehmens und

---

[43] Laffer-Kurve: Angenommen, die Steuern lägen bei Null. Dann sind die Staatseinnahmen auch gleich Null. Wenn die Steuern bei 100% liegen, dann sind sie, weil alle verhungern müssten, ebenfalls bei Null. Ergo muss der optimale Steuersatz zwischen Null und Hundert liegen. Eine Steuersenkung kann also auch über die Förderung der Wirtschaft zu mehr Einnahmen (!) führen.

die Ausschüttungen an die Aktionäre in Form von Dividenden, groß geschrieben und Fusionen und Übernahmen (**Mergers&Acquistions**) nahmen zu.
In den USA hatten die Politiker in der Krise eher als ein Zuviel an Politik-Beratung und Informationen erlebt ('den Wald vor lauter Bäumen nicht sehen') und die Übertragung von Aufgaben an den Markt, also an das freie Spiel der Kräfte hatte den Vorteil, dass sich die Dinge eben so regeln, 'wie sie sind'. Während die an Staatsintervention und Konjunkturprogramme glaubenden keynesianischen Theoretiker häufig **nachfrageökonomisch** argumentierten (höhere Löhne = mehr Nachfrage = mehr Konsum = höheres Wachstum), stand nun die **Angebotsökonomie** (niedrigere Löhne = niedrigere Preise = Wettbewerbsvorteil = höheres Wachstum) im Vordergrund. In Europa war England unter Margret Thatcher in der Liberalisierung führend, in Frankreich, das 1981 noch Sozialisten und Kommunisten an die Macht wählte, wurde hingegen noch mal ein großes Konjunkturprogramm versucht, das aber fehlschlug und mit einer kurzen Phase der Devisenbewirtschaftung, d.h. einer Begrenzung der Geldmenge, die Franzosen mit ins Ausland führen durften, endete.

Theoriegeschichtlich kam es nun zum Konzept des 'schlanken Staates'[44] oder auch spontane Evolution genannt: der Markt regelt Probleme (vom'Marktversagen' der 60er zum 'Staatsversagen' der 80er Jahre). Dem Staat mangelt es an Informationen, staatliche Intervention behindert kreatives Suchverhalten, deshalb sollte der Staat alles formal-legal absichern (institutioneller Rahmen), aber muss nicht alles selber machen.
Nach Scharpf geht der **akteurszentrierte Institutionalismus** davon aus, dass politische Entscheidungen als das Resultat von Interaktionen zwischen individuellen, kollektiven und korporativen Akteuren anzusehen sind, die von den jeweiligen institutionellen Kontext, in dem sie stattfinden, beeinflusst werden => Das (richtige) Setzen von Rahmenbedingungen ist entscheidend, der Staat muss nicht alles selber machen. Der Institutionalismus eignet sich deshalb sehr gut für die

---

[44] In Anlehnung an den Begriff des **lean managements** = schlankes Management mit flachen Hierarchien und konsequenter Wirtschaftlichkeitsorientierung. Ein anderer Management-Trend dieser Zeit, der uns heute noch beschäftigt, war die **Just in time-Produktion**, d.h. Verzicht auf große Lager und Puffer in der Produktion, um Geld zu sparen, und 'Verlagerung auf die Straße', in der Nachschub halt rechtzeitig per LKW geliefert werden muss. Dies ist heute nicht nur ein verkehrs- und umweltpolitisches Problem, sondern erhöht die Verwundbarkeit der Unternehmen bei Störungen (z.B. Streik).

theoretische Begründung liberaler Institutionen, aber es wäre ein Missverständnis, den Institutionalismus als liberale Theorie zu sehen, denn man kann ihn auch so auslegen, wie es jetzt in der Finanzkrise geschieht, dass der Staat (neue) Rahmenbedingungen setzen kann und soll, wo es für das Funktionieren des Marktes wichtig ist. So stellte sich auch (der seinen Gegnern als ‚Erzliberaler' geltende) Karl Popper gegen einen unregulierten Staat und Markt, er forderte dass „der schrankenlose Kapitalismus einem ökonomischen Interventionismus weichen" müsse, und stellte fest, dass dies auch in demokratischen Staaten bereits geschehen sei. In Bereichen, die nicht zwingend hoheitlich sind, wurde nun **Deregulierung** (Zurücknahme gesetzlicher Beschränkungen) und **Liberalisierung** (Marktöffnung) zu betrieben. Die Einführung ökonomischen Denkens und ökonomischer Steuerungsmethoden wurde auch als **Managerial revolution** bezeichnet. Für den Verwaltungssektor wurden ökonomisch orientierte Konzepte wie das **neue Steuerungsmodell**, **New Public Management** und die **Public private partnership PPP** entwickelt.

Neue Steuerungsmodelle

In der Verwaltung in den Niederlanden wurden erstmals konsequent Instrumente der Betriebswirtschaft eingesetzt und aus einer Ämterstruktur eine Konzernstruktur geformt (**Tilburger Modell**). Davon ausgehend schuf die **KGSt (Kommunale Gemeinschaftsstelle für Verwaltungsvereinfachung**, ab November 2005 (Kommunale Gemeinschaftsstelle für Verwaltungsmanagement) ein eigenes Modell, das Neue Steuerungsmodell, und veröffentlichte seit 1991 die ersten Berichte. In Deutschland hat sich insbesondere die **Bertelsmann Stiftung** (bis heute) intensiv für die Erforschung der Verwaltungsmodernisierung und die Vermittlung der Ergebnisse engagiert.

New Public Management/Neues Steuerungsmodell

Das Neue Steuerungsmodell entspricht in weiten Teilen, insbesondere was die Binnenorganisation betrifft, dem internationalen Trend des New Public Management. Das Neue Steuerungsmodell wurde allerdings auf der *kommunalen Ebene* (und daher für die kommunale Ebene) entwickelt, während das New Public Management auch höhere Verwaltungsebenen im Auge hatte.

Früher ging es ganz im Sinne Max Webers um die Erfüllung öffentlicher Aufgaben bei überwiegend juristisch orientierter Sichtweise. Hier ging es nun um die

Anwendung ökonomischer und marktlicher Prinzipien auf die öffentliche Verwaltung, der Bürger als Kunde, Kernelemente: **Dezentralisierung** von Verantwortung und Kompetenzen, **Partizipation** von Mitarbeitern und Kunden, Markt- und Serviceleistungen und Leistungsmessungen und -steuerungen, z.T. auch die Suche nach neuen Planungs- und Budgetierungsinstrumenten, Ergebnis- = **Outputorientierung**, dezentrale Ressourcenverantwortung und Kontraktmanagement "Wettbewerb", eigenverantwortliches Budgetmanagement mit Zielvereinbarungen, Berichtswesen und Controlling, integrierte und moderne IT.

Es zeigten sich bei der Umsetzung folgende Probleme (vgl. z.B. Kleinfeld): Nicht alles ist profitabel. Dazu kamen Beschränkungen (Restriktionen) durch die Verwaltungsstruktur, Gemeindeordnung, Haushaltsrecht, Finanzpolitik etc.). Die Politik und die Politisierung der Verwaltung waren die Faktoren, die öffentliche von privaten Betrieben unterscheiden und der Management-Logik Grenzen setzten. Zudem gab es oft eine einseitige Orientierung an der inneren Organisation und zum anderen wurden Leistungen (‚Produkte') nur vage definiert. Der initiale Schwung bei den Neuen Steuerungsmodellen ging etwas verloren, Teilaspekte wie z.B. **One-stop-Shops** (d.h. eine Anlaufstelle für alle Probleme) und Online-Rathäuser (**eGovernment**) für Bürger werden jedoch weiter vorangetrieben.

Durchgesetzt hat sich das Anliegen des Neuen Steuerungsmodells im Bereich des Finanzwesens. Das **Neue Kommunale Finanzmanagement NKF** meint die finanzwirtschaftlichen Instrumente und Verfahren, die dem zukünftigen Einsatz der doppelten Buchführung (**Doppik**, bei der bei jedem Geldfluß das Woher und Wohin erfasst wird) in den öffentlichen Verwaltungen dienen. Diese Diskussionen setzten etwa 1998 ein und führten im November 2003 zum Beschluss der Innenministerkonferenz, die alte Budgetmethode der **Kameralistik** bis 2010 in den Kommunen abzuschaffen und (wahlweise) durch ein doppisches Rechnungswesen oder eine sog. erweiterte Kameralistik (die aber fast mit der Doppik gleichzusetzen ist) zu ersetzen. Inzwischen haben erste Länder ihre Gemeindeordnungen und Gemeindehaushaltsverordnungen bereits entsprechend geändert. Den Anfang machte NRW mit dem NKF-Gesetz. Dabei kommt es zur Anwendung von Standard-BWL-Software (z.B. SAP), außerdem werden nun Erträge und Aufwendungen statt nur Einnahmen und Ausgaben[45] berücksichtigt, d.h. es kommt zur Berücksichtigung von Wertverlusten bzw. Abschreibungen.

---

[45] Dies wird letztlich auch im Öffentlichen Sektor das **Real Estate Management** (aktives Finanzmanagement von Gebäuden und Grundstücken) ermöglichen bzw. erleichtern, z.B.:

Aufgrund der ernüchternden Erfahrungen mit dem Neuen Steuerungsmodell, bei dem sich öffentliche Stellen *wie* private Unternehmen zu verhalten versuchten, ist in der Folgezeit auch durch die Mittelknappheit die **Public Private Partnership (PPP),** bei der öffentliche *mit* privaten Unternehmen zusammenarbeiten *(nicht einer anstelle des anderen)*, in den Vordergrund gerückt. PPP ist somit die langfristig vertraglich geregelte Zusammenarbeit zwischen öffentlicher Hand und Privatwirtschaft, bei der die erforderlichen Ressourcen (z.B. Know-how, Betriebsmittel, Kapital, Personal etc.) von den Partnern gemeinsam gestellt und die Risiken gerecht verteilt sind.
Privatisierungsrechtlich stehen öffentlich-private Partnerschaften zwischen Aufgabenprivatisierungen (**materielle Privatisierung**) und Organisationsprivatisierungen (**formelle Privatisierung**): Der Staat gibt öffentliche Aufgaben in private Hände, ohne die hoheitliche Erfüllungsverantwortung abzugeben.

Vorteile von PPP für die Wirtschaft

- Finanzielle und personelle Unterstützung durch erfahrene Organisationen bei der Planung und Umsetzung von Projekten
- Leichterer Zugang zu staatlichen und privaten Institutionen und Entscheidungs-trägern
- Zugriff auf spezifisches Know-how über Länder, Sektoren und Gesetzgebungen
- Erleichterter Markteintritt und Erschließung neuer Märkte für eigene Produkte und Dienstleistungen
- Aufbau lokaler Netzwerke für die Öffentlichen Einrichtungen
- Zusätzliche privatwirtschaftliche Beiträge für öffentliche Prozesse und Ziele
- Entlastung von Steuerung und Koordination, Budgetplanung, Entpolitisierung
- Schaffung von Arbeitsplätzen und Einkommensquellen für die lokale Bevölkerung
- Transfer von Know-how und modernen Technologien

---

müssen die Gebäude der Stadt gehören, oder wäre es besser, sie zu verkaufen und darin zur Miete zu wohnen (**sale and lease back**), so dass man bei Bedarf auch verkleinern oder umziehen kann? Beim sale und lease back wurden Immobilien zur Nutzung internationaler Steuervorteile auch an US-Investoren verkauft (sog. **Cross border-Leasing**).

Vertragliche PPP-Konstruktionen können in den unterschiedlichsten Formen gestaltet sein.

Tab. 12 Modelltypen für PPP-Verträge

Modell	Kurzbeschreibung
Gemischt-wirtschaftliche Unternehmen	(Kooperationsmodell) mit öffentlichen und privaten Anteilseignern
Betreibermodell	der private Unternehmer plant, errichtet, finanziert und betreibt auf Basis einer ihm nach öffentlicher Ausschreibung erteilten Konzession ein Infrastrukturprojekt weitestgehend im eigenen Risiko; er hat auch die Bauherreneigenschaft und trägt das wirtschaftliche Risiko. Für diese Vorhaben wird meist eine Einzweckgesellschaft gegründet. Die Finanzierung erfolgt durch Eigenkapital und langfristige Bankdarlehen, wobei die Betriebskosten und der Kapitaldienst über Gebühreneinnahmen, die die Nutzer für die Inanspruchnahme der Dienste zu entrichten haben, über die Laufzeit des Projektes aufgebracht werden. Grundlage ist ein Betreiber- oder Konzessionsvertrag, in dem sich die Kommune insbesondere die nötigen Kontroll- und Zugriffsrechte sichert, um den Einfluss auf die Aufgabenerfüllung zu wahren
Betriebsführungs-modell (Konzessions-modell)	Bei dem später aufgekommenen Betriebsführungsmodell bleibt die öffentliche Hand anders als beim Betreibermodell selbst Eigentümerin und Betreiberin der Anlage. Das Modell sieht lediglich vor, dass der private Betriebsführer auf vertraglicher Basis gegen Entgelt Anlagen des öffentlichen Aufgabenträgers in dessen Namen betreibt. Typischerweise umfasst dabei die übertragene Betriebsführung den Betrieb, die Wartung und die Instandhaltung der Anlagen. Daneben umfasst sie die technische und kaufmännische Verwaltung der Anlage
Betriebs-überlassungs-modell	Zwischenform zwischen dem Betreibermodell und dem Betriebs-führungsmodell gilt das sog. Betriebsüberlassungsmodell. Die öffentliche Hand zieht sich mehr aus dem laufenden Betrieb der Anlage zurück. Der private Betriebsführer hat einen weitergehenden Gestaltungsraum, darf z. B. oft außenwirksam handeln
BOT-Modell (Build, Operate, Transfer; deutsch: Bauen, Betreiben, Übertragen)	Betreibermodell, das die schlüsselfertige Erstellung von Anlagen ein-schließlich Finanzierung der Vorlaufkosten und umfassendem Projekt-management sowie die Betriebsübernahme für die Anlaufphase vorsieht. Sowohl kurzfristige als auch langfristige BOTs mit Laufzeiten bis zu 30 Jahren (teilweise auch darüber) insbesondere beim Bau von Infrastrukturanlagen wie Kraftwerken oder Flughäfen sind üblich

Dennoch, so hat auch die Entwicklung der Europäischen Union gezeigt, löste der Markt nicht alle Probleme. Auch in den 90er Jahren wurden die 4 Arten von **Marktversagen** erörtert (nach Eberlein und Czada/Lütz):

- öffentliche Güter: Wer kümmert sich um Postzustellung auf dem Land oder um unrentable Bahnstrecken (Versorgungsauftrag, ‚**access**')?
- unvollkommene bzw. asymmetrische Information (Kartelle, **Konfusopole**[46])
- ruinöse Konkurrenz (Zerstörung von kleineren Firmen durch vorübergehende Dumpingpreise der Großen)
- das natürliche Monopol

Märkte entstehen unter Umständen nicht von allein, sondern als Akt der **Marktschaffung**, -pflege, -einbettung (in Regelwerke), -korrekturen (Beispiel Regulierung der internationalen Überweisungen, Roaming-Gebühren)
Die Vorstellung des reinen Marktes ist problematisch: Auch marktförmige Strukturen sind von nichtmarktförmigen Strukturen durchflochten (z.B. Meisterbrief im Handwerk), es kann außerdem branchen- und sektorspezifische Unterschiede in der Organisation geben, z.B. den begleitenden Kranz von Weiterbildungsorganisationen.

Späte 90er Jahre-heute - Rückzug des Staates auf seine Kernkompetenzen
Mit den Kosten der deutschen Einheit[47] wurde klar, dass es nicht reicht, die Verwaltung effizienter zu machen, d.h. die vorhandenen Mittel wirtschaftlicher einzusetzen, sondern dass sich der Staat aus Geldmangel weiter zurückziehen muss. Dies bedeutet nicht, dass die Bürger sich selber überlassen sind (dies wäre ein ‘passiver Staat'), sondern die Bürger sollen in die Gestaltung von Staat und Gesellschaft stärker eingebunden werden („**aktivierender Staat**").

---

[46] nach Adams Gruppen von Anbietern, die durch verwirrende und schlecht vergleichbare Tarifangebote insgesamt höhere Preise erzielen können als bei transparentem Wettbewerb (z.B. Handytarife)

[47] Das Hauptproblem war, dass die DDR pleite war. Nach Reparationen und Rationierung bis in die 50 Jahre kam es durch den Mauerbau zur Stabilisierung. Nach der Ablösung von Walter Ulbricht durch Erich Honecker 1971 wurde der Schwerpunkt von der Industrieförderung zum Konsum verlagert, der Lebensstandard stieg (vgl. Schmidt). Auf lange Sicht überspannte dies die Möglichkeiten der DDR, am 31.10.1989 legte das Politbüro Mitglied Schürer eine Studie vor, dass die DDR ökonomisch am Ende sei (Auszug): „dass ... ein Stoppen der Verschuldung...im Jahr 1990 eine Senkung des Lebensstandards um 25-30% erfordern und die DDR unregierbar machen würde" (Schmidt, Sozialpolitik, S.135). Egon Krenz hat zwar in einem Brief an die FAZ dieses weitverbreitete Zitat als aus dem Zusammenhang gerissen bezeichnet, die DDR fragte die Bundesrepublik dennoch unter Modrow um einen Milliarden-Kredit.

4.2.5 Aktivierender Staat und Zivilgesellschaft

4.2.5.1 Ursprünge

Der Wandel der gesellschaftspolitischen Konzepte wurde in den 1990er Jahren insbesondere seit der *„Berliner Rede"* des Bundespräsidenten Herzog von 1997 breit diskutiert. Die heutige Konzeption der Zivilgesellschaft ist aus mehreren Strömungen zusammengeflossen:

- **Soziale Bewegungen (Bürgerinitiativen)** in den 80er Jahren als Ausdruck des Mitsprachewillens der Bürger. In der **Theorie der Vereine** wird an Bürgerinitiativen kritisch gesehen, dass diese nur Teilinteressen vertreten und häufig keine demokratische Binnenstruktur haben, sondern die Initiatoren sind häufig automatisch die Anführer.
- Entstehung und zunehmende Aktivität von Nicht-Regierungsorganisationen **(non-governemental organizations; NGOs)** auf nationaler und internationaler Ebene (z.B. Ökologie Nabu, Bund, Greenpeace, Ärzte ohne Grenzen, Stiftungen wie die Soros-Stiftung in Osteuropa, Attac usw- usw...). An den NGOs wird in der politischen Theorie zuweilen kritisch gesehen, dass die Mitglieder überwiegend westlich-männlich-weiß-der Mittelschicht angehörig sind, also sich wohlhabend, aber ungefragt in die Probleme anderer einmischen, ohne die Betroffenen wirklich zu beteiligen. Die Gegenkritik hält dieses Argument für zynisch, denn wie sollen z.B. Menschen in Entwicklungsländern, die hungern müssen oder weniger als 1 Dollar realer Kaufkraft pro Tag zum Leben haben, eine schlagkräftige und medienwirksame Organisation zur Bekämpfung ihres Elends errichten?
- Aus den USA Vordringen des dort vor dem Hintergrund des häufig zurückhaltenden Staates ausgedehnten praktizierten bürgerschaftlichen Engagements mit dem Versuch, das Ehrenamt wiederzubeleben und weiterzuverbreiten => Druck der bereits existierenden deutschen Stiftungen auf die jeweiligen Bundesregierungen, ein unbürokratischeres Stiftungsrecht einzuführen
- Angloamerikanischer **Kommunitarismus** (vom amerikanischen Community = Gemeinschaft, Gemeinde, Vorreiter war Amitai Etzioni): Nur ein *in eine Gemeinschaft eingebetteter Mensch* ist in der Lage, über die Grundsätze der Gerechtigkeit zu befinden, Maßstab der Freiheit ist die Sozialverträglichkeit. Ansatz ist hier die gegenseitige Hilfestellung, Solidarität im Kleinen, Nachbarschaftshilfe. Wichtige Aussage von Kommunitarismus zur Governance: Freiheit nicht unbedingt Abgrenzung gegen den Staat, sondern Verwirklichung *im* Staat auf Grundlage individueller Autonomie und horizontaler Kooperation

(Mayntz/Giddens). Kritiker des Kommunitarismus sehen diesen als Rechtfertigungsideologie für soziale Kontrolle z.B. durch die Nachbarschaft oder die Gemeinde an. Der Begriff **Zivilgesellschaft** hat im Wesentlichen folgende Bedeutungen:

- Die EU definiert Zivilgesellschaft ganz konservativ: Gewerkschaften, Arbeitgeberverbände, NGOs, Berufsverbände, Kirchen, 'Basisgruppen' (Weißbuch Governance, S.19), meint damit also die herkömmliche Verbändelandschaft, d.h. Zivilgesellschaft als Sammelbegriff für schon existierende Sachverhalte.
- In der deutschen Debatte wird damit ein Bereich zwischen Staat, Markt und Familie bezeichnet. Dieser Bereich wird als öffentlicher Raum gesehen, der heute durch eine Vielzahl vom Staat mehr oder weniger unabhängiger Vereinigungen mit unterschiedlichem Organisationsgraden und -formen gebildet wird, etwa durch Initiativen, Vereine, Verbände. Der Begriff soziale Bewegung bezeichnet Teile dieser Organisationen. Die Begriffe Nichtregierungsorganisationen (engl. non-governmental organizations, NGO), Non-Profit-Organisationen oder Dritter Sektor werden häufig gleichbedeutend mit Zivilgesellschaft verwendet.
- Zum anderen wird mit „Zivilgesellschaft" eine Entwicklungsrichtung von Gesellschaften bezeichnet, die mit Zivilisierung und Demokratisierung umschrieben werden kann. In diesem Diskussionsstrang wird oft der Begriff **Bürgergesellschaft** gleichbedeutend verwendet. Mit Forderung einer weitergehenden Demokratisierung verbunden. Unter letzterer wird oft die Partizipation aller Bürger an gesellschaftlichen Entscheidungen verstanden, im Sinne einer Basisdemokratie oder partizipativen Demokratie, als Weiterentwicklung der repräsentativen Demokratie. Dieses Konzept spielt in der Transformation osteuropäischer Gesellschaften eine Rolle[48].

Der Begriff „**Bürgerschaftliches Engagement**" bezieht zum einen das gemeinsame Engagement zur Lösung kleinerer oder größerer Probleme, die weder

---

[48] Transformation (Transition): Übergang der Osteuropäischen Staaten zur Marktwirtschaft und zur Demokratie. Die Einordnung dieser Transformation ist umstritten:

- als natürlicher Prozess, den die alten Eliten nur verschleppen, aber zum Schluss nicht aufhalten können ('westliche' Sicht)
- als trojanisches Pferd des Westens, mit dessen Hilfe die Staaten des Osten geschwächt und ihre Rohstoffe unter Kontrolle gebracht werden können ('östliche Sicht', Putin)
- als weder-noch: es ist ungewiss, ob am Ende des Prozesses Marktwirtschaft und Demokratien oder nicht doch nur modernisierte, aber autoritäre Staaten mit einem strategischen Kontrolle der Schlüsselindustrien stehen werden (deskriptive Position, Huntington/Nohlen)

von Staat noch Markt noch Familie ausreichend lösbar sind („mit anpacken"), und zum anderen die politische Einflussnahme auf Staat und Markt („mitbestimmen").
Die Zivilgesellschaft ist auch ein anspruchsvolles gesellschaftspolitisches Konzept. Zum **normativen Unterbau** der Zivilgesellschaft gehören **Bürgertugenden** wie Toleranz, Dialogbereitschaft, Solidarität, Verantwortungsgemeinschaft, zivilgesellschaftliche Öffentlichkeit => Allgemeinheit und Garantie von Minderheitenrechten. Das Konzept ist dem klassischen angloamerikanischen Gesellschaftsmodell entlehnt, bei dem primär das Individuum für sich selber sorgen muss, dafür aber auch vom Staat mehr in Ruhe gelassen wird[49], im Unterschied zur kontinentaleuropäischen Sichtweise des Staates, der auch die Versorgung der Gesellschaft sicherstellt, notfalls auch um den Preis dirigistischer Eingriffe und Kontrolle. Ein Konzept zurückhaltender Fürsorge verringert die Sozialabgaben und fördert die Eigeninitiative, kann aber in Situationen, wo soziale Not strukturelle Ursachen hat (z.B. Weltwirtschaftskrise) zur Falle werden.

Corporate Social Responsibility CSR

Schon lange gibt es in Amerika ein karitatives Engagement von Firmen, z.B. Blutspendeaktionen, Finanzierung von Kinderdörfern etc. In Deutschland lag der Schwerpunkt lange auf Kultur- und Sportsponsoring, nun wird im Rahmen des bürgerschaftlichen Engagements ein Umdenken in Richtung amerikanischer CSR gefordert.

4.2.5.2 Beispiele aus der Praxis

Beispiel 1 Visionen für Ingolstadt

Hintergrund:

Eine **Lokale Agenda 21** ist ein Handlungsprogramm, das eine Kommune in Richtung Nachhaltigkeit entwickeln soll. Vorbild für dieses kommunale Handlungsprogramm ist ein 1992 von den damaligen Mitgliedern der UNO verabschiedetes globales Programm, die sog. **Agenda 21**. Dieses enthält

[49] Obwohl unter New Labour in den Augen der liberalen Kritiker mit diesem Prinzip gebrochen wurde, Stichwort „**Nanny State**" mit Videoüberwachungen. Originell z.B. folgender Einfall aus England: Man filmt ein- und ausfahrende Autos an Autobahnen und berechnet aus den Zeiten, wie lange das Auto unterwegs war. Diese vergleicht der Computer automatisch mit den Geschwindigkeitsbegrenzungen der Strecke und der deshalb notwendigen Mindestfahrtzeit: wird die Mindestfahrtzeit unterschritten, gibt es automatisch einen Strafzettel.

Maßnahmen in zahlreichen Politikfeldern, um die Lebens- und Wirtschaftsweise der menschlichen Spezies zukunftsfähig zu gestalten ("das 21. Jahrhundert überleben"). Dies soll in Zusammenarbeit mit Bürgerschaft, zivilgesellschaftlichen Organisationen und der privaten Wirtschaft geschehen. In der Anfangsphase standen vorwiegend Umweltthemen und Projektarbeit im Mittelpunkt der örtlichen Agenda 21-Arbeit. Nach Umsetzungsproblemen bemühte man sich um eine Systematisierung, weshalb 2001 auf Bundesebene die Deutsche Gesellschaft Agenda 21 gegründet wurde. Aufgrund der Erfahrungen in Bayern, wo eine Evaluation der Lokalen Agenda 21 in über 1000 Kommunen durchgeführt wurde, rücken jetzt umfassendere Strategien einer **nachhaltigen Stadtentwicklung** bzw. Gemeindeentwicklung im Vordergrund.

International steht jedoch das Management von Mega-Cities (**Urban Management**[50]) im Vordergrund: Wie schaffe ich es, Städte vor dem Verkehrskollaps, vor Smog, Slums usw. zu bewahren, kurzum wie können auch Städte mit mehr als 10 Millionen Einwohnern erträglich und wirtschaftlich gestaltet werden. Ballungsräume wie Tokio mit 34 Mio. Einwohnern, 18-20 Mio. Einwohner in: New York, Sao Paolo, Seoul, Bombay (Mumbai), Jakarta, Neu Dehli, Mexico City. Auch hier, im Sinne von Local Governance, ist die Einbindung der Bürger/innen ausdrücklich gewünscht.

Konzept:

Visionen für Ingolstadt war die Antwort auf ernüchternde Erfahrungen mit der Lokalen Agenda 21, bei der es letztlich nur um Umweltaktionen ging, wenig Bürger teilnahmen und die Nähe zum Begriff Agenda 2010 (Hartz IV usw.) abschreckend wirkte.

Daher wurde im Modell Visionen für Ingolstadt auf einen umfassenderen Ansatz Wert gelegt. Laut Projektbericht besuchten 5.000 Bürger/innen die initiale Veranstaltungen, diese gaben 1.500 Anregungen durch 1.000 Bürger. Die folgenden 6 Bürgerkonferenzen hatten noch 347 Teilnehmer, davon 201 Bürger, 105 Fachleute und 41 Stadträte für 16 Themen (z.B. Wohnen und Leben) und 41 Leitprojekte (Männer zu Frauen 2:1).

Leitbilder wie: „Lebenswerte Stadt“ „bezahlbarer Wohnraum“ wurden z.B. in Leitprojekte Wohnen und Leben wie folgt konzeptioniert: Entwicklung der

---

[50] Vgl. z.B. die Welt vom 09.Juni 2007

Freiflächen am Bahnhof, mehr Haltsstellen. Jedes Leitprojekt wurde einem städtischen Referat zugeordnet. In letzter Konsequenz blieben wenige aktive Bürger (nämlich 201 Bürger für 41 Leitprojekte) übrig. Zudem erfordern, Budgetfragen und rechtliche Aspekte die Konzeptionierung und Durchführung in die Bahnen der klassischen Kommunal-verwaltung.

Diskurs: Die mit wachsenden Partizipationsansprüchen verbundene Frage einer neuen Machtteilung und -verlagerung setzt voraus, dass privilegierte Akteure (Parteien, Verbände, staatliche Bürokratien, Parlamente etc.), die nicht selten ein Politikmonopol für sich beanspruchen und durch korporatistische Netzwerke sichern, zurückstecken und auf ihre strukturellen Vorteile im politischen Prozess zugunsten von Aktivbürgern verzichten. In der Praxis wird kommunale Bürgerbeteiligung häufig als Demokratisierung der Machtlosigkeit erfahren, die auf Dauer die Bereitschaft zum Engagement zerstört. Der Einbezug der Zivilgesellschaft in Bezug auf die gesellschaftliche Problembearbeitung erfolge überwiegend von oben nach unten *top-down* statt von der Basis aus *bottom-up*.

Beispiel 2 Die Bürgerkommune
Der von der Stadtverwaltung Potsdam und der Zivilgesellschaft gemeinsam erarbeitete "Leitfaden für die Bürgerkommune Potsdam" weist fünf Handlungsfelder aus:

- Mitwirkung bei der Gestaltung und Entwicklung der Stadt
- Mitwirkung bei der Gestaltung und Entwicklung im Stadtteil
- Mitwirkung bei der Entscheidung über finanzielle Prioritäten
- Schaffung einer bürgerorientierten Verwaltung
- Aktivierung der Bürgerschaft

Die zentrale staatliche und kommunale Unterstützungsfunktion ist der Aufbau einer Freiwilligeninfrastruktur. Das Bürger-Forum Potsdam erarbeitet seit 2004 in gemeinsamer Beratung zwischen den Vertretern der Zivilgesellschaft (Bürgergesellschaft), sehr oft auch mit Vertretern der Stadtverwaltung, erste Vorstellungen von realisierbaren Strukturen der Bürgerbeteiligung bei der Entwicklung der Bürgerkommune. Dabei gilt das Prinzip der strikten Trennung zwischen

Verwaltung und Politik sowie Wirtschaft auf der einen Seite und der Zivilgesellschaft (Bürgergesellschaft) auf der anderen Seite.

Ausschließlich von den Bürgern selbst getragene Beteiligungsstrukturen sind:

- Bürgerinitiativen in den Stadtteilen
- Bürgerkommission: Die Bürgerkommissionen sind "spiegelverkehrte" Beteiligungsstrukturen der Fachdezernate der Verwaltung und der Ausschüsse der Stadtverordnetenversammlung. In ihnen arbeiten, so wörtlich, „kompetente Bürger" zusammen und beraten Entwürfe von Verwaltung und Politik vor deren Entscheidung, bzw. erarbeiten eigenständig Projekte, die sie der Verwaltung und/oder der Politik zur Beschlussfassung unterbreiten.
- Bürger-Forum der Stadt: In diesem ständigen Forum der Zivilgesellschaft der Stadt beraten kompetente Bürger Projekte

Diskurs: Auch hier das schon eingangs erwähnte Problem: Stärkt dies die Demokratie über verbreiterte Mitwirkungsmöglichkeiten oder verstärkt es die Dominanz der Engagierten, Experten, Investoren über den 'Rest' der Bevölkerung? Wer sind die „Kompetenten", wer wählt sie aus? Ist die Bürgerkommission eine weitere informelle Verwaltungsebene?

Beispiel 3 Stadtstiftungen

Bei einem Symposium der Bertelsmann Stiftung begeisterte sich Reinhard Mohn, damaliger Vorstandsvorsitzender der Bertelsmann Stiftung und Eigentümer der Bertelsmann AG, für das Modell der US-amerikanischen **Community Foundations**. Für den Aufbau einer Bürgerstiftung in seiner Heimatstadt Gütersloh nach diesem Vorbild stellten er und die Bertelsmann AG 1996 ein Startkapital von zwei Millionen Mark (ca. 1 Mio. Euro) zur Verfügung. Die Bertelsmann-Stiftung unterstützt die Entwicklung organisatorisch und hat beratende Funktion. Die Stadt Stiftung Gütersloh war die erste Bürgerstiftung ihrer Art in Deutschland. Inzwischen existieren über 85 Stiftungen dieses Typs in der ganzen Bundesrepublik (Stand Dezember 2005, Quelle: Stadtstiftung Gütersloh). Eine Bürgerstiftung ist

- eine selbständige und unabhängige Institution
- zur Förderung verschiedener gemeinnütziger und mildtätiger Zwecke
- in einem geographisch begrenzten, d.h. lokalen oder regionalen Wirkungsraum,

- die einen langfristigen Vermögensaufbau betreibt und
- ihre Organisationsstruktur und Mittelvergabe transparent macht.

Das Ziel einer Bürgerstiftung ist es, einer größeren Zahl von Bürgerinnen und Bürgern sowie Unternehmen (Corporate Citizens) zu ermöglichen, ihre spezifischen Beiträge zum Gemeinwohl unter einem gemeinsamen Dach zu verfolgen. Sie dient dabei als ein Sammelbecken für Spenden und Zustiftungen. Der langfristige Aufbau des Stiftungsvermögens durch Zustiftungen sichert die finanzielle Unabhängigkeit einer Bürgerstiftung und gewährleistet die Kontinuität der Stiftungsarbeit.

Diskurs: Dass die Stiftungen das Anliegen des Stifters umsetzen, ist eigentlich selbstverständlich, jedoch haben Kritiker des aktivierenden Staates argumentiert, dass dies dazu führen kann, dass nur aus welchen Gründen auch immer ‚interessante' Anliegen gefördert werden, das Engagement also selektiv ist[51]. Andererseits wäre es von den Stiftungen zuviel verlangt, sich um alles zu kümmern, denn sie sind keine Behörden und kein Staatsersatz, insoweit ist die Kritik nicht zielführend.

Um dieses Problem zu lösen, wollen Stadtstiftungen auch das bürgerschaftliche Engagement im allgemeinen fördern, indem sie eine Möglichkeit bieten, sich nicht nur mit Geld, sondern auch mit Zeit und Ideen für das Gemeinwohl zu engagieren.

Beispiel 4 Die Tafel

Die Tafel: Hilfs- und Anlaufstelle für bedürftige Bürger und Familien, Schwerpunkt Kleidung und Nahrung

Gütersloher Tafel 1997-2007: Nach 10 Jahren 200 statt 2 Sponsoren, 400 statt 15 Aktive, 46 statt 7 Verteilstellen, 100 Tonnen Verteilvolumen für **3.200** Empfänger, davon 40% Kinder. Lagerung der Spenden in einem 600m² Zentrallager (Quelle: Bericht der Tafel 08/2007). Neben der Ausbreitung der Stadt/Bürgerstiftungen spricht auch die Expansion des Tafel-Konzeptes für eine erfolgreiche Entwicklung bürgerschaftlichen Engagements im ‚aktivierenden Staat'.

Diskurs: In der klassischen Theorie der Sozialpolitik gilt eine solche Entwicklung nicht als unproblematisch (vgl. Schmidt): Die Entpersönlichung des Sozialstaates

---

[51] Im Spendenwesen kennt man das Phänomen als Förderung von ‚niedlichen' oder gut aussehenden Tieren (Knut, der Eisbär), oder von Spendenwellen bei medienwirksamen Katastrophen, während langfristige Strukturhilfen oder hässliche Tiere eher unattraktiv sind.

hatte in den Augen seiner Befürworter den Vorteil, dass man einen Rechtsanspruch auf Leistungen hatte und dadurch Berechenbarkeit und Sicherheit in das Leben sozial Benachteiligter brachte. Sozialpolitische Studien haben laut Schmidt eindeutige Hinweise darauf geliefert, dass definierte Sozialrechtsansprüche die politische Stabilität einer Gesellschaft fördern. Wie steht es jedoch um die Ansprüche bei einer Freiwilligenorganisation? Werden politische Missstände auf diese Weise ungewollt nur kaschiert, bei dem die Tafel über Teilnahmeberechtigungsscheine des Sozialamts zu einer Art Subbehörde wird? Wird in theoretisch denkbaren kritischen Situationen (Mittelknappheit, zu viele Bedürftige) eine transparente und demokratische Auswahl gewährleistet bleiben? Die Nähe der Tafel zu den Menschen sichert jedoch unbürokratische und gezielte Hilfe und hat den Vorteil geringer Transaktions- und Kontrollkosten.

Beispiel 5 Der sanfte Zwang - HID und BID
Hier wurde nach dem Motto *Wer will, der kann, wer nicht will, muss (Seneca)* verfahren.
Um bürgerschaftlichen Einsatz zu fördern und um Trittbrettfahrern einen Riegel vorzuschieben, hat Hamburg das **Housing Improvement District HID**-Gesetz beschlossen: Grundeigentümer eines Viertels schließen sich freiwillig zusammen, leisten eine befristete Abgabe und dann wird das Viertel nach einem vorher bestimmten Plan aufgewertet. Schließen sich mehr als 15% der Grundeigentümer zusammen, kann ein HID-Antrag gestellt werden. Dieser liegt öffentlich aus, dann müssen 30% der Eigentümer widersprechen, sonst gilt er als angenommen und wird verbindlich. Die Abgabe beträgt maximal 10% des Einheitswertes im jeweiligen Wohngebiet. Dadurch soll mehr erreicht werden, als die Kommune leisten könnte. Der „sanfte Zwang" ist ausdrücklich intendiert, anknüpfend an das **Business Improvement District-Gesetz BID**, das bereits zwei Jahre alt ist, nach einer Idee aus Toronto.

Diskurs: Das Hamburger Gesetz bewirkte als erstes die Sanierung der Vorzeigestrasse Neuer Wall, was darauf verweist, dass hier die horizontale Kooperation auch eine Frage des Geldes ist. Die Politik hofft jedoch, dass die Eigentümer in solchen Konzepten die Mieter binden wollen und deshalb die Mieten nicht erhöhen würden....

4.2.5.3 Gegenströmungen der Zivilgesellschaft

- Auflösung der strukturellen und materiellen Grundlage des langfristigen Engagements in Vereinen und Ehrenämtern durch:
- Wertewandel (deshalb Erhöhung des Steuerfreibetrages für Ehrenämter durch die Bundesregierung 2007),
- Mobilitätserfordernisse im Beruf, Befristungskarrieren, Zerfall der insbesondere in Großunternehmen früher häufigen lebenslangen Beschäftigungsperspektive
- zunehmende Scheidungsrate mit den resultierenden Brüchen, Alleinerziehende, Patchwork-Biographien
- Probleme der **Integration** von Randgruppen ('Unterschicht'-Debatte, Ghettobildung) => Ausschluss von Teilen der Gesellschaft vom gesellschaftlichen Leben (**Exklusion**), was umgekehrt die **Inklusion** zu einer wichtigen politischen Aufgabe macht
- **Zerfall von Milieus** und Bindungen an Großorganisationen, was sich auch in den Zerfallstendenzen der großen Volksparteien und Gewerkschaften äußert (was wiederum den Korporatismus in Frage stellt)
- dazu Auflösung der kirchlichen Einrichtungen unter dem **Kirchensteuermangel**. In den 60er Jahren hatte die Kirche jedoch ähnlich wie der Staat mit einer kleinteilig-flächendeckender Strategie noch expandiert, u.a durch Errichtung neuer Kirchen, wobei dies unter dem Stichwort: „Gott muss zu den Menschen kommen" dazu beitragen sollte, die kirchlichen Bindungen zu festigen. Nun immer schnellerer Rückzug aus der Fläche durch Aufgabe von Kirchen, Klöstern, Kindergärten usw. =>Versuch der Gegensteuerung durch non-profit Management, 'dritter Sektor'[52], in den Kirchen Ausbau von Caritas- und Diakoniewissenschaft, im 2. Schritt auch Asset- und Immobilienmanagement[53], d.h. aktive Vermögens- und Immobilienverwaltung mit der Aufgabe von Kirchen.

---

[52] Begriff von Etzioni eingeführt: Erster Sektor = Staat, zweiter Sektor = Markt, dritter Sektor = weder Staat noch Markt, Familie, non-profit-Organisationen etc.

[53] In der politischen Theorie der Vereine gibt es das sogenannte '**Avanti Dilettanti-Problem**': Es wird häufig beklagt, dass Vereine oder der Dritte Sektor zwischen Staat und Markt unprofessionell und/oder ineffektiv geführt werden. Man könnte die begrenzten Mittel des dritten Sektors viel besser nutzen als es häufig geschieht. Jedoch argumentieren einige, dass genau dieses den dritten Sektor in den zweiten (marktlichen) übergehen lassen würde und zu hoher Effizienzdruck die Ehrenamtlichen vergraulen würde. Manche Organisationen trennen auch ideelle und ökonomische Sektoren (Deutsches Rotes Kreuz: ideell: Helfer, ökonomisch: Blutprodukte, Gewerkschaften: ehrenamtliche Helfer, jedoch hauptamtliche Profis in der Verwaltung).

- Bürgerinitiativen und Stiftungen stellen in den Augen der Kritiker Partikularinteressen ohne demokratische Legitimation dar, ist der Rückzug des Staates also auch ein Rückzug der Demokratie?

Hinzu kommt die schleichende **Auflösung der** oben beschriebenen, die Stabilität der alten Bundesrepublik begründenden ‚**Deutschland AG'** nach der Wiedervereinigung durch Aufgabe personeller und aktienrechtlicher Verflechtungen, nachlassende Jobsicherheit, hinzu kommt eine schleichende Erosion von Gewerkschaften und Arbeitgeberverbänden, die sich auch an dem Aufkommen von Kleingewerkschaften zeigt, die im ausbrechenden Verteilungskampf besondere Gruppeninteressen durchzusetzen versuchen.

Diskurs: Ist die Zivilgesellschaft „Lückenfüller" für eine reduzierte Sozialpolitik? (vgl. Schmidt, Sozialpolitik). Theorien der Sozialpolitikforschung:

- erweiterter **politisch-institutionalistischer** Ansatz von Schmidt: politische, wirtschaftliche und gesellschaftliche Rahmenbedingungen prägen gemeinsam das sozialpolitische Handeln
- **Modernisierungstheorien**: Mit der Lockerung sozialer Bindungen tritt der Staat an die Stelle der früheren persönlichen Bindungen (dann wäre das zivilgesellschaftliche Engagement quasi die umgekehrte Entwicklung)
- **sozioökonomische Theorie**: Wirtschaftliche Ressourcen und gesellschaftlicher Bedarf bestimmen zusammen Reichweite der Sozialpolitik
- **neomarxistisch polit-ökonomisch**: Sozialpolitik zur Stabilisierung und Beruhigung von Konflikten im kapitalistischen Staat
- **Machtressourcen-Ansatz**: Sozialpolitik ist Ausfluss der Machtverteilung zwischen den Gruppen =>Partizipation(sversprechen) im Tausch für weniger Sozialleistungen?

Fazit: Governance als Konzept zur Kooperation von Staat, Markt und Zivilgesellschaft bietet einen Ansatz, die Probleme innerhalb des aktivierenden Staates zu lösen. Theoretische Governance-Konzeptionen befassen sich deshalb oft nicht nur mit dem Staat, sondern mit dem Verhältnis Staat, Markt und Gesellschaft.

4.2.6 Governance im Spiegel klassischer Theorien

Horizontale Kooperation und Organisationen mit oder auch jenseits von Markt und Staat sind nicht zwangsläufig funktionsfähig.

Nach **Olsons Theorie des kollektiven Handelns** sind die Organisationskosten sind bei vielen Akteuren häufig hoch, was ein Hemmnis für die Gründunge einer Organisation ist. In großen Organisationen ist der sichtbare Betrag und Anteil vom Kuchen für den Einzelnen klein, daher Gefahr von Trittbrettfahrern groß, die nur von den Leistungen der Organisation profitieren wollen, aber nichts für sie tun. These: Mitglieder machen nur mit, wenn sie was erreichen können. Das macht die Sache in der Zivilgesellschaft schwierig, denn wer übernimmt die Aufbauarbeit?
Zum einen können dies Menschen sein, die nach der **Logik des kollektiven Handelns** vorgehen: kleine Gruppen haben asymmetrische Macht, d.h. wer klar definierte Interessen und Ansatzpunkte für politischen Druck hat, für den lohnt sich, z.B. eine Lobby oder kleine Gewerkschaft aufzumachen, es gibt keine Chancengleichheit der Gruppen. **Coleman** jedoch sieht **soziales Kapital** als Träger von Institutionen, wobei es sich um den Zusammenhalt der Organisationen, die gemeinsamen Überzeugungen und Ziele handeln kann. Der Zusammenhalt der Gläubigen und ihre geteilten Überzeugungen ermöglichte z.B. in der Antike den Aufbau der Kirche trotz widrigster Umstände.
Zum anderen können dies Menschen sein, die sich nach **Tullocks by-product theory of revolution** richten: gesellschaftliche Veränderungen, sind, wenn überhaupt, nur Nebenprodukt des Egoismus, deshalb machen die meisten Menschen nur mit, wenn das persönliche Risiko/Opfer gering ist. Jedoch gibt es auch engagierte Menschen, die nach **McLean politische Unternehmer** genannt werden, die bildlich gesprochen ‚den ersten Stein werfen', sie es aus Überzeugung und senken so die Kosten der Organisationsbildung für andere. Oft geht jedoch der initiale Schwung verloren, wie die **Phasenmodelle von Clark/Willson** zeigen: Erst treten die Motivierten an, es kommt zum Wachstum, dann folgt eine Ausdifferenzierung der Organisation mit zunehmend formalisierten Beziehungen, weil nicht mehr jeder jeden kennen kann. Im schlimmsten Fall können Organisationen dann an Anonymität ersticken und die Mitglieder verlieren das Organisationsziel aus den Augen. Dann steht das **Rent-seeking nach Tullock-Krüger** an, d.h. Mitglieder schielen (seek) nur nach irgendwelchen Erträgen (rent). Für die Demokratie als Ganzes gibt es die pessimistische **Theorie des Alters der Demokratie**: Je älter die Demokratie, desto mehr Organisationen und Krusten.
Diese Sichtweise von Organisationen blieb nicht unwidersprochen:
Lehmbruch argumentiert, dass Olson keine empirischen Belege für die Schwäche großer Organisationen hat. **Overlapping memberships** (man ist z.B. gleichzeitig

bei der SPD und der Gewerkschaft) und **cross-pressures** (konkurrierende Organisationen und ihre Mitglieder halten sich gegenseitig in Schach) wirken Verteilungsegoismen entgegen (vgl. Czada). Willems: Trittbrettfahrer können durch Gegenmaßnahmen (tit for tat) zur Räson gebracht werden.

In der Governance sollen sich Bürokratien plötzlich flexibel, nicht-hierarchisch und kooperativ geben. Auch da haben die Klassiker der **ökonomischen Theorie der Politik** ihre Zweifel. In **Niskanens Bürokratietheorie** tritt das Amt wie ein Akteur auf, der sein Budget maximieren will. Seine ‚Produkte' sind jedoch nicht exakt bestimmbar, so dass Intransparenz und oft wenig Rentabilität vorherrscht. Das administrative Monopol führt zur Personalüberhang (**slack**). Das Amt hat einen Informationsvorsprung, während die Geldgeber häufig zersplittert sind, was sich als Fragmentierung der Politik im Haushaltsverfahren zeigt und, da sich die Politiker ungern mit den ‚Apparaten' anlegen, hat man zu oft auch ein fehlendes Interventionsinteresse. In **Downs Bürokratiemodell** Ist der zentrale Akteur der Administrator (Behördenleiter). Politische Unternehmer im oben genannten Sinne bauen Ämter auf, Aufsteiger blähen es auf, danach abnehmende Dynamik und Erstarrung. Die Hierarchie kann nicht wirksam kontrolliert werden, Kontrollversuche erzeugen nur noch eine größere Bürokratie...
Auch das blieb nicht unwidersprochen: Simon argumentiert, dass Ziele wie Budgetmaximierung fraglich seien. Vielmehr würde eine Befriedigung des Bedarfs (keine Maximierung) angestrebt: **satisficing behavior**, die Budgetmaximierung ist schon wegen der begrenzten Rationalität der Beteiligen nicht realisierbar (**bounded rationality**).

4.2.7 Zwischenergebnis

Daraus ergeben sich die Themenfelder der aktuellen Governance-Debatte:

- Wie muss moderne politische Steuerung und Koordination aussehen, um mit der wachsenden Zahl der Akteure und Probleme zurechtzukommen und gleichzeitig gute Politik machen zu können?
- Wie können nicht-staatliche Akteure und die Bürger optimal an der Problemlösung beteiligt werden?

Dies bezieht sich insbesondere auf:

- Verwaltungsmodernisierung
- Gesellschaftliche Steuerung (government by consent)

- Debatte um neue Governance-Formen (Governance without government, Global Governance, Multilevel Governance, Regional Governance)
- Entwicklungshilfe Good Governance
- Steuerung multinationaler Unternehmen Corporate Governance

4.3 Staat-Regieren und Demokratie

4.3.1 Ausgangsüberlegungen

Eine Theorie modernen Regierens wird immer mit der bereits bestehenden institutionellen Ordnung konfrontiert und Änderungen müssen zunächst an diese Ordnung anknüpfen. Governance-Konzepte beziehen sich auf drei Bereiche,

- nämlich wie der Staat organisiert sein sollte
- wie die Prozesse in diesem Staat aussehen sollten
- und wie und welchen Stellen die Demokratie verankert ist

Daher sollte man auch die wichtigsten Konzepte von Staat, Regieren und Demokratie kennen.

4.3.2 Was ist der Staat?

Die folgende Tabelle fasst die Sichtweisen der politischen Theorien zum Staat zusammen:

Tab. 13 Staatstheorien

Staat als	Theorie	Kommentar
Akteur, d.h. wie eine eigene Person	Staatswissen-schaften	Vor allem im 19. Jahrhundert, Staat als neutrale, vollziehende über den egoistischen Parteien und gesellschaftlichen Gruppen stehende Instanz, Tendenz zur Überhöhung des Staates
Arena	Pluralismus	Der Staat besteht aus Akteuren, die ihre eigenen Interessen verfolgen/Staat als Arena/Kampfplatz von Interessen
Instrument	Marxismus	Der Staat ist Instrument einer herrschenden Klasse, hier der Bourgeoisie

	Elitetheorie	Staat ist Instrument einer Elite, z.B. einer kleinen Oberschicht. Politische Wechsel in manchen Staaten ersetzen lediglich einen Oberschichtler durch den anderen und alles bliebt beim Alten.
Funktionalismus	Parsons Systemtheorie	Staat/Politik erfüllen Funktionserfordernisse sozialer Systeme: Staat ist politisch-administratives System[54]
	Luhmanns Systemtheorie	Staat ist funktionelles System mit Subsystemen
Strukturalistische Erklärungen	Politik-wissenschaft	Staat ist Struktur von Verteilungen, Beziehungen bzw. äußere Gestalt einer Gesellschaft): Inneres Gefüge der Gesellschaft erklärt Staat/Politik, z.B. ungleiche Verteilung, demographische Struktur usw.
	Verwaltungs-wissenschaft	Der Staat bietet einen rechtsförmigen Rahmen und mit der Verwaltung Organisationen, die staatliches Handeln in diesem Rahmen umsetzen
	Geschichts-wissenschaft	Staat spiegelt historisch verfestigte **'sedimentierte' Gesellschaftsverhältnisse** wieder
(ökonomische) Institution	Transaktions-kosten-theorie	Staat sichert als Rahmen effiziente Trans- und Interaktionen
Mischformen der Erklärung	**Colemansche „Wanne“**	gesellschaftliche Probleme auf der Makroebene werden von Individuen auf der Mikroebene verarbeitet, um dann als politische Entscheidung wieder auf der Makroebene wirksam zu werden. Der Begriff ‚Wanne' wird deshalb benutzt, weil der erste Pfeil des Prozesses nach untern weist, dann auf diesem Boden verbleibt und zum Schluss, wenn alles fertig ist, wieder in die obere Ebene zurückweist.

Wie ist der Staat gegliedert?

Wichtige Variablen sind:

- Wahlsysteme
- Gewaltenteilung

---

[54] Parsons verwendet hier das **AGIL-Schema** mit den Dingen, die ein System leisten muss:
Adaptation (Anpassung): System muss anpassungsfähig sein bzw. in der Lage sein, die Umwelt auch an sich an passen zu können
Goal attainment (Zielerreichung): Das System muss Ziele haben und in der Lage sein, diese auch zu erreichen
Integration: Das System muss alle seine Teile so integrieren können, dass es auch läuft
Latent pattern maintenance (Stabilität von Mustern): Das System muss eine Struktur haben, wenn bestimmte Personen mal nicht da sind

- Regierungssystem (z.B. Verhältnis Regierung-Parlament, Rolle des Präsidenten)
- Ressortprinzip (Aufgabenteilung und Kompetenzen der Ministerien)
- Verwaltungssystem (Spielräume der Verwaltung)
- Föderalismus oder Zentralisierung?

Der Vergleich zwischen Staaten wird in der **Vergleichenden Regierungslehre** vorgenommen

- Unterschiede in der Art der Demokratien, z.B. Präsidial-parlamentarisch-Ministerpräsident
- Parteiensysteme: USA zwei Parteien, Frankreich: labile Parteien, **Bürgermeistersystem**, bei dem Bürgermeisterämter als Karrieretor für höhere politische Aufgaben dienen
- Unterschiede: Verhältnis Regierung-Parlament, Wahlsystem und –freiheit, Parteiensystem, Politische Praxis, z.B. oft parteiunabhängig agierende Senatoren in den USA-hohe Fraktionsdisziplin in Deutschland
- Die Politiker sind häufig zugleich mindestens einer Ebene (von Europa-Bund-Land-Kommunen) und einer Partei zugehörig und müssen alle Interessen unter einen Hut bringen => **mehrstufiges Kompromißhandeln**
- Föderalismus: hat sich freiwillig in Staaten gebildet, die zusammenwuchsen, aber keine starke Zentrale haben wollten (USA, Kanada, Australien, Europäische Union)

Wahlsysteme:

- Wer wird gewählt? mindestens eine Kammer, evtl. auch der Vorsteher/Präsident
- Von wem? Tendenz zur Massenpartizipation (Ende des 19. Jahrhunderts waren Wahlen nur auf einen kleinen Teil von Wahlberechtigten beschränkt, einen Durchbruch stellte z.B. das Frauenstimmrecht dar)
- Wie wählen sie: relative oder absolute Mehrheit im Wahlkreis, Verhältniswahlrecht
- Sperrklauseln?, Wahlhäufigkeit?, Dauer der Amtsperiode, Wiederwahl möglich?

Staaten sind also sehr unterschiedlich gegliedert, eine Governance-Theorie muss diesbezüglich also entweder hinreichend abstrakt sein oder einen konkreten Fall analysieren. Der Staat sieht sich aber auch noch mit einer unterschiedlich gestalteten Außenwelt konfrontiert, und zwar

in der Politik z.B. Gestalt und Stabilität des Parteiensystems und der politischen Kultur („The winner takes it all", bei dem die jeweilige Siegerpartei sich alle Posten 'unter den Nagel reißt' bis hin zur Tolerierung von Minderheitsregierungen)
in der Gesellschaft**:** >Beispiel **Konsensdemokratie**[55] nach Lehmbruch/Lijphardt: Wo religiöse oder weltanschauliche Spaltungen Mehrheitsentscheidungen nicht zulassen, muss Konsens her (Holland '**Versäulung**' =>jede gesellschaftliche Gruppe hat ihre Schulen, Vereine usw., Österreich '**Proporz**-System' =>jede Partei kriegt anteilig ihrer Stimmen Posten ab, Libanon 'konfessionelles Parlament')
und in der Ökonomie, auch bekannt als **Varieties of capitalism VOC**, denn so, wie die westlichen Demokratien trotz geteilter Grundwerte also ein ganz unterschiedliches Aussehen haben können, so gilt dies auch für die Wirtschaft

- Finanzmärkte (stark oder schwach reguliert)
- Unternehmensfinanzierung (über Banken oder den freien Kapitalmarkt)
- System der beruflichen Ausbildung, Arbeitsvertragsrecht, System kollektiver Interessenvertretung (Industrie- versus Einheitsgewerkschaft) => Rheinländisch-sozial, Angelsächsisch-marktliberal, Interventionistisch-französisch.

Dies ließe sich beliebig fortsetzen, so z.B. zeigt die **National Systems of Innovation (NSI)-Theorie**, dass manchem Länder die Forschung lieber in die Hände des Staates, andere lieber in die Hände der Privatwirtschaft legen und auch die Förderstrategien bei der Frage, ob man anwendungsnahe, also fast marktreife Produkte fördert, oder lieber auf die Grundlagenforschung setzt.

Die kulturellen Unterschiede zwischen den Ländern werden häufig unterschätzt, ein einfaches Beispiel soll dies zeigen. In Deutschland hat das Angestelltenverhältnis gerade für die Älteren immer noch etwas mit Treue und Loyalität zu tun. Kündigung hat daher oft noch den Geschmack von Trennung, von Scheidung, von Verrat und Enttäuschung. Und wenn jemand gekündigt, dann interessiert die meisten doch nichts mehr als die Frage, was der Betreffende wohl ‚ausgefressen' haben könnte, die Beteuerungen, nicht schuld zu sein, werden meist überhört. Arbeitnehmer fühlen sich oft an ihre Firma gebunden und würden nicht wegen ein paar Euro mehr einfach woandershin gehen.

---

[55] Das Gegenstück ist das nach dem britischen Vorbild benannte sog. **Westminster-Modell**, bei dem eine Partei über Mehrheitswahlrecht in aller Regel die klare Mehrheit hat und so den Wählerwillen direkt realisieren kann.

Im angloamerikanischen Raum sieht es oft etwas anders aus. Gekündigt werden kann leicht, der Schreibtisch ist oft binnen Wochenfrist leer, im Extremfall am selben Tag. Dafür fühlen sich die Arbeitnehmer ebenfalls nicht so gebunden und wechseln daher schneller bei guten Gelegenheiten. Hier gilt vielmehr der beliebte Londoner City-Spruch: *Wenn sie Loyalität wollen, dann kaufen sie sich einen Hund....*

In Deutschland wird häufig beklagt, dass das Parlament eine verzerrte Zusammensetzung der Bevölkerung darstelle, da Menschen mit viel Freizeit und/oder der Möglichkeit der Freistellung von ihrer Arbeit die große Mehrheit der Abgeordneten stellen würden. Daher stammt das Wort vom **Lehrer- und Beamtenparlament**.
In den USA ist es hingegen selbstverständlich, zwischen der Wirtschaft, den Hochschulen und der Politik hin- und her zu wechseln. Dadurch kommt es zu einem Austausch zwischen den Sektoren, aber die Kritik, dass es zu Interessenvermischungen kommen kann, ist auch nicht ganz von der Hand zu weisen, weshalb in Deutschland das wiederum nicht so praktiziert wird. **Quereinsteiger** werden auch von jenen nicht gerne geschehen, die die harte Basisarbeit in den Parteien machen, wie es so schön im Jargon heißt, die ‚**Ochsentour**' durch die Partei gemacht haben.

4.3.3 Demokratietheorien

Die Governance-Theorie thematisiert die Einbindung und das Engagement nicht-staatlicher Institutionen. (vgl. Schmidt Demokratietheorien).
Stärkt dies die Demokratie über verbreiterte Mitwirkungsmöglichkeiten oder verstärkt es die Dominanz der Engagierten, Experten, Investoren über den 'Rest' der Bevölkerung?
Was 'gut' oder 'schlecht' ist, ist letztlich eine Frage der theoretischen Perspektive:
Aus **basisdemokratischer Sicht** ist eine weitreichende Entscheidung von Fragen durch die Bevölkerung wünschenswert. Hier dominiert eine *Input*-orientierte Sicht, bei der Politik durch das Volk Vorgaben gemacht werden (im weitesten Sinne an Rousseaus Volkswillen **volonté generale** anknüpfend[56]). Aus Sicht der **repräsen-**

[56] Jedoch wollte auch Rousseau die Gesetze von 'Sachverständigen' gemacht haben und hielt in großen Staaten die volonté generale nicht für praktisch ermittelbar. Rousseau war anders, als häufig dargestellt auch kein Antimonarchist, er hielt auch Grafschaften für akzeptabel.

tativen Demokratie übertragen die Wahlen gewählten Repräsentanten die Regierung, in der sie dann nach bestem Wissen und Gewissen entscheiden. Die aktuelle Entscheidung ist dann zwar vom Volkswillen entkoppelt, aber bei Wahlen können die Politikergebnisse, also der *Output*, beurteilt und Regierungen bestätigt oder abgewählt werden (im weitesten Sinne an Montesquieu/Tocqueville anknüpfend).

Genereller Trend: Mit wachsender Komplexität der Probleme und der Organisationen bilden sich immer mehr Ebenen über und unter den gewählten Parlamenten (Ausschüsse, Kommissionen, Arbeitsgemeinschaften). Diese unterliegen nur noch mittelbar demokratischen Abstimmungen, können aber letztlich über die Bestimmung des Parlamentes und daraus resultierende Umbesetzungen an die Wahlentscheidungen zurückgebunden werden.

Scharpf sieht die Entwicklung mit Sorgen: Demokratie kann als kollektive Beeinflussung des gemeinsamen Schicksals verstanden werden. Demokratie meint nicht Omnipotenz, aber doch Wahlmöglichkeiten und Handlungsmöglichkeiten: Aber nun tritt an die Stelle des Diskurses über das Wünschbaren der Expertendiskurs um das Notwendige und Mögliche und die Erzielung von Akzeptanz dafür. Demokratie schrumpft zur Delegation von Führungsvertrauen => Beginn einer Entkopplung und Entleerung der Demokratie. Habermas beklagt eine ‚**normative Abmagerungskur**' der Sozialwissenschaften durch Systemtheorie und die ökonomische Theorie der Demokratie. Aus diesen Gründen wurde schon in den 60ern und 70ern der '**Parteienstaat**' kritisch gesehen. Gewählt werden könnten nur noch fixe Pakete aus Programmen und Personen, ein Vorbei an den etablierten Parteien gibt es nur noch auf kommunaler Ebene. Befördert wurde die Diskussion durch das Drei-Parteiensystem der 60er und 70er, das phasenweise zum Zwei-Parteiensystem zu werden schien, da die FDP hin und wieder den 5% nahe kam. Paradoxerweise bedeuten nicht mehr Parteien im Parlament nicht zwangsläufig

---

Das Jean-Jacques Rousseau heute häufig als Frühkommunist gilt, hängt mit folgendem zusammen. Er wollte den Volkswillen in Volksabstimmungen (**Plebisziten**) zur Geltung bringen, dachte dabei aber nur an kleine Gemeinschaften. Als dann jedoch 1870/71 kurzfristig während des deutsch-französischen Krieges die **Pariser Kommune** gegründet wurde, sahen Freunde wie Feinde darin eine Art Kommunismus wie auch die Verwirklichung Rousseaus Konzept, womit er dauerhaft in dieser politischen Richtung verortet wurde. Gleichwohl ist Rousseau sicher ein Vordenker der Basisdemokratie.

mehr realisierten Wählerwillen[57], da unter dann unter Umständen ungewollte Koalitionen geknüpft werden müssen (Falter 2007). Bürgerinitiativen NGOs und Organisationen, die nicht ans Parlament gebunden sind, könnten theoretisch durch ihre Expertenmacht, ihre Unabhängigkeit von Wahlen und die daraus resultierende personelle und materielle Kontinuität mit einer Ansammlung von Wissen und Kontakten zu sogenannten '**Vorentscheiderstrukturen**' oder '**Nebenregierungen**' werden (Kielmannsegg, Eschenburg). Ist der Rückzug des Staates also ein Rückzug der Demokratie? Letztlich hat die Politik immer die Letztentscheidungsmacht, über allem liegt immer der **Schatten der Hierarchie** (es sei denn, die Politiker üben sie nicht oder nicht mehr aus).
Zudem können sie die u.a. von Tocqueville, Mill, Max Weber, Schumpeter dringend geforderte Expertise als Gegengewicht zu möglicherweise wendigen, aber mittelmäßigen Politikern einbringen. Ist dies dann die bessere Demokratie? [58] Andererseits wiederum besteht die Gefahr, noch mehr Verbände, Lobbys, Funktionäre etc. in der Politik zu institutionalisieren, also die Probleme des Parteien- und Verbändestaates unter dem Label 'Zivilgesellschaft' und 'Governance' noch zu verstärken. Dahl argumentiert jedoch, das eine polyzentrische Herrschaft (**Polyarchie**) mit mehreren Machtzentren (geteilter Macht) Mindestvoraussetzung für funktionierende Demokratie ist, denn so wird einer Zentralisierung und Konzentration von Macht vorgebeugt. Andererseits muss bei zu vielen Akteuren der Staat doch ständig eingreifen und lenken, der Entlastungseffekt des Staates geht also verloren (vgl. Czada).

Daher nochmals: 'Governance' ist demzufolge kein Allheilmittel, sondern es kommt auf ihre konkrete Ausgestaltung an, also die **Good Governance**. Die Meinungen, was 'gut' ist, gehen auseinander, aber Transparenz und Überprüfbarkeit der Prozesse, Zurechenbarkeit und Qualität der Ergebnisse sind im Fokus der Diskussion.

---

[57] Theoretisch kennt man dies als **Condorcet-Arrow-Paradox** der wandernden Mehrheiten: Gegeben seien Wähler I II III, die drei Wahlalternativen A, B, C und die persönlichen Vorlieben I A>B>C, II B>A>C, III C>A>B, dann hat das Gesamtkollektiv die Präferenzen A>B>C>A, d.h. der Wählerwille kann nicht vollständig und transitiv (logisch geordnet) umgesetzt werden

[58] Johann Wolfgang von Goethe (Maximen und Reflexionen): „..die Majorität...besteht aus wenigen kräftigen Vorgängern, aus Schelmen, die sich akkomodieren, aus Schwachen, die sich assimilieren, und der Masse, die nachtrollt, ohne nur im mindesten zu wissen, was sie will“

5. Die Struktur der Bundesrepublik

In der politischen Praxis spielen die föderale Ordnung und die Probleme der Gesetzgebung eine wichtige Rolle.

5.1 Einführung

Für die Bundesrepublik ist die föderale Ordnung maßgeblich, d.h. die Gliederung des Gesamtstaates in 16 Bundesländer. Es ist ein Missverständnis, dass eine klare Regelung der Zuständigkeiten eine saubere Abgrenzung von föderalen Ebenen bewirkt. Im praktischen Vollzug treffen sich Bund, Länder und Kommunen auf der kommunalen Ebene nämlich wieder und an einer Kooperation bzw. Interaktion führt unabhängig von der rechtlichen Gestaltung kein Weg vorbei.

5.1.1 Die föderale Ordnung

Der Staatsaufbau folgt einfachen Prinzipen. Bund, Länder und Kommunen sind die drei Hauptebenen. Alle drei Ebenen haben jeweils eigene Behörden, die auf der Gesamtebene tätig werden (Oberbehörden) oder schon auf kleinere Einheiten aufgeteilt sind (Mittelbehörden). Ober- und Mittelbehörden steuern die überörtlichen Behörden, deren letzte Ebene wiederum vor Ort ist. Der konkrete Vollzug erfolgt dann in der Regel ‚vor Ort', am Bürger bzw. in der Kommune. Die Tabelle zeigt einen vereinfachten Aufbau mit Beispielen.

Tab. 14 Die föderale Ordnung

Bund		**Länder**		**Kommunen**
Bundes-Regierung/ Ministerium				
Bundesoberbehörde (Bundesanstalt/ Bundesamt, z.B. Umweltbundesamt, BfArM)	Körperschaft des öff. Rechts Bundesbank Bundesanstalt für Arbeit	Landesregierungen	Arbeitsgemeinschaften der Länder wie die Kultusministerkonferenz KMK	
Mittlere Bundesbehörde (sind ebenfalls noch dem Bundesministerien unterstellt) Wehrbereichsverwaltung Oberfinanzdirektion		Landesoberbehörde (z.B. statistisches Landesamt Landesamt für Verfassungsschutz Oberfinanzdirektion)	Körperschaft des öff. Rechts Universitäten	Regionalverband/ Landschaftsverbände, Landeswohlfahrtsverbände, Bezirksverbände und Planungsgemeinschaften z.B. Umlandverband Frankfurt
			Landesmittelbehörden (Forst Landespolizeidirektion) und Regierungspräsidenten/ Bezirksregierungen	
Überörtliche untere Bundesbehörde Hauptzollamt Kreiswehrersatzamt		Überörtliche untere Landesbehörde wird von einer der höheren Instanzen gesteuert, z.B. Straßenbauamt, Schulamt, Finanzamt		Kreisverwaltung
				Kommunaler Zweckverband aus Gemeinden
Örtliche untere Bundesbehörde (z.B. Zollamt am Bahnhof)		Örtlich untere Landesbehörde z.B. Schule		Gemeindeverwaltung

Kommunaler Verwaltungsgliederungsplan

- I. Allgemeine Verwaltung (Personalamt, Statistisches Amt)
- II. Finanzverwaltung (Stadtkasse, Steueramt) usw.
- III. Rechts- Sicherheits- und Ordnungsverwaltung (Polizei, Standesamt, Amt für Zivilschutz usw.)
- IV. Schul- und Kulturverwaltung
- V. Sozial- und Gesundheitsverwaltung: Sozial, Jugend Sport, Gesundheitsamt, Amt für Krankenanstalten)
- VI. Bauverwaltung; Stadtplanung, Bauordnung usw.
- VII. Verwaltung für öff. Einrichtungen z.B. Stadtreinigung, Bäderamt
- VIII. Verwaltung für Wirtschaft und Verkehr z.B. Forstamt

5.1.2 Regieren und Gesetzgebung

Bei der Gesetzgebung ist vor allem folgendes wichtig:
Nicht nur die Regierung, auch die Opposition und Abgeordnetengruppen können Gesetzesvorlagen einbringen, d.h. sie haben das **Initiativrecht**. Der Normalbürger hat die Möglichkeit, sein Anliegen als Eingabe (**Petition**) an den Bundestag zu schicken, inzwischen auch online.
Häufig wird ein Gesetz erstmal von den zuständigen Fachleuten im Ministerium, den Referenten, als **Referentenentwurf** vorbereitet und dann mit anderen Ministerien vorabgestimmt, um handwerkliche Fehler, z.B. Widersprüche zu anderen Gesetzen oder Europarechtswidrigkeit oder formale Mängel gleich im Vorfeld auszubügeln. Für Verbände gibt es oft die Möglichkeit, in dafür eigens anberaumten **Anhörungsverfahren** Stellung zu nehmen.

Auf den folgenden Seiten wird der Gesetzgebungsprozess gezeigt.
Das **Kabinett** als Gesamtheit der regierenden Minister und des/der Kanzler/in beschließt das Gesetz, so dass es in den parlamentarischen Abstimmungsprozeß eintreten kann.
Das Kabinett beschließt gemeinsam im **kollegialen Kabinettsprinzip**, wenn gar nichts geht, hat aber der Bundeskanzler die **Richtlinienkompetenz**, sagt also, wo es langgeht, auch **monokratisches Kanzlerprinzip** genannt. In der Realität läuft das natürlich nicht so, denn eine Kampfabstimmung im Kabinett oder das Übergehen eines Koalitionspartners wäre vermutlich das Ende der Regierung, sondern informelle **Koalitionsrunden** mit Vertretern aller Parteien sichern im Vorfeld die Einigkeit.
Bevor es im Bundestag ans Abstimmen geht, wird auch in den Fraktionen gesprochen und notfalls **Probeabstimmungen** durchgeführt, um zu schauen, ob das nachher überhaupt laufen wird. Formal ist jeder Abgeordnete nur seinem Gewissen verpflichtet und kann abstimmen, wie er/sie will, in der politischen Praxis wird erwartet, dass man seine Partei nicht hängen lässt, selbst wenn einem mal ein Gesetz nicht passt, dies ist die **Fraktionsdisziplin**. Gezwungen werden kann letztlich niemand, aber wer kein Teamplayer ist, hat in der Regel auch keine Karriere mehr vor sich.
Das **Bundeskanzleramt** arbeitet direkt für den Bundeskanzler und unterstützt diesen in allen Fragen der politischen Alltagsarbeit, die ja nicht nur aus

Gesetzgebung, sondern z.B. auch aus Staatsbesuchen, Verhandlungen, Stellungnahmen usw. besteht.

Das Gesetz wird in der ersten Lesung vorgestellt und dann in aller Regel in die **Fachausschüsse** zur Beratung und wenn man so will, zum Feinschliff überwiesen. In den Ausschüssen sitzen auch Mitglieder der Oppositionsparteien, die hier noch mal versuchen können, ihren Standpunkt einzubringen.

Tab. 15 Der Gesetzgebungsprozess

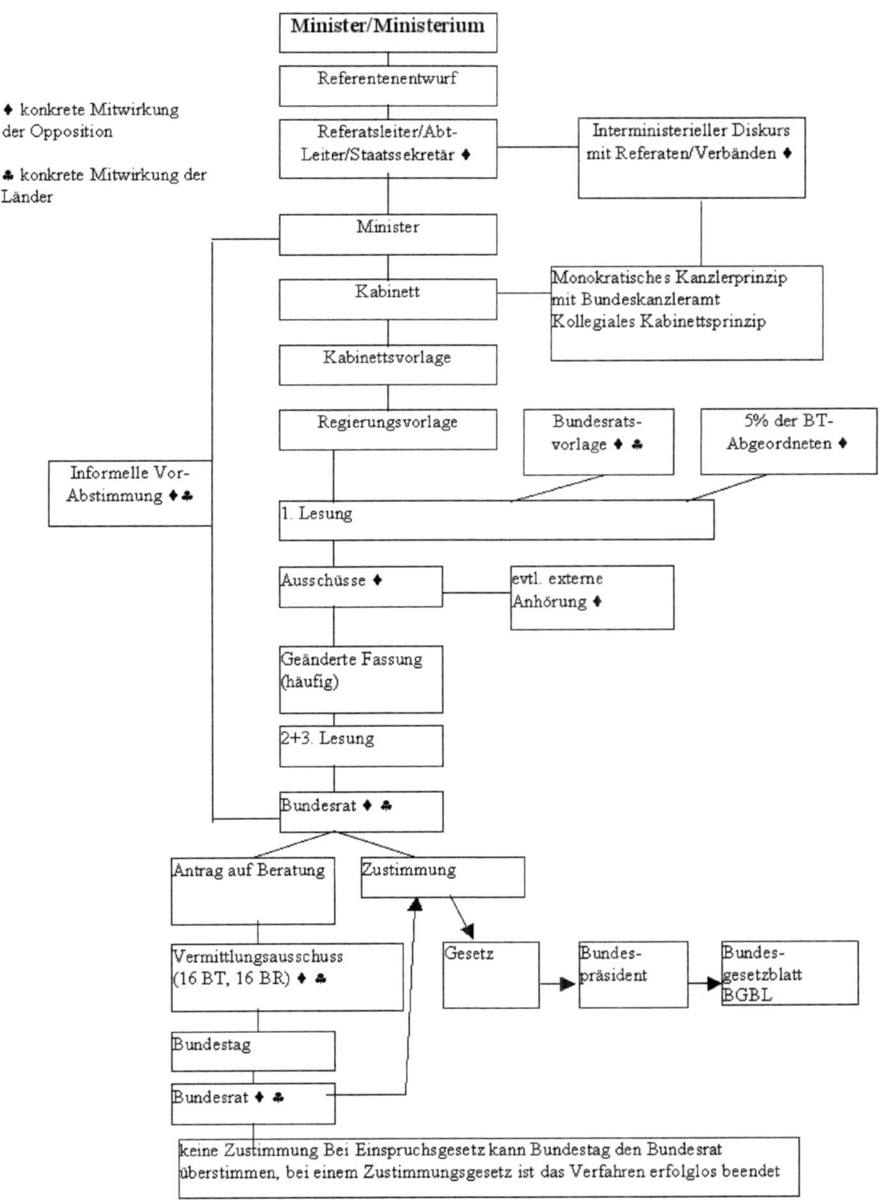

Bei vielen Aufgaben ist es erforderlich, dass die eigene Partei eine Mindestgröße hat, die ihr den **Fraktionsstatus** verleiht. Hat man den nicht, gilt man nur als Einzelabgeordneter, dem viele Gruppenrechte nicht zur Verfügung stehen, was die Einflussmöglichkeiten sehr beeinträchtigt. Redezeiten, Reihenfolge und ähnliches Verfahrensfragen werden durch die **Geschäftsordnung** des Bundestages geregelt. Formal ist der 'Geschäftsführer' des Bundestages, der **Bundestagspräsident**, nach dem Bundespräsidenten die Nr. 2 im Staat noch vor der Kanzlerin, was mit der politischen Praxis, oder wie man sagt, der **gelebten Verfassung** nur wenig zu tun hat.
Die zweite und dritte Lesung eines Gesetzes können sich mitunter eng anschließen, nach der dritten Lesung wird abgestimmt. Bei den sogenannten Zustimmungsgesetzen, bei denen Länderbelange mit betroffen sind, die Länderkammer, der **Bundesrat**, ebenfalls zustimmen. Verweigert der Bundesrat diese Zustimmung, muss das Gesetz in den **Vermittlungsausschuss**, in dem je 16 Abgeordnete von Bundestag und Bundesrat versuchen, einen Kompromiss zu finden.
Danach geht das Gesetz noch mal durch Bundestag und Bundesrat. Nur wenn beide zustimmen, geht das Gesetz durch. Der **Bundespräsident** als oberster Repräsentant des Staates prüft das Gesetz und wenn es keine Einwände gibt, unterzeichnet er es. Analog zum Bundeskanzleramt verfügt der Bundespräsident über das **Bundespräsidialamt**, das den Bundespräsidenten bei seinen Aufgaben, insbesondere auch der abschließenden Prüfung der Verfassungsmäßigkeit des Gesetzes unterstützt.

5.1.3 Die allgemeinen Konflikte bundesdeutscher Politik

Nicht nur das konventionelle Regierungssystem, sondern jedes Konzept politischer Steuerung sieht sich mit den *5 großen Konflikten bundesdeutscher Politik* konfrontiert.

1. **Innerparteiliche Konflikte** Innerhalb von Regierungsparteien herrschen oft Spannungen wischen der Parteibasis, der Fraktion (also den Abgeordneten der Partei im Parlament) und den direkt in der Regierung sitzenden Politikern, denn der Anpassungsdruck durch Koalitionspartner, Europäische Union, Opposition führt dazu, dass Regierung oft anders entscheidet, als es die Parteimitglieder und die Wähler der Partei das gerne hätten
2. **Konflikte in der Regierung** Ressortstreitigkeiten (Geldmangel, Kompetenzgerangel) und interne Abstimmungsprobleme zwischen Ministerien behindern die

Projekte der einzelnen Minister. Dazu kommt das Problem der chronischen Überlastung: Nicht die Europäische Union, auch die Bundesregierung haben phasenweise mehrere hundert Gremien und Beiräte an ihrer Seite. Daraus können Spannungen zwischen Experten und Politikern resultieren, in den Ausschüssen bilden Fachleute oft eine Eigendynamik aus.

3. **Bund-Länder-Streitigkeiten** Geldmangel, Kompetenzgerangel, Abgrenzungsprobleme (verfassungsrechtlich, Finanzverbund, gemeinsame Aufgaben), Auswirkungen von Bundesgesetzen auf die Länder (z.B. Steuern), daher Versuch der **Föderalismusreform** mit der Entflechtung von Geldströmen, Zuständigkeiten und Gesetzgebung

4. **Verbände** Politisch schlagkräftige Organisationen müssen die Mitgliederinteressen bündeln, aber auch kontrollieren. Die Einwirkung der Verbände auf die Politik erfolgt auf vielfältige Weise durch Medien, Lobbyismus, Anhörungen, Personal (gleichzeitige Zugehörigkeit zur Partei und zum Verband), Eingaben, Kampagnen, Musterklagen usw…

5. **Politik und Medien** Medien haben eigene Meinungen und leben auch von Enthüllungen und Skandalen, sie brauchen aber das Know-How der Politiker und Hintergrundinformationen, das ihnen dann mitunter vertraulich in **Hintergrundgesprächen** vermittelt wird, beide Seiten versuchen sich also *gegenseitig zu (be)nutzen* (Lancieren von Meldungen durch Politiker, TV-Auftritte usw.). Insofern schwankt das Verhältnis der Politik zu den Journalisten zwischen Symbiose und Hassliebe. Über die Fähigkeit, Anzeigen zu schalten oder es auch zu lassen, können auch Firmen zuweilen Druck auf die Presse ausüben. Umgekehrt liefern Firmen den Journalisten auch Materialien (**Journalistenmappen**) für ihre Berichterstattung.

Zunehmend ist die Vermittlung von Politik genauso wichtig wie die Politik selbst getreu dem Motto „Tue Gutes und rede darüber".

Heute wird bei wichtigen Themen nichts mehr dem Zufall überlassen, die Steuerung und Platzierung der Botschaften wird dann von speziellen Beratern, den **Spin Doctors** übernommen, manchmal helfen auch außerhalb des Wahlkampfes Public Relations **(PR)-Agenturen**, Personen und Dinge ins richtige Licht zu setzen. Das Internet macht die Kontrolle zunehmend schwieriger, vor allem seit immer mehr Menschen Internettagebücher (weblogs, kurz blogs) führen. Manche weblogger (**blogger**) erreichen ein breites Publikum.

5.2 Die Föderalismusreform

Der Föderalismus hat Vor- und Nachteile:
Er ermöglicht zum Beispiel einen **Wettbewerb der politischen Ideen**, während im Zentralstaat nur eine Linie dominieren würde. Er öffnet allen Parteien die Teilhabe zur Macht, so sind sämtliche im Bundestag vertretenen Parteien, auch wenn sie in der Opposition sind, auf Länderebene in Regierungen vertreten, wobei auch gleichzeitig verschiedene Optionen ausprobiert werden können, so z.B. Schwarz-Grün, SPD/Linke, CDU/FDP, CDU/SPD, SPD/FDP, Rot-Grün usw. Er ermöglicht auch eine an die regionalen Bedürfnisse angepasste Politik, der Bundesrat verhindert, dass der Bund diese aus den Augen verliert. Nachteilig ist die Vervielfältigung der politischen Ämtern mit 'Provinzfürsten', also Länderchefs, die egoistische Partikularinteressen verfolgen.
Ein Reizwort ist die **Einheitlichkeit** bzw. jetzt **Gleichwertigkeit der Lebensverhältnisse**, die durch den Föderalismus gefährdet sein kann. Kritisch wird der Föderalismus, wenn er den Wechsel zwischen Bundesländern erschwert, in vielen Studiengängen ist inzwischen ein Wechsel in ein anderes Bundesland schwerer als der Wechsel ins Ausland, also ist ein Fall föderalen Wildwuchses.

Das Grundgesetz sah in Artikel 70 vor, dass die Länder die Gesetze machen, wenn nicht Bund aktiv wird. In der Realität machte jedoch der Bund die Gesetze, wegen
Art. 72 Bedürfnis nach einheitlicher Regelung
Art. 73 ausschließlicher Bundesangelegenheit, z.B. Währung und Auswärtiges
Art. 74 der **konkurrierenden Gesetzgebung**, bei die Länder nur durften, wenn und solange der Bund nicht von seiner Gesetzgebungskompetenz Gebrauch macht (und das tat er ausgiebig)
Art. 75 **Rahmengesetzgebung** des Bundes, z.B. das Hochschulrahmengesetz mit allgemeinen Vorgaben zum Aussehen von Hochschulen (dass der Förderalismusreform zum Opfer fiel)

Ironischerweise haben Bund und Länder sich im Rahmen der großen Planungseuphorie 1969 freiwillig aneinandergekettet im sog. **Finanzverbund**:

- **Aufteilung der Steuern** auf Bund, z.B. Zölle Versicherungssteuer, Länder Erbschafts- und Kfz-Steuer sowie Gemeinden. Gemeinschaftlich werden die großen Steuerarten aufgeteilt: Einkommensteuer (EST), Körperschaftssteuer (KST), Umsatz- bzw. Mehrwertsteuer (UST/MwST).

Gemeinden erhalten 15% der EST, der Rest halbe-halbe für Bund und Land

- **horizontaler Finanzausgleich** der Länder (Arme und reiche Länder)
- Vertikaler Ausgleich von Bund zu Land: Aufbau Ost, Mitfinanzierung von **Gemeinschaftsaufgaben** (Hochschulen-Kliniken)
- **konjunkturpolitische Steuerung** (das sollte die 1969 geplante Globalsteuerung werden)

In der Geschichte des Föderalismus ist eine ständige **Expansion der Gesetzgebung des Bundes**, dafür auch mehr Mitwirkung der Länder zu beobachten, denn nach Art 84 des Grundgesetzes muss bei der Ausführung von Bundesgesetzen durch die Länder der Bundesrat zustimmen und wegen bei Art. 105 auch bei der Steuergesetzgebung. Beide Sachverhalte machten die große Zahl aller zustimmungspflichtigen Gesetze aus.
Die Zustimmungsgesetze nahmen von 1949 41.8% auf 1998 59,2 % aller Gesetzesvorhaben zu, der Vermittlungsausschuss wurde, wie es die Literatur nennt, zum '**geheimen Ersatzparlament**'.

Föderalismusreform 2006
Nachdem der Föderalismus lange Zeit gut funktionierte, haben *unterschiedliche Mehrheiten im Bundestag und Bundesrat*, z.B. eine CDU-Mehrheit im Bundesrat während der rot-grünen Ära im Bundestag das Regieren immer schwieriger gemacht.
Schon 1985 hat Scharpf in einer für die Föderalismusforschung zentralen Arbeit auf die **Politikverflechtungsfalle** hingewiesen, bei der zwei miteinander verbundene Ebenen miteinander kooperieren müssen und dabei suboptimale Politikergebnisse produzieren.
Ein anderes Problem ist das **Süd-Nordgefälle**, bei dem die reicheren Länder des Südens den ärmeren Ländern des Nordens, insbesondere den chronisch verschuldeten Stadtstaaten, regelmäßig Geld im Finanzausgleich abgeben müssen. Dass dies lange Zeit auch hieß, dass CDU-regierte Länder (Bundesratscode **B-Länder**) meist SPD-regierten Staaten (**A-Länder**) Geld überwiesen, hat dies das politische Klima zwischen den Ländern erheblich belastet. Nach der Wiedervereinigung hat sich die Situation noch mal verschärft, nun kam zu dem

Nord-Süd auch noch ein **West-Ostgefälle** hinzu, bei dem die alten Bundesländer den neuen Ländern Geld abgeben müssen.
Ziel der Föderalismusreform war die Verringerung der rechtlichen Verflechtungen, während die heikle Frage des Geldes auf die noch in der Diskussion befindlichen **Föderalismusreform II** verschoben wurde.

- Gemeinschaftsaufgaben wurden reduziert
- Rahmengesetzgebung des Bundes wurde abgeschafft, weshalb es auch kein Hochschulrahmengesetz mehr gibt
- länderspezifische Abweichungen wurden erlaubt (mit Interventionsrecht des Bundes, das wiederum vom Bundesrat geblockt werden kann), dafür ist die Zustimmungspflicht der Länder nach Artikel 84 des Grundgesetzes entfallen
- Im Gegenzug für diesen Verzicht der Länder auf Mitwirkung im nationalen Gesetzgebungsverfahren haben sie künftig die ausschließliche Gesetzgebungskompetenz für das Dienst-, Besoldungs- und Versorgungsrecht der Landes- und Kommunalbeamten, das Strafvollzugsrecht ohne das Strafrecht, das Heimrecht ohne das zugehörige Gesundheitsrecht, das Ladenschluß- und Gaststättenrecht, das Versammlungsrecht und das Presserecht erhalten. Davon erhofft man sich aufgrund rückwirkender Berechnungen eine *Halbierung* der zustimmungspflichtigen Gesetze, ob dies auch in Zukunft so klappt, wird sich zeigen.

6. Die Europäische Union

6.1 Geschichte

1950 wurde der sog. 'Schumann-Plan' erarbeitet, dem die Gründung einer Europäischen Gemeinschaft für Kohle und Stahl (EGKS), auch **Montanunion** genannt, folgte. Die Gründung einer **Europäischen Verteidigungsgemeinschaft (EVG)** mit einer gemeinsamen Armee scheiterte jedoch 1954 an französischen Bedenken, stattdessen wurde die **Westeuropäische Union WEU** gegründet, die aber zuerst ein Dasein im Schatten der NATO führte.

1957 werden von den 6 Gründungsstaaten die **römischen Verträge** unterzeichnet, die die Grundlage des heutigen Europäischen Gründungsvertrages EGV bilden. Hierdurch kommt es zur Gründung der Atomgemeinschaft '**Euratom**' und der **Europäischen Wirtschaftsgemeinschaft EWG**, die mit der 1951 gegründeten **Europäischen Gemeinschaft für Kohle und Stahl EGKS (‚Montanunion')** 1967 zur EG (Europäischen Gemeinschaft) werden.

Eine Phase der Stagnation ('Eurosklerose') wurde durch die Reform der EG durch Unterzeichnung der **Einheitlichen Europäischen Akte** EEA 1987 beendet, die den ersten Schritt zur heutigen **Europäischen Wirtschafts- und Währungsunion EWWU**, sprich zur Euro-Zone, darstellte. 1992 kommt es zur Unterzeichnung des Vertrages über die Europäische Union EU in Maastricht, der der EG ab 1993 die Säulen der **Gemeinsamen Außen- und Sicherheitspolitik (GASP)** und der Zusammenarbeit in Fragen der **Inneren Sicherheit und Justiz IuJ** hinzufügte.

1997 wurde von den mittlerweile 15 EU-Staaten der **Vertrag von Amsterdam** zur Verstärkung der Zusammenarbeit (EGV-Reform) unterschrieben, der 1999 in Kraft tritt und die Europäische Wirtschafts- und Währungsunion EWWU vollendete, die 2002 in 12 Ländern in die Euro-Einführung mündete.

Der Vertrag von Nizza mit weiteren EGV-Reformen wurde 2001 unterzeichnet, um die Handlungsfähigkeit der EU-Institutionen auch nach der Osterweiterung im Jahre 2004 zu gewährleisten. Nach der Osterweiterung wurde der neue **Vertrag von Lissabon** ausgearbeitet, der die Abstimmungsverfahren effizienter machen sollte, der aber am Widerstands Irlands scheiterte und 2009 noch in der Diskussion war.

6.2 Der Aufbau der Europäischen Union

Die Europäische Union in ihrer jetzigen Form besteht aus drei Säulen, für erste Säule, die EG, spielt die europäische Kommission eine maßgebliche Rolle, während die zweite und dritte Säule von den Nationalstaaten über den Ministerrat gesteuert wird (Tömmel).

Tab. 16 Der Aufbau der Europäischen Union

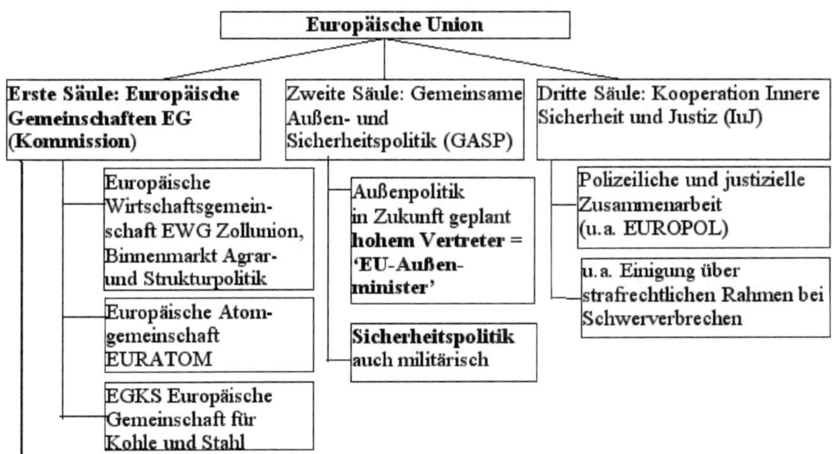

Europäische Gemeinschaften:

Europäische Seite

- **EU-Kommission**: besteht aus EU-Kommissaren ('Minister'), die sich die Zuständigkeiten der EU untereinander teilen und über **Generaldirektionen** ('Ministerien') verwalten. Dem Ganzen steht der EU-**Kommissionspräsident** ('Ministerpräsident' vor). Sie schlägt EU-Gesetze vor. Die EU hat mittlerweile für viele Aufgaben auch eigene 'Ämter', die sogenannten **Agenturen** eingerichtet.
- **EU-Parlament**: 799 Abgeordnete, wirken bei Gesetzgebung und Ernennung der Kommissare mit. 2 Ausschüsse **Ausschuss der Regionen AdR** (Repräsentant der regionalen Körperschaften) und **Wirtschafts- und Sozialausschuss WSA** (Repräsentanten aus den Bereichen Wirtschaft und Soziales), beide Ausschüsse haben seit dem Gipfel von Amsterdam das Recht obligatorische und fakultative Anhörung von Rat, Kommission und seit Amsterdam auch vom EP sowie Stellungnahmen aus eigener Initiative
- **Europäischer Gerichtshof EuGH**: „Verfassungsgericht der EU", klärt Streitfragen zum EU-Recht mit 4 Verfahrensarten: Vorabentscheidungen, Vertragsverletzungen, Nichtigkeitsklagen, Untätigkeitsklagen

Nationale Seite

- **EU-Ministerrat**: besteht aus Ministern der Nationalstaaten, beschließen mit Parlament endgültig über Gesetze. Als ständige Einrichtung hat der Ministerrat den **Ausschuss der ständigen Vertreter (Coreper)** der Nationalstaaten (Coreper, geteilt in I technischer und II politischer Ausschuss).
- **Europäischer Rat**: Treffen der 27 Regierungschefs: bei grundsätzlichen Fragen und Abgabe von Kompetenzen an die EU

Berater und Experten

- Der Kommission sind mehrere 100 Experten-Komitees des Ministerrates beiseite gestellt, die mitreden können, wenn die Kommission EU-Gesetze umsetzt und überwacht (**Komitologie**)
- Dem Ministerrat selbst arbeiten ebenfalls mehrere 100 Arbeitsgruppen, Expertenrunden, Advisory Boards etc. zu. Zusammen kommen Kommission und Ministerrat auf ca. 1000 Expertengruppen.
- Hinzu kommen mindestens noch ca. 15.000 offizielle, d.h. als solche auftretende Lobbyisten

6.3 Recht und Gesetzgebung

6.3.1 Das Europarecht

Als **primäres Gemeinschaftsrecht** wird das von den Mitgliedsstaaten selbst geschaffene Recht, d.h. die Inhalte der Gründungsverträge, einschließlich ihrer Anhänge, Protokolle sowie deren Ergänzungen und Änderungen bezeichnet. Dieses Recht bildet die Grundlage und den Rahmen für die Arbeit der EU.

Sekundäres Gemeinschaftsrecht entsteht durch die Rechtsetzung der leitenden EU-Organe und dient der Angleichung nationaler Vorschriften zur Realisierung des Gemeinsamen Marktes, wobei es verbindliches europäisches Recht in Gestalt von Verordnungen[59], Richtlinien und Entscheidungen und unverbindliche Entschließungen, Erklärungen und Aktionsprogramme gibt.

Die gesammelte Gesetzgebung wird auch als '**Acquis**' bezeichnet, dies ist definitionsgemäß die Sammlung aus 'hartem' Recht (**hard law**), welches rechtlich bindende Verpflichtungen auferlegt und dem nicht verbindlichen 'weichem Recht' (**soft law**), welches selbst keine rechtlichen Bindungen erzeugt, aber auf die Anwendung des harten Rechts Einfluss hat.

Tab. 17 Das Europarecht

Verbindliches sekundäres Gemeinschaftsrecht			
	Verordnungen (Regulationen)	**Direktiven (Richtlinien)**	**Entscheidungen (Decisions)**
Rechts-wirkung	Unmittelbares, supranationales Recht	Müssen in nationales Recht umgesetzt werden	Verbindliche Einzelfallregelung
Formal unverbindliche europäische Maßnahmen			
	Entschließungen	**Erklärungen**	**Aktionsprogramme**
Urheber	Europäischer Rat, Rat der EU, EP	1. Erklärungen des Rates 2. Erklärungen von Teilen des Rates	Rat oder Kommission
Inhalt	Gemeinsame Auffassungen und Auffassungen zu politischen Fragen bzw. Fragen der Integration	Grundsatzfragen (z.B. Grundrechte) Auslegung von Ratsbeschlüssen	Konkretisierung politischer Vorhaben

[59] Das ist am Anfang etwas verwirrend: eine EU-Verordnung ist ein direkt geltendes Gesetz, ohne dass die nationalen Parlamente noch was machen müssen, während eine Verordnung im deutschen Recht nur eine konkrete Durchführungsvorschrift für ein Gesetz ist, also eine sogenannte **untergesetzliche Norm**.

Vor einem Gesetz werden zunächst häufig sogenannte **Weiß- und Grünbücher** hergestellt, wobei ein Weißbuch Vorschläge der Kommission für Politikbereiche enthält, das Grünbuch dann schon eine wesentlich konkreter gehaltene Diskussionsgrundlage für konkrete Entscheidungen ist.

Wichtig: Die Europäische Union stellt ihren Gesetzestexten immer eine ausführliche Begründung voran. Wenn man sich also fragt, warum die EU etwas tut, hilft ein Blick auf diese Einleitungstexte meistens schon erheblich weiter. Für alles, was die Europäische Union tut, gelten drei Leitprinzipen:

- **Subsidiaritätsprinzip:** Wenn möglich, erst auf nationaler Ebene regeln, erst danach (=subsidiär) auf europäischer Ebene
- **Verhältnismäßigkeit:** Reicht nicht auch eine weniger weitreichende Maßnahme?
- **Kohäsionsprinzip**: Maßnahmen sollen sinnvoll miteinander verknüpft sein.

6.3.2 Das Gesetzgebungsverfahren

Grundsätzlich funktioniert die Gesetzgebung immer nach demselben Muster, das auch als sog. **Gemeinschaftsmethode** bekannt ist (Weißbuch Europäisches Regieren): Kommission macht einen Vorschlag, der Ministerrat und das Parlament verhandeln, bis sie sich einig sind.

Merke: Die EU funktioniert also ähnlich wie ein Flipperautomat: Nur die Kommission darf Bälle ins Feld schießen (**Initiativrecht der Kommission**) und der Ball hüpft so lange zwischen Rat und Parlament hin und her, bis er gepunktet hat ist oder bis er im Aus ist.

Die EU-Kommission hat *als Einziges* das Initiativrecht und schlägt Gesetze vor. Das EU-Parlament liest die Gesetze und stimmt ebenso wie der EU-Ministerrat darüber ab. Sind sich Parlament und Ministerrat einig, ist der Rechtsakt erlassen, bei Uneinigkeit wird eine Einigung im gemeinsamen Vermittlungsausschuss versucht. Die Kommission kann bei endgültiger Ablehnung neue Vorschläge machen und den Prozess immer wieder neu starten. Die Durchführung der Beschlüsse liegt bei der Kommission und den nationale Behörden, wobei die Kommission bei der Durchführung durch vom Rat eingesetzte Ausschüsse (Komitees), deren Gesamtheit als **Komitologie** bezeichnet wird, überwacht wird.

Das Parlament ist nicht bei allen Aktivitäten gleichermaßen mitspracheberechtigt, wobei diese Mitsprache aber immer mehr ausgebaut wurde. Zunächst gab es das

Anhörungsverfahren, dann das Kooperationsverfahren und das inzwischen vorherrschende Mitentscheidungsverfahren, das eigentlich besser gemeinsames Entscheidungsverfahren hieße, denn der Rat und das Parlament entscheiden gemeinsam.

- **Anhörungsverfahren**: Ministerrat muss Meinung des Parlaments hören, aber nicht berücksichtigen
- **Kooperationsverfahren** (heute selten): Ministerrat kann die ablehnende Haltung des Parlaments durch Einstimmigkeit übergehen.
- **Mitentscheidungsverfahren (Kodezisionsverfahren),** das heute dominant ist: Ein Rechtsakt wird nur erlassen, wenn *beide Seiten* (Ministerrat und Europäisches Parlament) zustimmen**.**

6.3.3 Vertiefung: Gesetzgebung in der ersten Säule der EU

Das folgende Schema zeigt die Gesamtstruktur der Gesetzgebung (vgl. hier und im folgenden Tömmel 2003).

Tab. 18 Die Gesetzgebung der 1. Säule der EU

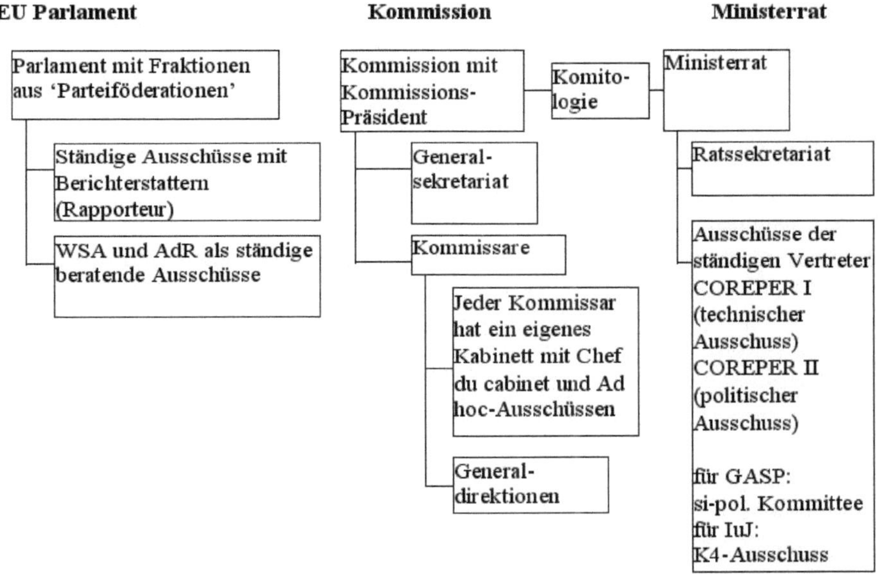

zum Parlament:

Das EU-Parlament besteht aus **Parteienföderationen**, d.h. Zusammenschlüssen nationaler Parteien, was bei national bedeutsamen Problemen zu erheblichen innerparteilichen Differenzen führen kann. Die politische Landschaft entspricht fast genau der aktuellen bundesdeutschen Situation mit den Christdemokraten (in der **Europäischen Volkspartei EVP** >30%) und Sozialdemokraten/Sozialisten (**Sozialistische Partei Europas SPE** >25%), Liberalen (ca. 8%), Grünen (7%), Linken (7%). Die restlichen Abgeordneten sind Rechte und Sonstige/Fraktionslose.

Das Parlament verfügt über Ausschüsse und themenbezogene nicht-ständige Ausschüsse, die Ausschussvorsitzende fungieren als Berichterstatter (**Rapporteure**).

Als relativ machtlos erweisen sich die ständigen Parlaments-Ausschüsse **Wirtschafts- und Sozialausschuss (WSA)** und der **Ausschuss der Regionen (ADR).**

Die Mitglieder des **WSA** sind in drei Gruppen organisiert. Diese bestehen aus Vertretern der folgenden Gruppen des wirtschaftlichen und sozialen Lebens:

- Arbeitnehmer (Arbeitnehmerverbände, Gewerkschaften)
- Arbeitgeber (z.B. Handelskammern, Versicherungen, Banken)
- Verschiedene Interessen (z.B. Bauernverbände, Umweltorganisationen, Verbraucherverbände)

Die Mitglieder des WSA werden nicht gewählt, sondern von den EU-Staaten vorgeschlagen und anschließend vom Rat einstimmig auf vier Jahre ernannt.

Der Ausschusses der Regionen **AdR** besteht aus 344 sehr heterogen zusammengesetzten Mitgliedern der lokalen und regionalen Gebietskörperschaften in der EU. Wen ein Mitgliedstaat in den Ausschuss entsendet, bleibt ihm überlassen. Hier sitzen z.B. der bayerische Ministerpräsident und ein französischer Bürgermeister einer Provinzstadt zusammen. Die Anzahl der Vertreter der Mitgliedstaaten entspricht ungefähr dem Anteil der gewichteten Stimmen im Rahmen der qualifizierten Mehrheitsentscheidungen des Rates.

Kommission:

Die Kommission hat als Ganzes noch mal ein **Generalsekretariat**, das den Präsidenten und die Gesamtkommission unterstützt. EU-Kommissare sind keine richtigen Minister, da die Kommission als Kollegialorgan entscheiden muss (als Quasi-Kabinett). Jeder Kommissar hat jedoch wiederum noch ein eigenes Kabinett sowie spontan bedarfsweise zusammengestellte **ad hoc-Ausschüsse** von Kabinettsmitgliedern und mehreren Generaldirektionen.

Wenn die Kommission etwas konzeptioniert, wird es zunächst von den Generaldirektionen erarbeitet, die sich untereinander intern abstimmen, ebenso die Kabinettsleiter (**chefs du cabinet**) und dann mit den beratenden Ausschüssen der Nationalstaaten, um sicherzugehen, dass es nachher keine Probleme gibt. Hinzu kommen:

- Expertenausschüsse und Berater. Hier kann es auch passieren, dass die Analyse und die Vorschläge als Auftragsarbeiten vergeben werden (Outsourcing von Politikinput, sog. **EG-Tendering**)
- Vertreter der verschiedenen Interessengruppen und Verbände

- Informelle Kontakte, wobei manche nationale Großverbände am europäischen Gesamtverband vorbei zu agieren versuchen

Die *chefs du cabinet* entscheiden wenn möglich vorab, nur bei Uneinigkeit entscheidet die Kommission selbst, bei problemlosen Sachen auch im **Umlaufverfahren**, bei dem Schriftstücke reihum zum Unterschreiben geschickt werden. Die Kommission tagt wöchentlich und bleibt so immer im Hintergrund Herr des Verfahrens.

Ministerrat:

Das Ratsekretariat steuert die Vertreterausschüsse Coreper I+II und ca. 300 Arbeitsgruppen. Kommission leitet Gesetzentwurf ein, die Arbeitsgruppen checken diesen und leiten ihn an Coreper weiter, bei geringen Problemen geht er gleich raus an den Rat, der zustimmt. Coreper kann auch versuchen, Widerstände durch **side-payments** zu brechen; 1988 wurde der EU-Strukturfonds verdoppelt, um nationale Widerstände gegen die geplanten Binnenmarktreformen zu brechen. Der Kohäsionsfonds wurde für Spanien kreiert, damit es bei dem Maastrichtvertrag mitmacht und Schweden und Finnland bekamen ein neues Fondsziel kreiert. Hinzu kommt die **Reziprozität (wechselseitige Abhängigkeit, tit for tat)** und der **lange Schatten der Zukunft**: Wer weiß, was passiert, wenn man sich quer stellt?

Die **Durchführung (Exekution)** erfolgt formal gemeinsam durch die Kommission und den Ministerrat, faktisch ermächtigt der Rat die Kommission, dabei direkte Ausführung im Wettbewerbsfragen und Auszahlung von Fördergeldern, sowie indirekter Einfluss bei Umsetzung von Richtlinien. Es gibt drei Arten von Komitologieausschüssen, die im Auftrag des Rates der Kommission auf die Finger schauen. Je wichtiger die Materie, desto eher das Regelungsverfahren

- Beratende Ausschüsse ('**Beratungsverfahren**'): nur beratend
- Verwaltungsausschüsse ('**Verwaltungsverfahren**') qualifizierte Mehrheit kann Wiedervorlage einer Kommissionshandlung beim Rat erzwingen
- Regelungsausschüsse ('**Regelungsverfahren**'): qualifizierte Mehrheit oder auch bei bloßer Nicht-Entscheidung kann Wiedervorlage einer Kommissionshandlung beim Rat erzwungen werden
- Schutzmaßnahmen: Die Kommission kann ggf. beschleunigt Maßnahmen z.B. wegen Lebensmittelsicherheit, Zollkrieg oder ähnlichem in Gang bringen.

Im wirklichen Leben hält sich der Einfluss der Komitologie *in sehr engen Grenzen*: lediglich 2% (!) aller Fälle werden von den Regelungsausschüssen abgelehnt.

Komitologie-Reform 2006:
Bei Maßnahmen, die das Parlament absegnen musste, kann es auch einer ausführenden Maßnahme widersprechen. Dafür liegt das Recht zur Durchführung nun unbefristet bei der Kommission (vorher Befristung, sog. **sunset clauses**). Die Macht des Parlamentes wird mehr und mehr ausgeweitet. Zunehmende Zustimmungspflicht im Mitentscheidungsverfahren und nun auch im sog. Regelungsverfahren mit Kontrolle Eingriffsmöglichkeiten in die Durchführung von Maßnahmen.
Genereller Trend: Mehr Mitwirkungsbereiche fürs Parlament, dafür Rückzug aus der technischen Tiefe, der schon 1985 begann (Voelzkow). Extrembeispiel ist das **Lamfalussy-Verfahren**, ist eine spezielle Form der Komitologie, in der Finanzmarktgesetzgebung, bei der nur noch Rahmenrichtlinien für den Finanzmarkt beschlossen werden, alle Details dann in die Durchführungsphase verlagert werden (siehe auch Kapitel 8).

6.3.4 Maßnahmen der 2. Säule: GASP

Nach dem Scheitern der **europäischen Verteidigungsgemeinschaft** EVG 1954 kam es ab 1970 zur erneuten Kooperation in der **europäischen politischen Zusammenarbeit EPZ**. 1992 wurde die GASP als 2. Säule der EU etabliert. In der zweiten Säule haben die Nationalstaaten über den Rat das Sagen, die obigen Regeln der ersten Säule gelten hier nicht. Dem Rat der Außen- bzw. Verteidigungsminister untersteht ein Generalsekretär (**Hoher Vertreter**), der, falls der Lissabon-Vertrag doch noch umgesetzt wird, der 'EU-Außenminister' sein würde. Diesem unterstehen wiederum das Lagezentrum (**Situation Center Sitcent**), eine Strategieeinheit (**Policy Unit**) und ein Militärstab. Ähnlich wie in der ersten Säule mit Coreper gibt es auch in der zweiten Säule einen Ausschuss der ständigen Vertreter, die die Alltagsarbeit machen und das nachgeordnete **Politische und sicherheitspolitische Komitee**[60]. Zu den Tätigkeiten dieses Bereiches gehört auch die Entsendung von **EU-Militärmissionen**, deren Zahl beständig zunimmt, während die NATO immer mehr in den Hintergrund rückt.

---

[60] Dieses Komitee ist mit dem Militärstab des Generalsekretärs durch einen **Militärausschuss (EUMA)** verknüpft, der zusammen mit einem **Ausschuss über die zivilen Aspekte des Krisenmanagements (CIVCOM)** und einer **politisch-militärischen Arbeitsgruppe (PMG)** die GASP letztendlich umsetzen hilft.

6.3.5 Maßnahmen der 3. Säule: IUJ/Schengen-Abkommen

1992 wurde die Zusammenarbeit IuJ als 3. Säule der EU etabliert. Die Erarbeitung der Maßnahmen erfolgt durch einen speziellen Ausschuss, der sog. **K4-Ausschuss.** Die Kommission hat ein **Ko-Initiativrecht** (also darf auch Vorschläge machen), das Parlament hat ein Anhörungsrecht. Zu den Tätigkeiten dieses Bereiches gehört auch das **Schengen-Abkommen**, d.h. der Verzicht auf Grenzkontrollen, wofür dann aber im Hinterland auch stichprobenartige Kontrollen im Rahmen der **Schleierfahndung** durchgeführt werden können.

Unabhängige Instanzen sind der EuGH und das Amt OLAF:

Der **Europäische Gerichtshof EuGH** ist, wenn man so sagen kann, Hüter des EU-Rechts und wird wegen seiner integrationsfördernden Urteile auch **Motor der europäischen Integration** genannt.

3 wichtige EuGH-Urteile:

1963: EG-Recht ist unmittelbar wirksam

1964: Vorrang von EG-Recht vor nationalem Recht

1979: **Cassis de Dijon-Fall**: gegenseitige Anerkennung von Produkten und Normen

Mit dem **Europäischen Amt für Betrugsbekämpfung OLAF** wurde eine unabhängige Untersuchungsbehörde geschaffen, deren Ermittlungsbefugnisse denen eines Staatsanwalts ähneln. Hiermit wurde dem zunehmenden Missbrauch der EU-Gelder Rechnung getragen, bei dem z.B. nicht förderwürdige Projekte mit Geldern bedacht worden sind oder es geförderte Einrichtungen, die regelmäßig kassierten, in Wahrheit gar nicht gab.

6.4 Regieren in Europa

6.4.1 Generelle Trends in Europa

An generellen Trends lässt sich insbesondere nennen:

- Die stetige Ausweitung der Zuständigkeiten über die Wirtschaftspolitik hinaus
- Der Übergang von technischen Detailrichtlinien zu mehr allgemein gefassten Rahmenrichtlinien
- Die zunehmende Übertragung technischer Materien an europäische Ämter, die Agenturen
- Der Übergang von Harmonisierung im Sinne von der Vereinheitlichung aller nationalen Vorschriften in einem Schritt zu einer allmählichen Konvergenz (Annäherung) der Vorschriften

- Im 21. Jahrhundert die Schaffung von Maßnahmen, bei denen nicht jedes Land mehr mitmachen muss
- Trotz allem schreitet der Weg zu einer Art 'Überstaat', der wie die Champions League im Fußball über den nationalen Meisterschaften thront, ständig fort. Der **Vertrag von Lissabon** soll hierbei ein wichtiger Schritt sein.
- Die Einbindung anderer Staaten in die EU durch die Hintertür

6.4.1.1 Ausweitung der Zuständigkeiten

Hier kommt der EU der **Sperrklinkeneffekt** zu Hilfe. Wenn die Nationalstaaten erstmal eine Kompetenz an die EU abgegeben haben, lässt sich diese nicht zweimal bitten, sondern füllt diese neuen Zuständigkeiten auch rasch mit Leben aus.

Mehr als 50% der Gesetze kamen schon in den Neunziger Jahren aus der EU, wie die Schweiz in einer Untersuchung anlässlich der Frage eines EU-Beitritts schon in den früher Neunziger Jahren ermittelte. Die Studie ergab, dass die Schweiz bei einem Beitritt so viele Gesetze beschließen müsste, wie sie schon hatte. Umso beklagenswerter ist das Desinteresse an den Europawahlen und auch an den europäischen Parteien, die oben angesprochen wurden. Kaum jemand kann auf spontane Befragung auch nur eine einzige europäische Partei benennen.

Das führt zu dem Paradox, dass über 50% unserer Gesetze von Organisationen gemacht werden, deren Mitglieder, Ziele und Namen wir in der Regel nicht kennen. Untersucht man das Phänomen, stellt man schnell fest, dass Europa nicht nur schwer verständlich, sondern vor allem auch als sturzlangweilig gilt. Der Einfluss der EU wird auch dadurch verschleiert, dass die Änderungen ja wieder in nationale Gesetze eingeflochten werden, so dass man gar nicht sieht, worin Europa überall schon steckt, z.B. in der Schuldrechtsreform des Bürgerlichen Gesetzbuches.

Die Europäisierung erfolgt zwar ohne umfassenden 'Masterplan' und ohne Primärinstrument, aber viele Akteure treiben auf vielfältige Weise an verschiedenen Stellen die Europäisierung voran. Die Kumulation der zahlreichen kleinen Initiativen und Maßnahmen entfaltet einen wachsenden und über die Einzelmaßnahmen hinaus reichenden **Integrationsdruck**. Es kommt zu Entdeckung und Entwicklung übergeordneter Interessen (**Upgrading of common interests** nach Haas): Identifikation gemeinsamer Probleme, Mobilisierung gemeinsamer Anstrengungen, Suche nach innovative Lösungsstrategien.

Dabei wird auch mit **indirekter Steuerung** gearbeitet: In der Kulturpolitik wird die Kultur z.B. nur wenig direkt gesteuert (winziges Kulturbudget), aber die wirtschaftlichen und rechtlichen Rahmenbedingungen dafür umso mehr. So wird Ordnungspolitik durch Richtlinien für audiovisuelle und digitale Medien betrieben, die Zuständigkeit für den freien Warenverkehr wird für Maßnahmen im Kulturgüterschutz und Urheberrecht genutzt, die Zuständigkeit für den freien Dienstleistungsverkehr für die Fernsehrichtlinie und die Zuständigkeit für den freien Wettbewerb im Rahmen der Buchpreisbindung und Kulturbeihilfen.

Die EU ist bei Umsetzung auf nationale Verwaltung angewiesen. Im Umkehrschluss bedeutet das aber auch: Die EU beschließt und die Nationalstaaten haben die Arbeit und die Kosten. Ergo kann die EU rasch wachsen, während die Nationalstaaten unter dem Kostendruck immer weniger Gestaltungsspielraum haben. Das führt zum **Paradox der Schwäche** (Grande): Der Mehrebenencharakter aus EU, Nationalstaaten und Bundesländern schwächt den einzelnen Akteur, insbesondere den Nationalstaat, andererseits gewinnt er an innerer Autonomie, da er nicht mehr allein verantwortlich ist, nicht mehr alle Ressourcen kontrolliert und somit nicht mehr alleiniger Druckpunkt für Interessengruppen ist, er ist somit schwerer greifbar, er schwimmt sich quasi frei (Grande). Einfacher gesagt: Die EU ist ein prima Sündenbock für unpopuläre Politiken.

6.4.1.2 Übergang von Detailrichtlinien zu Rahmenrichtlinien

Der Problemlösungsbedarf in der EU ist seit den neunziger Jahren enorm gewachsen, zum einen durch die Erweiterung, die nicht nur die sprachliche Vielfalt und die Zahl der Akteure, sondern auch die strukturelle Heterogenität sehr vergrößert hat, zum anderen durch die zunehmende Ausdehnung der EU-Politik über die Wirtschaft hinaus.

Die EU hat darauf mit einer erhöhten Flexibilität reagiert und zwar sowohl in der Art der politischen Instrumente als auch ihrer Handhabung, kurzum mit einer veränderten Form der politischen Steuerung und Koordination (Governance; EU 2001). Diese Strategie soll fünf Ziele erreichen: *Offenheit, Partizipation, Verantwortlichkeit, Effektivität und Kohärenz.* Die EU greift in diesem Zusammenhang verstärkt zurück auf

- **Rahmenrichtlinien:** Dabei sollte mehr auf "primäre" Rechtsvorschriften zurückgegriffen werden, die sich auf das Wesentliche (grundlegende Rechte und Pflichten und die Bedingungen ihrer Umsetzung) beschränken und es der Exekutive überlassen, technische Einzelheiten durch "sekundäre" Durchführungsbestimmungen auszufüllen. Ein Vorteil dieses Ansatzes ist die zügigere Verabschiedung durch die EU-Instanzen.

- **Ko-Regulierung**: Kombination von EU-Regeln mit nationalstaatlichen Regeln. Die EU betont aber sogleich, dass dieses Instrument wegen der drohenden uneinheitlichen Rechtsetzung nur in einzelnen Fällen angewandt werden soll.

- **Methode der offenen Koordinierung:** Die Methode der offenen Koordinierung ist ein neues, im Rahmen des Maastrichtvertrages und des Vertrages von Amsterdam formuliertes Instrument zur strukturierten Zusammenarbeit zwischen Mitgliedsstaaten und Kommission zur Weiterentwicklung von Politikfeldern *außerhalb* der vorgesehenen Koordinierungs- und Harmonisierungsinstrumente. Sie erweitert die gemeinschaftlichen Aktionsbereiche auch auf Politikfelder, für die keine oder nur geringe Gemeinschaftskompetenzen bestehen, insbesondere in der Sozialpolitik.

- Die Schaffung **autonomer EU-Regulierungsagenturen** in klar festgelegten Bereichen insbesondere zur Nutzung von Fachwissen. Die Verlagerung von Aufgaben auf die mehr technische Expertenebene entlastet die EU-Kommission.

Der Anpassungsdruck auf die Nationalstaaten in der EU kann zu einem sogenannten **institutionellen Isomorphismus** führen, d.h., der Anpassung der **institutionellen Muster** (d.h. wie eine Organisation und ihre Abläufe aussehen) an politische Vorgaben oder andere bereits bestehende und als erfolgreich wahrgenommene Muster. Ein solcher Isomorphismus kann durch Zwang erfolgen, z.B. durch die Einführung einer Sicherheitsvorschrift, durch normativen Druck, bei dem z.B. Professionen ein bestimmtes Organisationsmuster erzwingen (wie z.B. die Verkammerung des Handwerks im späten 19. Jahrhundert mit dem Meister-Gesellen-Betrieb), aber auch als **mimetischer Isomorphismus**, bei dem **best practices** (= vorbildliche Abläufe) über die Sachgebietsgrenzen hinweg in Industrie und Behörden diffundieren. In der EU-Regionalpolitik begünstigen die Fördergelder die Schaffung förderfähiger Institutionen.

Bei der wechselseitigen Anpassung von Prozeduren wird häufig übersehen, dass es nicht nur darum geht, unterschiedliche Prozesse aneinander anzugleichen. Die Prozesse, die angeglichen werden sollen, sind oft nur Teile größerer Apparate mit eigenen administrativen Routinen. Insofern hat die Angleichung eines

Einzelprozesses Grenzen, jenseits derer die Harmonisierung kontraproduktiv wird, weil dann zwar in Europa alles einheitlich läuft, es aber in den nationalen Behörden selbst zu Reibereien und Abstimmungsproblemen kommt. Der Kompromiss sieht in der Regel so aus, dass der Dachprozess bzw. das Dachdokument einheitlich gestaltet ist, aber im Detail dann durch Anhänge ('Appendices') oder weiche Termini (schwammige Begriffe), Spielräume eingeräumt werden. Dies entspricht der Beobachtung von Scharpf, der beobachtet hat, dass die nationalen Akteure umso zustimmungsfreudiger sind, je mehr ein Beschluss ihren eigenen administrativen Routinen entspricht.

Diese Muster der **kompensierten Harmonisierung** greift in Gestalt 'weicher' Formulierungen in EU-Richtlinien um sich: Was das Weißbuch der EU im Zuge der Schaffung von Rahmenrichtlinien als Flexibilität und zügige Verabschiedung beschreibt, ist genau genommen das Aussparen von Konflikten und die Verlagerung der Probleme auf nachgeordnete Ebenen, entweder durch Schaffung von Agenturen, in denen Sachverhalte dem Expertendiskurs übergeben werden oder auf die nationale Ebene, die genau jene Auslegungsprobleme, die die EU ausgespart hat, lösen muss. Die EU ist sich dieser Problematik vollauf bewusst und versucht häufig, derartige Unterschiede in einem weiteren Politikschritt wieder einzuebnen, hierfür sind Übergangsfristen ebenso erfolgreich wie nachgeschobene Vereinbarungen.

6.4.1.3 Die Europäischen Agenturen

Die Agenturen der Europäischen Union sind Einrichtungen mit eigener Rechtspersönlichkeit und bekommen von der EU definierte Aufgaben übertragen.

Die ersten Agenturen wurden in den siebziger Jahren geschaffen, doch die meisten nahmen ihre Tätigkeit in den Jahren 1994 und 1995 nach einem Beschluss des Europäischen Rates in Brüssel vom Oktober 1993 auf, mit dem der Sitz von sieben Einrichtungen festgelegt wurde. Die jüngsten Agenturen sind die **Exekutivagenturen**, die für die Verwaltung eines oder mehrerer Gemeinschafts-programme eingesetzt wurden. Diese befristet errichteten Agenturen haben ihren Sitz in Brüssel oder in Luxemburg. Derzeit gibt es 29 Einrichtungen, die den Status einer Gemeinschaftsagentur besitzen, jedoch zum Teil andere Bezeichnungen (Zentrum, Stiftung, Amt, Beobachtungsstelle) tragen.

Tab. 19 Die Agenturen der EU

Europäische Union

Erste Säule: Europäische Gemeinschaften EG (Kommission)	Zweite Säule: Gemeinsame Außen- und Sicherheitspolitik (GASP)	Dritte Säule: Kooperation Innere Sicherheit und Justiz (IuJ)
Exekutivagenturen: Exekutivagentur Bildung, Audiovisuelles und Kultur, mit Sitz in Brüssel; Exekutivagentur für das Gesundheitsprogramm, mit Sitz in Luxemburg; Exekutivagentur für intelligente Energie, mit Sitz in Brüssel	**Agenturen im Bereich der Gemeinsamen Außen- und Sicherheitspolitik:** EVA (Europäische Verteidigungsagentur), mit Sitz in Brüssel; ISS (Institut der Europäischen Union für Sicherheitsstudien), mit Sitz in Paris (Frankreich); EUSC (Satellitenzentrum der Europäischen Union), mit Sitz in Madrid (Spanien).	**Agenturen im Bereich der Polizeilichen und justiziellen Zusammenarbeit in Strafsachen:** Eurojust, europäische Stelle für justizielle Zusammenarbeit, mit Sitz in Den Haag (Niederlande); EUROPOL (Europäisches Polizeiamt), mit Sitz in Den Haag; CEPOL (Europäische Polizeiakademie), mit Sitz in Bramshill (Vereinigtes Königreich).

Gemeinschaftsagenturen:
HABM (Harmonisierungsamt für den Binnenmarkt), Marken, Muster und Modelle, mit Sitz in Alicante (Spanien);
OCVV (Gemeinschaftliches Sortenamt), mit Sitz in Angers (Frankreich);
EAR (Europäische Agentur für den Wiederaufbau), mit Sitz in Thessaloniki, (Griechenland);
EMEA (Europäische Agentur für die Beurteilung von Arzneimitteln), mit Sitz in London (Vereinigtes Königreich);
EFSA (Europäische Behörde für Lebensmittelsicherheit), mit Sitz in Parma (Italien);
EMSA (Europäische Agentur für die Sicherheit des Seeverkehrs), mit Sitz in Lissabon (Portugal);
EASA (Europäische Agentur für Flugsicherheit), mit Sitz in Köln (Deutschland);
ENISA (Europäische Agentur für Netz- und Informationssicherheit), mit Sitz in Heraklion (Griechenland);
EU-OSHA (Europäische Agentur für Sicherheit und Gesundheitsschutz am Arbeitsplatz), mit Sitz in Bilbao (Spanien);
ECDC (Europäisches Zentrum für die Prävention und die Kontrolle von Krankheiten), mit Sitz in Stockholm (Schweden);
CEDEFOP (Europäisches Zentrum für die Förderung der Berufsbildung), mit Sitz in Thessaloniki (Griechenland);
AEE (Europäische Umweltagentur), mit Sitz in Kopenhagen (Dänemark);
EUROFOUND (Europäische Stiftung für die Verbesserung der Lebens- und Arbeitsbedingungen), mit Sitz in Dublin (Irland);
EBDD (Europäische Beobachtungsstelle für Drogen und Drogensucht), mit Sitz in Lissabon (Portugal);
EFRA (Europäische Agentur für Grundrechte), mit Sitz in Wien (Österreich);
ERA (Europäische Eisenbahnagentur), mit Sitz in Valenciennes und in Lille (Frankreich);
ETF (Europäische Stiftung für Berufsbildung), mit Sitz in Turin (Italien);
CdT (Übersetzungszentrum für die Einrichtungen der Europäischen Union), mit Sitz in Luxemburg;
CFCA (Europäische Fischereiaufsichtsagentur), mit Sitz in Vigo (Spanien);
FRONTEX (Europäische Agentur für die operative Zusammenarbeit an den Außengrenzen der Mitgliedstaaten der Europäischen Union), mit Sitz in Warschau (Polen);
ECA (Europäische Agentur für chemische Stoffe) mit Sitz in Helsinki (Finnland);
GNSS (Europäische Aufsichtsbehörde für das Globale Satelliten-Navigationssystem), mit Sitz in Brüssel (Belgien).

Ursprünglich war nur an die Übertragung von **low politics** (Materien, die nach Meinung der Akteure eine eher nachgeordnete politische Bedeutung haben) in diese 'Ämter' der EU gedacht worden, jetzt aber erfolgt auch beschleunigte Übertragung von rechts- und sicherheitspolitischen Materien. Wenn Kommission und Ministerrat die 'Regierung' sind, sind die Generaldirektionen die 'Ministerien' und die **Agenturen (Agencies)** die ‚Ämter'.
Warum immer mehr Agencies? Man kann die Länder durch **Standortpolitik** einbinden, denn die Agenturen mit ihren hochqualifizierten und internationalen Jobs werden systematisch über ganz Europa verteilt. Die Probleme können von der politischen auf die technische expertendominierte Ebene verlagert werden und technische Probleme wie einst die gefürchtete Gurkenkrümmung (die zugehörige Verordnung wurde 2008 übrigens aufgehoben), werden nun zunehmend von Fachleuten bearbeitet, wobei die Politik bei Bedarf die Maßnahmen wieder an sich ziehen kann, wenn die Agenturen aus dem Ruder laufen sollten. Agenturen entlasten die Politik, aber sie sollen sie nicht entmachten.

Ein Beispiel ist die **Europäische Verteidigungsagentur (EDA),** siehe hierzu auch die Homepages der Agenturen. Die Europäische Verteidigungsagentur wurde durch eine Gemeinsame Aktion des Ministerrats vom 12. Juli 2004 eingerichtet und hat folgende Aufgaben:

- Verbesserung der Verteidigungsfähigkeiten der EU, insbesondere im Bereich der Krisenbewältigung
- Förderung der Rüstungszusammenarbeit der EU
- Stärkung der industriellen und technischen Verteidigungsbasis der EU und Schaffung eines wettbewerbsfähigen europäischen Marktes für Verteidigungsgüter
- Förderung von Forschungsprojekten, die auf die Stärkung des industriellen und technologischen Potentials Europas im Verteidigungsbereich ausgerichtet sind.

Zu den gegenwärtigen Aufgaben der Agentur zählen daher:

- Erarbeitung eines umfassenden und systematischen Ansatzes bei der Festlegung und Deckung der Bedürfnisse der Europäischen Sicherheits- und Verteidigungspolitik;
- Förderung der Zusammenarbeit der Mitgliedstaaten der EU im Bereich der Verteidigungsgüter;

- Hilfestellung bei der Entwicklung und Umstrukturierung der europäischen Verteidigungsindustrie; Mitwirkung an der Entwicklung eines international wettbewerbsfähigen Marktes für Verteidigungsgüter in Europa.

6.4.1.4 Konvergenz statt Harmonisierung

Anfänglich wurde in aller Regel das Ziel einer Harmonisierung, d.h. der direkten europaweiten Vereinheitlichung der Vorschriften angestrebt. Dieser Ansatz erwies sich in der politischen Praxis wegen der Widerstände der Mitgliedsstaaten jedoch als hinderlich.

Die Abkehr von der Harmonisierungsdoktrin wurde durch den EWG-Kommissar Dahrendorf mit dem sog. **Dahrendorf-Memorandum** von 1973 eingeleitet, hier fand der Übergang zum Konzept der '**Einheit in der Vielfalt**' statt. Dahrendorf sah eine Harmonisierung weder als realistisch noch als wünschenswert an, da die Vielfalt kultureller Traditionen und Ausprägungen eine Stärke Europas sei, die es zu erhalten und zu entfalten gelte.

In der Praxis setzte man nun auf **Konvergenz**, die allmähliche Annäherung der Regeln. Und wo eine Vereinheitlichung vonnöten war, wie beim Europäischen Führerschein, wurde ein gleitender Übergang gemacht, bei dem die alten Scheine auch weiterhin gelten, man seinen alten 'Lappen' aber auch in einen Europäischen Führerschein umwandeln kann, wenn man will.

6.4.1.5 Das Europa der zwei Geschwindigkeiten?

Im 21. Jahrhundert wurden in allen drei Säulen Maßnahmen erlassen, denen sich nicht alle EU-Staaten anschlossen bzw. der Anschluss jedem selber überlassen ist, sofern er gewisse Mindestkriterien erfüllt.

1. Säule (Wirtschaft): Der Euro mit der **Europäischen Zentralbank EZB**, die im Detail noch in Kapitel 8 zur Sprache kommt. Seit Neujahr 2009 sind nun 16 Länder beteiligt, wobei der Euro über verschiedene Mechanismen mittlerweile in über 40 Staaten wirksam ist.

2. Säule (Sicherheit): **Europäische Militärmissionen**. So hat sich Deutschland z.B. aus dem Einsatz im Tschad zurückgehalten, bei anderen Missionen wiederum engagiert mitgemacht, so dass hierzulande unterschätzt wird, dass die EU auch als Militärorganisation immer aktiver.

3. Säule (Inneres und Justiz): Beim **Schengen-Abkommen** wurde zunächst nur wenigen Staaten mitgemacht, sich aber die Befürchtung unkontrolliert wuchernder

Kriminalität insgesamt nicht bestätigt hat, immer mehr Beteiligte gefunden, jetzt steigt sogar die Schweiz mit ein.
Damit versucht man die Spannung zwischen zögerlichen und integrationsfreudigen Ländern zu lösen. Zwischendurch hatte man schon befürchtet, es können ein **Europa der zwei Geschwindigkeiten** geben, bei denen ein **Kerneuropa** den anderen Ländern durch verschärfte Integration voran eilt und die EU schließlich auseinander bricht.

6.4.1.6 Der Vertrag von Lissabon

2017: „Quadratwurzel oder Tod" (Kaczynski)

Was meinte der polnische Verhandlungsführer Kaczynski 2007 mit der Aussage: Quadratwurzel oder Tod? Seit Inkrafttreten des Vertrages von Nizza gilt in vielen Politikbereichen die **qualifizierte Mehrheit**. Bei diesem Verfahren kann der Rat Rechtsakte verabschieden, wenn folgende Kriterien erfüllt sind:
Einfache Mehrheit der Mitgliedstaaten 255 von 345 Stimmen. Auf Antrag eines Mitgliedstaates muss festgestellt werden, ob die zustimmenden Mitgliedstaaten mindestens 65% der EU-Bevölkerung umfassen. Die Stimmenverteilung richtet sich grob nach der Bevölkerungszahl der Mitgliedstaaten, wobei die kleinen Staaten proportional bevorzugt sind[61].

---

[61] Stimmen Länder (bisher): 3 Malta 4 Luxemburg, Zypern, Estland, Slowenien, Lettland 7 Litauen, Irland, Finnland, Dänemark, Slowakei 10 Österreich, Schweden, Bulgarien 12 Portugal, Ungarn, Belgien, Tschechien, Griechenland 13 Niederlande 14 Rumänien
27 Polen, Spanien **29** Italien, Frankreich, Großbritannien, **Deutschland**

Tab. 20 Der Lissabon-Vertrag

Was ist 2014/17 geplant? (Quelle Website der EU-Ratspräsidentschaft)
Zu den geplanten Veränderungen gehören: - Der Europäische Rat (EU-Gipfel) soll für jeweils zweieinhalb Jahre von einem Präsidenten geleitet werden. Die Präsidentschaft des normalen Ministerrates rotiert weiterhin alle sechs Monate zwischen den Ministerstaaten. - Die neue "doppelte Mehrheit" bei Abstimmungen im Ministerrat gilt ab 2014. Bis 2017 können sich Staaten, die dies wünschen, in Streitfällen noch auf den jetzt geltenden Vertrag von Nizza berufen. Bei der "doppelten Mehrheit" werden die Stimmen nicht mehr "gewichtet". Die qualifizierte Mehrheit gilt mit 55 Prozent der Staaten als erreicht, wenn diese mindestens 65 Prozent der EU-Bevölkerung repräsentieren. - Staaten wie etwa Großbritannien können aus EU-Beschlüssen über engere Zusammenarbeit in Fragen der Justiz- und Polizeizusammenarbeit aussteigen. Auch in der Sozialpolitik können Staaten aus der gemeinsamen Politik ausscheren. Wenn innerhalb von vier Monaten keine Einigung erreicht wird, können jene Staaten, die das wollen, vorangehen. - Die Außen- und Sicherheitspolitik soll "Gegenstand besonderer Verfahrensweisen" sein. EU-Kommission und EU-Parlament bekommen keine erweiterten Zuständigkeiten in der Außenpolitik. Der "Außenminister" der EU, der im Einvernehmen mit den Regierungen arbeitet, heißt offiziell "Hoher Vertreter der Europäischen Union für Außen- und Sicherheitspolitik". Er ist auch Vizepräsident der EU-Kommission. Damit wird die Doppelzuständigkeit von Ministerrat oder Kommission in der Außenpolitik beseitigt. - Die Zahl der EU-Kommissare wird von derzeit 27 auf 15 im Jahr 2014 reduziert. - Innerhalb von acht Wochen können nationale Parlamente gegen beabsichtigte Rechtsakte der EU Einspruch erheben, falls sie meinen, dass diese nationale Zuständigkeiten verletzen. Das Europaparlament entscheidet künftig gleichberechtigt mit dem Ministerrat über den EU-Haushalt. - Erstmals regelt der EU-Vertrag auch den freiwilligen Austritt eines Staates. Beitrittswillige Staaten müssen die "Werte" der EU respektieren und sich verpflichten, diese zu fördern. Mit diesen Formulierungen wird Forderungen aus Frankreich und den Niederlanden nach strikteren Beitrittskriterien entsprochen. - Die Grundrechtecharta ist nicht mehr Teil der Verträge. Durch einen Verweis wird sie jedoch für ebenso bindend erklärt wie der Vertrag selbst - allerdings wird Großbritannien ausgenommen Die im Verfassungsentwurf vorgesehenen Symbole der EU-Fahne und Hymne - tauchen in den Verträgen nicht mehr auf, werden aber de facto beibehalten. Das Wort "Verfassung" ist ebenfalls gestrichen.

Die ab 2014/2017 geplante neue Stimmverteilung kommt der Bevölkerungsproportion wesentlich näher. Deutschland wird so zum 'größten' EU-Staat und hat damit knapp 2.7mal soviel Gewicht wie Polen (im Moment noch 29:27 also fast 1:1). Darum forderte Polen eine Modifikation per Quadratwurzel, die das Gewicht auf 1,3:1 reduziert hätte. Deutschland kann jetzt im Alleingang einen Großteil der kleinen Mitglieder überwiegen.

Die Frage, die Kaczynski eigentlich meinte, war, ob die großen Staaten, insbesondere Deutschland, die kleineren kontrollieren werden?
Hintergrund: Als Deutschland im 19. Jahrhundert aus zunächst 32 Staaten zusammenwuchs, wurde 1867 im **Norddeutschen Bund**, der Vorstufe des Deutschen Reiches, ein Mehrheitsprinzip eingeführt, durch das in nur 4 Jahren soviel Rechtsakte erlassen wurde, wie in den 52 Jahren zuvor von 1815-1867. Das Verfahren ab 2014/2017 wird von einigen Politikern genau in diesem Licht gesehen, nämlich einer *Abkehr vom intergouvernementalen zum supranationalen Politikmodus*, also weg von der Absprache zwischen nationalen Regierungen hin zu einer Art Überstaat, der letztlich im gemeinsamen Staat enden wird.

Auf dem Weg zur europäischen Ethik
Die EU versucht, zunehmend auch im Bereich der Werte und Grundrechte aktiv zu werden, um so eine Wertebasis für ein gemeinsames Europa zu schaffen, man spricht auch vom **normativen Überbau**, der die konkrete Arbeit quasi überwölbt. Dies ist ein unverzichtbarer Teil der Staatswerdung, ein Staatswesen kann nicht nur als pures Zweckbündnis stabil sein.
Die EU versucht den normativen Überbau auf drei Wegen zu errichten:
1. Recht: Grundrechte und die im Lissabon-Vertrag zunächst geplante Verfassung enthalten auch normative Vorstellungen von dem, was Europa sein soll: „Europa ist auch eine **Wertegemeinschaft**. Das Zusammenwachsen Europas, das auf den Prinzipien der Menschenrechte, der Rechtsstaatlichkeit und der Demokratie aufbaut, ist das Ergebnis geschichtlicher Erfahrungen, die heute unser gemeinsames Erbe bilden."
2. Kultur: In der Kulturpolitik wird das Konzept **der Einheit in der Vielfalt** propagiert, dass sich auf eine gemeinsame, länderübergreifende Sichtweise bezieht und die EU als gemeinsamer Ort kultureller Interaktion, die Vielfalt auf die vorhandene Pluralität nationalen bzw. lokalen kulturellen Lebens, die nicht in einem Schmelztiegelprozess aufgehen soll, begreift.
3. Ethik: Im Rahmen einer Biotechnologiedebatte forderte das europäische Parlament, seine ethischen Sichtweisen müssten denen der EU-Mitgliedsstaaten *übergeordnet werden*. Die EU hat bereits die Frage nach der europäischen Identität aufgeworfen.
Im Zuge des schon seit den Sechziger Jahren diskutierten **Türkei-Beitritts** wird viel über Werte gesprochen und inwieweit die Türkei diesen Werten schon

entspricht. Auch die Frage, ob die EU christlich sei, wurde diskutiert. Hier vermuten manche aber eine *hidden agenda*: Tatsächlich wäre die Türkei, wenn sie beiträte, schon aufgrund ihrer großen und wachsenden Bevölkerung sogleich eines der mächtigsten Länder (Anzahl der Sitze, Recht auf Fördermittel usw. usw.). Und wer setzt sich schon gerne selbst jemand, der größer und stärker ist als man selbst, vor die Nase?

6.4.1.7 Gibt es 'heimliche' EU-Mitglieder?

Hierbei stehen Island, Norwegen, Liechtenstein, Schweiz, Andorra, San Marino, Vatikanstadt und Monaco zur Debatte.

Der **Europäische Wirtschaftsraum EWR** erweiterte den Binnenmarkt der **Europäischen Gemeinschaft** seit 1994 um die Mitgliedsstaaten der **Europäischen Freihandelszone (EFTA)** mit Ausnahme der Schweiz, also nur um Island, Liechtenstein und Norwegen. 1999 wurden jedoch mit der Schweiz sieben bilaterale Verträge unterzeichnet, die zum 1. Juni 2002 in Kraft traten.

Im EWR wurden die Zölle zwischen den Mitgliedsstaaten abgeschafft und es gelten etwa 80 % der Binnenmarktvorschriften der EU. Island ist z.B. dem Schengen-Abkommen beigetreten, hat sich aber aus Angst vor den EU-Fischern von der EU noch ferngehalten, deshalb trat auch Grönland aus der EU aus.

Andorra wurde 7 Jahrhunderte gemeinsam von Spanien und Frankreich verwaltet. Erst die Verfassung vom 16. März 1993 etablierte Andorra als einen souveränen Staat mit einem parlamentarisch-demokratischen System. Andorra ist kein Mitglied der Europäischen Union, es genießt jedoch eine Sonderbehandlung seitens der EU.

Wo ist das Ende der EU?

Das Ende des quantitativen Erweiterungsprozesses wird entweder durch die Mitgliedschaft aller in Frage kommenden Länder oder durch eine mit der Zunahme der Mitglieder abnehmende Attraktivität des Beitritts bestimmt (Glombowski). Je später ein Land beitritt, desto größer ist die Gesamtzahl aller Regeln (Acquis), den das Land schon vorfindet, wenn es mit den Verhandlungen beginnt. So gesehen müsste die Attraktivität der EU abnehmen, aber davon kann bisher (noch) keine Rede sein.

6.4.2 Politik in Europa

6.4.2.1 Argumentieren mit oder gegen Europa

Für den Entwurf einer europapolitischen Strategie stehen Akteure generell vor dem Problem, dass die Europäische Union trotz der beschriebenen Fokusverschiebung ihre primären Kompetenzen immer noch als *Wirtschafts*gemeinschaft entfaltet. Daraus ergeben sich einige Sets an Strategiemustern, nämlich **Muster der Marktkonformität** oder **nicht-marktliche Argumentationen** wie die der Gemeinwohlorientierung:

Typ 1: Die Akteure argumentieren, dass die jetzigen institutionellen Arrangements einem echten Markt im Wege stehen und machen Vorschläge, wie das Marktversagen zu beseitigen ist.

Typ 2: Akteure wissen, dass die institutionellen Arrangements möglicherweise Abweichungen von einem freien Markt darstellen und suchen nach Begründungen, wieso die Strukturen beibehalten werden müssen:

- 2a: Die Strukturen dienen dem Gemeinwohl, z.B. medizinischen und sozialen Notwendigkeiten oder einer wie auch immer gedachten 'Sicherheit'
- 2b: Die Liberalisierung des Marktes würde dazu führen, dass bestimmte Leistungen sich nicht mehr rentieren und zum Nachteil aller abgeschafft werden müssen
- 2c: Es handelt sich um einen Sachbereich, der aus welchen Gründen auch immer nicht Teil eines Marktes ist
- 2d: 'reine' Defensivstrategie: Man erklärt die EU für nicht zuständig und beruft sich hierzu auf das nationale und/oder europäische Recht

Das Muster vom Typ 1 ist der Tendenz nach eine **Offensivstrategie**, denn in einer auf die Beseitigung von Markthindernissen zielenden Gemeinschaft wie der EU sind Argumentationen, die mehr Markt fordern oder Hindernisse beklagen, zumindest dem Prinzip nach auf der politischen Gesamtlinie, während die Typ 2-Strategien den Tendenz nach **Defensivstrategien** sind, denn worauf auch immer beruhende Marktbeschränkungen müssen *gerechtfertigt* werden. nicht ausreichend. Beispiele für Argumentationen des Typs 1 und 2 finden sich in folgender Tabelle.

Tab. 21 Europapolitische Argumentationsmuster

Argumentation	Argumentationsmuster	Beispiel für Argumente
Typ 1	marktlich	Abschaffung nationaler Preisregulationen für Arzneien würde das Zusammenwachsen Europas fördern
Typ 2	nicht-marktlich	
Typ 2a	Sicherheit/Gemeinwohl	Wenn Apothekenketten zugelassen werden, könnte dies die Sicherheit der Patienten bei der Beratung gefährden
Typ 2b	Strukturschaden	Direktvertrieb von Herstellern zu Apotheken schadet dem Großhandel und gefährdet seine Versorgungsfunktion
Typ 2c	Kein Marktgegenstand	Sozialversicherungen sind keine ökonomischen Monopole, so dass die zugehörigen Bestimmungen keine Anwendung finden können
Typ 2d	Unzuständigkeit	Berufung auf Subsidiaritätsprinzip, d.h. man argumentiert, dass Europa von Rechts wegen schlicht unzuständig ist und sich raushalten möge

6.4.2.2 Handlungslogiken europäischer Politik

Prozesslogik 1: Die Frage, 'wer gegen wen' agiert, ist nicht von festen Konfliktlinien wie z.B. 'Kultur' gegen 'Wirtschaft' abhängig, sondern wird von der konkreten politischen Einzelfrage bestimmt.

Prozesslogik 2: Wirtschaftliche Interessen sind in der EU nicht allein entscheidend, denn häufig vertreten beide oder mehrere Konfliktparteien unterschiedliche wirtschaftliche Interessen.

Prozesslogik 3: Aus Sicht der Politiker muss rechtlichen und ökonomischen, aber auch sozialen und strukturpolitischen Gesichtspunkten Rechnung getragen werden (Urheberrechte: Inhalteanbieter, Verbraucher, Computer und Geräteindustrie).

Prozesslogik 4: Demzufolge stellt weder 'die Politik', geschweige denn 'die EU' einen monolithischen Block, der eine einseitige Position vertreten und durchsetzen kann, dar.

Prozesslogik 5: Die EU kann ihre Angelegenheiten nicht frei von äußeren Einflüssen regeln, sie muss vielmehr die Folgen im Verhältnis zu anderen Wirtschaftsgruppen, aber insbesondere der USA.

Prozesslogik 6: Die wachsenden Politikdimensionen (europäisch wie global) begünstigen die Bildung von europaweit und weltweit agierenden Interessengruppen.

6.4.2.3 Zusammenhang der Politikfelder untereinander

Das Steueraufkommen hängt direkt mit Wirtschaftskraft und Finanzbedarf zusammen, beides wiederum steht in direkter Wechselwirkung mit den Sozialausgaben.

Die fortgeschrittene ökonomische und geldpolitische Verbindung der EU- und der Euroländer hinsichtlich Wechselkurs, Zinssatz, Geldmenge und den Maastricht-Kriterien (Staatsschulden) führt zu erheblich eingeengten Spielräumen für die nationale Wirtschaftspolitik und eine ständige Spannung zwischen nationaler Sozial- und nationaler Wirtschaftspolitik. Deshalb haben Kritiker schon befürchtet, dass die EU letztlich eine Abwärtsspirale der in ihr geltenden Standards herbeiführen würde. Insgesamt hat sich dies nicht bestätigen können, auch wenn es einen **regulativen Wettbewerb** in der Form gibt, dass Länder mit unterschiedlich strengen Vorschriften natürlich auch unterschiedlich attraktiv z.B. für die Ansiedlung von Firmen sein können. Jeder kennt das Problem auch von den **Steueroasen**, bei denen eine Region mit besonders niedrigen Steuersätzen den anderen bei Neuniederlassungen von Firmen das Wasser abgräbt.

In der EU spielt der regulative Wettbewerb um Produkt- und um Produktionsstandards eine besondere Rolle: Hinsichtlich der **Produktstandards** ist einleuchtend, dass z.B. bei Arzneimitteln niemand ein minderwertigeres Produkt dem hochwertigeren vorzieht. Der höherwertige Standard konkurriert den niederwertigen heraus, sofern der höherwertige Standard durchsetzbar ist. Dieser Effekt wird auch **California-Effekt** genannt. Das **Race to the bottom**, der sich häufig auf **Produktionsstandards** (z.B. Umwelt- und Arbeitsschutz) bezieht, wird auch als **Delaware**-Effekt bezeichnet (nach dem US-Bundesstaat, der mit niedrigeren Standards Firmen zu locken versuchte). Es wäre aber verkehrt, dies Problem als europatypisch anzusehen: Auch in Deutschland gibt es **regulativen Wettbewerb** zwischen den Bundesländern (Bedenken gegen Justizreform) oder den Kommunen (Gewerbegebietsinflation). Die Vorstellung, Europa würde vor allem deregulieren, also nationale Regelungen abschaffen, um freie Bahn für Europa zu machen (was man auch **negative Integration** nennt), ist mit Blick auf die Gesetze nicht mehr haltbar, heute dominiert stattdessen die Schaffung neuer einheitlicher Regeln, die **positive Integration**.

6.4.2.4 Der Förderdschungel der EU

Die EU aktualisiert ihre Strategien ständig (so dass inzwischen fast jedes Dokument irgendeinen Vorläufer hat), führt neue Konzepte ein und verfolgt andere nicht mehr weiter. Folgen:

1. Es kann sein, dass *ein Gesetz älter ist als die Strategie, für die das Gesetz gedacht ist*
2. Manche Gesetze oder Maßnahmen sind Teil mehrerer Strategien

Man findet daher bei den Strategien keinen systematischen Aufbau, sondern historisch gewachsene **überlappende Zielsysteme**, zahlreiche Querverweise zwischen Gesetzen, Grünbüchern, (Strategiepapiere) Aktionsplänen usw.

=> Es macht bei der Analyse daher wenig Sinn, streng chronologisch heranzugehen, effektiver ist der Versuch, die gerade geltenden Ziele mit den gerade geltenden Gesetzen zu verknüpfen.

3. Jede Strategie benötigt eine finanzielle Basis, dadurch entstehen ständig neue Finanzierungsquellen, -motive und Zielgruppen. Dadurch entsteht der sogenannte **„Förderdschungel"**. Die Umweltpolitik wird z.B. gefördert auf Grundlage

- des „**Lissabon-Prozesses**" und der anhängigen Forschungs- und Technologiepolitik, d.h. dem Ziel, Europa zum wettbewerbsfähigsten und innovativsten Raum zu machen
- der Regional- und Agrarpolitik (auch mit dem Ziel, nationale Unterschiede auszuräumen) und für die Herstellung von umweltfreundliche Energie aus Biomaterialien (Biomasse) besonders wichtig
- der EU-Agrarpolitik, die neben der klassischen Agrarsubventionierung (1. Säule) nun u.a. auch den ländlichen Raum entwickelt (2. Säule)
- und durch die Europäische Investitionsbank EIB (die die Regionalentwicklung, Kohäsion, die Lissabon-Strategie und Umweltprojekte fördert)

Es gibt noch das nicht energiepolitisch ausgerichtete Umweltprogramm LIFE+.

Vorsicht Falle: Die Europäische Union hält manchmal alte Homepages von abgelaufenen Programmen oder mittlerweile längst überarbeiteten Strategien noch am Leben. Dadurch kann man manchmal im falschen Programm oder der falschen Strategie landen, insbesondere in der Regional- und Strukturpolitik stolpert man öfters in solche 'Internet-Fallen'.

6.4.2.5 Lobbying in der EU

Der Ausdruck 'Lobbyist' für Vertreter von Interessengruppen kam von der Vorhalle (Lobby) des amerikanischen Parlaments, in denen sich offizielle Repräsentanten von Interessengruppen aufhalten durften, um dort mit den Parlamentariern zu sprechen.

Die große Zahl potentieller Interessengruppen, die in der EU tätig sind, zeigte sich z.B. in der europäischen Kulturpolitik daran, dass schon bei der Vorbereitung des Grünbuches zu den Urheberrechten in der Informationsgesellschaft 350 schriftliche Stellungnahmen eingingen, bei der Verabschiedung der Copyright-Richtlinie gab es an die 300 Lobby-Organisationen, die Einfluss auf die Euro-Parlamentarier auszuüben suchten, das entsprach einem halben Lobbyisten pro Parlamentarier (Medosch 2001).

Tab. 22 Beispiele für Lobbyisten in Europa

Software & Information Industry Association (SIIA)
Die Software & Information Industry Association (SIIA) vertritt **1.400** führende Hersteller aus den High-tech Industrien Software, Informations- und Internettechnologie. Der Verband entstand am 1. Januar 1999 durch den Zusammenschluss der Software Publishers Association (SPA) mit der Information Industry Association (IIA). Ein wichtiges Betätigungsfeld der SIIA ist der weltweite Urheberrechtschutz.
Internet Society (ISOC)
ISOC ist u.a. die Dachorganisation für die Standardisierungsgremien (IETF) des Internet und nimmt viele zentrale Aufgaben für das Internet wahr. Ebenfalls 1992 hat sich in Deutschland die "Deutsche Interessengemeinschaft Internet (DIGI e.V.)" gegründet. Ähnlichen Zielen verpflichtet wie ISOC, hat sie sich für den Aufbau von Internet in Deutschland eingesetzt. Seit 1995 ist DIGI e.V. "Internet Society, German Chapter (ISOC.DE e.V.)“. ISOC.DE e.V. hat es sich zur Aufgabe gemacht, aktiv die sozialen, wirtschaftlichen und politischen Veränderungen zu begleiten, die durch das Internet ausgelöst werden. Die ISOC wendet sich entschieden gegen urheberrechtliche Beschränkungen des Caching und des Browsing.
IFPI e.V. (International Federation of the Phonographic Industry)
Die Deutsche Landesgruppe der IFPI e.V. und der Bundesverband der Phonographischen Wirtschaft e.V. vertreten als inländische Verbände der Tonträgerhersteller die Interessen der Musikproduzenten. Alle marktrelevanten Unternehmen unterhalten Mitgliedschaften in beiden Verbänden. Derzeit gehören der Deutschen Landesgruppe der IFPI über 400, dem Bundesverband der Phonographischen Wirtschaft zirka 130 Mitglieder an. Mit 270 Mio. verkauften CDs, MCs, LPs und Singles erwirtschafteten die deutschen Tonträgerhersteller pro Jahr ein Umsatzvolumen von nahezu 6 Mrd. DM und beschäftigten dabei rund 13.000 Menschen. Als deutsche Sektion des Weltverbandes setzt die Deutsche Landesgruppe der IFPI e.V. den Schwerpunkt ihrer Aktivitäten in den Bereichen internationale Beziehungen, nationales und internationales Urheberrecht und Bekämpfung der Tonträger-Piraterie. Darüber hinaus handelt die IFPI Rahmenverträge mit den Urhebergesellschaften (BIEM/GEMA) aus und unterstützt über die GVL die Wahrnehmung der eigenen Leistungsschutzrechte der Tonträgerhersteller. Über die internationale IFPI-Organisation mit Sitz in London, kooperiert die Deutsche Landesgruppe mit 1000 Tonträgerherstellern in 60 Ländern.

Lobbying-Strategien umfassen unter anderem:

- Intervention auf Kommissionsebene
- **Coalition building** im Parlament, bei dem man versucht, größere Fraktionen für sein Anliegen zusammenzubekommen (erstmals ausgedehnte schwarz-grüne Zusammenarbeit bei Stammzellproblematik)
- **Sponsoring** von großen Konferenzen mit Einladung von bedeutenden Leuten, aber manchmal sponsert die europäische Kommission auch von sich aus Experten-treffen
- Positionen entwickeln, an Anhörungen teilnehmen, Kommentierungen, **Positionspapiere**, auch zum Download für die Öffentlichkeit
- Analyse von Kommissionsverhalten und -entscheidungen

- **Monitoring**: Beobachten, was die EU und die Politiker so tun und sagen
- Innerhalb der Wirtschaft gemeinsame Positionen entwickeln (**intra-trade association communication**)
- **Inter-federation communication**: Versuch, zwischen Verbänden Verbindungen zu knüpfen

6.4.2.6 Ist das Demokratiedefizit so schlimm, wie behauptet?

Unter demokratietheoretischen Gesichtspunkten hat die EU einen eher schlechten Ruf. Sie gilt als abgehoben, bürgerfern und intransparent. Aber bei näherem Hinsehen spricht vieles für das Vordringen demokratischer Prozesse in die Organisationen und Prozesse der Europäischen Union:

- Die Befugnisse des Parlaments sind immer mehr ausgeweitet worden (ein Grund mehr, zu den Europawahlen zu gehen)
- **horizontal enforcement**: Einzelne Staaten können auch in Minderheitspositionen noch ihre Problemsicht einbringen
- Die Zivilgesellschaft ist über eine große Vielzahl von Verbänden präsent. Die EU-Politik wird zunehmend auch von Akteuren betrieben, die man früher als zersplittert oder ohnmächtig wahrnahm: Verbraucher, Patienten, Betroffene. Dieser Aufbau von Mitwirkungs- und Artikulationsfähigkeit wird auch **Capacity building** genannt: Ungeachtet aller politischen Differenzen hat derjenige Akteur größere Erfolgschancen, der in der Lage ist, europäisch zu denken und zu handeln. Dieser Prozess hat einen Capacity building-Prozeß in Gang gesetzt, der nicht nur die Industrie und die klassischen Verbände, sondern auch Nicht-Regierungsorganisationen (NGOs) und z.B. auch Verbraucher- und Patienten-organisationen erfasst hat.

7. Internationale Organisationen

7.1 Aktuelle Trends

Die Zahl internationaler Organisationen hat seit den ersten Gründungen im späten 19. Jahrhundert wie der Post- und Telgraphenunion ständig zugenommen. Nicht nur die wachsenden Problemstellungen und die zunehmende Verflechtung, sondern auch die vielen neuen Staaten ließen den Bedarf an solchen Organisationen steigen (Militär, Wirtschaft/Entwicklungshilfe, Umwelt sind die drei größten Themen). Wo man früher international bindende Verträge (**internationale Regime**) ohne eine darüberstehende Organisation bevorzugte, so dominiert heute auch wegen der Vielzahl der jeweils Beteiligten und der Kompliziertheit globaler Sachverhalte eindeutig die Tendenz, für eine internationale Vereinbarung auch eine betreuende Organisation einzurichten.
Die Anzahl (völker)rechtsfähiger internationale Organisationen mit umfassenden Aufgaben lag im Jahre 1997 bei 258 (z.B. UNO, UNESCO), dazu kamen 1559 internationale Organisationen mit Spezialisierung: (z.B. *International Seabed Authority*), die Zahl der Nicht-Regierungs-Organisationen wurde auf rund 16.000 geschätzt (z.B. *amnesty international, Greenpeace*; vgl. auch Rittberger).

Es gibt 3 größere Gruppen an internationalen Organisationen:

- Die UN und ihre Sonderorganisationen (bei denen Sicherheit und Ernährung/Agrar im Vordergrund stehen)
- die Bretton Woods-Organisationen WTO, Internationaler Währungsfonds und Weltbank (bei denen ökonomische Aspekte im Vordergrund stehen)
- sowie die großen NGOs wie zum Beispiel *Amnesty International, Transparency International* und *Greenpeace* (bei denen ökologische und Menschenrechts-Aspekte im Vordergrund stehen)

Die meisten internationalen Organisationen sind personell sehr klein. Der bei weitem größte Anteil an Menschen in internationalen Organisationen arbeitet bei der UNO mit 50000 Mitarbeitern (mit angeschlossenen Organisationen) sowie die EU mit ca. 35.000 Mitarbeitern, von denen viele im Übersetzungsdienst beschäftigt sind. Ein neuer Typ von NGOs sind personell kleine, aber äußerst kapitalstarke und einflussreiche **Stiftungen**:

- **Bill and Melinda Gates Foundation**: 33,4 Mrd. Dollar, 2007 bisher 13,6 Mrd. ausgeschüttet. Warren Buffett, der in den USA den erfolgreichsten Aktienfonds der Börsengeschichte errichtet hat, will später noch mal 30 Mrd. Dollar dazugeben. Fokus sind Gesundheitsprojekte in Afrika z.B. zu Malaria und Aids.
- **Open Society Institute** der Börsenhändlers George Soros: Unterstützung der osteuropäischen Transformation, die osteuropäischen Regierungen halten ihn für den Mitorganisator der gewaltlosen Revolutionen im früheren Ostblock
- **Wellcome Trust** (verbunden mit der Firma Glaxo-Wellcome): 26,1 Mrd. Dollar für Medizinische Forschung

Beim Aufbau einer internationalen Organisation lassen sich einige Faustregeln benennen: Die Macht und das Recht zur inhaltlichen Gestaltung liegen in der Regel formal bei der Mitgliederversammlung und ihrer Leitung, real liegt die Macht bei den Trägern der Organisation, die alltägliche Kontrolle bei einem ‚Sekretariat' und die inhaltliche Ausgestaltung bei den Ausschüssen. Als Lobbyist macht es daher wenig Sinn, sich nur auf die Mitgliederversammlung zu konzentrieren. Anders als beim Parlament arbeiten die internationalen Organisationen mit Ausnahme der Sekretariate nicht in Permanenz. Spezielle Experten- und Arbeitskreise tagen daher oft gesondert und legen dann der Versammlung ihre Entwürfe vor. Generell wird ein immer stärkeres *Zusammenfließen von Außen- und Innenpolitik* beobachtet. Formal betreibt in Deutschland nur das **Auswärtige Amt** Außenpolitik. Jedoch hatten 2007 bereits 336 Referate der anderen Bundesministerien bereits internationale Aufgaben.

7.2 Beispiel: Die Vereinten Nationen (United Nations Organisation UNO)

Die Generalversammlung (General Assembly) kann für die Mitgliedstaaten völkerrechtlich nicht bindende Empfehlungen abgeben und Vorlagen an den Sicherheitsrat richten. Sie entscheidet über die Aufnahme neuer Mitglieder und ist u. a. für die Verabschiedung des Etats und die Festlegung der Mitgliedsbeiträge zuständig. Weiterhin wählt sie die nichtständigen Mitglieder des Sicherheitsrates, alle Mitglieder des Wirtschafts- und Sozialrates (Economic and Social Council, ECOSOC), auf Vorschlag des Sicherheitsrates den Generalsekretär sowie die 15 Richter des **Internationalen Gerichtshofes** IGH (International Court of Justice, ICJ) in Den Haag. Alle UN-Mitgliedstaaten haben einen Sitz und eine Stimme, wobei jeweils fünf Vertreter entsandt werden können.

Der **Sicherheitsrat** (Security Council) hat 15 Mitglieder, davon sind China, Russland, Frankreich, Vereinigtes Königreich und die USA ständige Mitglieder. Die anderen zehn nichtständigen Mitglieder werden jeweils auf zwei Jahre von der Generalversammlung gewählt. Beschlüsse des Sicherheitsrats sind bindend und durchsetzbar. Dieser ist auch zuständig für Friedenstruppen. Das Sekretariat (United Nations Secretariat): höchster Verwaltungsbeamter ist der **UNO-Generalsekretär**. Er wird auf fünf Jahre gewählt und erfüllt neben seinen administrativen Aufgaben auch eine politische Funktion. So kann er z.B. vom Sicherheitsrat mit Einzelaufgaben betraut werden.

Nebenorgane und Sonderorganisationen

Nebenorgane der UN-Generalversammlung werden zur Wahrnehmung spezieller Tätigkeiten gegründet. Zurzeit gibt es insgesamt 22 Nebenorgane, neben dem wohl bekanntesten, dem Kinderhilfswerk UNICEF, sind dies u.a. das Umweltprogramm UNEP, das Welternährungsprogramm WFP, das Flüchtlingskommissariat UNHCR und das Entwicklungsprogramm UNDP.

Sonderorganisationen sind rechtlich, organisatorisch und finanziell selbständige Internationale Organisationen, jedoch durch Abkommen mit den Vereinten Nationen verbunden (16 Organisationen), unter anderem mit UNESCO, WHO und IWF. Die Arbeit der Sonderorganisationen wird durch den UN-Wirtschaftsrat ECOSOC koordiniert.

Politikproduktion

UNO-Resolutionen sind Beschlüsse, **UNO-Konventionen** sind hingegen ratifizierungsbedürftige Verträge, d.h. zustimmungspflichtig durch die nationalen Parlamente, aber dafür dann auch rechtsverbindlich.

7.3 Beispiel: Der Europarat

Der Europarat ist eine von der EU unabhängige Arbeitsgemeinschaft der europäischen Staaten, die von vornherein für alle europäischen Staaten gedacht war. Im Rahmen der Sitzungen der Mitgliedstaaten werden europarelevante Themen aus verschiedensten Politikbereichen behandelt und gemeinsam Vereinbarungen, die dann für beteiligten Staaten bindend sind, getroffen.

Grundlage für die Tätigkeiten des Europarats zum Beispiele auf den Gebieten Bildung, Kultur und Denkmalpflege ist die Europäische Kulturkonvention von

1954, in der sich die Signatarstaaten u.a. verpflichten, geeignete Maßnahmen zum Schutz und zur Mehrung ihres Beitrages zum gesamten kulturellen Erbe Europas zu ergreifen.

Der Konvention waren 2003 schon 47 europäische Staaten beigetreten, d.h. die 41 Mitgliedstaaten des Europarats sowie Monaco, Vatikanstadt, Weißrussland, Bosnien-Herzegowina, Armenien und Aserbeidschan. Die Kulturkonvention bildet die Grundlage für die Aktivitäten des Europarates im Bereich Kultur.

Ein zweites wichtiges Abkommen ist das **Europäische Fernsehübereinkommen**, das zwar viele Themen behandelt, die auch die EU-Richtlinie „Fernsehen ohne Grenzen" abdeckt, wobei das europäische Abkommen aber eben nicht nur für die EU gilt.

In der Rechtsverbindlichkeit der Beschlüsse zwischen Europäischer Union und Europarat gibt es erhebliche Unterschiede: Während der Europarat zwischenstaatliche Zusammenarbeit von Regierungen betreibt, ohne die Möglichkeit, nationales Recht durch eigene Entscheidungen zu ersetzen, kann die Europäische Union in den Bereichen, die im EU-Vertrag aufgenommen wurden, eigenes Recht an die Stelle von nationalem Recht setzen. Der Europarat hat ein wesentlich geringeres Budget, so betrug 2000 das Gesamtbudget ca. 4,2 Mio. Euro. Wie die EU verfügt auch der Europarat über einen institutionellen Unterbau, der 2003 etwa 1300 Beamte umfasste.

8. Politikfeld: Wirtschaft und Finanzen

8.1 Einführung

Wirtschaft, Finanzen und die anschließend besprochene Sozialpolitik stellen sicherlich die umfangreichsten Politikfelder dar, sowohl was den Anteil an der Politikproduktion als auch am Analysebedarf darstellt. Wirtschaftspolitik gliedert sich in verschiedene Bereiche, die sich überlappen und für die in der Literatur auch ganz unterschiedliche Definitionen kursieren. Das Schaubild gibt einen vereinfachten Überblick, wobei die Begriffe und die Definitionen in der Literatur durchaus variieren können, aber die nachfolgenden sind für den Einstieg zweckmäßig.

Tab. 23 Schaubild Wirtschaftspolitik

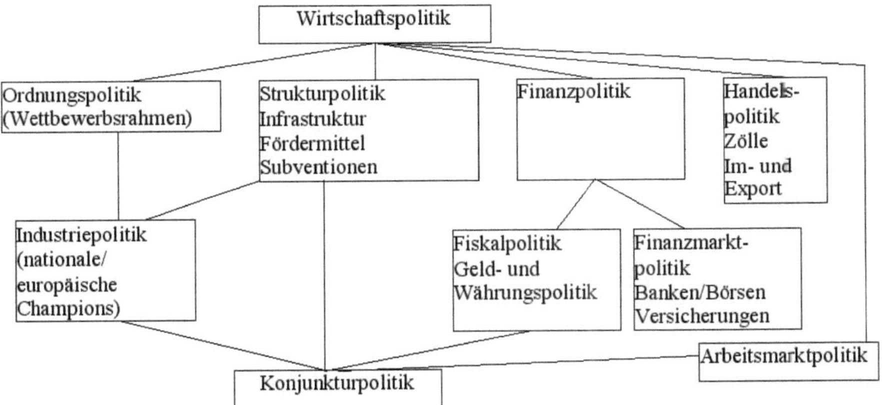

Die **Ordnungspolitik** befasst sich mit den Rahmenbedingungen des Wettbewerbs, also Fragen wie Kartellen, Fusionen, Missbrauch einer beherrschenden Stellung durch Unternehmen usw.

In der **Strukturpolitik** geht es um die Aufrechterhaltung oder Förderung bestimmter Industriestrukturen, z.B. Förderung der Ansiedlung von Unternehmen in strukturschwachen Regionen, Umgang mit jungen innovativen Unternehmen (**Start-Ups**), aber auch der Sicherung bestehender Branchen durch Subventionen, z.B. im Agrarsektor.

Ordnungs- und Strukturpolitik können genutzt werden, um große nationale oder europäische Firmen in Bereichen zu schaffen, in denen ansonsten nicht-europäische

Firmen die Oberhand behalten würden, was wegen des damit verbundenen Know-Verlusts oder z.B. Abhängigkeiten politisch unerwünscht sein kann. Das nennt man dann **Industriepolitik**.
Der Gegenstand der **Finanzpolitik** umfasst die **Fiskalpolitik** (Steuern und Staatsausgaben), **Geld- und Währungspolitik** (Geldmenge, Zinsen, Inflation und Wechselkurse), sowie die Regulierung der Finanzmärkte, was insbesondere Banken und Börsen sowie alle Arten von Finanzprodukten (Kreditwesen, Wertpapiere, usw.) beinhaltet.
Die **Handelspolitik** befasst sich mit den Zöllen und der Regulierung von Im- und Exporten, was z.B. im Umgang mit China, mit Agrarprodukten außerhalb der EU, aber auch natürlich Hochtechnologie- und Waffenexporte umfasst.
Die **Arbeitsmarktpolitik** ist ein Teil der Wirtschafts- aber auch der Sozialpolitik.
Die **Konjunkturpolitik**, also die Gesamtheit der Maßnahmen zur Beeinflussung der gesamtwirtschaftlichen Situation, umfasst als Querschnittsfunktion wiederum Maßnahmen aus allen Gebieten.

Nun werden nach einem Schnellkurs zu den Grundlagen der Wirtschaftspolitik die wichtigsten Teilgebiete kurz vorgestellt werden, um dann zu aktuellen politischen Fragen, insbesondere der **Finanzkrise**, überzugehen. Ein zentrales Problem allen Wirtschaftens ist der Umgang mit Monopolen. Die sogenannten Netzindustrien (Telefon, Post, Bahn, Strom und Gas) sind dadurch charakterisiert, dass größere Netze der Tendenz nach immer günstiger sind als kleine, zersplitterte Netze, so dass ein starker ökonomischer Anreiz zur Monopolbildung besteht, man spricht auch vom **natürlichen Monopol**. Die **Netzindustrien** sind daher ein Dauerbrenner der ökonomischen Analyse.
Ein zweites Problem ist die sogenannte **Industriepolitik**, die zur Zeit ein Comeback erlebt, das vor wenigen Jahren noch niemand für möglich gehalten hätte, hier geht es um den Aufbau und Schutz nationaler (oder europäischer) Schlüsselindustrien, durch die sichergestellt werden soll, dass die Kontrolle strategischer Wirtschaftszweige in den Händen der jeweils einheimischen Politik ist.
Ein drittes Problem ist der Umgang mit den **Risiken der Finanzwirtschaft**, was in der Finanzkrise 2008 für alle Beteiligten offenbar wurde.
Es soll deutlich gemacht werden, dass die Risiken der Expansion der Börsen nach dem Ende des kalten Krieges schon länger bekannt waren und man versucht hat,

Risiken im Rahmen der sogenannten **Corporate Governance** unter Kontrolle zu bringen. Diese richtete sich jedoch primär auf die börsennotierten Unternehmen und weniger auf die Bankwirtschaft. Fachleuten waren die Regelungslücken durchaus bewusst, insbesondere bei der Schaffung sogenannten **Zweckgesellschaften** (englisch **Special Purpose Vehicles SPVs**, bzw. **conduits**), in denen Kredite gelagert wurden; als man sich zum Schließen der Lücken entschied, war es jedoch zu spät.

In der politischen Analyse geht es, wie gleich deutlich werden wird, insbesondere um das **Verhältnis von Staat und Markt** und um das Problem der **asymmetrischen Information**, denn häufig verfügt der Staat wie bei der Finanzkrise nur über sehr begrenzte Informationen, was die Ressourcen und Ziele der Marktteilnehmer betrifft. Daraus ergeben sich Koordinations- und Steuerungsprobleme und jeder marktschaffende, -korrigierende oder -regulierende Eingriff ist mit dem Risiko nicht-intendierter Politikfolgen belastet. Die **Wechselwirkungen mit anderen Politikfeldern**, insbesondere der Sozial- und Umweltpolitik (siehe Kapitel 12) und die Konkurrenz der Politikebenen wie der WTO, der EU und der Nationalstaaten, verkomplizieren die Sache zusätzlich. Nach einer Zeit des Zusammenwachsens der Weltmärkte (**Globalisierung**) geht der Trend immer starker zur Bildung von Wirtschaftsblöcken (**Regionalisierung**), auch außerhalb der EU. Insgesamt dominieren daher inkrementalistische Politikmuster, d.h. Reformen, oder geplante Änderungen von Wechselkursen oder Zinsen gehen in kleinen Schritten voran und Einigungen über große Schritte verschlingen zumeist Jahre. Daran wird auf lange Sicht auch die Finanzkrise nicht ändern können. Bei den politischen Theorien gibt es eine nicht enden wollende Konkurrenz zwischen den **Keynesianern** und den **Monetaristen**, die grundlegend verschiedene Vorstellungen davon haben, was staatliche Eingriffe in die Wirtschaft bewirken können und ob man sie deshalb vornehmen sollte.

In der Finanzpolitik spielt das **Prinzipal Agent-Problem** eine wichtige Rolle, da die Eigentümer des Gelds bzw. die der Firmen (Prinzipale) die Entscheidungen an Manager (Agenten) delegieren. Die Kontrolle der Manager misslingt zuweilen, und das **Auseinderfallen von individueller und kollektiver Rationalität** bringt die Manager dazu Dinge, zu tun, die ihnen nutzten, aber der Firma oder Wirtschaft insgesamt eher schaden. Die politische Eindämmung und Kontrolle der Risiken im Rahmen der Corporate Governance spielt daher eine wichtige Rolle.

8.2 Crashkurs Wirtschaftspolitik

8.2.1 Grundbegriffe

In der Volkswirtschaftslehre kann man Mikro- und Makroökonomie unterscheiden. **Mikroökonomie** meint alles, was zwischen einzelnen Individuen abläuft (z.B. eine Preisverhandlung), während die **Makroökonomie** die Gesamtwirtschaft im Auge hat. Grob vereinfacht lassen sich die Individuen mathematisch zusammenfassen (**aggregieren**), so dass man mathematische Gleichungen zur Darstellung und Untersuchung von gesamtwirtschaftlichem Phänomen wie Preisniveau, Inflation, Steuern, Lohnniveau bilden kann. Nach der **Geldtheorie** ist Geld ein abstraktes Tauschmittel, das jeweils einen bestimmten Wert repräsentiert (aber anders als früher diesen Wert nicht mehr zwangsläufig enthält, statt Goldmünzen begnügen wir uns heute oft mit bloßen Zahlen auf dem Konto. Anders als z.B. Lebensmittel ist es auch speicherbar. Die **Werthaltigkeit, die Tauschbarkeit und die Lagerbarkeit** sind die 3 wesentlichen Gründe, warum die Geldwirtschaft die Tauschwirtschaft verdrängt hat. Reales Geld sind Münzen und Banknoten, wobei Banknoten zunächst das Versprechen waren, ggf. Münzen bzw. Edelmetall gegen die Vorlage des Scheins bei der Zentralbank erhalten zu können, also grob gesagt, was man in der Tasche hat[62].

In Wirklichkeit hat man sein Geld in aller Regel nicht komplett bar zu Hause, sondern z.B. auf einem Bankkonto (Girokonto für die laufenden Vorgänge, Sparbücher, Festgeldkonten usw.), dieses in den Büchern der Bank stehende Geld heißt auch **Buchgeld (Giralgeld),** auf einem Konto als Sichteinlagen (Kontoguthaben) und Kredite (z. B. Überziehungskredite). Die Summe aus Bargeld und Sichteinlagen wird auch **reale Geldmenge** genannt.

8.2.2 Geldmengensteuerung

Nehmen wir mal an, man hat 1.000 Euro auf einem Konto. Der Durchschnittsbürger hebt nicht ständig und sofort das ganze Geld ab, so dass die Bank bis auf eine

---

[62] Als man anfing, **Scheidemünzen** herauszugeben, d.h. Münzen, deren Metallwert unter dem aufgeprägten Wert lagen, war man zunehmend auf das Vertrauen in die Währung angewiesen. Deshalb tendieren die Menschen in Krisenzeiten immer noch zum Goldkauf, denn dessen Wert ist noch da, wenn die Währung oder der Staat vielleicht schon nicht mehr da sind. In Extremfällen kann eine Währung aber auch nur auf dem Vertrauen fußen, so z.B. bei der Deutschen Rentenmark, die nach der großen Inflation 1923 herausgegeben wurde, der de facto kein realer Gegenwert gegenüberstand, die offizielle Besicherung der Währung über Grund und Boden existierte nur auf dem Papier.

Mindestmenge (**Mindestreserve**) das Geld in der Zeit z.B. als Kredit an jemand anderes geben kann. So wird Geld 'geschöpft', denn die 1.000 Euro Guthaben stehen auf dem Konto als Buchgeld und jemand anders hat einen Teil dieses Geldes als Kredit bekommen, d.h. insgesamt sind mehr als 1.000 Euro unterwegs. Den Prozess nennen wir **Geldschöpfung**.

Früher hat man viel mit Wechseln (Schuldscheinen) gearbeitet, d.h. mit dem Versprechen, dem Inhaber des Schuldscheins Geld zu zahlen. Der Wechsel repräsentiert dann auch einen Wert wie eine Banknote, wenn jemand anders diese z.B. bei einem Kauf akzeptierte. Die Banken nahmen solche Wechsel auch an, und konnten sich bei der Zentralbank dafür auch Geld geben lassen, wobei die Zentralbank einen kleinen Abschlag, den **Diskontsatz**, ansetzte.

Der Diskontsatz (von ital. disconto, zu lat. discomputare für abrechnen) war der Zinssatz, zu dem eine Bank Wechsel bei der Zentralbank verkaufen (rediskontieren) und sie so zu Geld machen, d.h. sich Liquidität (flüssige, d.h. direkt verfügbare, Mittel verschaffen konnte. Dafür zahlte sie als Abschlagsgebühr den Diskontsatz. In Verträgen und Gesetzen wurde der Diskontsatz 2002 durch den **Basiszinssatz** abgelöst.

Heute sind statt Wechseln aber verzinsliche Wertpapiere viel üblicher, also solche, bei denen man für den Kauf auch noch Zinsen dazu bekommt, wie z.B. Schuldverschreibungen, Anleihen, Pfandbriefe, Rentenpapier, Obligationen, international auch: **Bond** für unbesicherte Forderungen), die in der Regel zur langfristigen Kreditfinanzierung dienen. Die Banken können auch diese Papiere bei der Zentralbank für Geld hinterlegen, der Abschlag hieß lange **Lombardsatz**.

In Deutschland wurde vor 1999 der Lombardsatz von der Deutschen Bundesbank festgesetzt. Er lag meist ein bis zwei Prozentpunkte über dem Diskontsatz. Mit dem Übergang der Zuständigkeit für die Geldpolitik auf die **Europäische Zentralbank EZB** hat der Spitzenrefinanzierungssatz (SRF)[63] den Lombardsatz abgelöst.

Der Diskont- und Lombardsatz und deren Nachfolger bilden zwangsläufig die Untergrenzen des Zinssatzes, die Bank für Kredite verlangen müssen, denn die

---

[63] Der SRF ist für kurzfristige Kredite, der Hauptrefinanzierungssatz für längerfristige Kredite ist ein Prozent niedriger. Mit der kurzfristigen Spitzenrefinanzierung (Spitze im Sinne von Bedarfs- oder Belastungsspitze) können sich die Geschäftsbanken von sich aus jederzeit Liquidität beschaffen und damit Liquiditätsengpässe vermeiden.

Bank kann ja nicht Kredite zu niedrigeren Zinsen verleihen, als sie sich selber Geld leihen kann.
Das bedeutet: *Die Zentralbank kann durch Festlegung des Zinssatzes die Menge des Geldes, das sich Banken leihen können bzw. wollen, regulieren.* Je höher der Zentralbankzins, desto teurer ist die Leihe, desto weniger Geld leihen sich die Banken, desto schwerer können sie an Verbraucher und Unternehmen Kredite geben.
Da mit der Kreditvergabe die Geldmenge wächst, beeinflusst der Zins auch die **Geldmenge** und zwar schneller als es durch das Drucken von Banknoten bzw. Münzprägung möglich wäre. Die Geldmenge hat wiederum Einfluss auf das Preisniveau, je mehr Geld man für dieselbe Menge Waren hat, desto höher die **Inflation** (Geldentwertung). Man kann die Geldmenge natürlich auch drosseln, in dem man die Banken zwingt, mehr bares Geld immer bereit zu halten (Mindestreserve), so dass sie weniger Kredite geben können (**Mindestreservepolitik**). Hohe Zinsen können die Geldmenge verringern helfen, weil der Geldumlauf und die Kreditvergabe gedrosselt werden, können aber auch den Wechselkurs beeinflussen, denn je höher die Zinsen z.B. für Anleihen in Euro, desto Menschen werden Euro statt z.B. Dollar wollen, d.h. der Wechselkurs steigt.

Als grob einfache Faustregeln merken wir uns:

- Je höher die Zinsen, desto weniger Kredite, desto kleiner die Geldmenge, desto höher die Wechselkurse, desto geringer die Inflation (**kontraktive Politik**, Drosselung, Dämpfung der Konjunktur).
- Diese Strategie eignet sich auch, um eine **'überhitzte' Konjunktur**, bei der zu schnell Kredite vergeben werden und zu schnelles Wachstum herrscht, **'abzukühlen'**, um so wiederum zu vermeiden, dass bei einer Stagnation der Wirtschaft durch eine 'harte Landung' zu viele Kredite platzen, zu viele Firmen pleite gehen, eine große Zahl von Menschen plötzlich arbeitslos werden usw.
- Je niedriger die Zinsen, desto größer die Geldmenge, desto niedriger die Wechselkurse, desto höher die Inflation (**expansive Politik**).
- Diese Strategie eignet sich auch, um eine kriselnde Konjunktur durch erleichterte Kreditaufnahme zu beleben, die wiederum Investitionen fördert.

Politisch sind beide Positionen heikel: Wenn man die Inflation durch eine **Hochzinspolitik** bremst, könnte man die Wirtschaft durch teure Kredite abwürgen. Eine **Niedrigzinspolitik** treibt hingegen die Inflation und die Preise, auch das kann für die eigene Wirtschaft in die Hose gehen, selbst wenn die eigene Währung billiger wird und man leichter exportieren kann. Eine Währung mit stabilem Wechselkurs nennt man hart, das Gegenstück nennt man **Weichwährung**.

Welche der Politiken ist besser?
Preisniveaustabilität = niedrige Inflation und stabile Wechselkurse bieten eine Reihe von Vorteilen, nämlich geringe Zinsen, die Möglichkeit zur langfristigen, stabile Planung und soziale Stabilität (denn eine hohe Inflation könnte dazu führen, dass man sich für eine Rente von 1.000 Euro im Jahre 2030 nur noch eine Pizza kaufen kann…)
Dennoch gibt es viele Weichwährungen und Länder mit höherer Inflation: Höhere Inflation hat den Vorteil, dass bestehende Ansprüche (wie Renten) und Schulden rascher entwertet werden. Die Schulden können darüber hinaus durch simples Drucken von neuem Geld verringert werden, was aber neben dem Vertrauensverlust auch die Inflation erhöht. Im Übrigen ist die Inflation eine ‚kalte' Vermögenssteuer, zumindest auf das Geldvermögen, das, wenn es auf dem Konto liegt, schrumpft. Die Politik der Zentralbanken dreht sich also um Probleme wie Inflation (Preisauftrieb), Zinsen, Geldmenge[64] und den Wechselkurs.

8.2.3 Konjunkturpolitik: Keynesianismus versus Monetarismus

John Maynard Keynes war ein herausragender britischer Ökonom der ersten Hälfte des 20. Jahrhunderts, der nach dem schwarzen Freitag an den Börsen im Oktober 1929 miterleben musste, wie die Regierungen in der Wirtschaftskrise zu harten

---

[64] Unter der Geldmenge versteht man den gesamten Bestand an Geld, der in einer Volkswirtschaft zur Verfügung steht und sie entspricht als Geldmenge M1 immer der gleichen Summe aller laufenden Kredite. Für die Geldmenge M1 und die weiter gefassten Geldmengen M2 und M3 definiert die Europäische Zentralbank:
M1: (Nov. 2007: 3.860 Mrd. Euro) Bargeldumlauf ohne die Kassenbestände der Kreditinstitute (**Monetary Financial Institutions (MFI)**) plus Sichteinlagen der Nicht-MFIs
M2: (Nov. 2007: 7.307 Mrd. Euro) M1 plus Einlagen mit vereinbarter Laufzeit bis zu zwei Jahren und Einlagen mit gesetzlicher Kündigungsfrist bis zu drei Monaten;
M3: (Nov. 2007: 8.620 Mrd. Euro) M2 plus Anteile an Geldmarktfonds, Repoverbindlichkeiten (Rückkaufvereinbarung bei Wertpapiergeschäften), Geldmarktpapieren und Bankschuldverschreibungen mit einer Laufzeit bis zu zwei Jahren

Sparprogrammen griffen, um sinkende Einnahmen durch sinkende Ausgaben zu bekämpfen (**prozyklische Politik**). Dadurch verschärfte sich die Wirtschaftskrise und die Arbeitslosigkeit stieg in Deutschland, Europa und den USA bis in die frühen Dreißiger massiv an. Im Detail waren seine Theorien etwas unscharf, auch weil er lieber mit Worten als mit Mathematik agierte, so dass es diverse Dispute gibt, "was Keynes wirklich wollte", aber der Kern ist klar:
Er wollte eine **antizyklische Konjunkturpolitik**, d.h., wenn es schlecht läuft, sollte der Staat lieber auf Geldmengenexpansion setzen und auch bereit sein, Schulden zu machen (**deficit spending**), um die Konjunktur wieder zu beleben. Dies ist auch das wichtigste Motiv hinter allen Arten von **Konjunkturprogrammen**. Er setzte drauf, dass inflationsfördernde und andere negative Effekte des zusätzlichen Geldes erst zeitverzögert einsetzen (**Rigiditäten**), und somit die stimulierende Wirkung der zusätzlichen Gelder die Wirtschaft beleben würde (**Multiplikatoreffekte** von Investitionen), so dass anschließend in der besseren Zeit die Schulden wieder zurückgezahlt werden könnten. In der Praxis, so die Kritiker, wären die Politiker auch wegen der Wahlen immer gerne bereit, Geld in Krisenzeiten zu geben, aber brächten dann nicht die Disziplin auf, in guten Zeiten konsequent zu sparen, weil die Schuldenlast letztlich von zukünftigen (Politiker)-Generationen getragen wird. Schlimmer noch, die Zinslasten fangen schließlich an, den Handlungsspielraum der Politiker einzuengen, so dass dann **Schuldendienst** (Rückzahlungen plus Zinszahlungen) statt Politikgestaltung betrieben werden muss. Tatsächlich ist Keynes' Konzept nicht an der Theorie, sondern oft in der politischen Umsetzung gescheitert: Die Anwendung des Keynesianismus führte in der Praxis zu einer immer stärkeren Verschuldung, weil die Spardisziplin der Politiker in den guten Zeiten ausblieb.
Die von Keynes vermittelte Vorstellung einer aktiven Steuerung von Konjunktur war politisch attraktiv, weil sie Machbarkeit und Beeinflussbarkeit des Geschehens postuliert und in den Sechziger und Siebziger Jahren waren die meisten Ökonomen Keyenesianer.

Mit **Milton Friedman** kam es in den Achtziger Jahren zu einer Wende, die sich nicht nur im **Neoliberalismus** niederschlug, sondern auch im **Monetarismus**, bei der die Geldwertstabilität der Garant eines möglichst reibungslos funktionierenden Marktes ist. Staatseingriffe waren nicht nur Verzerrungen des Marktgeschehens, die schon mangels Informationen immer nur willkürlich oder punktuell erfolgen könnten, sondern es wurde auch argumentiert, dass es die Keynes'schen Rigiditäten im Grunde nicht geben würde, das heißt: Wenn ich mehr Geld in den Markt pumpe, treibt dies rasch dies Löhne, Kosten, Preise und Inflation, ohne langfristig neue Jobs zu schaffen. Das Einzige, was man am Ende hätte, wären mehr Staatsschulden und mehr Inflation. Geldwertstabilität ist jedoch in monetaristischer Sicht eine Grundvoraussetzung für langfristigen ökonomischen Erfolg, denn weniger Inflation bedeutet auch weniger Druck auf Löhne und Preise und dies wiederum mehr Wettbewerbsfähigkeit im Ausland. Außerdem erhöht eine stabile Währung die Bereitschaft der Menschen, in einem Land Geld anzulegen, zu sparen, zu verleihen usw., schafft also kurz gesagt ein günstiges Investitionsklima.

Auch in der Lohnpolitik hatte diese Wende Folgen: Während keynesianische Theoretiker häufig **nachfrageökonomisch** argumentierten (höhere Löhne = mehr Nachfrage = mehr Konsum = höheres Wachstum), stand nun die **Angebotsökonomie** (niedrigere Löhne = niedrigere Preise = Wettbewerbsvorteil = höheres Wachstum) im Vordergrund. Die Dominanz der Angebotsökonomie hing auch mit dem Standortproblem zustande, denn in der Globalisierung schlagen die Lohnkosten dann nicht nur auf die Produktionskosten, sondern auf die Exportchancen durch. Darauf fußt auch eine der Globalisierungskritiken, nämlich dass sich durch das Standortargument eine Abwärtsspirale der Sozial- und Lohnstandards dreht.

8.2.4 Haushaltspolitik

Der Staat muss sich nicht nur fragen, wie er seine Mittel aufteilt, sondern ob er sich auch zur Aufnahme von Krediten entscheidet. Dies kann er natürlich auch durch die Höhe der Steuern und vor allem, da es sich oft um den größte Posten im Haushalt handelt, durch die Ausgaben für Arbeit und Soziales beeinflussen. Geldwertstabilität ist natürlich nicht das einzige Motiv, sondern der Staat verfolgt auch soziale Zielsetzungen, so dass es in jeder Ausgabenpolitik, egal, wie sich der Staat entscheidet, latente Spannungen zwischen Haushaltsdisziplin und politischem Wunschkatalogen. Der Versuch, den Haushalt in ein Gleichgewicht zu bringen (**Konsolidierung**), wird jedoch von den Politikern verfolgt, um den Schuldendienst, der immerhin 15% des Bundeshaushaltes auffrisst und schon über viermal so groß ist wie die Ausgaben für Bildung und Forschung, zu begrenzen. Alternativ kann der Staat Steuern erhöhen oder senken, er kann sogar gleichzeitig sparen und umverteilen, indem er die Reichen stärker besteuert (**Steuerprogression**), wobei der Staat bei der Besteuerung auch darauf achten muss, dass die ansässigen Unternehmen nicht abwandern bzw. bleiben, und gegenüber anderen Unternehmen nicht Kostennachteile erleiden (**Standortdilemma**). Wie bei den anderen Teilen der Finanzpolitik gilt, dass die Grundprinzipien relativ einfach sind, die Verknüpfung der Instrumente jedoch kompliziert ist, so dass alle im Bundestag vertretenen Parteien große Expertengruppen für die Wirtschafts- und Finanzpolitik vorhalten (müssen).

8.2.5 Das Verhältnis von Staat und Zentralbank

8.2.5.1 Vorüberlegungen

Die bisherigen Ausführungen zeigen, dass sowohl die Zentralbank über die Geldmenge, die Zinsen und die Mindestreserven großen Einfluss auf die Wirtschaft hat, der Staat wiederum über die Staatsausgaben bzw. Staatsschulden sowie über die Steuern.

Das wirft natürlich nach dem Verhältnis der Zentralbank zum Staat auf. Deutschland hat frühzeitig auf eine Unabhängigkeit der Zentralbank gesetzt (der Deutschen Bundesbank), um so nach den Erfahrungen mit Geldentwertungen nach dem 1. und 2. Weltkrieg Vertrauen in eine stabile D-Mark zu schaffen und ein Korrektiv zu politischen Wünschen und politischem Druck zu haben.

Das Ergebnis war, dass die D-Mark als außerordentlich stabil galt und gegenüber anderen Währungen nach und nach wertvoller wurde. Schon wegen der ökonomischen Größe des D-Mark-Raums in Europa wurden andere Volkswirtschaften durch die Bundesbankentscheidungen mitbeeinflusst. Die Bundesbank führte jährlich Milliardengewinne an den Bundeshaushalt ab. Das Gegenstück war Frankreich, das aufgrund einer **etatistischen** Grundhaltung (frz. etat = Staat; der Staat kann, soll und muss intervenieren, wenn es Probleme gibt) bestrebt war, Einfluss auf die Zentralbank zu behalten, so dass die Zentralbankpolitik jeweils stützend zu den Zielen der Politiker agierte. Dabei wurde auch in Kauf genommen, dass der französische Franc vor allem in den siebziger Jahren gegenüber der D-Mark nach und nach an Wert verlor (sog. **Weichwährung**).

8.2.5.2 Währungspolitik - Der Euro und die EZB

Nach dem 2. Weltkrieg wollten die USA eine stabile Weltwirtschaft, so dass man sich in Bretton Woods und Havanna 1948 traf. Es wurde das Wechselkurssystem von **Bretton Woods** installiert, das die Wechselkurse an den Dollar koppelte, der wiederum an Gold gekoppelt war. Der eigentliche Kern des Bretton-Woods-Systems, **die Gold-Dollar-Bindung**, zerfiel Anfang der siebziger Jahre, als die USA realisierten, dass sie u.a. im Zuge des Vietnamkrieges zu viele Dollars herausgegeben hatten, um diese noch in Gold umtauschen zu können, und Gold-Dollar-Bindung für beendet erklärten.

Die frühen Siebziger waren durch erhebliche Wechselkursschwankungen gekennzeichnet, die den Handel erheblich erschwerten und die in Europa als Vorstufe zum Euro die **europäische Währungsschlange** hervorbrachten, bei denen sich die Mitgliedsstaaten verpflichteten, die Wechselkurse gegenüber den anderen Staaten nicht außerhalb bestimmter Bandbreiten schwanken zu lassen, die dann nach dem Ende des kalten Krieges im Beschluss zum Euro 1992 mündeten. Dieser hieß übrigens lange **ECU (European Currency Unit)**, ausgesprochen aber nach dem historischen französischen Vorbild 'Ekün'[65]. Deshalb findet man der Recherche in der Vergangenheit das Wort 'Euro' nicht und die Länder gaben zunächst symbolische ECU-Münzen heraus. Der Begriff Euro setzte sich als neutral klingende Bezeichnung gegenüber dem ECU dann durch. Die Euro-Symbolik sollte

[65] Die frühere Verrechnungseinheit der EU war die European Currency Unit ECU. Der Kurs belief sich auf 1 ECU = 1,976 DM (1998). 1 Euro wurden 1999 auf 1,95583 DM festgelegt, demnach 1 Euro = 0,989 ECU. Überschlägig kann man rechnen, dass 1 Euro in etwa 1 ECU sind und beide in etwa 2 DM.

daher die Einheit in der Vielfalt widerspiegeln, bei den Münzen durch eine einheitliche Vorder- und verschiedene nationale Rückseiten, bei den Scheinen standen hingegen die Themen „Abstrakt-Modern“ und „Zeitalter und Stile Europas“ mit Bezug auf das gemeinsame Erbe aus verschiedenen Ländern und Epochen, das sich dann auch durchsetzte, zur Auswahl. Die Motivserie stellt Brücken als Symbol der Verbindung zwischen den Mitgliedsstaaten und offene Tore als Symbol der (Welt)-Offenheit dar. Die Umsetzung der Vorgaben zeigt jedoch die Spannungen zwischen den Polen Einheit und Vielfalt. Um kein Land zu benachteiligen und verärgern, wurde behauptet, dass die dargestellten Motive wirklich rein fiktiv sind, was aber unzutreffend war[66]. Zudem sorgten die EU-Staaten dafür, dass anstelle einer geplanten stilisierten Europakarte jedes Inselchen, das größer als die landkartentechnische Untergrenze von 400 km² ist, eingezeichnet wurde. Die nationalen Rückseiten der Münzen knüpfen wiederum stilistisch und motivisch stark an die Vorgängerwährungen an, wobei die Griechen sogar durchsetzen konnten, dass ihre ‚Pfennige’ weiter Lepta heißen dürfen statt Cent. Dieser Exkurs verdeutlicht die praktischen Probleme der Einheit in der Vielfalt Europas. Bei der Einführung des Euros und der **Europäischen Zentralbank EZB** konnte sich nach erbitterten Streit die deutsche Linie insgesamt durchsetzen, d.h. eine in Fachfragen unabhängige Zentralbank, deren Geldpolitik auf Stabilität und niedrige Inflation ausgerichtet ist. Die Kompetenzen der EZB sind im EG-Vertrag Artikel 105 definiert: Danach ist das Hauptziel der Europäischen Zentralbank die Aufrechterhaltung der Preisstabilität. Auch wenn die EZB die EU grundsätzlich in ihrer Wirtschaftspolitik unterstützt, „soweit dies ohne Beeinträchtigung des Zieles der Preisstabilität möglich ist“. Der **EZB-Rat** ist das oberste Beschlußorgan, bestehend aus Direktorium plus alle Präsidenten der nationalen Zentralbanken, die den Euro haben. Diese legt die Geldpolitik fest. Das Direktorium, bestehend aus Präsident, Vize und vier Mitgliedern führt die Geldpolitik durch.

Die EZB hat gegenüber ihren Mitgliedern insbesondere die folgenden Befugnisse:

- Kontrolle der Geldmenge
- Kontrolle des Zinssatzes

---

[66] Vorlagen: 5 Euro: Pont du Gard; 10 Euro: Pont d’Avignon; 20 Euro: Brücke von Valentré; 50 Euro: Brücke von Toulouse; 100 Euro: Schwarzenbergbrücke in Wien; 200 Euro: Spey-Brücke; 500 Euro: Brücke in der Normandie.

Die Mitglieder müssen dauerhaft folgende Stabilitätskriterien einhalten und dürfen davon in aller Regel nicht abweichen (**no bail out** = nicht abspringen)[67]:

- Beschränkung der Staatsverschuldung auf 60% des Bruttoinlandsproduktes[68]
- Neuverschuldung nicht mehr als 3%

Die EZB umfasst und beeinflusst mehr Länder als die EU selbst. Neben den 16 EURO-Staaten (Dtl., F, It, Irland, Lux, B, NL, Öst, Sp, Por, Fin, Gr, Cyp, Malta, Slowenien, Slowakei), haben zahlreiche weitere Staaten einen Bezug zum Euro, insgesamt nutzen **über 40 Staaten** den Euro oder eine vom Euro abhängige Währung, ohne der Eurozone, formal **auch Europäische Wirtschafts- und Währungsunion EWWU** genannt, anzugehören. Diese Staaten lassen sich gliedern in:

- Teilnehmer an der Euro-Vorstufe EWS II
- Währungsunionen mit Euro-Ländern
- Ländern mit fester Bindung an den Euro
- Länder, die mit Frankreich wirtschaftlich und währungsmäßig verbunden sind
- Europäischer Wechselkursmechanismus EWS II als Vorstufe zum Euro mit stabilen Kursen: Estland, Lettland, Litauen und Dänemark
- Währungsunionen mit Euro-Ländern zwischen Frankreich und Monaco, zwischen Italien und den Kleinstaaten San Marino und der Vatikanstadt sowie zwischen Spanien/Frankreich und Andorra.

---

[67] Bevor ein Land beim Euro mitmacht, muss es sich schon im Vorfeld durch die Erfüllung der sogenannten **Konvergenzkriterien** angepasst haben. Dies sind: Inflationsrate höchstens 1,5 Prozentpunkte größer als Durchschnitt der drei Länder mit der niedrigsten Rate sowie Langfristiger Nominalzinssatz nicht mehr als 2 Prozentpunkte über dem durchschnittlichen Zinsniveau in den obigen drei Ländern
Wechselkursentwicklung: mindestens 2 Jahre in den normalen Bandbreiten des **Europäischen Wechselkursmechanismus (EWS)** und öffentliches Defizit in Relation zu BIP nicht höher als 3 % sowie Höhe der Staatsverschuldung nicht über 60 % vom BIP

[68] Begriffe: Das **Bruttosozialprodukt BSP (= Bruttonationaleinkommen)** ist die Summe des Wertes des von allen Bewohnern eines Staates innerhalb einer bestimmten Periode (ein Jahr) bezogenen Einkommens aus Arbeit (Arbeitnehmerentgelt) und Kapital (Unternehmens- und Vermögenseinkommen) plus der Produktions- und Importabgaben abzgl. der Subventionen (Gütersteuern minus Gütersubventionen) plus der Abschreibungen. Das **Bruttoinlandsprodukt BIP** ist das BSP bereinigt um Mittelzu- und -abflüsse aus dem Ausland nach der Gleichung: BSP – Einkommen aus dem Ausland = ins Ausland abgeführte Einkommen = BIP.

- Länder mit fester Bindung an den Euro sind Bosnien und Herzegowina (Bosnische Konvertible Mark), Bulgarien (bulgarischer Lew), Montenegro und als de facto-Euroland das Kosovo, das noch keine eigene Währung hat.

Länder, die mit Frankreich wirtschaftlich und währungsmäßig verbunden sind:

- 14 Länder der afrikanischen **CFA-Franc**-Zone (Franc de la Communauté Financière d'Afrique), die in zwei Unterzonen gegliedert sind und zuerst fest an den Franc, jetzt an den Euro gekoppelt sind: Äquatorialguinea, Benin, Burkina Faso, Elfenbeinküste, Gabun, Guinea-Bissau, Kamerun, Republik Kongo, Mali, Niger, Senegal, Togo, Tschad und die Zentralafrikanische Republik. Das französische Finanzministerium garantiert die Wechselkursbindung.
- In **Südamerika** gehört Französisch-Guayana zur Euro-Zone.
- Eine ähnliche Bindung unterhalten mehrere französische Übersee-Territorien; Französisch-Polynesien, Neukaledonien sowie Wallis und Futuna sind über den Franc des **Colonies françaises du Pacifique CFP-Franc** ebenso fest an den Euro gebunden, wie die frühere französische Kolonie Komoren und die ehemalige portugiesische Kolonie Kap Verde. In den französischen CFP-Gebieten wird darüber diskutiert, den Euro direkt einzuführen.

Der französische Präsident Sarkozy würde sich auch mit Blick auf die Finanzkrise mehr politische Einflussnahme auf die EZB wünschen, hier herrschen Spannungen zwischen Franzosen und Deutschen, die zusammen die EZB dominieren, da die dritte große Finanzmacht Westeuropas, Großbritannien, nicht Teil der EZB ist. Deshalb kommt der Debatte um europäische Konjunkturprogramme eine besondere Brisanz zu, denn im Rahmen könnte die Obergrenze der jährlichen Neuverschuldung der Mitgliedsstaaten ‚vorübergehend' fallen. Jedoch zeigt die politische Erfahrung, dass es nichts Langlebigeres gibt als provisorische Maßnahmen. Die Frage nach der langfristigen Stabilität des Euro ist ein wesentlicher Grund für das Zögern der Deutschen bei europäischen Konjunkturprogrammen.

8.3 Handels- und Zollpolitik

8.3.1 Einführung

Unter **Handelspolitik** versteht man im weiteren Sinne alle Maßnahmen, die der Beeinflussung von Umfang und Richtung des Außenhandels dienen, also **Außenhandelspolitik**. Dazu gehören z. B. der Abschluss von Handelsabkommen, die Bildung von Freihandelszonen oder Zollunionen, aber auch Maßnahmen der Exportförderung. Eine Sonderolle spielen Exportverbote, wie z.B. für **dual use-Güter**, also solche Dinge, die man sowohl friedlich als auch für militärische Zwecke nutzen kann (z.B. Nukleartechnik) und Boykottmassnahmen. Andererseits gibt es aber auch Importverbote, natürlich für illegale Güter wie z.B. Drogen, aber auch für geschützte Tiere oder Produkte dieser Tiere, um so das Geschäft mit den Tieren zu unterbinden und sie so zu schützen. Ein klassisches Beispiel ist der Umgang mit Elfenbeinprodukten und Tieren, die über das Artenschutzabkommen CITES geschützt sind.

Ein Sonderfall spielt auch die Kulturgüterpolitik, bei der sich in zunehmenden Maße Staaten das Recht vorbehalten, den Handel und Export von Kulturgütern von nationaler Bedeutung zu verhindern, mitunter sogar bereits exportierte Güter zu beschlagnahmen, um so einen Ausverkauf des **nationalen Kulturerbes** zu verhindern, wie er in vielen Ländern insbesondere während der Kolonialzeit stattfand.

In der Zollpolitik spielen die Begriffe **Protektionismus** und **Freihandel** die Schlüsselrolle. Wenn man seine Industrie vor Konkurrenzprodukten schützten will, so bieten sich hohe Zölle als Hindernis für die ausländische Produkte an. Das Gegenteil wäre der Freihandel. Protektionismus kann Arbeitsplätze retten oder jungen Industrien helfen, sich gegen den Druck einer übermächtigen Konkurrenz zu entwickeln. Andererseits jedoch können andere Staaten sich ebenfalls so verhalten und außerdem kann fehlender Konkurrenzdruck zu überhöhten Preisen und veralteten Produkten beitragen. Immer häufiger werden auch **Strafzölle** zum Mittel der Politik, mit deren Hilfe man andere Staaten z.B. dazu bringen will, ihre Politik zu ändern. Ein aktuelles Problem ist der USA-China-Konflikt, bei der die chinesische Währung, der Renminbi, unterbewertet ist und chinesische Produkte daher billiger sind als bei einem freien Wechselkurs. Deshalb herrschen erhebliche Spannungen zwischen den USA und China, denn die **Handelsbilanz** der USA (Exporte minus Importe) gegenüber China ist stark negativ, weil die Amerikaner weitaus mehr in China kaufen als umgekehrt.

8.3.2 Die Bretton Woods-Institutionen

Eine Schlüsselrolle in der Handels- und Zollpolitik spielen die sogenannten **Bretton-Woods**-Institutionen. Nach dem 2. Weltkrieg wollten die USA eine stabile Weltwirtschaft, so dass man sich in Bretton Woods und Havanna 1948 traf. Es wurde das Wechselkurssystem von **Bretton Woods** installiert, das die Wechselkurse an den Dollar koppelte, der wiederum an Gold gekoppelt war.

Als Instrument für Eingriffe, falls das System eine Schieflage bekommt, wurde der **Internationale Währungsfonds** (IWF) gegründet. Ebenfalls in diesem Zusammenhang wurde die Internationale Bank für Wiederaufbau und Entwicklung (**Weltbank**) gegründet, die heute Kredite für Entwicklungsländer bereitstellt. Die Weltbankgruppe hatte ursprünglich den Zweck, den Wiederaufbau der vom Zweiten Weltkrieg verwüsteten Staaten zu finanzieren. [69]

Politisch sind beide Institutionen umstritten, weil sie den Nehmerländern strenge Auflagen machen, die in der Regel auf Sparmaßnahmen, Marktöffnung und Zurücknahme des politischen Einflusses zielen. Dies läuft in der Praxis häufig auf Einsparungen beim Sozialhaushalt hinaus und auf Subventionsabbau, was bei der zum großen Teil armen Bevölkerung der Entwicklungsländern erwartungsgemäß auf wenig Gegenliebe stößt. Dies wird dann als westliche Einflussnahme aufgefasst, als 'IWF-Diktat'. Westlich deshalb, weil die westlichen Länder mit Abstand die größten Geldgeber und somit Teilhaber dieser Organisationen sind. Weltbank und IWF machen jedoch geltend, dass sie nicht Gelder in ein Fass ohne Boden schütten wollen und lediglich das verlangen, was jede Bank von Kreditnehmern erwartet, nämlich solides Wirtschaften.

Die als dritte "Bretton-Woods-Institution" vorgeschlagene **Internationale Handelsorganisation (ITO)** kam nie zustande. Stattdessen wurde das Zoll- und

---

[69] Sie umfasst die folgenden fünf Organisationen:
Internationale Bank für Wiederaufbau und Entwicklung (International Bank for Reconstruction and Development – IBRD; auch: World Bank)
Internationale Entwicklungsorganisation (International Development Association – IDA)
Internationale Finanz-Corporation (International Finance Corporation – IFC)
Multilaterale Investitions-Garantie-Agentur (Multilateral Investment Guarantee Agency – MIGA)
Internationales Zentrum für die Beilegung von Investitionsstreitigkeiten (International Centre for Settlement of Investment Disputes – ICSID)
Die Organisationen der Weltbankgruppe sind verwaltungsmäßig und durch einen gemeinsamen Präsidenten (im Fall der ICSID als Vorsitzender des Verwaltungsrates) verbunden. Der Begriff "Weltbank" umfasst nur die beiden ersten Organisationen der Weltbankgruppe.

Freihandelsabkommen **GATT General Agreement on Tariffs and Trade** beschlossen, das eigentlich nur Teil IV der Havanna Charta von 1948 war, die die International Handelsorganisation ITO schaffen sollte. Ironischerweise ist das GATT nur durch ein Protokoll in Kraft getreten, so dass die US-Administration den Kongress umgehen konnte, der die ITO dann doch nicht haben wollte.

Tab. 24 Die Bretton Woods-Institutionen

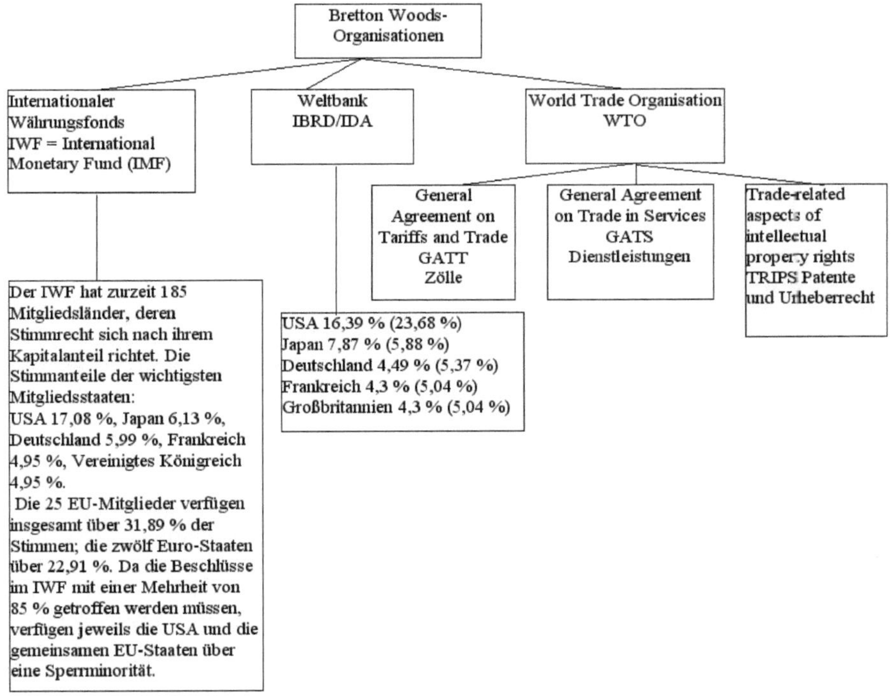

WTO/GATT

Das GATT und die 1994 gegründete Nachfolgeeinrichtung **World Trade Organisation WTO** arbeitet mit intergouvernementalen Verhandlungsrunden (d.h. Verhandlungen zwischen den Regierungen), bei denen einstimmige Beschlüsse gefällt werden müssen, bisher 9 Verhandlungsrunden, zuletzt in Kennedy 1962-1967 48 Staaten, in Tokio 1973-1979 99 Staaten, Uruguay 1986-1993 117 Staaten, nun Doha seit 2002 mit 144 Staaten, ab 2007 bereits mit 151 Staaten.

Die WTO ist nicht einfach ein neues GATT, sondern das Dach für das alte GATT und die neuen Verträge **General Agreement on Trade in Services** (GATS) und TRIPS von 1995. Das GATS-Abkommen umfasst alle Dienstleistungen, mit Ausnahme solcher Dienstleistungen, die im Rahmen staatlicher Zuständigkeit erbracht werden und unterteilt diese in vier Arten (sog. "Modes"):
Mode 1: Grenzüberschreitende Lieferungen
Mode 2: Ausländischer Konsum im Inland
Mode 3: Handelsniederlassungen im Ausland
Mode 4: Natürliche Personen im Ausland
Kritiker des GATS befürchten, dass es im Rahmen des "mode 4" theoretisch zu einer völligen Ablösung regulärer Einwanderung durch prekäre "Entsendearbeit" kommen könnte, bei der die Lasten und Risiken vor allem von den befristet zugelassenen Entsendekräften selbst, den möglicherweise durch diese ersetzten Inlandskräfte sowie den Gesellschaften der Herkunftsländer zu tragen wären.
Grundsätzlich können die WTO-Mitgliedstaaten selbst bestimmen, welche Dienstleistungsbereiche sie für den Markt öffnen. In den sogenannten Länderlisten verpflichten sich die einzelnen Staaten, welche Dienstleistungen sie freigeben, bzw. legen fest, welche Einschränkungen es in Bezug auf Marktzutritt und Inländerbehandlung gibt.

Die Politik zum geistigen Eigentum, dem **Intellectual Property Rights (IPR)**, umfasst Patente, Copyright, Design und den Marken-/Gebrauchsmusterschutz, wobei politisch die Patente von besonderer Relevanz sind und deshalb im Zentrum der Betrachtung stehen werden. Die USA sind patentrechtlich weltweit die Schrittmachernation, da sie aufgrund ihrer Innovationskraft die meisten Patente hält: Die generelle 20 jährige Schutzfrist für Neuerungen wurde von den USA gefordert und im Patent- und Urheberrechtsabkommen **Trade-related aspects of intellectual property rights (TRIPS)**-Abkommen durchgesetzt, in der WTO hat die USA insbesondere auf China Druck ausgeübt, die Bindungswirkungen von Patenten zu akzeptieren.

Tab. 25 Die WTO

Die WTO ist ein Instrument, um den weltweiten Handel mit Waren und Dienstleistungen auch in bisher geschützten Bereichen voranzutreiben. Bei Handelsstreitigkeiten kann ein Streitbeilegungsverfahren im Rahmen des Streitbeilegungsgremiums (Dispute Settlement Body, DSB) innerhalb der WTO angestrengt werden. Als Schlichtungsinstanz wurde ein Panel eingerichtet[70].

Tab. 26 Die WTO-Struktur

<table>
<tr><td colspan="3">Ministerkonferenzen alle 2 Jahre</td><td></td></tr>
<tr><td colspan="3">Allgemeiner Rat aus Botschaftern, Delegationsleitern, Beamten, mindestens einmal im Jahr in Genf
Sitzungen zur Überwachung der Handelspolitik
Schlichtung von Streitigkeiten mit Appellate Body (z.B. Fall Hormonfleisch der EU-USA)</td><td></td></tr>
<tr><td>Komitees,
Fach- und Arbeitsgruppen</td><td>Rat für den Warenhandel</td><td>Rat für handelsbezogene Aspekte und Schutzrechte des geistigen Eigentums</td><td>Rat für den Handel mit Dienstleistungen</td></tr>
</table>

---

[70] Es setzt sich zusammen aus drei Rechts- bzw. Handelsexperten, deren Länder nicht direkt am Streitfall beteiligt sind. Nach neun Monaten muss von diesem Gremium ein Urteil gefällt werden. Gegen das Urteil kann bei einer zweiten Instanz, dem Appellate Body, Berufung eingelegt werden. Auch hier sind Rechts- und Handelsexperten vertreten. Das Gremium prüft verfahrenstechnische Fragen. Das Urteil der Berufungsinstanz kann nur durch ein einstimmiges Votum aller WTO-Mitglieder annulliert werden. Mit dem Streitbeilegungsverfahren verfügt die WTO als einzige weltweite internationale Organisation über einen effizienten, internen Durchsetzungsmechanismus. Jährlich werden zwischen 20 und 40 Fälle vor den DSB gebracht; von 1995 bis 2004 waren es insgesamt 305 Fälle. Prominentester Fall war bislang der Stahlstreit zwischen den USA und der EU.

Auch die EU ist Mitglied der WTO, und zwar *zusätzlich* neben ihren einzelnen Mitgliedstaaten. Sie vertritt die im Zuge der gemeinsamen Handelspolitik abgestimmten Interessen aller Mitgliedsstaaten. Verhandlungsführer ist der EU-Kommissar für den Außenhandel, wobei die Länder es sich nicht nehmen lassen, jeweils auch eigene Diplomaten zu Verhandlungen zu entsenden. Beschlüsse werden bei der WTO üblicherweise im Konsens gefasst. Seit die EU an Macht und Größe gewinnt, ebenfalls China und Russland, droht der WTO eine Blockade, bei der eine Regionalisierung an die Stelle der Globalisierung tritt, nämlich die Großregionen China/Indien-Russland, EU, USA/Nafta und der Mercosur. Die Bretton-Woods-Welt steckt deshalb schon in der Krise: China und Venezuela untergraben die Stellung der Weltbank durch eigene Kredite, die Doha-Runde ist bis Anfang 2009 ergebnislos geblieben.

Das wichtigste Instrument der GATT/WTO sind wechselseitige (reziproke) **Meistbegünstigungsklauseln**, so dass die Zölle 1945 noch 40% mittlerweile noch ca. 8 % betragen und nun sog. nichttarifäre Handelshemmnisse wie technische Standards im Fokus stehen. Meistbegünstigung (Nichtdiskriminierung, MFN-Prinzip): Handelsvorteile, die ein WTO-Mitgliedsland einem anderen Land gewährt, muss es allen anderen WTO-Mitgliedsländern auch gewähren

8.3.3 Konkurrierende Wirtschaftsblöcke

Wohl jeder kennt die Europäische Union, aber diese ist schon längst nicht mehr der einzige Wirtschaftsblock. Immer mehr Staaten sehen die Notwendigkeit zur Kooperation, um mit der Globalisierung Schritt halten zu können.

Das **Nordamerikanische Freihandelsabkommen (NAFTA North American Free Trade Agreement)** ist ein Wirtschaftsverbund und eine Freihandelszone zwischen Kanada, den USA und Mexiko im nordamerikanischen Kontinent, die 1994 gegründet wurde. Es wurden zahlreiche Zölle abgeschafft bzw. ausgesetzt. Die Vorstufe war das kanadisch-amerikanische Freihandelsabkommen von 1989. Die NAFTA ist anders als die EU keine Organisation, die über den Nationalstaaten steht, sondern eine zwischenstaatliche Vereinbarung.

Der **Mercosur (Mercado Común del Cono Sur** = Gemeinsamer Markt im südlichen Lateinamerika) wurde durch das 1991 von Argentinien, Brasilien, Paraguay und Uruguay unterzeichnete Asunción-Abkommen gegründet, assoziierte Staaten sind: Chile (1996), Bolivien (1997), Peru (2003), Kolumbien (2004),

Ecuador (2004), Venezuelas Integration ist in der Diskussion. Der Mercosur ist primär eine Zollunion, da es zu einer Angleichung der Außenzölle gekommen ist, mit dem Ziel, einen gemeinsamen Markt zu schaffen und die Wirtschafts-, Währungs- und Industriepolitik sowie die Finanzpolitik abzustimmen. Der Rat des Gemeinsamen Marktes (Consejo Mercado Común) ist das oberste Beschlussorgan, dem u.a. Kommissionen für Handel und technische Fragen nachgeordnet sind, dazu gibt es ein Schiedsgericht. Der Mercosur leidet unter Spannungen insbesondere zwischen beiden großen Partnern Argentinien und Brasilien, es konnten jedoch schon Abkommen mit der EU geschlossen werden.

Der **Golf-Kooperationsrat** (engl. **Gulf Cooperation Council, GCC**) wurde 1981 in Abu Dhabi durch Kuwait, Bahrain, Saudi-Arabien, Katar, die Vereinigten Arabischen Emirate und Oman als Reaktion auf die iranische Revolution gegründet. Ziel der Organisation ist die Zusammenarbeit in der Außen- und Sicherheitspolitik sowie die Förderung der wirtschaftlichen und gesellschaftlichen Beziehungen zwischen den Mitgliedern, wozu 1982 der Warenverkehr liberalisiert wurde. Die Mitglieder sind zu gegenseitigem Beistand im Verteidigungsfall verpflichtet. 2003 wurde eine Zollunion eingeführt, 2008 ein gemeinsamer Binnenmarkt. 2010 führt der GCC mit Ausnahme von Oman eine Gemeinschaftswährung ein, die vermutlich **Chalidschi** heißen wird, was übersetzt soviel wie „**Golfo**" (analog zu Euro) heißt.

Die **Shanghaier Organisation zur Zusammenarbeit SOZ**, 2002 gegründet, umfasst China, Russland, Kasachstan, Usbekistan, Tadschikistan, Kirgisien. China möchte Indien dazuholen, das wie Pakistan und Iran bereits einen Beobachterstatus hat. Ziel: Westlichen Einfluss aus der Region zurückdrängen, Kampf gegen den Islamismus, Kontrolle der Energiepolitik, wirtschaftliche Zusammenarbeit. Hierzu gehört auch der Versuch, das SOZ-Gebiet von Bürgerrechtsorganisationen (NGOs) zu 'säubern', um 'Stabilität' zu erreichen.

8.3.4 Beispiele der Handelspolitik

Agrarstreit zwischen der EU und den Entwicklungsländern

Die EU subventioniert die eigenen Bauern, um die Produkte zu verbilligen, erhebt jedoch Importzölle, um die Produkte der Entwicklungsländer zu verteuern, denn diese arbeiten zum Teil auch mit Subventionen, um die EU preislich unterlaufen zu können. Die Debatte um diese Aspekte ist einer der großen Streitpunkte der laufenden WTO-Welthandelsrunde.

Multilateral Agreement on Investment (MAI)

Das MAI wurde von der **Organisation for Economic Co-operation and Development (OECD)** zwischen 1995 and 1998 beraten und sollte Investitionen im Ausland erleichtern, indem ein einheitliches Rahmenwerk anstelle der bestehenden über 2000 bilateralen Handelsverträge errichtet werden sollte.

Da das MAI auf eine Beschränkung der nationalen Befugnisse der Gastländer hinaus gelaufen wäre, einschließlich der Möglichkeit der Firmen, die Gastländer bei einer unabhängigen Stelle, dem dafür geplanten **International Centre for Settlement of Investment Disputes (ICSID)**, zu verklagen kam es zu heftiger Kritik der Entwicklungsländer und von NGO's, die meinten, dass dadurch die Entwicklungsländer im eigenen Land entmachtet würden. Als Frankreich dann 1998 erklärte, dass es das MAI nicht mehr mittrüge, scheiterte das Abkommen. Für den Energiesektor konnte zwischen EU-Staaten und einigen Nachfolgestaaten der Sowjetunion der Energiechartavertrag von 1994 zum Schutz von Investitionen im Energiesektor durchgesetzt werden.

Sinn und Unsinn von Embargos

Manchmal versucht man Staaten politisch unter Druck zu setzen, in dem man den Handel mit ihnen unterbindet (**Handelsembargo**, auch Handelssanktionen genannt). Der übliche Einwand gegen Embargos ist, dass man seine politischen Ziele in der Regel nicht erreichen würde, sondern solche Maßnahmen auf Kosten der einfachen Bevölkerung gehen, während die Eliten sich irgendwie schon schadlos halten.

Aber das gilt nur kurzfristig. Auf lange Sicht wird die ökonomische Basis des angegriffenen Staates geschwächt, was mit der Zeit zu immer größeren Schwierigkeiten führt und den innenpolitischen Druck auf die Staaten stetig wachsen lässt, den Diktaturen müssen ja auch die Menschen, die ihre Machtbasis bilden, z.B. eine Partei oder das Militär bei Laune halten, und je weniger es zu verteilen gibt, desto mehr steigt hier der Druck und die Gefahr, dass auch die ‚eigenen' Leute unzufrieden werden.

Weiterhin wird argumentiert, dass Embargos ja problemlos durch Schmuggel auszuhöhlen sind. Wahrend des kalten Krieges gab es die **COCOM-Liste**, nach der bestimmte Hochtechnologien nicht in kommunistische Staaten exportiert werden durften. Natürlich fand sich im Zweifel immer irgendwo ein Loch, um an die Technologie trotzdem gelangen zu können. Wenn technische Güter jedoch nicht frei verfügbar sind, schrumpft das Breitenwissen im Umgang mit solchen Techniken rasch. Erst kann sie noch jeder verstehen und nutzen, nach einigen Jahren kennen sich noch die Hochschulen mit etwas aus und schließlich nur noch ein paar Spezialisten. In der Hochtechnologie fiel der Warschauer Pakt mit Ausnahme von einigen Militärtechniknischen immer mehr zurück, so dass er bei der Mikrochiptechnologie schließlich völlig abgehängt wurde.

Fazit: Embargos taugen als kurzfristige Maßnahme wenig, langfristig sind sie geeignet, den Gegner um Jahre, je nach Land und Ausmaß sogar um Jahrzehnte zurückzuwerfen.

8.4 Regional-, Struktur- und Agrarpolitik

8.4.1 Einführung

Die Europäische Union hat von Anfang an versucht, die Unterschiede zwischen den Regionen zu verringern. Nachdem zuerst nur wirtschaftlich relativ starke Staaten beitraten, waren viele der späteren Beitrittsländer zumindest anfänglich arm und strukturschwach, was natürlich die Spannungen innerhalb der EU wachsen ließ.

Bis 2006 waren Agrarpolitik und Regionalpolitik verflochten, da der Landwirtschaftsfonds und Fischereifonds auch der Strukturförderung dienten. Jetzt hingegen sind hier nur noch der Regional-, Sozial- und Kohäsionsfonds für die Strukturförderung zuständig. Das Ziel der europäischen Regionalpolitik besteht darin, die Unterschiede im Entwicklungsstand der verschiedenen Regionen zu verringern. Es gibt keine Definition der ‚Region', sondern man behilft sich mit der Einteilung nach größter, zweitgrößter usw. Verwaltungsebene der EU-Statistiker, den sog. NUTS-Ebenen. Die Politik auf dem Gebiet hat viele Wandlungen durchgemacht, die aktuelle Übersicht zeigt die folgende Graphik.

Tab. 27 Die EU-Regional- und Strukturpolitik

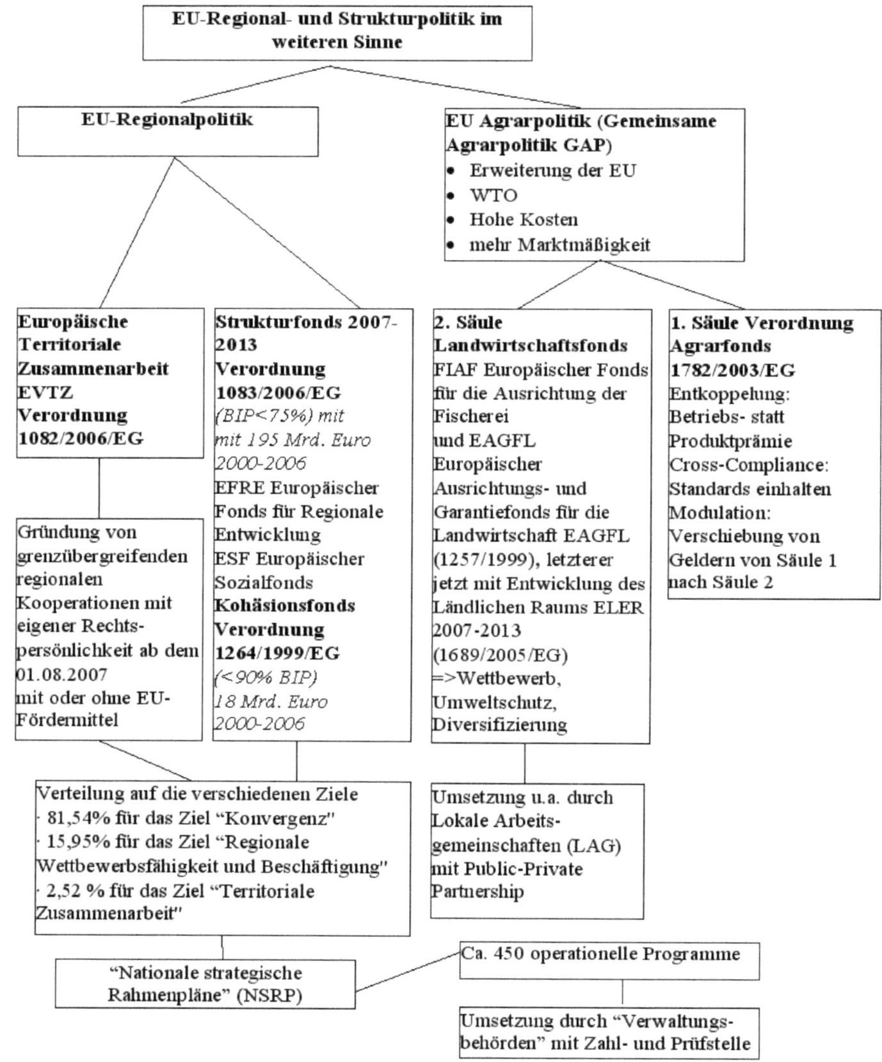

8.4.2 Regional- und Strukturpolitik

Kohäsion bedeutet soviel wie innerer Zusammenhalt und meint das Zusammenwachsen Europas auch auf der Eben der Lebensbedingungen. Die Mitgliedstaaten, deren Bruttoinlandsprodukt (BIP) pro Einwohner unter 90% des EU-Durchschnitts liegt, sind durch den Kohäsionsfonds förderfähig, d.h. alle Regionen folgender Länder: Bulgarien, die Tschechische Republik, Estland, Griechenland, Zypern, Lettland, Litauen, Ungarn, Malta, Polen, Portugal, Rumänien, Slowenien, und der Slowakei. Für 2007-2013 verfügt die Kohäsionspolitik über 35,7% des gesamten Unionshaushalts, das bedeutet *347,41 Milliarden Euro* (zu aktuellen Preisen), die wie folgt auf die verschiedenen Ziele verteilt sind:

- 81,54% für das Ziel "Konvergenz"
- 15,95% für das Ziel "Regionale Wettbewerbsfähigkeit und Beschäftigung"
- 2,52 % für das Ziel "Territoriale Zusammenarbeit"

Tab. 28 Ziele der Regional- und Strukturpolitik

Ziel "Konvergenz" Die Regionen der NUTS-Ebene 2, deren BIP (Bruttoinlandsprodukt) pro Einwohner unter 75% des EU-Durchschnitts liegt, sind im Rahmen des Ziels "Konvergenz" förderfähig. **Deutschland:** Brandenburg-Nordost, Mecklenburg-Vorpommern, Chemnitz, Dresden, Dessau, Magdeburg, Thüringen **Ziel "Regionale Wettbewerbsfähigkeit und Beschäftigung"** Alle Regionen, die nicht im Rahmen des Ziels "Konvergenz" förderfähig sind, sind im Rahmen des Ziels "Regionale Wettbewerbsfähigkeit und Beschäftigung". **Ziel "Europäische territoriale Zusammenarbeit"** Die grenzüberschreitende Zusammenarbeit richtet sich an die Regionen der NUTS-Ebene 3 an allen Binnengrenzen und bestimmten Landesaußengrenzen sowie an alle an innergemeinschaftlichen Seegrenzen liegenden Regionen der NUTS-Ebene 3, die höchstens 150 Kilometer voneinander entfernt sein dürfen. Im Rahmen der interregionalen Zusammenarbeit haben alle Regionen Europas Anspruch auf Förderung.

Vorschlags der Europäischen Kommission. Anschließend arbeitet jeder Mitgliedstaat in Übereinstimmung mit den strategischen Leitlinien einen eigenen "**Nationalen strategischen Rahmenplan" (NSRP)** aus. Der Rahmenplan legt die von dem Mitgliedsstaat gewählte Strategie fest und beinhaltet eine Liste "**Operationeller Programme**", die er in Angriff nehmen möchte. Für den Zeitraum 2007-2013 werden ungefähr 450 operationelle Programme von der EU-Kommission genehmigt werden. Nachdem die Kommission über die operationellen Programme entschieden hat, haben der Mitgliedstaat und seine Regionen die Aufgabe, die Programme umzusetzen. Alle diese Aufgaben laufen über die so genannten "Verwaltungsbehörden" des jeweiligen Landes und/oder der jeweiligen

Region. Für jedes operationelle Programm bestimmt der Mitgliedsstaat: eine Verwaltungsbehörde, eine öffentliche Behörde oder eine öffentliche oder private nationale, regionale oder lokale Einrichtung, die das operationelle Programm verwaltet; eine Zahlstelle (eine nationale, regionale oder lokale öffentliche Behörde oder Einrichtung, die die Ausgaben und die Zahlungsanträge bescheinigt, bevor sie der Kommission vorgelegt werden); und eine Prüfstelle (eine nationale, regionale oder lokale öffentliche Behörde oder Einrichtung, die die wirksame Funktionsweise des Kontroll- und Verwaltungssystems überprüft). In den neunziger Jahren spielte die Stärkung der Regionen als Element der Europäischen Politik eine große Rolle, weshalb der beratende **Ausschuss der Regionen AdR** dem Europäischen Parlament beiseite gestellt wurde. Die nationalen Unterschiede im Umgang mit Regionen und die unterschiedlichen Aufgaben und Befugnisse der Regionen haben letztlich dazu geführt, dass das ‚**Europa der Regionen**' keine wirkliche Rolle im europäischen Alltagsgeschäft spielt. Auf lokaler Ebene hat der Europagedanke jedoch zum Beispiel in Gestalt der lokalen länderübergreifenden Zusammenarbeit Schule gemacht, wie am Beispiel der deutsch-niederländischen **Euregio** gezeigt:

Tab. 29 Die Euregio Deutschland-Niederlande

3,37 Mio. Einwohner auf ca. 13.000 km² 130 deutsche und niederländische Gemeinden, Städte und Kreise	
Deutschland	in den Niederlanden
Niedersachsen:- Landkreis Grafschaft Bentheim - Landkreis **Osnabrück** - **Stadt Osnabrück** - Teile des südlichen Emslandes (Emsbüren, Spelle, Salzbergen) Nordrhein-Westfalen - Kreis Borken - Kreis Coesfeld - Kreis Steinfurt - Kreis Warendorf - Stadt Münster	Provinz Gelderland: - Regio Achterhoek - Gemeinde Warnsveld Provinz Overijssel: - Regio Twente - Teile Noordoost-Overijssels (Dalfsen, Hardenberg, Ommen) Provinz Drenthe: - Gemeinde Coevorden

Euregio-Rat (41 D, 41 NL) seit 1978 Beratungs- und Koordinierungsorgan für Grundsatzfragen im Rahmen der regionalen grenzübergreifenden Zusammenarbeit
Arbeitskreise "Umwelt und Landwirtschaft" "Gesundheitswesen" "Öffentliche Sicherheit" "Raumordnung und Verkehr" "Allgemeinbildendes Schulwesen" "Tourismus" "Wirtschaft" "EUREGIO-Mozer-Kommission" "EURES-EUREGIO Berufliche Bildung" "EURES-EUREGIO Arbeitsmarktpolitik"

Niederländische Gemeinden zahlen historisch bedingt 0,35 Euro pro Einwohner, deutsche Mitgliedskörperschaften 0,25 Euro pro Einwohner. Für 2006 betragen die Einkünfte aus den Mitgliedsbeiträgen 936.444 Euro, das entspricht rund 16,5 Prozent der gesamten Einnahmen von 5.671.843 Euro. Der größte Anteil des Budgets besteht aus Beiträgen der nationalen Instanzen und der Europäischen Union (4.071.819 Euro beziehungsweise 71,8 Prozent der gesamten Einkünfte).

8.4.3 Agrarpolitik

Die Agrarpolitik findet auf verschiedenen Ebenen statt, nämlich regional, national, europäisch aber auch global zum Beispiel über die Welternährungsorganisation FAO. Rein vom Kapitaleinsatz und der politischen Relevanz steht jedoch die EU im Zentrum.

Die Europäische Union bzw. ihr Vorläufer, die EG, war zunächst hauptsächlich mit der Agrarwirtschaft beschäftigt, noch 1977 machte die Landwirtschaft 76% des EG-Haushaltes aus. Das Motiv dafür war, dass Europa es nach den Hungerjahren des zweiten Weltkrieges es nicht schaffte, sich selbst zu ernähren und die **Gemeinsame Agrarpolitik (GAP)** der Europäischen Union sollte durch Steuerung der Marktpreise (**1. Säule**) und Strukturförderung (**2. Säule**) ein für alle Mal abhelfen. Dies gelang dann weit besser als erwartet, schon Ende der Siebziger Jahre türmten sich die sogenannten **Butterberge und Milchseen**. Als die Mindestpreise gesenkt wurden, erhielten die Bauern zum Ausgleich **Direktzahlungen**.

Die EU schützte ihre Bauern auch vor Niedrigpreisprodukten aus Drittländern und vor größeren Schwankungen des Weltmarktes. Ein Lieferant aus einem Nicht-EU-Land muss die Differenz zwischen dem Weltmarktpreis und einem festgelegten Schwellenpreis als eine Art Zoll an die EU abführen. Diese Regelung wird als **Abschöpfung** bezeichnet, was schön für die Bauern ist, aber letztlich vom Verbraucher in Form höherer Preise bezahlt werden muss. Umgekehrt subventioniert die EU Ausfuhren in andere Staaten.

Die *Agrarfonds-Verordnung* 1782/2003/EG versuchte in der ersten Säule der Agrarpolitik den bisherigen Auswüchsen wie folgt beizukommen:

- *Betriebs- statt Produktprämie*: statt der Produktionsmenge stehen nun Zahlungen an den Betrieb im Vordergrund, um den Anreiz zur Überproduktion zu nehmen
- *Cross-Compliance*: Mitgliedstaaten können die Einhaltung von Umweltauflagen zur Voraussetzung für Direktzahlungen machen
- *Modulation:* Verschiebung von Geldern von Säule 1 nach Säule 2, d.h. Gelder können auch zur Strukturförderung eingesetzt werden.

Die Strukturföderung der zweiten Säule besteht aus dem *Landwirtschaftsfonds für Fischerei* und dem *Strukturfonds EAGFL*, welche mehr Wettbewerb, Umweltschutz und Diversifizierung (also Verbreiterung der Produktpalette) bringen sollen.

Im November 2008 einigten sich die EU-Landwirtschaftsminister darauf, dass ab 2013 Landwirte zwischen 10 und 14 Prozent weniger Direktzahlungen erhalten sollen. Die Maßnahmen und der Rückblick könnten nahelegen, dass die Klagen der Bauern ungerechtfertigt sind, aber tatsächlich stehen die Bauern unter massivem Rationalisierungsdruck und die Kürzungen bedrohen die Existenz insbesondere kleinerer Höfe. Aber das ist ja genau das politische Ziel der Kürzungen, denn wenn die Produktion immer effektiver wird, man aber zu viele Produkte hat, dann muss man die Zahl der Produzenten verringern, was aber für die Betroffenen mit großen persönlichen Härten verbunden ist. Die Klagen der Bauern und die Kürzungen der Politik bilden also keinen Widerspruch, sondern sind zwei Seiten derselben Medaille.

8.5 Ordnungspolitik (Wettbewerbspolitik)

8.5.1 Industriepolitik

Industriepolitik ist ein Teilbereich der Wirtschaftspolitik. Sie umfasst alle wirtschaftspolitischen Maßnahmen eines Staates oder dessen Verwaltungseinheiten, die auf die Struktur und die Entwicklung der Industrie bzw. der Wirtschaft als Ganzes einwirken. Industriepolitik kann sowohl aktiv zur Beeinflussung eines Industrialisierungsprozesses (z.B. Förderung des Strukturwandels oder die Bereitstellung von Exporthilfen) als auch reaktiv auf ungewünschte Effekte erfolgen. Zur reaktiven Industriepolitik gehören z.B. die Durchführung von Erhaltungsmaßnahmen oder die Bereitstellung von Anpassungshilfen (z.B. durch Förderung von Forschung und Entwicklung).
Erstmals hieß es im Europäischen Gründungsvertrag EGV 1992 im Art 157: "Die Gemeinschaft und die Mitgliedstaaten sorgen dafür, dass die notwendigen Voraussetzungen für die Wettbewerbsfähigkeit der Industrie gewährleistet sind." 2004 wurde von den drei Mitgliedsstaaten Deutschland, Frankreich und Großbritannien die Notwendigkeit einer proaktiven europäischen Industriepolitik gefordert.

Das Bundeswirtschaftsministerium nennt **drei Gründe:**

- Länder wie China und Indien haben sich in kurzer Zeit zu bedeutenden Akteuren entwickelt, die vielfältige Befürchtungen auslösen.

- Der rasante Anstieg der Rohstoffpreise hat in den Exportländern zum Aufbau großer Kapitalreserven geführt, die nach Anlagemöglichkeiten suchen (**Staatsfonds**).
- Hinzu kommen neue Entwicklungen an den Finanzmärkten, wie der erhebliche Bedeutungsgewinn von **Hedge-Fonds**[71] und von **Private-Equity-Unternehmen**[72], die weltweit auf Einkaufstour gehen.

Tab. 30 Staatsfonds

Land	Staatsfonds (Stand 2008)	Milliarden US-Dollar	Gegründet	Basis
Vereinigte Arabische Emirate	Abu Dhabi Investment Authority (ADIA)	875	1976	Öl
Singapur	Government of Singapore Investment Corporation (GIC)	330	1981	Staatseinnahmen
Norwegen	Government Pension Fund - Global (GPFG)	322	1990	Öl
Saudi-Arabien	Mehrere Fonds	300	----	Öl
Kuwait	Kuwait Investment Authority (KIA)	250	1953	Öl
China	China Investment Company Ltd.	200	2007	Staatseinnahmen
Russland	Stabilization Fund of the Russian Federation (SFRF)	144	2003	Öl

Dabei spielte auch der Begriff der **Europäischen Champions** zunehmend eine Rolle. Damit sind multinationale Unternehmen mit einer Weltmarktführerposition gemeint. Als Beispiel wird häufig der Luft- und Raumfahrtkonzern EADS angeführt. Europäische Industriepolitik soll derartige Champions unterstützen, fördern und ggf. auch zu schaffen helfen. Von Politikern wird in diesem

[71] Hedge-Fonds (“absichern”) sind Investmentfonds, die durch Spekulation hohe Erträge zu erzielen versuchen.
[72] Privatkapitalbeteiligungsgesellschaften.

Zusammenhang daher häufig eine zu strenge Auslegung der europäischen Fusionskontrolle durch die europäische Wettbewerbskommission kritisiert, weil hierdurch schlagkräftige Zusammenschlüsse von Firmen verhindert würden. Kritiker wiederum merken an, dass gerade die Unterstützung Europäischer Champions häufig für die Ziele nationaler Standort- und Beschäftigungspolitik missbraucht würde. Somit wird durch staatliche Intervention massiv regulierend in die ansonsten freien Märkte eingegriffen. Das Wirtschaftsministerium argumentiert jedoch, dass Industriepolitik im Osten durch die Sicherung **industrieller Kerne** dazu geführt hat, dass in den neuen Bundesländern eine industriegeprägte Wirtschaftsstruktur erhalten werden konnte.

Das Streben nach **nationalen Champions** hatte auch die Fusionen der Stromanbieter begünstigt, obwohl mit der Übernahme der Ruhrgas durch E.ON ein kritischer Punkt erreicht wurde, so dass die EU-Kommission E.ON seither im Visier hatte.

Schlüsselindustrien

Das Bundeskabinett hat Mitte 2008 strikteren gesetzlichen Vorschriften für ausländische Investitionen zugestimmt. Mit den Änderungen am **Außenwirtschaftsgesetz (AWG)** sollen Übernahmen deutscher Unternehmen und Beteiligungen vor allem auch durch ausländische Staatsfonds verhindert werden, wenn sie die öffentliche Ordnung oder nationale Sicherheit Deutschlands gefährden könnten. Zu diesen gehören zum Beispiel Unternehmen aus der Rüstungsindustrie oder der Energieversorgung. Das Gesetz definiert (bewusst) keine Branchen. Sobald ausländische Fonds 25 Prozent und mehr an solchen Unternehmen erwerben, kann das Wirtschaftsministerium innerhalb von drei Monaten prüfen, ob nationale Interessen davon berührt sind, ob also "die öffentliche Ordnung oder Sicherheit der Bundesrepublik Deutschland beeinträchtigt" sind. Entschließt sich das Bundeswirtschaftsministerium (BMWi) innerhalb dieser Frist, den Erwerb zu prüfen, wird dies dem Käufer mitgeteilt und er aufgefordert, die vollständigen Unterlagen über den Kauf zu übermitteln. Danach kann das BMWi innerhalb von zwei Monaten den Kauf untersagen oder Anordnungen erlassen, allerdings erst nach Zustimmung der Bundesregierung.

8.5.2 Institutionen der Wettbewerbspolitik

Es gibt zwischen Markt und Staat eine Vielzahl von Institutionen, in Abhängigkeit von ihren Aufgaben, insbesondere im Arbeits- und Tarifrecht die Arbeitgeberverbände und Gewerkschaften sowie die Arbeitsgerichte, im Bereich der Ausbildung die Kammern und Innungen, im Arbeitsschutz die Unfallversicherungen, die in Berufsgenossenschaften organisiert sind und natürlich noch eine große Vielzahl an Branchenverbänden, denen Arbeitgeber und Arbeitnehmerflügel in den Parteien gegenüberstehen. Schließlich und endlich ist der Staat auch noch einer der größten Arbeitgeber über den öffentlichen Dienst.

Hier geht es jedoch vor allem und die Kontrolle des Marktes, genauer des Wettbewerbs, die von drei Gruppen geleitet wird, nämlich

- der **EU-Kommission** und dem **Bundeskartellamt** für die Verhinderungen von marktbeherrschenden Unternehmen und Marktmissbrauch (für alle Branchen)
- der **Monopolkommission** als Beratergremium der Bundesregierung (für alle Branchen)
- und der **Bundesnetzagentur** als spezieller Regulierungsbehörde für die Netzwirtschaft.

EU-Kommission/Kartellamt

In der EU sind für die Durchsetzung des EU-Kartellrechts die Europäische Kommission und die mitgliedstaatlichen Wettbewerbsbehörden gemeinsam zuständig, für die Durchsetzung des nationalen Kartellrecht die staatlichen Wettbewerbsbehörden. In Deutschland stellen das Bundeskartellamt und die Landeskartellämter die Wettbewerbsbehörde dar. Art. 81 des Europäischen Gründungsvertrages verbietet Vereinbarungen, Beschlüsse oder aufeinander abgestimmte Verhaltensweisen, die den Wettbewerb beschränken. Art. 82 EGV verbietet die missbräuchliche Ausnutzung einer marktbeherrschenden Stellung.

Europäisches Recht ist maßgeblich, wenn der *zwischenstaatliche Handel* und gemeinschaftsweit bedeutende Wirtschaftsaktivitäten betroffen sind. Mit der neuen **Kartellverfahrensverordnung 1/2003/EG** sind auch die nationalen Kartellbehörden und Gerichte uneingeschränkt verpflichtet, europäisches Recht anzuwenden und damit die Anwendung des europäischen Wettbewerbsrechts dezentralisiert. Statt Marktbeherrschung spielt im EU-Recht -jetzt *bewusst diffus* gehalten- eine '**herrschende Stellung**' die Rolle, worin auch diese immer bestehen mag, die Größe allein macht es nicht mehr (**more economic approach**). Damit ist eine stärkere Ausrichtung auf ökonomische Effizienz gemeint, verbunden mit dem Einsatz ökonomischer Modelle und statistischer Methoden, sowie einer größeren Berücksichtigung von Konsumenteninteressen und weniger nach der schieren Größe.

Die **Europäische Kommission** kümmert sich

- um die Verfolgung von **Kartellen**, also Absprachen zwischen Wettbewerbern, die ihre Preise abstimmen, gemeinsam den Absatz beschränken oder die Märkte bzw. Kunden untereinander aufteilen. Die Europäische Kommission kann hierbei Bußgelder verhängen, die 10 % des weltweiten Umsatzes der beteiligten Unternehmen erreichen können[73]
- um die Kontrolle von Unternehmenszusammenschlüssen **(Fusionskontrolle)** wenn die Umsätze der betroffenen Unternehmen bestimmte, in der Fusionskontrollverordnung (VO 139/2004) festgelegte Grenzen überschreiten.
- um die **Missbrauchskontrolle** (das Wettbewerbswidrige Ausnutzen einer marktbeherrschenden Stellung) können aber weiterhin auch strengere nationale Maßstäbe herangezogen werden. Hiervon wurde in Deutschland mit den §§ 19-21 GWB Gebrauch gemacht.

Grundlage der Tätigkeit des **Bundeskartellamtes** ist das Gesetz gegen Wettbewerbsbeschränkungen (GWB), das mit dem Gesetz gegen den unlauteren Wettbewerb die wichtigsten Wettbewerbsregeln ist. Das Bundeskartellamt kümmert sich auf nationaler Ebene um Kartelle, Fusionen und Missbrauchskontrolle und verfügt wie die EU-Kommission über weitgehende Ermittlungsbefugnisse. Für auf ein Bundesland beschränkte Vorgänge sind die Landeskartellbehörden zuständig.

---

[73] Art. 81 Abs. 3 EGV sieht eine ausnahmsweise Freistellung vom Kartellverbot vor, wenn der Verbraucher an dem entstehenden Gewinn angemessen beteiligt wird, die Warenerzeugung oder -verteilung verbessert wird oder der technische oder wirtschaftliche Fortschritt gefördert wird und keine Marktbeherrschung entsteht. Das ist z.B. für Forschungsverbünde wichtig. In bestimmten Branchen lassen sich gewisse Wettbewerbsbeschränkungen nicht umgehen, z.B. Autovertragshändlersysteme. Für solche Fallgruppen gelten sogenannte **Gruppenfreistellungsverordnungen**.

Monopolkommission

Die Monopolkommission ist ein unabhängiges Beratungsgremium für die Bundesregierung auf den Gebieten der Wettbewerbspolitik und Regulierung. Ihre Stellung und Aufgaben sind in den §§ 44 bis 47 des Gesetzes gegen Wettbewerbsbeschränkungen (GWB) geregelt. Danach erstellt die Monopolkommission alle zwei Jahre ein Hauptgutachten, in dem sie den Stand und die absehbare Entwicklung der Unternehmenskonzentration in der Bundesrepublik Deutschland beurteilt, die Anwendung der Vorschriften über die Zusammenschlusskontrolle würdigt sowie zu sonstigen aktuellen wettbewerbspolitischen Fragen Stellung nimmt. Für die Netzindustrien erstellt sie zudem gesetzlich verpflichtet Gutachten zum Stand des Wettbewerbs (Funktionen: Zweite Meinung, verhindert die sogenannte **administrative capture**, bei der die Regulierungsbehörde unmerklich die Perspektive der Regulierten übernimmt).

Praktisches Vorgehen:

Damit man feststellen kann, ob ein Unternehmen überhaupt Marktmacht hat, muss zunächst festgestellt werden, auf welchem Markt das Unternehmen überhaupt tätig ist.

In den Durchführungsverordnungen zu den Artikeln 85 und 86 EGV wurden der **sachlich** und der **räumlich relevante Markt** definiert. Unter dem sachlich relevanten Markt ist folgendes zu verstehen: "Der sachlich relevante Produktmarkt umfasst alle jene Erzeugnisse und/oder Dienstleistungen, die vom Verbraucher hinsichtlich ihrer Eigenschaften, Preise und ihres vorgesehenen Verwendungszwecks als austauschbar oder substituierbar angesehen werden." => Alle gegeneinander austauschbaren Produkte sind ein Markt.

Der räumlich relevante Markt ist wie folgt definiert:

"Der geographisch relevante Markt ist ein Gebiet, in dem die Wettbewerbsbedingungen hinreichend homogen sind und das sich von benachbarten Gebieten, insbesondere aufgrund merklich unterschiedlicher Wettbewerbsbedingungen, abgrenzt."

Kriterien der EU sind

- Nachfragesubstituierbarkeit, d.h. können Nachfrager auf ein anderes Produkt ausweichen?

- **Substituierbarkeit** beim Angebot (Angebotsumstellungsflexibilität), d.h. können Anbieter notfalls etwas anderes anbieten?
- Potentieller Wettbewerb?

Der **Hypothetical Monopolist Test** klärt, was bei einer kleinen, dauerhaften Preiserhöhung eines Produkts oder einer Produktgruppe um 5-10% geschieht. Weichen die Nachfrager auf andere Produkte aus und machen so die Preiserhöhung unrentabel, gehören diese anderen Produkte ebenfalls zum relevanten Markt. Diese Analyse wird auch **SSNIP-Test (Small but significant and nontransitory increase in price)** genannt. Der SSNIP-Test kann bei marktbeherrschenden Unternehmen irreführend sein, da das Preisniveau des Produktes des beherrschenden Unternehmens schon zu hoch sein kann (sog. **Cellophane Fallacy**), benannt nach einem Vorgang in der Amerikanischen Zellophanproduktion. Marktmacht wird in Deutschland primär durch den Marktanteil (Umsatz) ermittelt, das europäische Recht lässt aber auch die Möglichkeit zu, kleinere Unternehmen wegen ihrer Praktiken als herrschend anzusehen.

8.6 Risikokontrolle und Liberalisierung der Finanzmärkte

8.6.1 Vorgeschichte

Die Börsen hatten in den neunziger Jahren weltweit nach Ende des kalten Krieges einen erheblichen Aufschwung genommen; hatte der **Dow Jones Industrial Average Index,** kurz **'Dow Jones'** erstmals 1972 die 1000 Punkte-Marke als Schlusskurs genommen, so wurde der erste 3000 Punkte-Schlusskurs 1991 erreicht, und die 10000 Punkte-Marke schon 1999.

Die Unternehmen werden immer mächtiger und größer bis hin zu Weltkonzernen (**Global Playern**), wie die nachfolgende Aufstellung aus dem Jahr 2006 zeigt. Dem steht ein Größenwachstum politischer Institutionen wie der EU, der WTO usw. gegenüber. Jedoch können Unternehmen durch Fehlverhalten schwere volkswirtschaftliche Schäden verursachen. **Corporate Governance** ist dabei sehr vielschichtig und umfasst obligatorische und freiwillige Maßnahmen: das Einhalten von Gesetzen und Regelwerken (**Compliance**), das Befolgen anerkannter Standards und Empfehlungen sowie das Entwickeln und Befolgen eigener Unternehmensleitlinien.

Tab. 31 Die weltweit größten Unternehmen 2008

	Unternehmen	**Land**	**Umsatz Mrd. $**	**Gewinn Mrd. $**	**Mitarbeiter**	**Branche**
1.	Wal-Mart	USA	351.139,0	11.284,0	1.900.000	Einzelhandel
2.	ExxonMobil	USA	347.254,0	39.500,0	106.400	Erdöl
3.	Royal Dutch Shell	Niederlande	318.745,0	25.442,0	108.000	Erdöl
4.	BP	Großbritannien	274.316,0	22.000,0	97.000	Erdöl
5.	General Motors	USA	207.349,0	-1.978,0	280.000	Automobile
6.	Toyota Motor	Japan	204.746,4	14.055,8	299.394	Automobile
7.	Chevron	USA	200.567,0	17.138,0	62.500	Erdöl
8.	DaimlerChrysler	Deutschland	190.191,4	4.048,8	360.385	Automobile
9.	ConocoPhillips	USA	172.451,0	15.550,0	38.400	Erdöl
10.	Total	Frankreich	168.356,7	14.764,7	95.070	Erdöl
11.	General Electric	USA	168.307,0	20.829,0	319.000	Mischkonzern
12.	Ford Motor	USA	160.126,0	-12.613,0	283.000	Automobile
13.	ING Gröp	Niederlande	158.274,3	9.650,8	119.952	Finanzdienst-leister
14.	Citigroup	USA	146.777,0	21.538,0	332.000	Banken
15.	AXA	Frankreich	139.738,1	6.379,9	96.009	Versicherungen
16.	Volkswagen	Deutschland	132.323,1	3.449,0	324.875	Automobile
17.	Sinopec	VR China	131.636,0	3.703,1	681.900	Erdöl
18.	Crédit Agricole	Frankreich	128.481,3	8.975,8	152.909	Banken
19.	Allianz	Deutschland	125.346,0	8.708,9	166.505	Versicherungen

Der enorme Zuwachs an Kapital bzw. **Marktkapitalisierung** (dem Börsenwert eines Unternehmens), das Zusammenwachsen der internationalen Kapitalmärkte durch die globale Vernetzung und die Verbreiterung der Aktionärsbasis z.B. durch die Telekom-Aktie einerseits und zahlreiche Unternehmenskrisen, die schon vor dem Enron/Worldcom-Fall stattfanden (dazu gleich mehr), mündeten in eine Debatte um Maßnahmen für eine verbesserte Unternehmensführung (**Corporate Governance**).

Der Begriff Governance leitet sich von lat. *gubernare* = regieren ab und wurde u.a. von Oliver Williamson in den späten siebziger Jahren im Rahmen der Transaktionskostenökonomik aufgegriffen, der die Firma als eine Beherrschungs- und Überwachungsstruktur (governance structure), als „*institutional matrix within transactions are negotiated and executed*" verstand und analysierte, vgl. Williamson 1979

Die dahinter stehende Problematik wird auch als **Principal-Agent**-Problem bezeichnet. Die Vorstellung, dass die Aktionäre als Eigentümer des Unternehmens (**Principal**) die geschäftsführenden Manager (**Agents**) im Sinne einer "Aktionärsdemokratie" kontrollieren und steuern, hat sich in der Praxis gerade bei einer starken Streuung der Aktien als unrealistisch erwiesen. Andererseits erforderten die wachsenden Märkte einen europäischen Rahmen, damit Europa mit dem Wachstum Schritt halten konnte, so wurde neben der Corporate Governance-Debatte auch eine Offensive zur Europäisierung der Finanzmärkte gestartet.

Im Übrigen wachsen auch die Börsen durch Fusionen. In den USA sind die **NYSE = New York Stock Exchange**, kurz auch nach ihrer Adresse auch 'die Wall Street' genannt und die Technologiebörse **National Association of Securities Dealers Automated Quotation NASDAQ** führend, in Europa die Londoner Börse **LSE (London Stock Exchange)**, die **Frankfurter Börse** und die Mehrländerbörse **Euronext,** in Asien weist die **Tokioter Börse** die höchsten Handelsvolumen auf. Die Dominanz der USA auf dem Börsensektor und die damit verbundene ökonomische Bedeutung zeigte sich 2006 auch an der Zahl der notierten Firmen. Die NYSE kam auf 13.331,9 Mrd. US-$ **Marktkapitalisierung** (=Gesamtkurswert der gehandelten Aktien) für 2284 Firmen, davon 448 ausländische Firmen, die NASDAQ auf 3598,7 Mrd. US-$ für 3190 Firmen, davon 332 ausländische Firmen, in der Summe also auf 5474 (780 ausländische) Firmen.

Während des Aufstieges des Internets wurde Hoffnung in junge aufstrebende Internet- und Telekommunikationsfirmen gesetzt, bei denen den Börsenwert durch die zukünftigen Erwartungen bedingt war. Wichtig: eine Aktie bildet nicht den realen Firmenwert ab, sondern spiegelt auch die zukünftigen Erwartungen wieder. Der rasche Aufstieg dieser Firmen an der Börse warf die Frage auf, ob Firmen mit realer Produktion, also z.B. Maschinenbau, in Zukunft noch führend sein würden oder ob nicht das Netz die Zukunft des Wirtschaftens sein würde. Diese Firmen zeichneten sich auch durch vergleichsweise junges, lockeres und kreatives Personal mit relativ informellen Arbeitsbedingungen und Umgangsformen aus, die

Gesamtheit der neuartigen Phänomene hieß auch **New Economy**. Nachdem im März 2000 das Versandhaus *boo.com* Pleite ging, zerplatzten die Illusionen und die Börsenträume und die Internetblase war vorbei. Jedoch war das nicht relevant für die Corporate Governance-Debatte, sondern Bilanzmanipulationen in realwirtschaftlichen Firmen im Jahr 2002.

8.6.2 Die Europäisierung der Finanzmärkte

Die EU erstellte 1999 den **Financial Services Action Plan FASP**, der drei Ziele verfolgte, nämlich
Ziel 1: einheitlicher Markt für Finanzdienstleistungen
Ziel 2: offene und sichere Märkte für Privatkunden
Ziel 3: bessere Überwachung der Finanzmärkte
und der sich mittlerweile in einer Vielzahl von gesetzlichen Maßnahmen niederschlug.

8.6.2.1 Das Lamfalussy-Verfahren

Entsprechend dem generellen Trend der EU, technische Details immer mehr den Spezialisten zu überlassen, wurde für den Finanzbereich ein spezielles Verfahren entwickelt, das **Lamfalussy-Verfahren**, bei dem nur noch Rahmenrichtlinien für den Finanzmarkt beschlossen werden, alle Details dann in die Durchführungsphase verlagert werden.

Stufe 1 Im Lamfalussy-Verfahren beschließen der Rat und das Europäische Parlament im Wege des Mitentscheidungsverfahrens nur noch Rahmenrichtlinien

Stufe 2 Die Ausarbeitung der technischen Details nimmt die Europäische Kommission mit Unterstützung von Fachausschüssen vor[74]

Stufe 3 Dann füllen die europäischen Fachbehörden das Gesetz mit konkreten Standards und Leitlinien auf[75].

---

[74] Europäischer Bankenausschuss (EBC); Europäischer Wertpapierausschuss (ESC); Europäischer Ausschuss für das Versicherungswesen und die betriebliche Altersvorsorge (EIOPC); Finanzkonglomerateausschuss (EFCC).

[75] Der Ausschuss der europäischen Bankaufsichtsbehörden (CEBS); der Ausschuss der europäischen Wertpapierregulierungsbehörden (CESR); der Ausschuss der europäischen Aufsichtsbehörden für das Versicherungswesen und die betriebliche Altersversorgung (CEIOPS).

Stufe 4 die Europäische Kommission achtet mit den Mitgliedsstaaten, den Aufsichtsbehörden in Stufe 3 und dem privaten Sektor auf eine einheitliche Anwendung des Gemeinschaftsrechts.
Wenn sich das Verfahren bewährt, könnte es in der EU Schule machen.

8.6.2.2 Europäische Bilanzregeln (IAS-Verordnung)

Unterschiedliche Bewertungsverfahren bei Unternehmen werden zum Problem, wenn dieses Unternehmen in verschiedenen Ländern tätig ist und dann, weil börsennotiert, auch noch diese Bewertungen veröffentlichen muss. War in Deutschland das Gebot der zurückhaltenden Bewertung nach den Maßgaben der kaufmännischen Vernunft vorherrschend, betont z.B. das amerikanische Bilanzrecht **US-GAAP (Generally Accepted Accounting Practice)** den **fair value**, d.h. die Bewertung der Firma und ihrer Gegenstände nach dem Marktwert.
Grob vereinfachtes Beispiel: Wenn ich in der deutschen Bilanz die Kosten für ein Auto längst abgeschrieben hätte und der Bilanzwert somit Null beträgt, wäre der fair value, wenn ich für das Auto noch 1.000 Euro bekäme, 1.000 Euro. Tendenziell bewertet *das fair value*-Verfahren die Firmenwerte also höher, während das deutsche Verfahren auf die Bildung stiller Reserven zielte.
Um der internationalen Konfusion zwischen den nationalen Bilanzierungsregeln abzuhelfen, hat die EU die IAS-Verordnung Nr. 1606/20002 betreffend der Anwendung internationaler Rechnungslegungsstandards erlassen, nach der nun am Kapitalmarkt befindliche und vor der Zulassung stehende (kapitalmarktnahe) Gesellschaften die neuen internationalen Bilanzierungsstandards **IFRS**[76] **(International Financial Reporting Standards)** anwenden können bzw. müssen.

8.6.2.3 Europäische Aktiengesellschaft (Europa AG)

Ein besonderes Problemfeld für deutsche Unternehmen ist der Unterschied zwischen der einheitlichen (**monistischen**) Leitung in anglo-amerikanischen Unternehmen und der **dualistischen** Struktur in Deutschland, wo die Leitung von Aktiengesellschaften in zwei Gremien, den Vorstand und den Aufsichtsrat gegliedert ist.

---

[76] Die vom *International Accounting Standards Committee IASC* entwickelten internationalen Rechnungslegungsstandards (*International Accounting Standards IAS*) wurden im Zuge der Verordnung in IFRS umbenannt, das IACS heißt seit dem 01.04.2001 *International Accounting Standards Board* IASB, vgl. IAS-Verordnung, Grund 7, L243/2

Jedoch ist das monistische Modell jetzt auch in Deutschland möglich, denn nach dem am 29.12.2004 in Kraft getretenen Gesetz zur Einführung der Europäischen Gesellschaft (**SEEG**)[77] haben die Unternehmen, die als **europäische Aktiengesellschaft** Europa-AG firmieren, nun die Wahlmöglichkeit zwischen dem monistischen und dualistischen System. Noch haben nur wenige Unternehmen diese Rechtsform gewählt, aber mit zunehmender Ausbreitung könnte das dualistischen System bzw. das System selbst Gegenstand von Diskussionen und Reformen werden, was wegen der hierin verankerten betrieblichen Mitbestimmung politisch bedeutsam ist. Im dualistischen Modell wird bislang häufig ein Ausgleich zwischen den Interessengruppen **(stakeholdern)** wie Anteilseignern, Arbeitnehmern, Politikern und Kunden durch Aushandlung angestrebt, während im monistischen Modell der Fokus marktorientiert auf den Aktionärsinteressen **(shareholder)** liegt.

8.6.2.4 Basel II

Ende 1974 wurde von den Zentralbanken der G10-Länder (Gruppe der 10, group of ten, G7 plus Belgien, Niederlande und Schweden[78]) in der Bank for International Settlements der "Basler Ausschuss für Bankenaufsicht" gegründet. Unter den Namen Basel I (1988) und Basel II (2002) wurden Richtlinien erlassen, die Anforderungen an die Kreditwürdigkeit von Gesellschaften formulierten. Während Basel I nur Banken und Finanzinstitute im Visier hatte, sind bei **Basel II** Risiken und somit die Kreditwürdigkeit aller Unternehmen erfasst. Nachteile aus Kreditnehmersicht: Verschärfung der Situation für Existenzgründer, Ausbreitung von Scoringsystemen. Das Maßnahmenpaket "Basel II" soll also die "Basel I" genannten Regeln zur Verringerung des Insolvenzrisikos von Banken von 1988 erheblich ausbauen. Durch einen stärker risikoorientierten Kreditzinssatz und eine vorangehende Risikobewertung durch die Banken **(rating)** sollen die kreditnehmenden Unternehmen in Zukunft zu einem deutlichen Mehr an Kontrolle

---

[77] Gesetz zur Einführung der Europäischen Gesellschaft (SEEG) vom 22.12.2004 BGBl 2004 Teil I Nr. 73, 3675. SE steht genau genommen für **Societas Europäa** (Europäische Aktiengesellschaft "Europa AG") und das SEEG besteht aus einem Gesetz über die Ausführung der EU-Verordnung über das Status der Europäischen Gesellschaft (SE-Ausführungsgesetz) und dem Gesetz über die Beteiligung der Arbeitnehmer in einer Europäischen Gesellschaft (SE-Beteiligungsgesetz) gemäß der EU-Richtlinie 2001/86/EG zur Ergänzung des Status der Europäischen Gesellschaft hinsichtlich der Beteiligung der Arbeitnehmer vom 08.10.2001 (vgl. im SEEG).

[78] USA, Kanada, Deutschland, Frankreich, England, Italien, Japan, Belgien, Niederlande und Schweden als G10 sowie der Schweiz

und Risikomanagement gezwungen werden. Eine praktische Auswirkung von Basel II ist die **risikoangepasste (risikoadaptierte) Verzinsung**. Statt also wie früher einen Kredit von 10.000 Euro z.B. für 5.5% anzubieten, kann es je nach Rückzahlungs-erwartung (Bonität) des Kreditnehmers geboten sein, dem einen Kreditnehmer 5%, dem anderen für denselben Kredit jedoch 7% abzunehmen. Diese Maßnahme war umstritten, da sie den paradoxen Effekt hat, dass Reiche den Kredit theoretisch billiger bekommen als Ärmere, die sich ein neues Unternehmen aufbauen wollen, aber die Finanzkrise belegte die Notwendigkeit, sich stärker mit Kreditrisiken auseinanderzusetzen.

8.6.2.5 Finanzmarktrichtlinie

Die **Finanzmarktrichtlinie MiFID**[79] erweitert ab Ende 2007 u.a. die Berichtspflichten gegenüber Kunden und die Organisations- und Aufzeichnungspflichten von Wertpapierdienstleistungsunternehmen. Die zugehörige Finanzanalyseverordnung regelt noch strenger als bisher die Vermeidung von Interessenkonflikten zwischen Analysten, also jenen die Aktien analysieren und Wertpapierverkäufern, also jenen, die Aktien an Kunden verkaufen, u.a. durch Verhinderung eines internen Informationsflusses. Diese Sperren werden auch als **chinese walls** bezeichnet. Grund dafür war, dass verschiedenerorts Analysten mit Kaufempfehlungen Aktien hochgejubelt hatten, die die Wertpapierverkäufer loswerden wollten und zwar selbst dann, wenn diese Aktien objektiv betrachtet Schrott waren.

8.6.3 Corporate Governance

8.6.3.1 Enron und Sarbanes-Oxley

In den USA spielt das Corporate Governance-Problem eine besondere Rolle. Grund hierfür waren der Worldcom- und der Enron-Skandal. Der Energiekonzern **Enron** hatte 20.000 Mitarbeiter und war eine der größten US-Firmen. Im Oktober 2000 bemerkte die amerikanische Börsenaufsicht **Securities und Exchange Commission (SEC)** Probleme, im Dezember 2001 folgte die Insolvenz. Im Februar

---

[79] Richtlinie 2004/39/EG des Europäischen Parlaments und des Rates vom 21. April 2004 über Märkte für Finanzinstrumente, zur Änderung der Richtlinien 85/611/EWG und 93/6/EWG des Rates und der Richtlinie 2000/12/EG des Europäischen Parlaments und des Rates und zur Aufhebung der Richtlinie 93/22/EWG des Rates, kurz: **MiFID Markets in Financial Instruments Directive**, deutsch: Richtlinie über Märkte für Finanzinstrumente bzw. **Finanzmarktrichtlinie**

2002 kommt raus, dass sich 500 Manager sich kurz vor der Pleite hohe Abfindungen auszahlen ließen.
Außerdem stellte sich heraus, dass die stetig wachsenden ‚Gewinne' von Enron dadurch verursacht wurden, dass die Firma Schulden in Tochtergesellschaften ausgelagert hatte, die man so klein hielt, dass sie von Rechts wegen nicht in die Bilanz mussten, dafür wurden dann eben Tausende von Töchtern gegründet[80]. Das Hauptproblem war nachher, sich immer neue Namen auszudenken, so ging man selbst Micky Maus-Bücher auf der Suche nach Namen durch. Es fiel auf, dass große Wirtschaftsprüferunternehmen verwickelt waren. Da diese auch andere Services für die Firmen anboten, waren sie erpressbar und so vernichteten sie rasch Unterlagen, als die Ermittlungen der SEC benannt wurden[81]. Der gesamtwirtschaftliche Schaden wurde auf **ca. 100 Mrd. Dollar** geschätzt. Auch bei der Kommunikationsfirma **Worldcom** kam es zu milliardenschweren Bilanzmanipulationen. Deshalb wurde in den USA 2002 der **Sarbanes-Oxley Act SOX** erlassen, der für alle Gesellschaften gilt, wenn sie an US-Börse NYSE (New York Stock Exchange, auf deutsch: an der Wall Street) gehandelt werden. Die amerikanische Börsenaufsicht Securities und Exchange Commission (SEC) fungiert hier als wichtige Kontrollbehörde. Der SOX regelt unter anderem:

- Interne Kontrollsysteme, bei denen man sich nicht einfach was selbst genehmigen kann
- genaue Erfassung, wer was unterschreiben darf
- Abschlussprüfer dürfen nebenher keine andere Dienstleistungen für dasselbe Unternehmen wie Buchhaltung, Bewertungs- und Finanzdienstleistungen durchführen
- interne Überwachung durch sogenannte **Audit Committees** (mit Einrichtung telefonischer **Ethik-Hotlines**, mit deren Hilfe Mitarbeiter andere Firmenangestellte oder Vorgesetzte anzeigen können, **whistleblower**[82])

---

[80] Diese Gesellschaften waren sogenannte Zweckgesellschaften, die auch in der Finanzkrise eine besondere Rolle spielen sollten.

[81] Die Firma Arthur Andersen ging dabei unter. In den Medien kursierten die wildesten Geschichten. Einmal soll Enron Wirtschaftsprüfer in einem Zimmer eingeschlossen und erst wieder rausgelassen haben, nachdem sie das Testat gaben.

[82] **Whistleblower** = Leute, die ihre eigene Firma verpfeifen, wenn die Firma etwas Gesetzwidriges tut. In den USA dürfen diese von der Firma nachher nicht drangsaliert werden. In Deutschland gibt es kein spezielles whistleblower-Recht. Wichtig: 'Ethik' meint hier korrektes Verhalten, ist sehr nah am Begriff der Compliance und also nicht philosophisch zu sehen.

- Manager müssen die Richtigkeit des Abschlusses bestätigen
- Schaffung einer Aufsichtsbehörde für Wirtschaftsprüfer, das Public Company Accounting Oversight Board PCAOB

8.6.3.2 Der Deutsche Corporate Governance Codex

Weil man schon fürchtete, dass sich durch den Börsenboom der Neunziger Jahren Risiken aufbauen würden, wurden in Deutschland schon vor dem Enron/Worldcom-Skandal Maßnahmen zur Risikoeindämmung beschlossen.

Das Gesetz zur *Kontrolle und Transparenz im Unternehmensbereich (KonTraG)* wurde schon 1998 erlassen. Hierdurch wurde u.a. der Vorstand verpflichtet, ein Überwachungssystem einzurichten, damit den Fortbestand der Gesellschaft gefährdende Entwicklungen früh erkannt werden können (jetzt §91 Abs.2 AktG).

1999 erließ die OECD Grundsätze zur Corporate Governance. Die Bundesregierung hat dann im Mai 2000 eine Regierungskommission "Corporate Governance - Unternehmensführung - Unternehmenskontrolle - Modernisierung des Aktienrechts" eingesetzt. Unter anderem hat diese Kommission empfohlen, einen "Code of Best Practice" für deutsche Unternehmen zu entwickeln, den man den **Deutschen Corporate Governance Kodex DCGK** nannte. Dazu vom Bundesministerium der Justiz im September 2001 die "Regierungskommission Deutscher Corporate Governance Kodex DCGK" gebildet. Der DCGK trat 2002 in Kraft und wird zuweilen wegen seines nicht zwingenden Charakters auch als **soft law** bezeichnet.

Der Unterschied zum **hard law** besteht im **"comply or explain"-Prinzip**, d.h. bei den Soll-Vorschriften des DCGK müssen Abweichungen vom Unternehmen erläutert werden, nicht jedoch bei "sollte" oder "kann"-Vorschriften. Jedoch müssen Unternehmen durch eine sogenannte Entsprechenserklärung nach dem Transparenz- und Publizitätsgesetz (TransPubG) [83] von 2002 erklären, inwieweit sie dem DCGK gefolgt sind.

Der Kodex adressiert alle wesentlichen Kritikpunkte an der deutschen Unternehmensverfassung, nämlich

- mangelhafte Ausrichtung auf Aktionärsinteressen

---

[83] Gesetz zur weiteren Reform des Aktien- und Bilanzrechts, zu Transparenz und Publizität (Transparenz- und Publizitätsgesetz) vom 19.07.2002, BGBl. 2002, I, 2681, vgl. Artikel 1 Ziffer 16

- mangelnde Transparenz deutscher Unternehmensführung
- mangelnde Unabhängigkeit deutscher Aufsichtsräte
- eingeschränkte Unabhängigkeit der Abschlussprüfer.

Der Kodex wird seitdem jährlich von der "Regierungskommission Deutscher Corporate Governance Kodex" überprüft und wurde zuletzt im Juni 2007 angepasst. Nachdem der DCGK zunächst insbesondere auf Risikofrüherkennung, Unabhängigkeit und Transparenz abstellte, sind nun Regelungen zu (zu) großzügigen Abfindungsregeln, die sog. **goldenen Fallschirme**, in die Änderungen von 2007 aufgenommen worden.

Im Jahr 2002 wurden drei weitere Maßnahmen in Kraft gesetzt. Im Vierten Finanzmarktförderungsgesetz wurden Schadensersatzansprüche von Anlegern bei Falschinformationen des Kapitalmarkts festgeschrieben und der §15 Wertpapierhandelsgesetz zur spontanen Meldung (**Ad hoc-Mitteilungen**) bei kapitalmarktrelevanten relevanten Ereignissen novelliert. Das in derselben Zeit erlassene Gesetz über die integrierte Finanzdienstleistungsaufsicht (FinDAG) schuf eine zentrale Finanzaufsichtsbehörde, die **Bundesanstalt für Finanz-dienstleistungsaufsicht BaFin**.

8.6.3.3 Risikomanagement nach Enron/Worldcom

Der Worldcom/Enron-Skandal führte zu einem 10-Punkte-Plan der Bundesregierung, der am 25.02.2003 in einem Maßnahmenkatalog präzisiert wurde, dem wiederum ein ganzes Bündel weiterer Gesetze folgte, in denen auch EU-Richtlinien in deutsches Recht umgesetzt wurden.

- Persönliche Haftung von Vorstands- und Aufsichtsratsmitgliedern gegenüber der Gesellschaft
- Einführung der persönlichen Haftung von Vorstands- und Aufsichtsratmitgliedern gegenüber Anlegern für vorsätzliche oder grob fahrlässige Falschinformationen des Kapitalmarktes
- Weiterentwicklung des Deutschen Corporate Governance Kodex
- Fortentwicklung der Bilanzregeln und Anpassung an internationale Rechnungslegungsgrundsätze

- Stärkung der Rolle des Abschlußprüfers
- Überwachung der Rechtmäßigkeit konkreter Unternehmensabschlüsse durch eine
  unabhängige Stelle ("Enforcement")
- Fortführung der Börsenreform und Weiterentwicklung des Aufsichtsrechts
- Verbesserung des Anlegerschutzes im Bereich des sog. "Grauen Kapitalmarkts"
- Sicherstellung der Verlässlichkeit von Unternehmensbewertungen durch Finanzanalysten und Rating-Agenturen
- Verschärfung der Strafvorschriften für Delikte im Kapitalmarktbereich

Jedoch Gegenreaktion: Versicherungen gegen Strafen für Top-Manager, sog. **Directors and Officers Policen**, gelten als legal, d.h. das Unternehmen kann die Manager gegen die Folgen ihres Tuns schützen.

8.6.3.4 Die Maßnahmen zur Risikoeindämmung im Detail

Diese Vertiefung wenden sich an die an wirtschaftspolitischen Fragen speziell interessierten Leser und kann bei Bedarf übersprungen werden, ohne den Faden zu verlieren.

Im Bilanzkontrollgesetz (BilKoG) vom 15.12.2004 wurde 2005 ein zweistufiges *Enforcement*-Verfahren eingeführt. Dabei werden stichprobenartig Unternehmensabschlüsse durch eine neue **Deutsche Prüfstelle für Rechnungslegung (DPR)** geprüft, die zuweilen formal unkorrekt auch als "**Bilanzpolizei**" bezeichnet wird, wobei, wenn sich in der Prüfung der ersten Stufe Fehler finden oder das Unternehmen nicht kooperiert, in der zweiten Stufe eine Prüfung durch die BaFin erfolgt und Fehler publiziert werden müssen. Außerdem wurden die internationale IFRS-Bilanzierungsstandards eingeführt (Bilanzrechtsreform).

Zudem wurde 2004 durch das Abschlussprüferaufsichtsgesetz (APAG) die neue Abschlussprüferaufsichtskommission APAK errichtet. Im neuen Berufsaufsichtsreformgesetz (BARefG) von 2007, das entsprechende EU-Richtlinien umsetzt[84], wurden zudem die Kompetenzen der Wirtschaftsprüferkammer WPK

[84] Richtlinie 2006/43/EG des Europäischen Parlaments und des Rates vom 17. Mai 2006 über Abschlussprüfungen von Jahresabschlüssen und konsolidierten Abschlüssen, zur Änderung der Richtlinien 78/660/EWG und 83/349/EWG des Rates und zur Aufhebung der Richtlinie 84/253/EWG des Rates, Abl. der EG vom 09.06.2006, L157/87-157/107

erweitert. Die Inspekteure der WPK dürfen z.B. jetzt Grundstücke und Geschäftsräume betreten und Unterlagen einsehen.

Eine weitere Gruppe von Gesetzen erweiterte die Informationspflichten der Emittenten und die Rechte der Anleger bei unwahren, unvollständigen oder irreführenden Informationen.

- Im Gesetz zur Verbesserung des Anlegerschutzes (AnSVG), durch das EU-Recht umgesetzt[85] wurde 2004 eine Schadenersatzpflicht wegen unterlassener unverzüglicher Veröffentlichung von Insiderinformationen bzw. unwahrer Insiderinformationen eingeführt. Im Gesetz zur Unternehmensintegrität und Modernisierung des Anfechtungsrechts (UMAG) vom 22.09.2005 wurde durch das Recht von Aktionären, Sonderprüfungen für bestimmte Vorgänge einzuleiten, gestärkt.
- Durch das 2005 eingeführte Kapitalanleger-Musterverfahrensgesetz (KapMuG) wurden Musterverfahren für geschädigte Kapitalanleger wegen falscher, irreführender oder unterlassener öffentlicher Kapitalmarkt-Informationen ermöglicht, die prkatischen Auswirkungen hielten sich bis 2009 jedoch in engen Grenzen..
- Im **Transparenzrichtlinie-Umsetzungsgesetz (TUG)**[86] wurden die Informations- und Publikationspflichten von Emittenten neu geregelt und erweitert, insbesondere die Offenlegung von Insiderinformationen, von sog. **Directors Dealings**, d.h. Aktienverkäufe von leitenden Managern sowie die Finanzberichterstattung.
- Der Versuch, eine externe Managerhaftung durch ein **Kapitalmarkt-informationshaftungsgesetz (KapInHaG)** zu begründen, ließ sich politisch nicht durchsetzen und wurde schon 2004 aufgegeben.

---

[85] Richtlinie 2003/6/EG des Europäischen Parlaments und des Rates über Insider-Geschäfte und Marktmanipulation (Marktmissbrauchsrichtlinie) vom 28.01.2003 (Amtsblatt Nr. L 096 vom 12.04.2003, 0016 - 0025). In der EU-Verordnung Nr. 2273/2003 der Kommission vom 22.12.2003 wurden Kursstabilisierungsmaßnahmen und Aktienrückkaufprogramme für zulässig erklärt

[86] Gesetz zur Umsetzung der Richtlinie 2004/109/EG des Europäischen Parlaments und des Rates vom 15.12.2004 zur Harmonisierung der Transparenzanforderungen in Bezug auf Informationen über Emittenten, deren Wertpapiere zum Handel auf einem geregelten Markt zugelassen sind, und zur Änderung der Richtlinie 2001/34/EG (Transparenzrichtlinie-Umsetzungsgesetz- TUG, BGBl. 2007 Teil I, 10 ff.)

8.7 Die Finanzkrise seit 2007

8.7.1 Einführung

Bei der Flut schlechter Nachrichten kommt es in der Analyse sehr darauf an, sich auf die Grundprobleme zu konzentrieren.

Wie schon viele Krisen vorher spielten Spekulationsblasen eine Rolle. Bei Spekulationsblasen hat man immer dasselbe Grundmuster: Irgendein Geschäft oder Gegenstand bringt hohe Gewinne. Das motiviert andere Menschen, ebenfalls in das Geschäft mit einzusteigen, sei es durch Kauf von Wertpapieren, Waren oder Immobilien. Gewinnerwartungen fördern die Investitionsbereitschaft, die Wirtschaft boomt. Man denkt, es ginge immer so weiter und engagiert sich immer mehr, nimmt sogar Kredite auf, um noch mehr Aktien, Immobilien usw. kaufen zu können. Wie immer geht es aber im Leben nicht immer nur aufwärts und wenn die ersten plötzlich merken, dass sich ein Boom totläuft, fangen sie an zu verkaufen.

Die Preise beginnen zu fallen und es macht sich Nervosität breit. Dies führt zu einer Abwärtsspirale, bei der Vermögen vernichtet werden, z.B. durch wertlos gewordene Aktien und wenn Kredite nicht mehr bedient werden können, die Blase platzt.

Die Investitions- und Kreditvergabefreude lässt nach und Firmen, die nicht mehr investieren können, entlassen ihre Belegschaft, die Krise kommt so in der Produktion (**Realwirtschaft**) an, also in Handwerk und Gewerbe außerhalb der Krisenbranche.

Der Gesetzgeber ist erschüttert und erlässt strenge Maßnahmen, damit sich das niemals wiederholen. Nach einigen Jahren oder Jahrzehnten, wenn die Erinnerungen verblasst sind, geht das Ganze wieder von vorne los. Am Anfang stehen Beschwerden über unflexible und starre Regulierung, die dem wirtschaftlichen Aufschwung im Wege stehen und das Lob für kreative Maßnahmen…

8.7.2 Das Bankenwesen der Bundesrepublik

Es lassen sich zwei grundlegende Systeme unterscheiden, das *marktbasierte* System, bei dem sich Firmen vor allem auf dem freien Kapitalmarkt, z.B. über Anleihen Kredite verschaffen, wie es in England und den USA üblich ist und das *bankenbasierte* System wie in Deutschland, bei dem primär die Banken als Kreditgeber fungieren.

Das deutsche Banken-System kennt eine **Drei Säulen-Struktur**:

1. Säule: Kreditbanken, zu denn Groß- und Regionalbanken gehören
2. Säule: öffentlich-rechtliche Banken, zu denen die Landesbanken und die zumeist kommunal getragenen Sparkassen gehören. Die Landesbanken sind für Großkredite, die die Sparkassen nicht stemmen können und die Refinanzierung der Sparkassen zuständig. Bis 2005 konnten diese Banken wegen öffentlicher Garantien nicht pleite gehen, die EU-Kommission hat dies 18. Juli 2001 abgeschafft, aber mit langen Fristen (ab 2005 mit Übergangsfristen bis 2015)
3. Säule Genossenschaftsbanken mit Kreditgenossenschaften und genossenschaftliche Zentralbanken gehören
Als nicht genannte 'vierte Säule' gibt es noch Spezialbanken wie z.B. die Bausparkassen.

Die Bundesrepublik hat 2000 die **Deutsche Finanzagentur** gegründet, die die Haushalts- und Kassenfinanzierung des Bundes vornimmt und dabei günstig am Kapitalmarkt einkauft. Seit 01.08.2006 gehört auch die frühere Bundeswertpapierverwaltung zu dieser Agentur.

8.7.3 Die wesentlichen Stationen der Finanzkrise

Nach der Krise von 1929 wurden in den USA die Banken in zwei Gruppen geteilt, nämlich

- reguläre Geschäftsbanken, die sich bei Bedarf über die amerikanische Zentralbank **Federal Reserve Bank**, kurz '**die Fed**' genannt, Kapital holen konnten, dafür von der Fed aber auch kontrolliert wurden
- und die reinen **Investmentbanken**, die sich über die Kapitalmarkt finanzierten und dafür nicht derselben strengen Kontrolle unterlagen (2008: Merrill Lynch, Goldman Sachs, Lehmann Brothers, Bear Stearns, Morgan Stanley).

Das Gesetz, der **Glass-Steagall-Act** von 1933, wollte die Bankenarten trennen und so auch die Risiken besser trennen, erreichte damit aber auf lange Sicht genau das Gegenteil. Auch damals gab es ein Konjunkturprogramm, den **New Deal**[87], dessen Wirksamkeit schon unter Zeitgenossen umstritten war, erst der zweite Weltkrieg brachte ab 1941 einen nachhaltigen Aufschwung. In den Achtziger Jahren, in dem sich die Liberalisierung des Finanzwesens politisch durchsetzen konnte, kam es nach und nach zu neuen Entwicklungen an den Finanzmärkten, wie dem erhebliche

---

[87] Um die Stimmung der Bevölkerung zu heben, wurde außerdem die **Prohibition**, das absolute Alkoholverbot, wieder abgeschafft.

Bedeutungsgewinn von **Hedge-Fonds** und von **Private-Equity-Unternehmen**, die weltweit auf Einkaufstour gehen.

Private-Equity-Unternehmen (Privatkapitalbeteiligungsgesellschaften) arbeiten so: Einkauf durch Eigen- und geliehenes Fremdkapital, mit dem Ziel, höhere Gewinne als die Schuldzinsen zu machen (**Leverage-** oder Hebeleffekt für die Eigenkapitalrendite[88], sowie **Tax shield** = Nutzung von Abschreibungsmöglichkeiten). Dies erfordert mitunter die Tranchierung des übernommenen Unternehmens (daher Münteferings "**Heuschrecken**"-Metapher), d.h. die Zerschlagung und den Verkauf ertragreicher Teile oder die Ausschüttung von Kapitalreserven an die Aktionäre. Typische Renditeziele sind 30-40% aufs Eigenkapital. Die Private Equity-Unternehmen sehen sich aber als diejenigen, die frischen Wind in verkrustete und vermachtete Strukturen bringen, wo die Altanleger nichts mehr zu melden haben, also als „**kreative Zerstörer**".

Hedge-Fonds (to hedge = "absichern") sind Investmentfonds, die durch Spekulation hohe Erträge zu erzielen versuchen, insbesondere durch **Derivate** und **Leerverkäufe**. Wichtig ist die sog. **Black-Scholes-Formel**, mit der Finanzrisiken mathematisch sauber gefasst wurden.

Leerverkäufe: Zunächst werden Aktien aus einem anderen Wertpapierdepot geliehen (Wertpapierleihe). Der Verleiher (meist ein Wertpapierhändler = **Broker**) schließt dazu einen Vertrag mit einem Kommissionär oder dem Leerverkäufer, dass bestimmte Aktien ausgeliehen werden. Der Leerverkäufer zahlt hierfür einen festgelegten Zins oder Prozentsatz an den Verleiher und erhält die Wertpapiere. Diese verkauft er über die Börse. Fällt der Kurs tatsächlich, erfolgt der Rückkauf zum niedrigeren Kurs und anschließend eine Rückgabe der Aktien. Der Kursunterschied abzüglich Kosten macht den Gewinn. Bei anderer Entwicklung des Aktienkurses können entsprechende Verluste auftreten. Beispiel: *Quantum Funds* des Investmentbankers George Soros, Ende 2006 betrug das Hedge-Fonds-Volumen rund 1,6 Billionen US-Dollar.

---

[88] Das geht so, grob vereinfachtes Beispiel: Ich habe 1.000 Euro Eigenkapital und nehme 9.000 Euro Kredit für 5% für ein Jahr auf. Mit den so verfügbaren 10.000 Euro mache ich ein Geschäft, dass mir 750 Euro Gewinn bringt, das wäre eine Rendite von 7.5%. 450 Euro brauche ich, um den Kredit zu 5% abzubezahlen. Dann bleiben mir 300 Euro Gewinn bei 1.000 Euro Einsatz = 30% Rendite auf mein Eigenkapital, also einen positiven Hebeleffekt für mein Kapital.

Derivate oder Zertifikate sind von Aktien/Wertpapieren oder deren Kursen abgeleitete Produkte mit Auszahlfunktionen wie Call (Auszahlung bei steigenden Kursen), Put (fallende Kurse), Stop-Loss (Verkauf bei Untergrenze), Sprinter (überproportionale Rendite). Es gibt solche, die der Anlage dienen und spekulative Hebelprodukte, die so konstruiert sind, dass Gewinnen aber auch Verluste höher ausfallen. Derivate/Zertifikate haben den Vorteil, dass sie Papiere sind, die nur noch auf andere Papiere Bezug nehmen, insofern nicht mehr den Besitz an einer Firma oder einem Rohstoff usw. erfordern. Die Banken konnten somit nach eigenem Ermessen Derivate/Zertifikate herausgeben (emittieren), und so die Zahl der Anlagemöglichkeiten erheblich vergrößern und variieren. Derivate oder Zertifikate haben im Gegensatz zu Aktien keinen Eigenwert, da sie von der Aktie abhängen, so dass in einer Krise oder Pleite auch nichts mehr zu holen ist, während die Aktie immer noch da ist. Traurige Berühmtheit haben hier die **Lehmann Brothers-Zertifikate** erreicht.

Der Erfolg der Derivate/Zertifikate führte dazu, auch andere Produkte zu entwickeln, nämlich Wertpapiere auf Schulden, wobei für diese Schulden Sicherheiten existierten.
Die vermögens (asset)- gedeckten (backed) Wertpapiere (Securities), also **Asset-backed Securities ABS** (andere Namen: **Mortgage-backed Securities MBS, Asset-Backed Commercial Papers ABCP**) wurden wie folgt verwendet:

Man gibt einem Hausbauer oder -käufer Kredite. Wenn man den Kredit vergeben hat, ist das Geld nicht mehr verfügbar. Um wieder an Geld zu kommen, hat man die Kredite als Wertpapiere (als ABS) an andere weitergereicht, die einem das Geld schon wiedergaben, aber dafür von den Raten- und den Zinszahlungen profitierten. Bei der Methode gewannen zunächst alle.

- Die Hausbauer oder -käufer, weil die Bank so immer Geld für Kredite da hatte und kreditwillig war
- Die Bank, weil sie viel mehr profitable Kredite herausgeben konnte
- Der Bezieher der Wertpapiere, weil er von den Zinsen der Hausbauer oder -käufer profitierte und nichts weiter tun musste, als die Papiere liegen zu lassen, bis der Kredit abbezahlt war.

Was war aber, wenn ein Hausbauer oder -käufer pleite ging? Das war insbesondere zu erwarten, wenn der Hausbau bzw. -kauf ohne sicheres Einkommen oder wenig

Vermögen erfolgen sollte. Solche Kredite zweiter Wahl heißen **Subprime-Kredite** (subprime = unterhalb von Premium). Diese wurden dann in extra Wertpapiere, die **Collateral Debt Obligations CDOs** gepackt. Die CDO-Übernehmer bekamen ihrerseits ein Stück am Kuchen ab, trugen dafür aber auch das Risiko. Manche CDO-Halter gingen auf Nummer sicher und gaben ihrerseits CDOs auf CDOs heraus, also Rück-Rückversicherungen und am Ende sogar CDOs auf CDOs auf CDOs auf ABS, also Rück-Rück-Rückversicherungen. Diese Papiere liefen wohl auch deshalb so gut, weil nachher niemand mehr genau wusste, welche Originalkredite da mal hinterstanden und die Papiere, so lange es gut lief, ja auch brav ihre Zinsen abwarfen. Nach dem Crash kam deshalb die alte Börsenweisheit: *„Kaufe nie ein Produkt, das Du nicht verstehst“* wieder zum Einsatz.
Ein weiteres Instrument sind **Credit Default Swaps**, Geschäfte, bei denen z.B. Versicherungen wie Amerikas großer Versicherer AIG gegen Zinsen das Kreditausfallsrisiko übernahmen (was später, als es nicht mehr lief, dessen Kollaps bewirkte).
Woher wussten die Betroffenen denn, ob das Risiko nicht zu hoch war, sie konnten ja nicht jeden Kreditnehmer besuchen? Dafür gibt es Bewertungs-, englisch **Rating-Agenturen** (wie Standard&Poors, Moody’s, Fitch usw.), die das Schuldnerrisiko bewerteten und die das Risiko als niedrig bewerteten, d.h. ein gutes Rating abgaben. War dies aber gerechtfertigt? Zunächst ja, denn die Inflationsrate in den USA war lange niedrig und das Zinsniveau auch. Die amerikanische Politik ermunterte die Bürger zum Konsum, auch auf Kredit, was nicht nur die Immobilien, sondern auch die Kreditkarten betraf, so dass die Amerikaner bis Ende 2008 rund 900 Milliarden Dollar Kreditkartenschulden anhäuften. Es ist also unangemessen, die Rating-Agenturen als Betrüger hinzustellen, vielmehr haben diese fehlerhafterweise nicht rechtzeitig erkannt, dass die Risiken schlechter wurden.

Solange der amerikanische Konsum wuchs, stieg auch die Nachfrage nach Immobilien. Wenn also jetzt jemand wirklich knapp bei Kasse war, hatte er ja immer noch sein inzwischen deutlich wertvoller gewordenes Haus, so dass die Schuldner ihr Geld auch tatsächlich wiedersahen und die Sache für alle Beteiligten glimpflich ausging. Das ermunterte sowohl die Hauskäufer als auch die Banken, immer weiter zuzugreifen und das Sicherheitsniveau zu senken. Schließlich ging man zu **Ninja-Krediten** über, als Abkürzung für *no income, no assets, no job*, d.h. Kredite für Leute, die weder Einkommen, noch Vermögen, noch einen Arbeitsplatz hatten. Um dies möglich zu machen, waren die ersten Raten niedrig und -im Vertrauen auf eine bessere Zukunft- die späteren deutlich höher.

Die riesigen Mengen an Krediten mussten ja irgendwo gelagert werden. Hierfür gründete man **Zweckgesellschaften** (andere Namen: **conduits, Special Purpose Entities SPEs, Special Purpose Vehicles SPVs, Special Investment Vehicles SIVs**). Der Vorteil war, dass man diese nicht in der Bilanz führen musste[89], deshalb auch als **außerbilanziellle Schattenbanken** bezeichnet. Das hatte die bizarre Folge, dass man zwar für die Risiken haften musste, aber diese nicht in der Bilanz hatte, also ganz legal 'Leichen im Keller' hatte. Bei der deutschen IKB-Bank, die die Zweckgesellschaft *Rhineland* gegründet hatte, ging es um Milliardenbeträge, ähnlich wie bei der *Northern Rock Bank* in England, die als erste Bank 2007 bei der Finanzkrise völlig unter die Räder kam und vom Staat übernommen werden musste.
Manchen Firmen war das frühzeitig nicht geheuer. So gab es Firmen wie die texanische **Lone Star**, die weiterverkaufte und als riskant eingestufte Kredite rigoros zurückforderte und so zu Geld machte. Da deutsche Banken ebenfalls Risikokredite von Hausbauern an Lone Star verkauft hatten, kamen dabei auch deutsche Hausbesitzer unter die Räder, die vom Verkauf ihrer Kredite gar nichts wussten, was Anfang 2008 einen Riesenärger gab.
Deshalb erhöhte der Gesetzgeber mit dem Gesetz zur Begrenzung der mit Finanzinvestitionen verbundenen Risiken den Kreditnehmerschutz am 12. August 2008, um einen solchen Weiterverkauf ohne Wissen des Kunden zu unterbinden, und regelte die Gestaltung von Kredit- und Sicherungsverträgen sowie die Abtretung von Kreditforderungen.

Irgendwann war der Boom zu Ende. Der Ölpreisanstieg streute ab 2005 Sand ins Getriebe der westlichen Wirtschaft, Inflationsrate und Zinsen stiegen und es gab schlicht niemanden mehr, der noch neu in Immobilien oder Kreditkarten einsteigen konnte, so dass das scheinbar 'ewige' Wachstum (merke: so etwas hat es noch nie in der Wirtschaftsgeschichte gegeben und wird es auch nie geben) abbrach. Nun begann die Rückabwicklung der Kredite und da die Basis, auf der das alles ruhte, nämlich der Wert der US-Immobilien und die Zahlkraft der Bürger, wegbrach,

---

[89] Nach den IFRS darf in einem *conduit* (=Zweckgesellschaft) keine Partei die Möglichkeit haben, deren Geschäfts- oder Finanzpolitik zu bestimmen und daraus Nutzen zu ziehen.

zerfiel auch das Kartenhaus aus ABS, Credit Default Swaps und CDOs. Im April 2007 ging das erste Institut pleite, die *New Century Financial*.
Der Rest ist eine Abwärtsspirale, die sämtliche US-Investmentbanken zur Aufgabe oder Umwandlung in normale Banken zwang und über die Wertverluste der Papiere die Banken zu ständigen **Wertberichtigungen (Abschreibungen**) zwang, bis die Kapitaldecke so dünn wurde, dass der Staat, zunächst in den USA, dann im Oktober nach der schlimmsten Börsenwoche der Frankfurter Börse seit dem Krieg auch die Bundesrepublik und die anderen EU-Staaten In der Woche des 11. Oktober 2008 fiel der Deutsche Aktienindex DAX 30 von 5797 auf 4392 Punkte).

Tab. 32 Die Finanzkrise

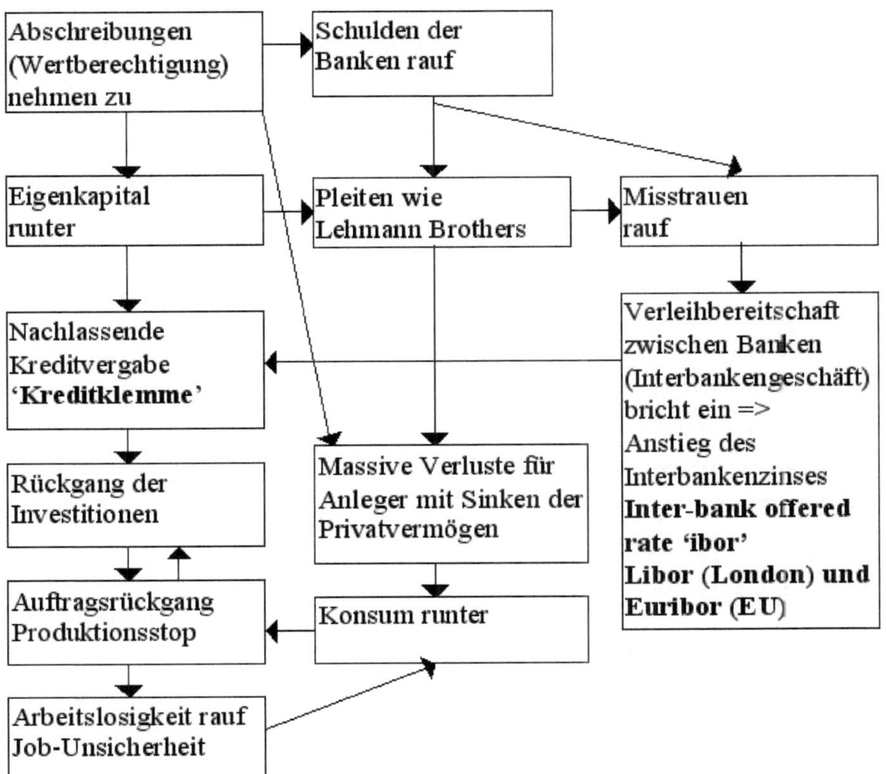

Der Durchbruch von der Finanz- auf die produzierende Realwirtschaft kam mit dem Anstieg des Zinsaufschlags für riskante Kredite, auch **iTraxx** genannt, der durch das Schwinden der Kapitaldecke der Banken zur **Kreditklemme** auswuchs. Eine Kreditklemme ist dadurch charakterisiert, dass nicht einfach der Kreditzins steigt, sondern Kredite gar nicht mehr vergeben werden, egal zu welchem Satz. Das gilt auch für den **Interbankenzins**, der zwar von Rekordwerten von über 5% wieder gefallen ist, man für den Zinssatz aber oft kein Geld bekommt. Die produktionsintensive und konsumabhängige Autoindustrie wurde zuerst getroffen und zwar nicht nur in den USA, sondern auch Deutschland und Japan. Mit Verzögerung erwartet man 2009 auch ein Durchschlagen der Krise auf die Versicherungen.

Die Zweckgesellschaften als Bilanzleichen in Keller sind ein wesentlicher Grund für das extreme Misstrauen der Beteiligten untereinander, das auch Anfang 2009 noch anhält. Dieses ist auch gerechtfertigt. Als die deutsche *Hypo Real Estate* pleite zu gehen drohte, wollte der Staat mit 35 Milliarden Euro helfen unter Beteiligung der anderen Banken. Prüfer der Deutschen Bank fanden anlässlich dessen heraus, dass das Finanzierungsloch über 70 Milliarden Euro betrug, woraufhin das Konzept der Einzelfallösung zusammenbrach und der Übergang zum großen staatlichen Eingriff begann.

Die USA haben noch ein Spezialproblem, nämlich die Immobilienkredit-rückversicherer **Fannie Mae** und **Freddie Mac**. Diese lustigen Namen sind historisch gewachsene abkürzende Verballhornungen von längeren offiziellen Bezeichnungen und beide Institute sind wie die Investmentbanken Geschöpfe der Krise von 1929, die uns auf diese Weise wieder eingeholt hat. Beide Banken haben die Summe von 5 Billionen[90] (=5.000 Milliarden) US-Dollar an Krediten liegen, und der Gefahr eines Zusammenbruchs sind die USA hier[91] und in anderen Bereichen mittlerweile mit Billionenbeträgen als Risikoversicherer gegen

[90] In den USA gibt es das Wort Milliarde nicht, sondern man sagt direkt *billion*, während die deutsche Billion 1.000 Milliarden meint. Hier geht es leider um die deutsche Bedeutung des Wortes.

[91] Grundlage ist die sog. **Housing Bill**, die Kontrolle über Fannie Mae und Freddie Mac hat jetzt die Aufsichtsbehörde Federal Housing Finance Agency (FHFA)

Kreditausfälle, als Investor mit Eigenkapital und als Kreditgeber[92] aktiv, wobei der neue Präsident Obama an einem großen Konjunkturprogramm 2009 arbeitet. Dazu kommt eine **Kreditkartenblase**, denn natürlich werden, wenn Menschen zahlungsunfähig werden, auch die Kreditkartenschulden 'faul' und obwohl es nur um einen kleinen Teil der Gesamtschulden von ca. 900 Milliarden Dollar geht, hat es etablierte Firmen wie **American Express** schon in Schwierigkeiten gebracht.

8.7.4 Instrumente zur Bekämpfung der Finanzkrise

Im Prinzip steht auch aus der Erfahrung mit vorangehenden Finanzkrisen eine Vielzahl brauchbarer Instrumente zur Verfügung, um die Situation wieder in den Griff zu kriegen. Jedes dieser Instrumente ist durch Vor- und Nachteile gekennzeichnet und bei keinem der Instrumente lässt sich der Effekt garantieren, was global für eine lebhafte Diskussion sorgt, deren Pro und Contras hier zusammengetragen wurden.

Fondslösung ('Rettungspaket'): Dabei wird den Banken Geld zur Verfügung gestellt, um ihre Zahlungsfähigkeit aufrecht zu erhalten oder auch, um ihre Fähigkeit, Kredite vergeben zu könne, zu erhöhen.
Pro: Bankzusammenbrüche erschüttern das Vertrauen des Marktes. In Deutschland begann der harte Teil der Wirtschaftskrise in den 1930er Jahren mit dem Zusammenbruch der *Darmstädter Nationalbank (Danat-Bank)*, in der aktuellen Krise beschleunigte sich die Krise durch den Zusammenbruch der Lehmann Brothers Bank am 15.09.2008 erheblich.
Contra: Diese Maßnahmen erfordern Milliardenbeträge, von denn es ungewiss ist, ob der Steuerzahler sie je wieder sieht. Es kann passieren, dass Steuergelder in ein Fass ohne Boden fließen und es rückblickend besser gewesen wäre, die eine oder andere Bank pleite gehen zu lassen nach dem Motto „Lieber ein Ende mit Schrecken als ein Schrecken ohne Ende“.
In Deutschland wurde diese Aufgabe durch den **Sonderfonds Finanzmarktstabilisierung SoFFin (Finanzmarktstabilisierungsanstalt)** übernommen, der am 17.10.2008 durch das **Finanzmarktstabilisierungsgesetz** geschaffen wurde und der bis zum 31.12.2009 bestehen soll. Dieser umfasst 500 Milliarden Euro, bestehend aus 400 Milliarden Euro Garantien und 100 Mrd.

---

[92] Das im **Emergency Economic Stabilization Act** of 2008 beschlossene 700 Milliarden Dollar-Paket unter Finanzminister Paulson.

Mitteln für Rekapitalisierung und Risikoübernahme (70 Mrd. + 10 Mrd. Reserve + 20 Mrd. Reserven im Bundeshaushalt), um die sich Banken dann bewerben können. Anfang 2009 ist jedoch fraglich, ob das Paket reichen wird.

Beschränkung von Managergehältern und -privilegien: Dabei werden Gehälter begrenzt, Abfindungen reduziert und Luxusprivilegien gestrichen.
Pro: Trifft diejenigen, die die Krise zu verantworten haben. Trägt dem Gerechtigkeitsempfinden der Bevölkerung Rechnung. Reduziert Auswüchse bei den Gehältern.
Contra: Pure Symbolik, deren finanzielle Dimension aufs Ganze gesehen bedeutungslos ist. Hält Banken davon ab, frühzeitig staatliche Mittel zu beantragen. Führt ein Kollektivschulddenken ein, bei dem auch jene Manager betroffen sind, die sich nichts zuschulden kommen ließen. Das eigentliche Problem, die Bonuszahlungen (zusätzliche gewinnabhängige Gehaltsanteile) für kurzfristige Profite, wird nicht dauerhaft angegangen, negative Anreizstrukturen werden deshalb nach der Krise fortbestehen. Ähnliches gilt für den **Stopp von Dividendenzahlungen**: Sorgt für den Verbleib von Barmitteln in der Bank, trifft aber die Aktionäre, die schon durch den Verfall ihrer Aktien getroffen sind, das Sparvolumen bleibt gering.

Patronatslösung ('Bürgschaften für Einlagen'): Dabei wird vom Staat eine Garantie für die Bankeinlagen der Bürger gegeben. Dieses Verfahren stellt sicher, dass bei einem Bankencrash die Bürger nicht ihre Ersparnisse verlieren. Es gibt zwar einen **Einlagensicherungsfonds**, bei dem die Banken gegenseitig füreinander einstehen, jedoch ist fraglich, wie lange dieser Fonds in einer richtig großen Krise halten würde.
Pro: Wenn Bürger erstmal ihre Ersparnisse verlieren, dann bricht Panik aus und die Menschen bringen ihr Geld nach Hause, wodurch aber die Barreserven der Banken schwinden, was erst jenen Bankencrash herbeiführt, den man eigentlich verhindern möchte. In Deutschland hat eine solche Bürgschaft von Kanzlerin Merkel zur Beruhigung geführt.
Contra: Aber global gesehen ist Vorsicht angebracht. Staaten, die pleite waren, haben zuweilen auch schon Devisen-Konten plötzlich gesperrt oder gar leergeräumt (z.B. Serbien in den 90er Jahren). Auch die deutsche Bürgschaft ist, wenn es hart

auf hart kommt, letztlich nur eine symbolische Erklärung ohne Rechtsverbindlichkeit.

Verstaatlichung: Dabei übernimmt oder verkauft der Staat Aktien und erhält so direkten Einfluss auf die Banken. In Großbritannien hält eine staatliche Dachgesellschaft (Holding) die Anteile an verschiedenen Banken, in Deutschland ist der Staat stiller Teilhaber an der Commerzbank.
Pro: Der Staat kann die Lage besser steuern. Mit etwas Glück steigen die Aktien am Ende der Krise im Wert und der Staat kann seine Anteile sogar mit einem guten Gewinn verkaufen. Auf diese Weise haben nachher alle gewonnen.
Contra: Ist der Staat ein besserer Manager? Wird er der Versuchung widerstehen, die Banken auch weiterhin zu kontrollieren? Gerade im Wahlkampf können sachfremde Motive in die Steuerung der Banken einfließen, z.B. billige Kredite für alle, um die Stimmung zu heben, ohne Rücksicht auf die Risiken.

Bankenfusionen: Japan hat es in den Neunziger vorgemacht. Planmäßige Fusionen schwacher Institute brachten schließlich am Ende größere und wieder leistungsfähigere Geldhäuser hervor. In Deutschland werden Fusionen der Landesbanken bis hin zu einer einzigen Landesbank diskutiert.
Pro: Kleinteilige Banken bedeuten auch eine Zersplitterung von Know-How und Kapitalkraft. Eine größere Bank ist auch resistenter gegen den Druck einzelner Großkunden oder Regionalpolitiker[93].
Contra: Ist die Größe der Landesbanken das Problem oder nicht eher die politische Kontrolle derselben? Wird nicht wie bei IKB auch eine größere Landesbank letztlich weiter von Politikern kontrolliert werden? Fusionen sind also kein Selbstzweck.

Bad Bank (wörtlich: 'schlechte Bank'): Eine insbesondere im Schweden der 90er Jahre praktizierte Lösung, bei der der Staat eine Bank gründet, die alle schlechten Papiere und Immobilien von anderen Banken übernimmt, um diese zu entlasten. Dadurch werden die geschwächten Banken wieder handlungsfähig. Diese Bank versucht dann, durch sorgfältige Auswertung und auf Werterhalt zielende

[93] Ende 2008 von Nord nach Süd: HSH, Bremer LB, Nord LB, LBB (Brandenburg), WestLB; Helalba, SaarLB, LBBW und Bayern LB.

Strategien, z.B. Schulden stunden statt Verramschen von Immobilien in Zwangsversteigerungen, möglichst viel von den übernommenen Papieren zu retten.
Pro: Das Bankenwesen entlädt den ganzen 'Müll' und ist sofort wieder handlungsfähig. Die Wirtschaft kann durch Kredite rasch angekurbelt werden. In Schweden waren die endgültigen Verluste durch geschicktes Verwerten der schlechten Papiere nachher vergleichsweise gering.
Contra: Warum soll der Steuerzahler den ganzen Müll (Branchenjargon: **toxische Produkte**) finanzieren, den andere angesammelt haben? Das Abwälzen der Verluste auf die Gesellschaft nennt man auch **Sozialisierung der Verluste**. Falls die übernommenen Anlagen sich auch in besseren Zeiten als wertlos erweisen, hat der Staat die Kosten und die Banken die Profite. Die Lösung, die Banken trotzdem weiter haften zu lassen, entlastest diese jedoch nicht, dann ist die Bad Bank jedoch nutzlos (so wie in Japan geschehen, wo man die Banken in der Haftung ließ).

Zinssenkungen: Senkt die Zentralbank ihre Zinsen, so können sich die Banken bei ihr leichter Geld leihen, die Kreditvergabe und die Wirtschaft kommen in Schwung.
Pro: Maßnahme, die die gesamte Wirtschaft anregt. Der Wechselkurs sinkt, da Anleihen in der Landeswährung nicht mehr soviel bringen, wodurch der Export angekurbelt wird.
Contra: die Menge des umlaufenden Geldes nimmt zu, es besteht Inflationsgefahr. Außerdem wurden die Leute zur leichten Kreditaufnahme ermuntert, obwohl faule Kredite die Ursache der ganzen Krise sind, man kann die Krise ungewollt sogar verschärfen. Die Maßnahme findet ihr logisches Ende bei 0% Zinsen (Ende 2008: USA 0-0.25% Zinsen, Japan 0,1%)

Transparenz erzwingen ('japanische Lösung'): Das Misstrauen aller Akteure beruht auch drauf, dass man nicht weiß, was der andere für Leichen (also insbesondere Zweckgesellschaften mit Schulden) im Keller hat. Deshalb leihen sich die Banken untereinander kaum Geld, obwohl die Zentralbank davon reichlich bereithält. Japan erzwang in einer früheren Finanzkrise die Offenlegung der Bücher.
Pro: Sobald man weiß, wie viele 'Leichen' noch im Keller liegen, können die Maßnahmen systematisch geplant und die Mittel gezielt statt nach dem Gießkannenprinzip eingesetzt werden.
Contra: Bilanzen sind dynamisch, durch die Krise können noch eben sicher geglaubte Werte dahinschmelzen, so dass man nie wirklich weiß, wo man dran ist.

Fraglich wäre auch der Umgang mit den Daten, d.h. wer hat Zugang dazu? Es könnte zur Flucht aus schlechteren Banken kommen, die dann zusammenbrechen. In Deutschland hat sich der Gesetzgeber dies noch nicht getraut, in den USA lässt die Regierung zumindest die Bücher der Autofirmen prüfen.

Konjunkturprogramme: Der Staat verstärkt seine Ausgaben und regt so die Wirtschaft an. Arbeitsplätze werden geschaffen bzw. erhalten, der Konsum steigt.
Pro: Maßnahme, die die gesamte Wirtschaft anregt und die Schwere der Krise lindert.
Contra: Noch jede Krise endete mit oder ohne Konjunkturprogramme mit mehr Staatsschulden und mehr Arbeitslosen[94]. Die Wirkung ist fraglich. Häufig werden auch nur Bauvorhaben gefördert, so dass letztlich nur eine Branche wirklich profitiert. Manche Kritiker sagen auch, dass das Geld nur versickert, die Krise nähme trotzdem ihren Lauf. Die Bundesrepublik legte zunächst zwei Konjunkturprogramme (zu 20 und zu ca. 50 Mrd. Euro) auf, wobei Bauprojekte (Bahnhöfe, Kanäle, Straßen) im Vordergrund stehen. Die Stabilisierung des Staatshaushaltes mit Schuldenabbau musste aufgegeben werden.

Rettungspakete für Autoindustrie: Autofirmen sind mitunter große Arbeitgeber und Exportfirmen. An ihnen hängt eine endlose Kette von Zulieferfirmen. Die Pleite würde viele qualifizierte Arbeitsplätze und Know-how vernichten.
Pro: Jede Maßnahme, die der der Autoindustrie hilft, rettet viele Arbeitsplätze und stärkt den Export, kurzum hilft, schneller aus der Krise zu kommen. Davon profitieren dann alle.
Contra: Veraltete Produktionen und Produkte, die obendrein noch umweltschädlich sind, werden am Leben erhalten, ohne noch eine langfristige Zukunft zu haben. Die Chance für eine grundlegende Verschlankung und Modernisierung wird verschenkt, der Umwelt ein Bärendienst erwiesen.

Konsumgutscheine: Der Staat gibt jedem Bürger einen Konsumscheck, z.B. über 500 Euro, der Bürger kauft sich dann etwas davon.

---

[94] **Rezession** = zwei Quartale Wachstumsrückgang hintereinander. Krisen der Bundesrepublik: 1966 Ende des Wirtschaftswunders, 1974 erste Ölkrise, 1981/82 zweite Ölkrise, 1993 Crash nach Wiedervereinigung, 20001 Platzen der Internetblase
Staatsschulden in % des BIP: 1970 < 10%, 1975 ca. 15%, 1982 ca. 28%, 1993 ca. 43%, 2003 ca. 50%

Pro: Maßnahme, die die gesamte Wirtschaft anregt und die Schwere der Krise lindert.
Contra: Kurzer Konsumrausch wie beim Schlussverkauf und ein langer Kater, denn der Staat muss sich das Geld von denselben Bürgern wieder zurückholen. In den Augen der Kritiker daher ein Anschlag auf den gesunden Menschenverstand. Ähnliche Pro- und Contra-Effekte werden für **Steuersenkungen** diskutiert. Die Diskussion lebt natürlich immer von stillen Hoffnung, dass die eigene Klientel von den Senkungen profitiert, die anschließend wieder nötigen Erhöhungen aber auf andere Gruppen abgewälzt werden können, es wird also ein Verteilungskampf geführt.

Zwangsleihe: Der Staat verlangt von den Reichen ein Teil des Geldes als Anleihe, die zu einem niedrigen Zinssatz verzinst wird.
Pro: Staat mobilisiert Geld bei denjenigen, die es noch am ehesten verkraften können.
Contra: Ist der Zinssatz nicht marktgerecht, hat die Maßnahme Enteignungscharakter mit entsprechenden Folgen für das Verhältnis von Staat und Bürgern, denn dieses Beispiel könnte Schule machen.

Insolvenzrecht ändern: Der Staat ändert das Insolvenzrecht so, dass Firmen wegen der Krise kurzfristig überschuldet sind, aber nach der Krise vielleicht doch noch mal die Kurve kriegen, keine Insolvenz beantragen müssen.
Pro: Die Zerstörungen durch die Krise werden eingedämmt, kurzfristige Extremsituationen können auf diese Weise durchgestanden werden, die Firmen und die Arbeitsplätze bleiben erhalten. So wird die **Insolvenzordnung** der Bundesrepublik vorübergehend wie folgt geändert: „Überschuldung liegt vor, wenn das Vermögen des Schuldners die bestehenden Verbindlichkeiten nicht mehr deckt, *es sei denn, die Fortführung des Unternehmens ist nach den Umständen überwiegend wahrscheinlich*"
Contra: Firmen, die sowieso pleite gehen werden, gehen erst später pleite und haben in der Zwischenzeit noch mehr Vermögen vernichtet, die Gläubiger stehen mit leeren Händen da.

Bilanzrecht ändern: Papier verlieren kurzfristig durch die Krise and Wert, den sie aber in der Phase der Erholung wieder erlangen können. Erlaubt man den Firmen, die Papiere mit dem Wert in den Büchern zu führen, den sie in guten Zeiten eigentlich haben, können sie mehr Barmittel für Investitionen und Kreditvergabe einsetzen.

Innerhalb weniger Tage erließ die Europäische Union am 15.10.2008 eine Änderung des Bilanzrechts mit der **Verordnung 1004/2008**[95], die folgendes regelte. Bis dahin mussten langfristig gehaltenen Papiere mit den Anschaffungskosten in den Büchern geführt werden, solche, die man nur kurzfristig hält, zum aktuellen Marktpreis.

Durch eine Änderung ist es jetzt unter gewissen Umständen möglich, Papiere von kurzfristig nach langfristig umzubuchen, wodurch in der Krise jetzt der hohe Anschaffungspreis und nicht der niedrige gegenwärtige Marktpreis ausgewiesen wird. Überspitzt formuliert dürfen die Firmen so tun, als wenn sie das Geld, das sie einst angelegt haben, immer noch haben, auch wenn es gar nicht mehr da ist. Der Unterschied kann je nach Firma in die Milliarden gehen.

Pro: Extreme Ausschläge und Panikverkäufe von Papieren schaden den Firmen, die solche Papiere noch im Depot haben, nicht mehr so sehr wie vorher, Übertreibungen und Hysterie schlagen nicht auf die Bilanzen durch.

Contra: Wenn die Papiere nachher nicht mehr so wertvoll sind, wie vorher, dann müssen am Ende der Krise die als endgültig erkannten Wertverluste abgeschrieben werden, was für manche Firmen schlimmer sein könnte als die eigentliche Krise. Diese Maßnahme ist daher als hochriskant einzustufen.

Verbot von Leerverkäufen: Bei diesem Instrument handelt man mit Aktien, die man selber nicht hat, sondern sich woanders leiht. Dadurch kann man bei geschickter Leihstrategie auch Aktienmassen bewegen, die man sich selbst sonst gar nicht leisten könnte. In der Krise wurde von Leerverkäufern, die auf fallende Aktien setzten, die Panik bei Bankaktien verstärkt und die Versuche von Banken, sich frisches Kapital über Ausgabe neuer Aktien zu verschaffen, be- oder gar verhindert. Deshalb verboten mehrere Länder die Leerverkäufe als schädliche Spekulation zumindest vorübergehend, so auch Deutschland über die BaFin.

---

[95] Verordnung (EG) Nr. 1004/2008 der Kommission vom 15. Oktober 2008 zur Änderung der Verordnung (EG) Nr. 1725/2003 betreffend die Übernahme bestimmter internationaler Rechnungslegungsstandards in Übereinstimmung mit der Verordnung (EG) Nr.1606/2002 des Europäischen Parlaments und des Rates im Hinblick auf International Accounting Standard (IAS) 39 und International Financial Reporting Standard (IFRS)

Pro: Aktienverkäufe, die die Banken an Kapitalbeschaffung hindern, sind in der Finanzkrise schädlich. Zudem können Fehlspekulationen mit Aktien, die man nicht hat, bizarre Nebeneffekte haben, so wie der herbstliche Ausschlag der VW-Aktie von 115 auf ca. 1005 Euro in nur wenigen Tagen, als Anleger VW-Aktien, die sie gar nicht hatten, an Porsche vertragsgemäß liefern sollten und sie um jeden Preis kaufen mussten. Entsprechend drohte die **Merckle-Firmengruppe** nach einer Fehlspekulation mit VW-Aktien zusammenzubrechen.
Contra: Die Marktentwicklung hat gezeigt, dass das **Verbot von Leerverkäufen** die Lage in aller Regel nicht änderte und Leerverkäufer meistens realistische Kursziele haben, d.h. auf Kurse spekulieren, die die Aktien so oder so nachher haben werden. Das Leerverkaufsverbot fußt in dieser Sichtweise nur auf einem unguten Bauchgefühl gegen Spekulanten, mehr auch nicht.
Im November 2008 fand eine **Finanzkonferenz** von 22 Staaten in Washington statt, um die Finanzmärkte nach einer gemeinsamen Strategie zu regulieren, u.a. durch eine größere Überwachung der Ratingagenturen, eine stärkere Reglementierung von spekulativen Hedgefonds sowie anderer bislang unregulierter Finanzprodukte, Erhöhung der Eigenkapitalmenge von Finanzinstitutionen und Harmonisierung und Überarbeitung von Bilanzierungsregeln. Letztlich war dies kein neues Bretton Woods, da bei einem gemeinsamen Aktionsprogramm jeder Staat fürchtet, für die Fehler des anderen Staates nachher noch zahlen zu müssen, obwohl man selber schon knapp bei Kasse ist. Jeder ist sich nun selbst der nächste. Eine wichtige, von den Medien wenig beachtete Änderung, sind Bemühungen, die Bilanzregeln IFRS so zu ändern, dass die Unternehmen ihre Beziehungen zu den nicht bilanzierten Zweckgesellschaften, die sowohl im Enron-/Worldcom-Skandal als auch bei der Finanzkrise eine Schlüsselrolle beim Verstecken von Schulden spielten, offen legen sollen.

8.7.5 Finanzkrise - Der Stand am Ende des Jahres 2008

Die Bundesrepublik erwartet 2009 das schlimmste Jahr der Nachkriegsgeschichte, denn die Wirtschaft wird vermutlich um deutlich mehr als 0,9% schrumpfen, die den bisherigen Minusrekord von 1975 darstellen. Dies wird zu erheblichen Einbrüchen bei den Staatseinnahmen, einem Anstieg der Arbeitslosigkeit ('optimistisch' +400.000, *worst case*-Szenario bis + 1,6 Mio.) und einem Rückgang der Exporte führen.

Die USA haben 2008 ihr Staatsdefizit um mehr als 2 Billionen Dollar in nur einem Jahr aufgebläht, was zu einer Erholung der Wirtschaft Ende 2009 oder 2010 beitragen könnte, aber sich langfristig über Schulden oder Inflationsdruck sehr negativ auf die Leistungskraft der USA auswirken wird, die immer noch den Motor der Weltwirtschaft darstellen. Der Effekt der Staatshilfen ist noch offen, und insbesondere bei den Hilfen für die Autobauer gibt es viele Fragezeichen.

Japan verzeichnet einen Einbruch von 26% bei den Exporten, ein historisch schlechter Wert für die zweitgrößte Volkswirtschaft der Welt. Die gesamte Industrieproduktion brach um 8% ein. Asien rückt unter dem Druck der Ereignisse zusammen und ist sogar zumindest vorläufig bereit, die sonstigen Streitigkeiten zu begraben. So haben Japan, China und Südkorea ihre Kreditlinien gegenseitig erhöht und China gewährt sogar Taiwan Kredite.

China und Indien verzeichnen einen Wachstumsknick, der das Wachstum aber nur verlangsamen, nicht beenden wird. Die Dynamik Chinas, das inzwischen zu den größten Gläubigern der USA zählt und Indiens führen zu der Prognose, dass Rohstoff- und Energiepreise, die in der Krise schlagartig eingebrochen sind, mittelfristig wieder anziehen werden.

Der arabische Raum leidet unter dem plötzlichen Ölpreiseinbruch von knapp 150 Dollar auf ca. 40 Dollar, und versucht energisch durch Kürzung der Fördermengen dagegenzuhalten. Problematisch ist für die OPEC, dass der Preis zu niedrig ist, um Förderinvestitionen zu tätigen, da das Geld anderweitig verplant wurde, was dann später die Förderkapazität beeinträchtigen kann.
Die Kartelldisziplin ist jedoch beeinträchtigt, da bei der augenblicklichen Situation Anfang 2009 eine Drosselung der Fördermenge ihre eigene finanzielle Handlungsfähigkeit noch mehr beeinträchtigen würde, so dass -wenn auch nur vorübergehend- die Disziplin abbröckelt.

Russland leidet ebenfalls erheblich unter der Krise, sichtbar wurde dies an einem Börsencrash der Moskauer Börse im Herbst 2008, außerdem zieht die Ölpreisbindung des Gases, die das Gas 2007/2008 phasenweise extrem teuer machte, jetzt den Gaspreis mit Verzögerung in den Keller.

Im Überblick mögen die hohen Rohstoff- und Ölpreise von Anfang 2008 und der steile Absturz Ende 2008 verwundern. Es gibt jedoch die **Theorie der überschüssigen Liquidität** (auch bekannt als das ‘um den Globus wandernde Kapital’), nach der in der Zeit der Expansion des Finanzwesens die Investoren ständig nach neuen Anlagemöglichkeiten suchten und so mit Rohstoffen, Öl und Lebensmitteln spekulierten, was zu Übertreibungen an den Märkten führte. Diese These kann plausibel erklären, warum die Preise für Rohstoffe, Öl und Lebensmittel in der Zeit der Geldmengenschrumpfung sehr viel schneller schrumpfen als die Produktion und der Bedarf.

In anderen Zeiten wäre es ein Riesenskandal gewesen, Ende 2008 war es nur eine Randnotiz. Im **Madoff-Skandal** hat der gleichnamige amerikanische Anlageverwalter Anleger weltweit um 50 Milliarden Dollar betrogen, indem er das Geld, was neue Anleger einzahlten, nutzte, um damit alten Anleger ‘Anlagegewinne’ auszuzahlen, die es gar nicht gab. Dieses System nennt man auch Schneeballsystem oder in den USA nach seinem ‘Erfinder’ auch Ponzi-System. Ende 2008 waren von 50 Milliarden Dollar in Wirklichkeit nur noch rund 0,3 Milliarden übrig. Neben Mängeln bei der US-Börsenaufsicht SEC, die Hinweisen nicht energisch genug nachging, halfen wohlgemerkt unfreiwillig auch **Dachfonds** mit. Ein **Aktienfonds** ist eine Zusammenstellung von Aktien, die von Fondsmanager verwaltet wird, um so je nach Strategie möglichst viel Sicherheit und/oder Erträge zu erwirtschaften. Die Fondsanleger erhalten so Zugang zu Aktien oder Anlagen, auf die sie alleine nie kämen, z.B. aus Asien oder Südamerika, und können vom Expertenwissen des Fondsmanagers profitieren. Nachteilig sind natürlich die dabei entstehenden Verwaltungsgebühren (bestehend aus einem **Ausgabeabschlag** und jährlichen **Gebühren**), was es jeweils gegen die Vorteile abzuwägen gilt. Dachfonds sind Fonds aus anderen Fonds, was für den einfachen Anleger und zum Teil selbst für die Banken nur noch schwer zu durchblicken ist, was Madoff nutzte, um seine Papiere in zahlreichen Fonds zu platzieren, was die Sache über viele Jahre undurchschaubar und aus seiner Sicht ‘erfolgreich’ machte.

Stellt die Finanzkrise eine ‘Wende’ dar? Nein, denn noch kein wirtschaftspolitischer Trend hatte langfristig Bestand, das Pendel schwankt zwischen Deregulierung und mehr Kontrolle hin und her.

9. Netze und natürliche Monopole

9.1 Einführung

Netze sind die Menge aller Verbindungswege zwischen vorhandenen Punkten. Auf diesen Wegen werden Informationen (Telefon, Post), Energie und Rohstoffe (Strom, Gas) oder Menschen (Bahn) transportiert. Diese Industrien nennt man daher auch **Netzindustrien**. Je dichter ein Netz gewoben ist, desto kürzer kann der Transport zwischen zwei Punkten erfolgen und desto leichter kann ein neu hinzugekommener Punkt angeschlossen bzw. erreicht werden. Daraus ergeben sich **positive Skalenerträge (economies of scale):** Je größer das Netz ist, desto billiger lässt sich ein weiteres Netzstück realisieren bzw. ein neuer Netzpunkt anknüpfen. Zudem ergeben sich positive **Verbunderträge (economies of scope):** Je engmaschiger ein Netz ist, desto kürzer/einfacher/billiger ist der Transport.
Beides führt zur sogenannten **Subadditivität der Kosten,** d.h. größer und engmaschiger ein Netz, desto effizienter: Daraus folgt, wenn man es konsequent zu Ende denkt, dass ein einziges großes Netz am billigsten wäre.

Diesen Effekt nennt man **natürliches Monopol**, d.h. bei freiem Wettbewerb würde sich automatisch derjenige mit dem größeren Netz durchsetzen, so dass am Ende des Prozesses theoretisch nur ein einziger Anbieter überlebt. Das wäre ökonomisch die beste Lösung, wenn nicht Monopolisten dazu tendierten, ihre Marktmacht auszunutzen und die Preise höher zu machen, als sie sein müssten. Diesen Zusatzgewinn durch die überragende Machtstellung nennt man auch 'Monopolrente'. Dabei wird dieser Preis nicht einfach durch Profitmaximierung erzielt, sondern evtl. auch durch ineffizientes Wirtschaften, auch als **organizational slack (X-Ineffizienz)** bekannt, d.h. man hat mehr Personal als nötig, lässt sich mehr Zeit als nötig usw. usw., d.h. die Anreize zum effizienten und kostengünstigen Arbeiten fallen weg. Der Verweis eines marktmächtigen Unternehmens auf moderate Gewinnspannen ist daher mit Vorsicht zu genießen.

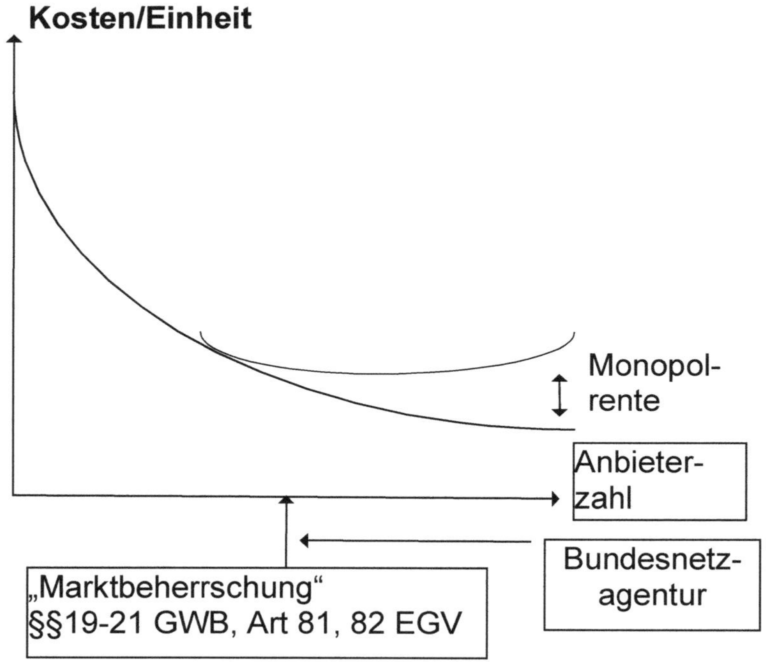

Der Staat steht nun vor einem schwer zu lösenden Dilemma: Er muss versuchen, das Monopol zu brechen, indem er den Wettbewerb einführt. Neuankömmlinge müssten jedoch ein neues Netz aufbauen, was oft unbezahlbar ist, oder Netzteile kaufen (wozu der Monopolist nicht bereit sein wird) oder Netzteile mieten (wobei der Monopolist dafür aber markthemmende Gebühren verlangen könnte).
Eine einfache Zerschlagung des Netzes in Teilnetze würde die Kosten des Netzes evtl. sehr erhöhen. Also muss der Staat **marktschaffend und -regulierend** eingreifen, indem er bestehende Monopole, sofern staatlich, aufhebt und Neulingen Zugang zu den Netzen verschafft, indem diese das Recht bekommen, Netzteile gegen einen fairen (diskriminierungsfreien) Preis mieten bzw. mitbenutzen zu dürfen (z.B. Gleisnetz der Bahnen). Da alle diese Maßnahmen vom Monopolisten ein ökonomisch unlogisches, nämlich selbstschadendes Verhalten voraussetzen, muss der Markt auf rechtlichem Wege erzwungen werden. Da der politische Apparat jedoch mit der Feinsteuerung überlastet wäre, hat sich sowohl in

Deutschland als der EU das sogenannte **Agenturmodell** durchgesetzt, bei dem nachgeordnete Behörden (Agenturen) Spielräume innerhalb eines vorgegebenen Gesetzesrahmens erhalten. Das Ziel der Agenturen ist es, Netzmonopole soweit zu lockern, dass die zusätzlichen Kosten der zersplitterten Netznutzung nicht größer sind als die Gewinne, die durch den erhöhten Wettbewerbsdruck und das Schwinden der Monopolrente existieren. Der exakte anzusteuernde Punkt ist schwer zu ermitteln, denn erhöhter Wettbewerb kann auch zu kürzeren Bearbeitungszeiten, neuen Produkten etc. führen, also Dingen, die sich nicht direkt durch Preise fassen lassen.

Weitere Probleme ergeben sich auch aus der **Prinzipal Agent-Theorie** und dem Phänomen der asymmetrischen Information: Der Monopolist verfügt über einen Informations- und Wissensvorsprung (**asymmetrische Information**), den dieser dazu nutzen kann, der Agentur die wahren Kosten zu verschweigen bzw. diese verzerrt weiterzugeben. Daher ist die *Beschaffung von Marktinformationen* durch Überwachung (Monitoring), Befragungen und Beschwerdemanagement neben der Entwicklung von Leitlinien der zweite große Aufgabenteil der Behörde. Die Agentur muss auch darauf achten, dass der Monopolist nicht so geschädigt wird, dass unter Umständen der Gesamtmarkt darunter leidet oder wichtige Infrastrukturinvestitionen ausbleiben, wie bei der: Privatisierung der britischen Eisenbahnen, wo sich phasenweise niemand mehr um die Gleise kümmerte und auf den Schienen das blanke Chaos herrschte. Die Agentur darf aber auch nicht zum Sachwalter der Regulierten werden (**administrative capture**).

Umgekehrt jedoch haben kleine Starterfirmen auch andere Nachteile wie Unerfahrenheit, Unbekanntheit, wenig Personal usw. Einsteiger brauchen zum Überleben eine Mindestmenge an Kapitel, Wissen, Personal (die **kritische Größe**) und müssen, um den Kunden einen Anreiz zum Wechseln zu geben, besseren Service und bessere Preise bieten, was eine Quadratur des Kreises ist, denn die Startphase ist besonders kostenintensiv. Gelöst wird das Dilemma dann oft durch Einsparungen beim Gehalt (Postdienstleister), der Wartung oder dem Service (Entstehung der Callcenter und der Hotline-Höllen am Ende der Neunziger Jahre). Umgekehrt kann der Monopolist durch gleichzeitige Personaleinsparungen (Ausgründung, Frühpensionierungen) und die Konzentration auf besonders rentable Geschäfte versuchen, seinen Vorsprung gegenüber den Mitbewerbern zu halten.

Die andere Seite des Geschäftes ist jedoch der **Kontrollaspekt**. Konservative wie Linke waren sich bis in die Achtziger Jahre einig, dass Netze unter enger Kontrolle des Nationalstaates stehen müssten, zum einen aus Sicherheitsgründen (insbesondere das Telefon und das ISDN-Netzwerk als Vorstufe des Internets), zum anderen, um den Zugriff der Politik auf wichtige Infrastrukturen erhalten zu können. Der Wettbewerb vergrößert nicht nur die Zahl der Netzanbieter, sondern bietet auch ausländischen Anbietern die Möglichkeit, in nationale Märkte eindringen zu können. Dies kann den Wettbewerbsdruck deutlich erhöhen, denn kapitalstarke ausländische Firmen verfügen über die nötige Macht, um nationale Marktführer sofort unter Druck setzen zu können.
Da Netze dazu dienen können, den Austausch von Waren, Dienstleistungen, Menschen und Kapital zu sichern, hat die Europäische Union auf der Ebene der Netze weitreichende Eingriffsmöglichkeiten, denn es handelt sich um die sog. **4 Grundfreiheiten**[96], für die die Europäische Union nun ausdrücklich zuständig ist. Die Europäische Union nutzt diese Zuständigkeit so weit wie möglich aus, weil die Dinge, die *in* den Netzen transportiert werden, insbesondere Strom oder Gas, nicht ihrer Zuständigkeit unterliegen. Die Netze bilden aus Sicht des Nationalstaates also eine Art ‚weiche Flanke', durch die die EU in die entsprechenden Gebiete eindringen kann.

Das erklärt die besondere Struktur der Netzkontrolle in der EU

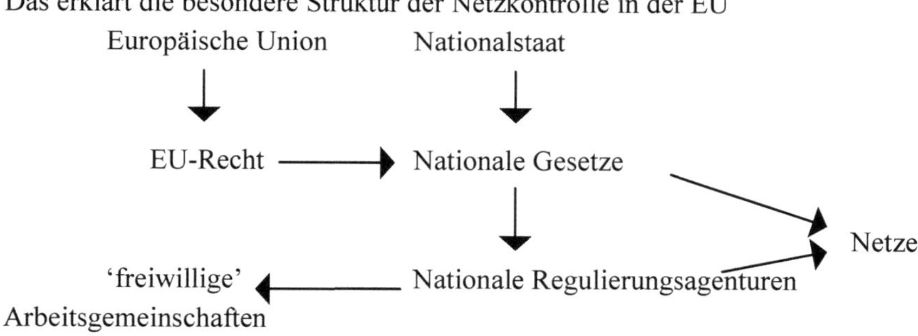

Die Regulierungsbehörden haben in den Bereichen Energie und Telekommunikation jeweils freiwillige Arbeitsgemeinschaften gebildet, woraufhin die EU-Kommission ebenfalls die Gründung von Arbeitsgemeinschaften beschloss,

[96] Waren, Dienstleistungen, Kapital und Menschen

die der Kommission beratend zur Seite stehen sollen. Aus Furcht, von der EU erdrückt zu werden, der z.B. im Telekomsektor eine große Zentralbehörde vorschwebt (vorgeschlagen 2007, von der ERG energisch abgelehnt), werden mit Ausnahme der Bahn, wo Behörden und die EU in einem Boot sitzen, Parallelwelten aufrechterhalten:

Tab. 33 Die Regulierung der Netzindustrien

	Freiwillige Arbeitsgemeinschaft	Arbeitsgemeinschaft der EU-Kommission
Energie	CEER (Council of European Energy Regulators)	EGREG European Group of Regulators
Telekom	IRG Independent Regulators Group	ERG European Regulators Group
Bahn	Working Group of Rail Regulatory Bodies/Eisenbahnagentur der EU	

Die Europäische Union regiert bei Strom, Gas, Bahn, Post, Telekom über Netzrichtlinien mit hinein, der Nationalstaat behält sich aber außerhalb der Netze viele Zuständigkeiten immer noch selbst vor (Beispiel: Kontrolle über die Energieträger, Mindestlohn bei der Post) und die Regulierungsagenturen müssen versuchen, aus diesem Mix europäischer und nationaler Vorgaben in ihrem eingehen Land das beste zu machen. Deshalb gibt es im Endergebnis keine europäische Netzagentur, sondern nur eine Arbeitsgemeinschaft der nationalen Netzagenturen. Der von der Europäischen Union in den Neunziger Jahren massiv geförderte Wettbewerb hat aber zwei politisch unerwünschte Nebeneffekte, sich erst nach der Jahrtausendwende voll zu entfalten zu beginnen: Zum einen können nun Größen- und Verbundvorteile über Landesgrenzen hinweg realisiert werden, die langfristig dazu führen können, dass man statt vielen Ländern mit jeweils einem starken Anbieter nachher wenige internationale Anbieter, die sich jeweils den Markt in einem Land aufteilen, hat. Der Strom- und Gasmarkt ist bereits auf dem Wege hierhin.

Vorher:		**Nachher:**	
Land	1 2 3 4 .....n	Land	1 2 3 4 .....n
Anbieter	1 2 3 4 .....n	Anbieter	
		1	x x x x......x
		2	x x x x......x
		3	x x x x......x
		4	x x x x......x

Der zweite Nebeneffekt ist das *Eindringen sicherheitspolitisch unerwünschter Anbieter* wie Staatsfonds oder von Staaten, von denen man abhängig ist oder nicht abhängig werden möchte, insbesondere Russland und China (deshalb z.B. Abwürgen des Dresdner Bank Verkaufes an China, obwohl China eindeutig mehr Geld bot als die Commerzbank).
Besonders kritisch ist dies im Gebiet der Kabelnetze und Telefonleitungen, die zugleich auch die physischen Träger des Internets sind, auch wenn man die Informationen technisch auch über das Stromnetz leiten könnte, was aber das Problem nur auf das andere Netz verlagern könnte.

Um dieses Dilemma aus Wirtschafts- und Sicherheitspolitik zu lösen, versuchen die Nationalstaaten in den letzten Jahren sogenannte **Schlüsselindustrien** zu definieren, die vor ausländischem ökonomischen Zugriff geschützt werden müssen und sog. **kritische Infrastrukturen**, deren Kontrolle aus Sicherheitsgründen in den Händen politisch zuverlässiger Kräfte liegen muss und die vor Angriffen besonders geschützt werden müssen (Deutschland: Plan 'Kritis'). Die politische Kontrolle der Wirtschaft ist nicht neu, man denke nur an die Verbote von Hochtechnologieexporten im kalten Krieg über die sog. **COCOM-Liste**, Überwachungs- von Rüstungsexporten; wird hier aber mit Blick auf die erwartete Ressourcenknappheit neu positioniert. Über das Problem der Versorgungssicherheit wird auch die Energiepolitik mit eingebunden.
Jenseits der Marktregulierung sehen sich die Netzteilnehmer (außer bei der Bahn) mit sicherheitspolitischen Auflagen (Vorratsdatenspeicherung, politische Begleitung von Kooperationen mit der Gazprom, Druck hinter den Kulissen, die Russen und Chinesen außen vor zu lassen) konfrontiert.
In der Summe wird zunehmend wieder etwas betrieben, was eigentlich in den Neunziger Jahren als überholt galt, nämlich eine **nationale Industriepolitik**.
Immer häufiger wird erörtert, das Problem auf andere Weise als bisher zu lösen. Bisher ist es in allen Bereichen üblich, dass denen, die Menschen, Informationen, Energie und Rohstoffe in die Netze einspeisen, auch die Netze gehören (vertikale Integration). Um den Wettbewerb zu verschärfen, wird diskutiert, Einspeisung und Netz voneinander zu trennen (eigentumsrechtliche Trennung, sog **Unbundling**) und wenn dies nicht möglich ist, zumindest eine organisatorische Trennung zwischen den Netz- und Einspeiseteilen eines Unternehmens zu schaffen (**ISO Independent Service Operator**).

Die erste Lösung, die radikaler wäre, ist wirtschaftspolitisch problematisch, weil sie, egal, wie man es immer nennt, letztlich auf eine Art Enteignung[97] hinausläuft. Außerdem löst dies nicht die Kontrollfrage, denn wer soll dann wiederum das Netz, z.B. eine Deutsche Netz AG, betreiben? Die zweite Lösung ist zwar rechtlich leichter durchzusetzen, lädt aber zum Missbrauch, denn warum soll der Netzteil einer Firma gegen den Einspeiseteil derselben Firma kämpfen, bildlich gesprochen der linke Arm mit dem rechten Armdrücken spielen)? Diese Lösung hat also ein *Rationalitätsdefizit*.

Im Prinzip bestehen ja nach Lowi noch andere Möglichkeiten als die Regulation. Regulation hat aber den Vorteil, dass sie vom Regulator vergleichsweise wenig Personal und Kapital erfordert, es sei denn, es resultieren Überwachungspflichten, die man nicht delegieren kann.

---

[97] Genau genommen wird nicht enteignet, sondern 'nur' verboten, etwas zu besitzen. Die Auflage, etwas zu verkaufen, ist im Kartellrecht zwar bei marktbeherrschenden Unternehmen durchaus üblich, hier jedoch jedoch soll es alle auf einmal treffen.

Tab. 34 Marktregulierung nach Lowi et al.

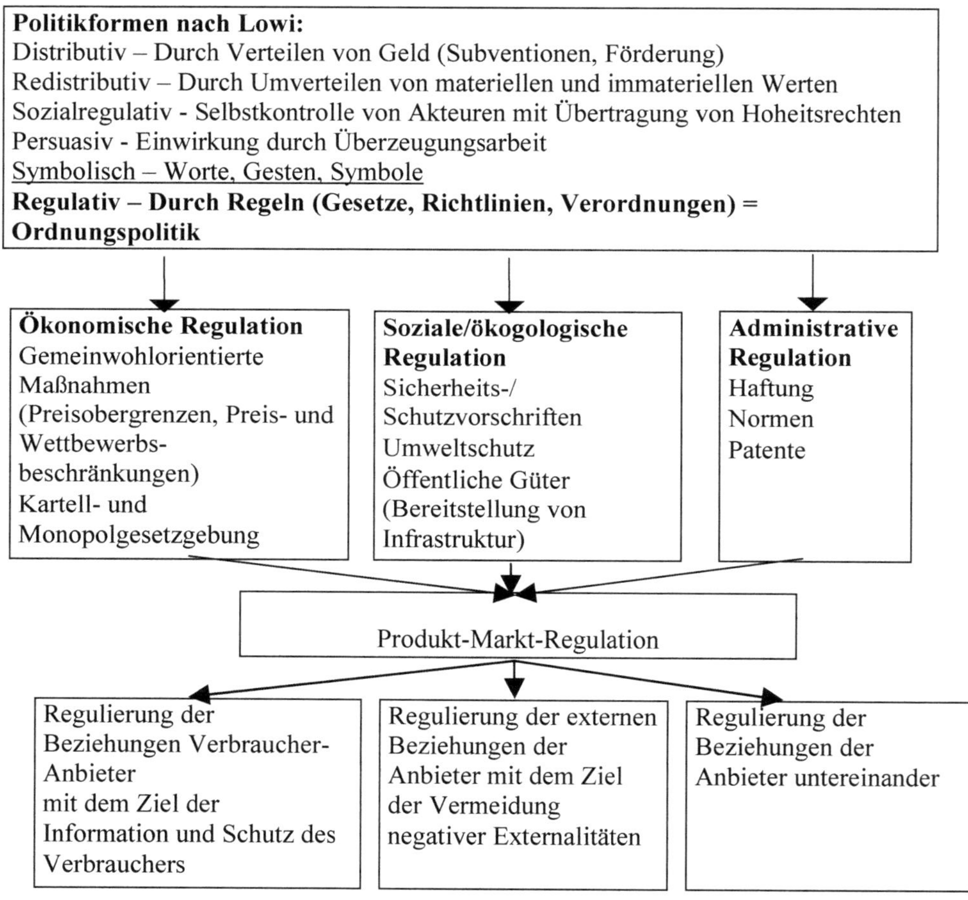

Es gibt **drei generelle Ansätze zur Regulierung**,

- den über ein **Ministerium**, das bei Bedarf Einzelfallentscheidungen trifft,
- über ein **nachgeschaltetes Amt**, das in der Regel für Lizenzen und Sicherheitsfragen zuständig ist,
- oder über eine **Regulierungsbehörde**, die relativ unabhängig innerhalb eines bestehenden Rahmens agiert

wobei die Konzepte auch in dieser Reihenfolge entwickelt wurden.

Grund für die Wahl einer Agentur ist zum einen die wachsende technische Komplexität, zum anderen das Bedürfnis, die Regulierungsaufgaben gemäß dem Agenturmodell etwas aus dem politischen Geschäft herauszuhalten, sondern die Materie auf eine expertenbasierte technische Ebene zu geben und sich den politischen Eingriff nur fallweise aufrechtzuerhalten.
Ein Beispiel ist die Bahn, wo 11 EU-Länder (z.B. Frankreich, Spanien, Griechenland, Litauen) noch mit Ministerien arbeiten, 6 Länder vor allem in Osteuropa mit Ämtern agieren und 6 Länder mit Regulierungsbehörden, wobei die deutsche Behörde bzgl. Befugnissen und Personal mit Abstand am besten ausgestattet ist.

Das Telekommunikationsgesetz kennt drei **Kriterien der Regulierungsbedürftigkeit** eines Marktes, die aber sinngemäß in allen Netzen gelten:

- Bestand beträchtlicher und anhaltender struktureller oder rechtlich bedingter Zugangshindernisse
- Keine hinreichende Tendenz zu wirksamen Wettbewerb
- Unmöglichkeit der Beseitigung von Marktversagen mit Mitteln des Wettbewerbsrecht

Ein Markt ist erst zu Ende reguliert oder gar nicht erst regulierungspflichtig, wenn er **nachhaltig wettbewerbsorientiert** ist, d.h. auch ohne Regulierung der Wettbewerb bestehen bleibt.

Ex-ante oder ex-post-Regulieren?

Der Ansatz der Bundesnetzagentur ist die **ex-ante-Regulation**, d.h. man greift vorbeugend an, was aber eine intensive Marktbeobachtung erfordert und spekulativ ist, da man natürlich weiß, was passiert wäre, wenn man es einfach hätte laufen lassen. **Ex-post** ist der Ansatz des Bundeskartellamts, das eingreift, wenn es Missbrauch oder Marktmacht erkennt. Während hier natürlich klar ist, wonach man schauen muss, so greifen die Maßnahmen erst, wenn sich das 'Symptom' schon zeigt, also zeitverzögert. Dies kann es markthemmend sein, denn ein Newcomer kann erst klagen, wenn er sicher was in den Händen hat ('stummer Tod' der meisten neuen Stromanbieter nach der Liberalisierung). Jedoch ist es fraglich, ob die neuen Anbieter 'an die Wand gedrückt' wurden oder sich lediglich übernommen haben?

Dilemmata der Regulierung

Die Regulierungsagenturen müssen also zahlreiche Probleme lösen:

- Monopole auflösen und Märkte schaffen, obwohl die Monopolstruktur ökonomische Vorteile hat
- Freiräume schaffen, aber zugleich Investitionen sichern und Chaos vermeiden
- In die Preisbildung eingreifen, ohne den Markt zu zerstören
- Europäische und nationale Vorgaben in Einklang bringen
- Wettbewerbspolitische Ziele mit sozial-, sicherheits-, umwelt- und energiepolitischen Vorgaben in Einklang bringen
- Technik regulieren, aber nicht abwürgen
- Nationale Befugnisse in einem europäischen Markt ausüben
- Sich aus der Regulierung zurückziehen, aber immer mehr Regulierungsaufgaben wahrnehmen
- Liberalisieren trotz des Risikos transnationaler Oligopole und sicherheitspolitischer Probleme
- Der Bund steht der Regulierungsagentur vor, aber zugleich den alten Monopolisten => Die Regierung müsste theoretisch ihren eigenen Einfluss wegregulieren (lassen)
- Aufgrund der Netztheorie ist nur ein **Übergang zu Oligopolen** zu erwarten, die, wenn man ihnen wirklich freie Hand ließe, wegen der Synergien zum Monopol tendieren und latent instabil sind. Mehr Akteure erzeugen auch mehr Aufwand, Bilanzierungs- und Abrechnungsprobleme, schlimmstenfalls also nur mehr Chaos und Bürokratie...

Die Konstellation ist für die Politik, aber auch die Agentur verführerisch: Die Politik hat Anreize, ihre Wünsche bei der Regulierungsagentur abzuladen, die Agentur wiederum gewinnt hierdurch an Aufgaben und an Macht. Dadurch jedoch wird das Ziel gefährdet, die Agentur nach dem Übergang zum Wettbewerb zu verkleinern oder abzuschaffen. Außerhalb Deutschlands ist deshalb ein ständiges Wachstum der Regulierungsdichte und des Personalbestandes der Regulierungsagenturen zu beobachten.

Vor allem im angloamerikanischen Diskurs (vgl. u.a. Stiglitz 2008) bahnt sich die Frage an, ob dies nicht nach der Phase der sozialen Marktwirtschaft mit hohem Staatsanteil (bzw. Verstaatlichungen) außerhalb Deutschlands und der Phase der Liberalisierung und Europäisierung nicht der Übergang zu einer '**regulierten**

Marktwirtschaft'[98] sei, in der der Staat in allen Bereichen, in denen freier Wettbewerb zu politisch ungewollten Ergebnissen führt, den Markt mit Hilfe regulativer Politik (Gesetzen, Verordnungen, Ver- und Geboten) und distributiver Politik (Steuern, Subventionen) lenkt:

Beispiele:

- Netzbereiche Strom, Gas, Bahn, Post, Telekom mit der Tendenz zu natürlichen Monopolen
- Gesundheits- und Pharmapolitik, wo alle, die zugleich arm und krank sind, nicht rentabel sind,
- Wohnungsmarkt, wo marktgerechte Preise wahrscheinlich ein sehr viel steileres Preis-Wohngrößen-/Qualitätsgefälle erzeugen würden,
- die chronisch subventionierten Bereichen Kohle und Stahl
- die europäisch gesteuerte Agrarpolitik, der ähnliche Subventionssysteme auf anderen Kontinenten gegenüberstehen
- die zunehmend staatlichen beherrschten Bereiche Öl und Kernkraft, beim Öl haben die nichtstaatlichen 'Ölmultis' bereits den größten Teil der Kontrolle verloren
- die zunehmend kritisch beäugten Finanzmärkte, wo die USA nun zur Verstaatlichung von Immobilienkreditrückversicherern griff, die Kredite für 700 Milliarden $ aufkaufen will und andere Staaten entsprechend verfuhren
- der Flugmarkt, wo vom Flugzeugbau bis zum Flughafen alle Bereiche staatlicher Einflussnahme unterliegen.

Der sich anbahnende Mangel an Rohstoffen und Ressourcen wird diese Tendenz nach übereinstimmender Ansicht der Beteiligten noch verschärfen. Hinzu kommt die Erfordernis einer **Grundversorgung (Daseinsvorsorge, public value, service public**), also der Zugang zu wichtigen Dingen (z.B. Briefkästen) für die gesamte Bevölkerung zu einem angemessenen Preis, auch wo sich das ökonomisch nicht lohnt. Zu diesem Zweck investiert entweder der Staat selbst z.B. in Straßenbau/Verkehrswege oder er greift in den Markt ein durch Grundversorgungsaufträge.

---

[98] Das ist nicht mit Planwirtschaft zu verwechseln, die dadurch gekennzeichnet ist, dass sie den Akteuren zumindest in der sowjetischen Form neben dem Preis den Input (die Menge einzusetzender Ressourcen) und Output (die Produktionsmengen und -arten) vorschrieb und auch nicht dasselbe wie der Staatskapitalismus, bei dem der Staat als zentraler Auftrag- und Geldgeber, mitunter auch Eigentümer auftritt.

9.2 Die Bundesnetzagentur

9.2.1 Entstehung der Bundesnetzagentur

Bis 1989 gab es die Bundespost mit den Bereichen **Telefon, Post** und Bank, deren Mitarbeiter ebenso wie bei der Deutschen Bahn zum Teil noch Beamtenstatus besaßen. 1989 wurde die Bundespost in die drei Teilbereiche Deutsche Post, Postbank und Telekom aufgeteilt, die alle drei zunächst Aktiengesellschaften im Besitz des Staates waren, der diese Aktien dann nach und nach an die Börse brachte, insbesondere die Telekom-Aktie als 'Volksaktie' (Poststrukturgesetz). 1998 wurde als Keimzelle der Bundesnetzagentur die **Regulierungsbehörde für Telekommunikation und Post (RegTP)** gegründet. Sie ging aus dem Bundesministerium für Post und Telekommunikation (BMPT) und dem Bundesamt für Post und Telekommunikation (BAPT) hervor.

Tab. 35 Die Entstehung der Bundesnetzagentur

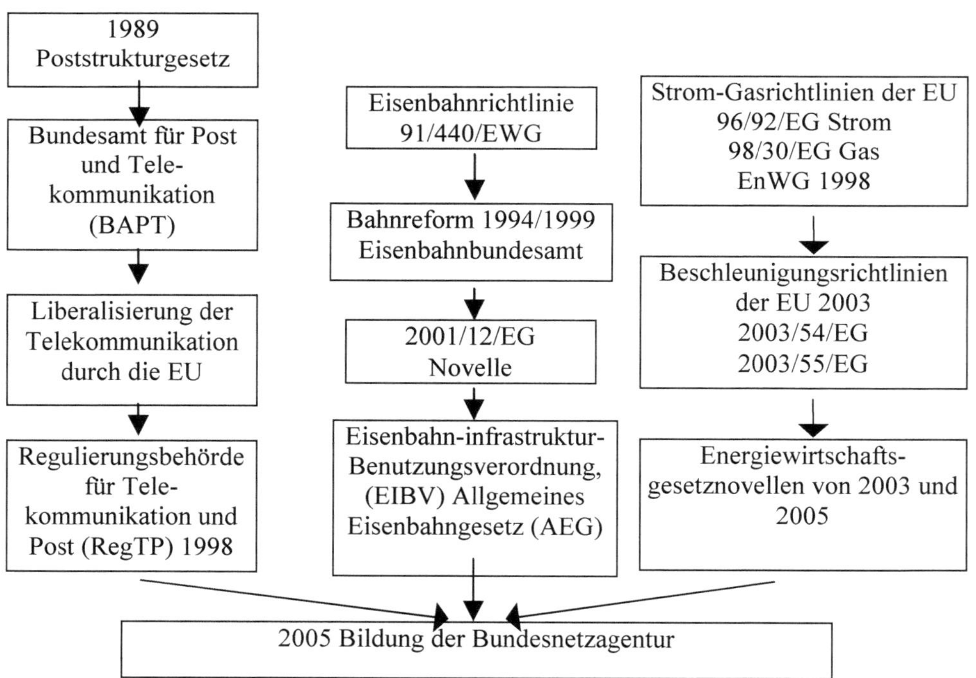

Nachdem die Europäische Union 1991 in der Richtlinie 91/440/EWG verlangt hatte, dass die **Eisenbahnen** unabhängige Unternehmen werden, die Wettbewerbern Zugang zu ihrer Infrastruktur geben, wurde 1994 das **Eisenbahnneuordnungsgesetz** beschlossen, durch die so genannte Bahnreform eingeleitet wurde: Bestandteile der Bahnreform, die zweistufig 1994 und 1999 umgesetzt wurde, sind die Gründung der Deutschen Bahn AG als privatwirtschaftlich organisierte Eisenbahngesellschaft des Bundes, die Öffnung der Schienenwege für private Eisenbahnunternehmen sowie die Übertragung der Zuständigkeit für den Schienen-Personen-Nahverkehrs vom Bund auf die Länder. Das durch die Bahnreform geschaffene und bis 2005 zuständige Eisenbahnbundesamt übergab seine wettbewerblichen Aufgaben mit Wirkung von Neujahr 2006 an die neu entstandene Bundesnetzagentur.

Im **Energiesektor** wurden nach mehr als zehnjähriger Debatte 1997 in den Binnenmarktrichtlinien Elektrizität 96/92/EG und Gas 98/30/EG die Marktöffnung, der diskriminierungsfreier Zugang, die Regelung der Pflichten von Übertragungs- und Verteilungsnetzbetreibern, die organisatorische, aber nicht eigentumsrechtliche Entflechtung von Einspeisung und Netz festgeschrieben. Daraus entstand 1998 das **Energiewirtschaftsgesetz EnWG**, woraufhin die Bundesregierung versuchte, mit den so genannten Verbändevereinbarungen Strom und Gas (VV Strom und Gas) den Markt zu liberalisieren.

Die Bestrebungen der Bundesregierung und der Europäischen Union, den Markt zu liberalisieren, sind wenig erfolgreich gewesen, da die Verbindung aus Einspeisung und Netzbesitz eine kaum zu brechende Marktmacht konstituiert. Deshalb wurden von der EU 2003 die so genannten Beschleunigungsrichtlinien 2003/54/EG und 2003/55/EG erlassen, die nach einer kleinen Änderung des EnWG 2003 zu einer radikalen Erweiterung des ENWG von 19 auf 118 Paragraphen führten.

Daher wurde aus der bereits erwähnten RegTP die **Bundesnetzagentur** geschaffen, die seit 2006 die Befugnisse der Regierung auch im Bereich Strom und Gas[99] ausübt.

---

[99] Unternehmen mit weniger als 100.000 Kunden und mit Versorgungsnetzen innerhalb der Landesgrenzen werden von den Landesbehörden reguliert, alle übrigen von der Bundesbehörde. Damit werden ca. 80 Prozent des Gas- und 90 Prozent des Strommarktes von ihr überwacht.

9.2.2 Zuständigkeiten der Bundesnetzagentur

Die Bundesnetzagentur hat die Aufgabe, durch Liberalisierung und Deregulierung für die weitere Entwicklung auf dem Elektrizitäts-, Gas-, Telekommunikations-, Post- und seit dem 1. Januar 2006 auch auf dem Eisenbahninfrastrukturmarkt zu sorgen.

Die Entscheidungen der Bundesnetzagentur basieren auf dem Telekommunikationsgesetz TKG, dem Postgesetz PostG und dem Energiewirtschaftsgesetz EnWG und sind rechtlich überprüfbar (Quelle: Bundesnetzagentur). Entscheidungen der Beschlusskammern können im Falle eines Rechtsstreits von der Aufsichtsbehörde, dem Bundesministerium für Wirtschaft und Technologie (BMWi), nicht aufgehoben werden.

Die Alltagsarbeit wird von 9 Abteilungen erledigt, Entscheidungen werden von 9 Beschlusskammern gefällt. Die Abteilungen kümmern sich abgesehen von der Zentralabteilung Z jeweils um getrennte Aufgaben. Für jede (größere) Aufgabe gibt es ein Referat. Die Bundesnetzagentur verfolgt im Kern eine **Drei-Gruppen-Strategie**, bei der Juristen, Ingenieure und BWLer zusammenarbeiten. Die Juristen sind für die Regulation zuständig, die BWLer arbeiten von der wirtschaftlichen, die Ingenieure von der technischen Seite her zu. Die Bundesnetzagentur verfolgt einen fast sportlichen Ansatz bei den Prozessstatistiken. Für 2007 meldete sie im Jahresbericht in 94 Hauptsache- und 33 Eilverfahren 74 bzw. 23 Siege, 6 bzw. 5 remis, d.h. nur 14 bzw. 8 Niederlagen.

Grob vereinfacht werden alle Netzindustrien immer nach demselben Muster reguliert:

- Zugang zu Netzen sichern und überwachen
- Entgelte (Preise, Gebühren) überwachen und notfalls intervenieren[100]: Die Regulierungsbehörde genehmigt Entgelte auf der Grundlage der auf die einzelnen Dienste entfallenden Kosten der effizienten Leistungsbereitstellung oder der von ihr vorgegebenen Maßgrößen für die durchschnittlichen Änderungsraten der Entgelte für einen Korb zusammengefasster Dienste (**Price-Cap-Verfahren**)

[100] Im Telekommunikationssektor wurde in praxi der ehemalige Monopolist, also die Deutsche Telekom reguliert, im Postsektor die Deutsche Post, wobei die Preise ab mehr als 50 Sendungen jetzt frei sind. Ziel ist es, sich möglichst rasch aus der Entgeltregulierung zurückzuziehen, die **Roaming-Verordnung** stellt aber so etwas in die Frage, ebenso unterliegen Mehrwertdienste am Telefon gewissen Beschränkungen (0900er-Nummern). Im Energiesektor geht es u.a. um die Netznutzungsentgelte.

- Verbraucherschutz
- Marktbeobachtung inkl. des internationalen Handels
- Technische Überwachung

Neben der Regulierung hat die Bundesnetzagentur im Telekommunikations- und Postmarkt noch weitere vielfältige Aufgaben; sie vergibt Lizenzen im Postbereich, trägt zu Lösungen von Fragen im Rahmen der Standardisierung bei, verwaltet Frequenzen und Rufnummern, klärt Funkstörungen auf, bekämpft den Missbrauch von Rufnummern, beobachtet den Markt und berät die Bürger über neue Regelungen und deren Auswirkungen.

9.3 Die Sektoren

Allgemein lassen sich für alle Bereiche folgende Phasen unterscheiden: In den Achtziger Jahren wird die Liberalisierung und Deregulierung diskutiert, mit dem Ende des kalten Krieges kann sie dann auch realisiert werden, dann kommt es zwar im ersten Schritt zu mehr Wettbewerb, dann jedoch bleibt die Entwicklung immer mehr im Geflecht aus technischen Veränderungen, sicherheits- und industriepolitischer Erwägungen stecken, so dass sich letztlich nur wenige Firmen den Hauptanteil des Marktes teilen, also oligopolistische Strukturen dominieren.

Bemerkenswert ist, dass die EU bei den Netzindustrien *immer mehr von der reinen Wettbewerbslinie abgeht* und Subventionen für die Grundversorgung akzeptiert, tiefe Eingriffe bei der Trennung des Netzes bei Strom und Gas vornimmt, direkte Preiskontrollen bei Handygebühren einführt und sogar schon ein Gasabnehmerkartell gegen die drohende Gründung einer Gas-OPEC vorschlug. Hier könnte sich ein genereller Richtungswechsel der EU **vom Markt zur Kontrolle** anbahnen.

9.3.1 Telekommunikation

9.3.1.1Geschichte

Tab. 36 Die Entstehung der Telekom

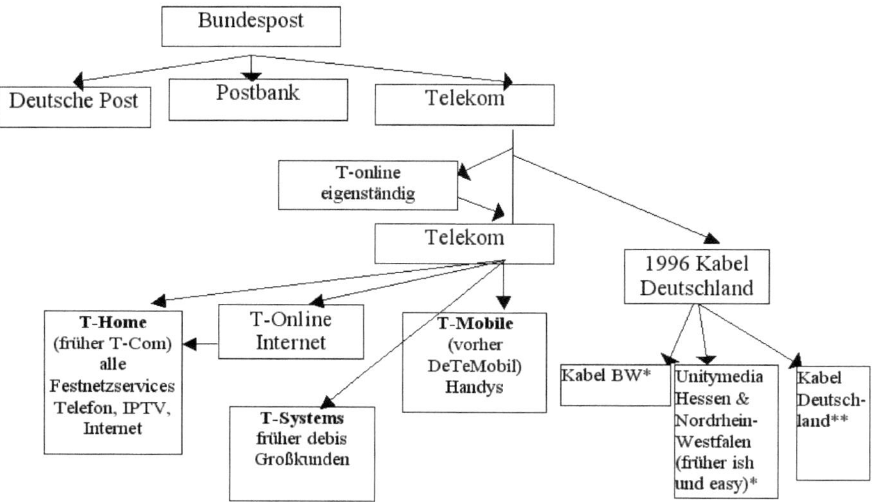

*US-Eigentümer Callahan
**Investmentgesellschaft *Providence Equity Partners* (ab 2003 mit anderen, ab 2006 faktisch allein)

1989 wurde die Bundespost in die drei Teilbereiche Deutsche Post, Postbank und Telekom aufgeteilt, die alle drei zunächst Aktiengesellschaften im Besitz des Staates waren, der diese Aktien dann nach und nach an die Börse brachte, insbesondere die Telekom-Aktie als 'Volksaktie' (Poststrukturgesetz).
Die Telekom wehrte sich hartnäckig gegen den Verkauf der Kabelgesellschaften (Regelungslücke), gab aber auf, nachdem die EU-Kommission 1998 einen Kabelverbund aus Deutscher Telekom, Bertelsmann und der Kirch-Gruppe (sprich: Netzbetreiber und Inhalteanbieter) aus kartellrechtlichen Gründen verbot. Die Tochter Kabel Deutschland wurde in Regionen aufgeteilt und die Regionalgesellschaften 2000-2003 verkauft.
So entstanden *Kabel Deutschland, easy, ish (easy und ish heute als UnityMedia)* und *KabelBW*.

Die Telekom gründete im Zeitalter der Interneteuphorie eine Tochter, *T-Online*, die auch an die Börse ging. Nach Platzen der Internetblase kaufte die Telekom die Aktien zu einem Drittel des Ausgabepreises wieder zurück, so dass die Telekom heute zwar aus Sparten besteht, aber keine Töchter hat (auch wenn die Ausgliederung von Teilen der Firma in Töchter aus Kostengründen immer wieder zur Debatte steht).
Die folgende Graphik zeigt die technische Entwicklung, die anschließend erläutert wird:

Tab. 37 Die technische Entwicklung in der Telekommunikation

Übergang vom Analog zum Digitalnetz (C-Netz zum D- und E-Netz), Nutzung eigener Telefone möglich Einführung von **SMS (short message service)**

Entstehung der vier großen Mobilfunkfirmen (*T-Mobile, O2, Vodafone, eplus*) und der Handyherstellerbranche (*Nokia, Motorola, Samsung 1, Sony Ericsson, LG Electronics, früher auch Siemens*)

ständige Erhöhung der Datentransportraten im Telefon-Modem, ISDN (integrated services digital network) kbit/sec, jetzt **DSL (digital subcriber line)** mit Einbindung von Internetleitungen

Übergang zum UMTS-Netz Aufstieg der Smartphones (iPhone, palm, blackberry usw.)

Umstellung des Datentransports von digital auf das Internetprotokoll IP

Beginn des Triple-play (Fernsehen, Internet, Telefon in einem) New/Next Generation Network

World World Wide Web ab 1994

Entstehung der Internetanbieter und mailservices (*web.de, gmx, 1&1, arcor, freenet, t-online* usw. usw.)

Noch der Postminister vergab die Lizenzen für das **D- und E-Netz 1992** und 1993, wodurch die heutigen Handynetze entstanden, bis dahin gab es nur das alte und teure **C-Netz**. Anschließend wurde die Bevölkerung mit Handys geradezu überschwemmt. Laut Bundesnetzagentur entfallen 2007 auf jeden Bundesbürger vom Baby bis zum Greis knapp 1,2 (!) Handys. Entscheidend hierfür waren aber nicht nur die rechtlichen, sondern auch die technischen Änderungen:

Es gibt drei Generationen der Übertragung:

- 1G = das analoge Netz (mit den alten Autotelefonen)
- 2G = **GSM Global System for Mobile Communications** = Standard für digitalen Mobilfunk (670 Netze in 200 Ländern), Grundlage der deutschen D- und

E-Netze ab 1992 mit D1-Netz (Netzbetreiber *T-Mobile*) und D2-Netz (Netzbetreiber *Vodafone*, ehemals Mannesmann Mobilfunk) und E-Netz (*eplus, ViagInterkom = heute O2*)

- 3G = **UMTS Universal Mobile Telecommunications System**, mit dem deutlich höhere Datenübertragungsraten (384 kbit/s bis 7,2 Mbit/s) als mit dem GSM-Standard (9,6 kbit/s bis 220 kbit/s) möglich sind[101].

GSM war der Durchbruch, weil die alten Telefonnetze zwischen den Ländern inkompatibel waren, so dass erst GSM alle weiteren Vereinheitlichungsschritte technisch möglich machte. Außerdem ermöglichte GSM die Verschickung von Texten (SMS). Die EU Richtlinie 87/372 hatte jedoch schon vorbereitend Mobilfunkfrequenzen geregelt, um nach der Vereinheitlichung auch einheitliche Netze schaffen zu können.

1998 fiel auf Druck der EU das Fernsprechmonopol. Damit kamen andere Telefonanbieter auf, die mit **Call-by-call** und **Pre-selection** und vielfältigen Telefontarifen agierten. Ein frühzeitig aktiver Anbieter war und ist die noch heute bestehende schwedische Firma Tele2, die inzwischen über 2 Mio. Kunden hat und über *plusnet* auch Internet anbietet. Im selben Jahr wurde die RegTP geschaffen und als sich die Mitglieder der Internationalen Telekommunikations-Union ITU auf den Standard UTMS einigten, wurden die UMTS-Lizenzen versteigert[102]. Zum Schluss blieben die Firmen über, die auch schon die D- und E-Netze hatten: Die 1991 gegründete Firma *mobilcom* wollte mithalten, übernahm sich, gab die Lizenz einfach zurück und gehört heute zu *freenet*.

Heute besteht die Telefonwelt vor allem aus Handy-Netzbetreibern (D1, D2, E-Netz sowie UMTS-Netze), dem Telefonfestnetzbetreiber Telekom, von dem die anderen mieten und aus Serviceanbietern (Mobilfunk-Discounter, *MVNO = Mobile Virtual Network Operator*), wie *debitel/talkline* und *freenet* (früher mobilcom), die über Mietnetze Handy-Service, Telefonservice und Internet anbieten.

---

[101] Die Downloadraten mit den ersten internetfähigen Handys, den **WAP (wireless access phones)**-Handys waren so langsam, dass diese bald nur noch als *WAP-wait and pay* abgekürzt wurden.

[102] Bei der öffentlichen Versteigerung von UMTS-Lizenzen wurden 2000 rund 100 Milliarden DM (50 Mrd. Euro) erlöst. Die Bundesnetzagentur will 2009 zusätzliche UMTS-Mobilfunklizenzen anbieten, wobei damit gerechnet wird, dass evtl. *Google* mitbieten wird, die im September 2008 ihr erstes Smartphone auf den Markt gebracht haben. Dies hängt mit der zunehmenden Auslastung der schon bestehenden UMTS-Frequenzen zusammen, UMTS braucht schlicht mehr Platz.

Tab. 38 Telefonanbieter

		2000	2006
Gesamt		48,2 Mio.	82,0 Mio.
Netzbetreiber (D- und E-Netz sowie in Zukunft UMTS-Netze)	Mobilfunkprovider	29,5%	25,2%
Vodafone VOice-DAta-FONE D2-Netz früher Mannesmann Mobilfunk*	McSIM/AlYildiz	27,9%	24,6%
T-Mobile D2-Netz früher DeTeMobil, Tochter der Telekom	callmobile/easyMobile/Congstar/maXXim/klarmobil.de/simply	27,0%	26,1%
O2 früher Viag Interkom, dann Tochter der British Telecom, seit 2006 Tochter der spanischen Telefonica	Fonic	6,5%	12,5%
E-plus Tochter der niederländischen Konzerns KPN	Blau Mobilfunk/Che Mobil/debitel-light/simyo/BASE/Solomo/Sunsim/AldiTalk	9,0%	11,5%

*Internet-Tochter ist Arcor. Arcor gehört zu den Telefonanbietern, die über ein eigenes Festnetz bis auf die Ebene der Teilnehmervermittlungsstellen verfügen, ab dort jedoch die Anschlussleitungen der Deutschen Telekom nutzen.

Die Stromanbieter, die historisch über eigene Telefonnetze verfügten, versuchten sich als Telefonanbieter, aber sie gaben ihr Geschäft nachher ab.

Tab. 39 Von Stromfirmen gegründete Telefonanbieter

Stromfirma	**Ursprüngliche Telefonfirma**	**Heute**
RWE	RWE Telliance	Zunächst als o.tel.o dann zu arcor
Veba (heute EON)	Vebacom	
Viag (heute EON)	Viag Interkom	O2
Hamburgische Elektrizitätswerke HEW (heute Vattenfall)	HanseNet*	unter der Marke Alice (Telecom Italia)*
VEW (heute Teil von RWE)	Telnet	Versatel (United Internet/Apax)
EnBW	Tesion	
[Berliner Wasserwerke]	Berlikomm	
Mannesmann Mobilfunk GmbH	baute ab 1989/90 das Digitale Mdobilfunknetz	Vodafone

* Die HanseNet hat AOL Deutschland integriert und bietet neben dem Handy seit 2007 auch Kabel und an.

Handyhersteller bilden eine völlig getrennte Ebene:

Tab. 40 Handyhersteller

Verkaufte Mobilfunktelefone		
	2007	**2006**
	1130 Mio.	**990 Mio.**
Hersteller	Marktanteil	
Nokia	36,9 %	34,8 %
Motorola	14,6 %	21,1 %
Samsung 1	3,4 %	11,8 %
Sony Ericsson	9,0 %	7,4 %
LG Electronics	6,8 %	6,3 %

Siemens verkaufte seine Handysparte 2005 an die Firma *BenQ*, die dann aber in Teil-Konkurs ging. Sogenannte **Smartphones** (internetfähige Telefone) wie das über die Telekom laufende UMTS-fähige *iPhone* von Apple laufen über Operating systems (OS), die die Geräte internet- und mailfähig machen[103].

Dazu einige Daten zu den Telekom-Märkten 2007 (Quelle: Bundesnetzagentur)
63,3 Mrd. Euro, davon 20,5 Mrd. Festnetz, 22,1 Mrd. Mobilfunk, 0,8 Mietleitungen, 7,4 Zusammenschaltung[104], Preselection, 3,0 Kabel, 9,8 Sonstiges (Internet)

Telefonanschlüsse

Analog 24,0 Mio. (Anteil der Telekom-Konkurrenz: 6,9%), ISDN 13 Mio. (35,3%), Öffentlich 0,1 Mio. (2,8%), Kabel 0,8 Mio. (100%!).

Kampf ums Internet (für DSL, triple play etc.)

Eigentlich dachte man in den achtziger Jahren bei der Bildung der Telekom an den Telefonmarkt (heute würde man sagen an das Festnetz). Mit der Wiedervereinigung erlebte jedoch das Handy einen in der Form unerwarteten Durchbruch, weil man so das Problem veralteter Telefonleitungen umgehen konnte. 1994 wurde das **World Wide Web** geboren, durch das nun auch das Internet expandierte, so dass das Volumen der zu regelnden Gegenstände erheblich zunahm.

Das Internet wird vor allem dadurch zu einer immensen Herausforderung, weil die Entwicklung im Bereich Telekom und Internet zum sogenannten **NGN (New oder Next Generation Network)** geht, bei dem die Daten nicht nur digital übertragen werden, sondern nach den technischen Regeln des Internetprotokolls IP, d.h. als Datenpakete.

Dadurch werden **Internet, Fernsehen (als IPTV) und Telefonieren (also Voice over IP VoIP)** als **‚Triple play'** eins, wodurch wiederum die getrennten Sparten

---

[103] 2008 waren unter anderem erhältlich: Symbian OS from Symbian Ltd. (Nokia, die auch Aktien an Symbian halten, sowie BenQ, LG, Motorola, Samsung, and Sony Ericsson), RIM BlackBerry operating system, Windows Mobile (Microsoft), Linux operating system (Motorola), PalmSource/Access und das schon erwähnte iPhone OS (Apple).

[104] Zusammenschaltung meint eigentlich Verbindung von Netzen, es gibt aber noch eine weitere Form, die Konferenzschaltung: In Firmen wird immer mehr mit Telefonkonferenzserviceanbietern wie der amerikanischen *AT&T* oder *Global crossing* gearbeitet. Alle rufen dieselbe kostenlose Nummer ein, geben danach einen code ein, und alle mit demselben code werden global zusammengeschaltet. Die Rechnung geht an den Initiator der Konferenz, die *chairperson*, die einen eigenen code hat. In den USA wird dieses Business zur Zeit durch Betrugsfälle (unautorisiertes Einwählen) bedroht.

Fernsehen, Telefon und Internet wieder eins werden, d.h. Anbieter[105], Märkte und Netze, die man schon relativ gut getrennt hatte, fließen jetzt zu einem neuen großen Markt zusammen, dessen Struktur noch völlig unklar ist. Kabelanbieter, Internetprovider und Telefongesellschaften versuchen jetzt, auch die anderen Serviceleistungen anzubieten. Das NGN stellt noch viel stärker als die alten Netze ein natürliches Monopol dar, so dass der ökonomische Druck zu Fusionen nach der Startphase hoch sein wird. Dadurch wird jedoch die Anfälligkeit der Gesellschaft für Internetstörungen oder -attacken erheblich steigen, so dass die zunehmende Abhängigkeit vom Internet-Protokoll ein extremes Sicherheitsrisiko darstellt, so dass nun auch Sicherheitsfragen relevanter denn je sind.

Beim *IP-Bitstrom-Zugang* überlässt die Telekom dem Wettbewerber DSL[106]-Anschlüsse und transportiert den darüber geführten Datenstrom jeweils zu Übergangspunkten des Wettbewerbers. Die Bundesnetzagentur verfügte nicht nur den Zugang, sondern setzte auch noch die Entgelte dafür fest. Statt WLAN könnte man doch Internet auch über große Strecken per Funk senden, als BWA (**BroadbandWirelessAccess**). Der Clou ist, dass es nicht reicht, es zu versenden, die Computer müssen ja ihrerseits auch was zurücksenden (**Rückkanalfähigkeit**). Bei der Frequenzversteigerung 2006 schlugen zu: *Clearwire* (bundesweit), *Deutsche Breitbanddienste* (bundesweit), *Inquam* (bundesweit), *Televersa* (regional), *MGM ProductionsGroup* (regional), was daraus wird, muss man sehen. Die Frequenzbandvergabe der Agentur *impliziert jedoch neue Oligopole*, da immer nur wenige Pakete vergeben werden, jedoch spricht gegen schmale Bänder u.a. die Störanfälligkeit.

Die Bundesregierung hat den **VDSL-Plan 2018** beschlossen, nach dem bis 2018 jeder Haushalt mit VDSL mit einer Rate von 50 Megabit/Sekunde versorgt werden soll. Die Telekom und ihre Konkurrenten wollen hier zusammenarbeiten, verlangten Anfang 2009 aber wegen der Kosten, dass die Bundesregierung keine Regulierung vornehmen soll.

---

[105] Ein wichtiger Anbieter ist die *ebay*-Tochter *skype*, deren System aber wegen Sicherheitsproblemen (firewall-Störungen) aller Art kritisiert wird. VoIP entwickelt sich aber technisch laufend weiter.

[106] Den Zugang zu DSL nennt man auch *Bitstromzugang*, der auf verschiedensten Netzebenen gewährt werden kann. Die technische Entwicklung geht dahin, dass es irgendwann auch gänzlich Telekom-unabhängige Netze geben wird.

9.3.1.2 Die Europäische Union als Triebfeder

Die von der EU erzwungene Liberalisierung der Telekommunikation 1990-1998

1990 begann die Liberalisierung mit der Telekom-Liberalisierungs-Richtlinie 90/388/EWG zur Abschaffung ausschließlicher oder besonderer Rechte bei Telekommunikationsdiensten und die Richtlinie 90/387/EWG zur Öffnung der Netzwerke (OPN Open Network Provision), sprich: *der rechtlichen und technischen Öffnung der Telefongesellschaften.* Dann folgten Richtlinien, die andere Techniken mit einbezogen[107].

Neuformulierung der Richtlinien mit Blick auf die technischen Möglichkeiten 2000-2003

Nachdem in den neunziger Jahren versucht wurde, durch Einzelrichtlinien mit dem technischen Wandel Schritt zu halten, nach dem System pro Anwendung eine Richtlinie, hat die EU eine Wende vollzogen und die Richtlinien komplett neu gemacht mit dem Ziel, neue Techniken durch allgemein gehaltene Formulierungen von vornherein mit abzudecken[108].

---

[107] 1994 Einbeziehung der Satellitenkommunikation mit der Richtlinien 94/46/EG; Öffnung der Kabelfernsehnetze und der Mobilkommunikation 97/2/EG. Die Richtlinie 96/19/EG schaffte die verbliebenen Telefon- und Netzbetriebsmonopole dann endgültig Neujahr 1998 ab, insbesondere durften die Energieversorgungsunternehmen und die Eisenbahnen, die für ihre Betriebszwecke umfangreiche Telekomnetze betreiben ("alternative Netzbetreiber") nun auch kommerziell nutzen. Harmonisierung bei der Lizenzvergabe durch Richtlinie zur Lizenzvergabe 97/13/EG, Zugang zu Mietleitungen wenigstens eines Betreibers durch die Richtlinie 97/51/EG,. Verfügbarkeit von Telefondiensten durch Richtlinie 98/10/EG über den Sprachtelefondienst, Richtlinie 97/33/EG über die Zusammenschaltung ist es, das Recht auf Zusammenschaltung mit den Netzwerken anderer Betreiber zu gewährleisten. Diese Richtlinie wurde durch die Richtlinie 98/61/EG über die Übertragbarkeit von Nummern und die Vorauswahl von Betreibern geändert. Durch die Richtlinie können Bürger ihre Telefonnummern behalten, wenn sie den Telekommunikationsbetreiber wechseln.

[108] Die Wettbewerbsrichtlinie 2002/77/EG enthält daher im Prinzip dieselben Ziele wie in den Neunzigern, aber eine neue technische Definition: In dieser Richtlinie wird auf "elektronische Kommunikationsdienste" und "elektronische Kommunikationsnetze" anstelle der früher verwendeten Begriffe "Telekommunikationsdienste" und "Telekommunikationsnetze" Bezug genommen. Diese neuen Begriffsbestimmungen sind nötig, um alle elektronischen Kommunikationsdienste und/oder für die Übertragung von Signalen über Draht, Funk, optische oder sonstige elektromagnetische Mittel verwendeten Netze (d. h. Festnetze, drahtlose Netze, Kabelfernsehnetze, Satellitennetze) unter einem Oberbegriff zusammenzufassen und so dem Phänomen der Verschmelzung Rechnung zu tragen.

Die so genannte Rahmenrichtlinie 2001/21/EG, die vorgibt, was die nationalen Regulierungsbehörden tun sollen, deckt Festnetz, Mobilfunk, Kabel und Satelliten mit ab. Sie sollen

Vom Markt zur Kontrolle 2006-heute

2002 wurde durch eine Entscheidung der EU-Kommission eine European Regulators Group ERG ins Leben gerufen, der auch die Bundesnetzagentur angehört, 2007 schlug die EU-Kommission jedoch vor, eine übergeordnete *European Telecom Market Authority* (oder auch *European Electronic Communications Market(s) Authority EECMA*) zu gründen, jedoch löste dies erwartungsgemäß wenig Begeisterung aus und das EU-Parlament lehnte es 2008 ab, wobei jedoch doch eine ‚schlanke Agentur' ohne direkte Befugnisse errichtet werden soll. Damit begann nach der ökonomischen und technischen Phase die **Kontrollphase**.

Die **Datenschutzrichtlinie** 2002/58/EG hatte bereits ein Hintertürchen geöffnet, in der Mitgliedstaaten den Datenschutz nur dann aufheben dürfen, wenn dies für die Untersuchung von Straftaten oder zum Schutz der nationalen Sicherheit, zu Verteidigungszwecken und zum Schutz der öffentlichen Ordnung erforderlich ist. Eine solche Maßnahme darf nur getroffen werden, sofern sie „in einer demokratischen Gesellschaft notwendig, angemessen und verhältnismäßig" ist. Die Richtlinie 2006/24/EG zur Änderung der Richtlinie 2002/58/EG regelt die **Vorratsdatenspeicherung** von Daten, die bei der Bereitstellung öffentlich zugänglicher elektronischer Kommunikationsdienste oder öffentlicher Kommunikationsnetze erzeugt oder verarbeitet werden. Insbesondere müssen die Anschlussdaten (*nicht die Inhalte*) von Anrufern und Angerufenen (oder

---

•Zugang für alle Verbraucher gemäß der Universaldienstrichtlinie 2002/22/EG sichern, insbesondere zu Münz- und Kartentelefonen sowie Telefonbüchern. Stellt eine Universaldienstverpflichtung eine unzumutbare Belastung für ein Unternehmen dar, sind ausnahmsweise Mechanismen wie die Deckung durch öffentliche Mittel zulässig.
•Datenschutz gewährleisten gemäß Datenschutzrichtlinie 2002/58/EG, mit Bezug auf Spam und Cookies, Mitschneideverbot für Fremde, Recht auf Nummernunterdrückung und Zurückweisung anonymer Anrufe
•Zuteilung und Verwaltung von Funkfrequenzen, Wegerechten und Nummernsystemen, wo nötig. Zugang für andere Mitbewerber soll gemäß Zugangsrichtlinie 2002/19/EG gewährleistet sein. Gemäß Genehmigungsrichtlinie 2002/20/EG sollen Regierungen Allgemeingenehmigungen geben, d.h. nach Möglichkeit nur auf **Notifizierung** (Mitteilung zur Kenntnis statt Genehmigung „**tell and do**") bestehen, soweit die Betreiber rechtlich und technisch o.k. sind und Marktanalysen, Preis- und Kostenkontrollen durchführen. Die Verordnung (EG) Nr. 2887/2000 über den entbündelten Zugang zum Teilnehmeranschluss regelt, dass der Teilnehmeranschluss (sprich die Telefonleitung des Verbrauchers) technisch so entbündelt wird, dass auf unterschiedlichen Frequenzen unterschiedliche Anbieter im selben Kabel agieren können (Entbündelung).

Äquivalenten), wo technisch möglich, 6 Monate aufgehoben werden, so VoIP, SMS; Telefonate, E-Mail, Handy (Funkzellen) und Internetnutzung. In der Bundesrepublik besteht das Recht vor allem aus dem **Telemediengesetz TMG** und dem **Telekommunikationsgesetz TKG**. Während das TMG auf die Rechte und Pflichten der **Inhalteanbieter** zielt, zielt das 1996 gültige Telekommunikationsgesetz TKG auf die **Infrastrukturanbieter**.

Eingriffe der EU in die Preisbildung
Die EU hat die Auslandstelefonate (das Roaming) preisreguliert, als nächstes sollen Auslands-SMS und Downloads drankommen. So schön das für die Verbraucher zunächst ist, wird es die Anbieter dazu bringen, sich das Geld woanders wiederzuholen. Telekommunikationskommissarin Viviane Reding argumentiert jedoch, dass die wahren Kosten pro SMS unter einem Cent (!) lägen.

9.3.2 Post

9.3.2.1 Geschichte

Das deutsche Poststrukturgesetz teilte als **Postreform I** am 01.07.1989 die Bundespost in die drei Teilbereiche Deutsche Post gelbe Post), Postbank (blaue Post) und Telekom (graue Post) auf, die alle drei zunächst Aktiengesellschaften im Besitz des Staates waren, der diese Aktien dann nach und nach an die Börse brachte. Die **Postreform II** wurde 1995 durchgeführt und die gegliederten öffentlichen Unternehmen auf die Privatisierung vorbereitet. Das Bundesministerium für Post und Telekommunikation blieb zunächst weiterhin für die hoheitlichen Aufgaben im Postwesen zuständig. 1998 übernahm im Rahmen der **Postreform III** die neu geschaffene *Regulierungsbehörde für Telekommunikation und Post (Reg TP)* die Überwachung der Einhaltung der wettbewerbsregulierenden Vorschriften im Bereich der Post-Dienstleistungen. Für beamten- und versorgungsrechtliche Aufgaben der bei den Unternehmen verbliebenen Postbeamten wurde die *Bundesanstalt für Post und Telekommunikation Deutsche Bundespost (BAPost)* eingerichtet.
Während die Telekom rasch eigene Wege ging, blieben die Schalter der Postbank in den alten Postämtern über einen Filialvertrag. Diese Nähe führt dazu, dass die Post 1999 die Postbank sich durch einen Aktienkauf vom Staat wieder einverleibt. 2004 geht die Postbank an die Börse, 2008/09 übernimmt die Deutsche Bank die Postbank. 1999 kauft die Post das Speditionsunternehmen *Danzas* und fasst es 2002

mit dem eigenen Paketdienst *Deutsche Post EuroExpress* und dem 1969 gegründeten Unternehmen *DHL* (Gründer *D*alsey, *H*illblom und *L*ynn) zur Tochter zusammen. Dadurch ist die Post jetzt auch in den USA vertreten, wo das Geschäft aber so schlecht läuft, dass sie die USA-Sparte abgeben werden, was 2008 während der US-Wahlkampfes eine Menge politischen Ärger brachte.

Tab. 41 Die Deutsche Post AG

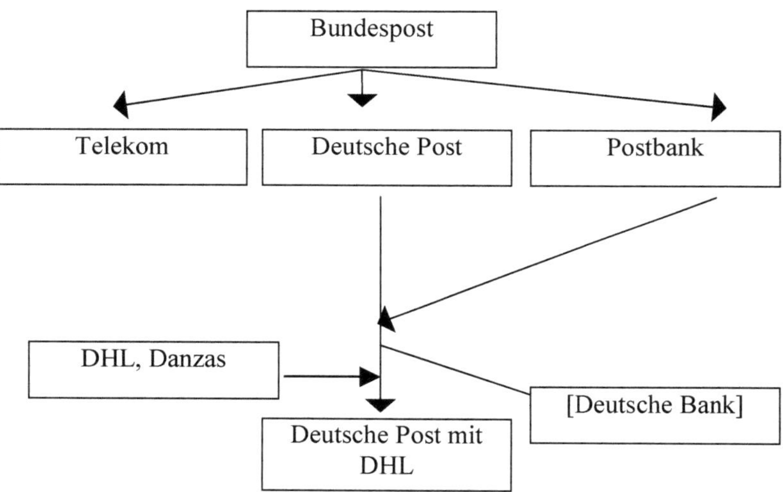

9.3.2.2 Die Europäische Union als Triebfeder?

Anders als in den anderen Bereichen trieb nicht die EU die Deutschen, sondern Deutschland war Vorreiter und trieb die EU. Als die RegTP gegründet wurde, bekam sie 1998 das Recht, Lizenzen zur gewerbsmäßigen Beförderung von Briefsendungen herauszugeben, für die keinerlei Gewichtsbeschränkung gilt.

Jedoch mussten die Konkurrenten bis Dezember 2007 höherwertige Dienstleistungen erbringen, wie beispielsweise Eilzustellung am selben Tag oder eine Abholung der Post beim Absender. Hinzu kam das **Briefmonopol**, nachdem nur die Deutsche Post eine bis Ende 2005 bzw. 2007 befristete Exklusivlizenz hatte für den Transport von Brief- und Katalogsendungen bis 100 Gramm (2005) bzw. 50 Gramm (2007). Verschärft wird die Problematik für die Wettbewerber dadurch, dass die Deutsche Post AG von der Umsatzsteuer befreit ist, die Leistungen der anderen Unternehmen aber umsatzsteuerpflichtig sind. Ferner muss die Post keine

Unfallversicherung für ihre Beschäftigten bezahlen. Diese Ausnahmen werden damit gerechtfertigt, dass die Deutsche Post Universaldienstleister ist, also die flächendeckende Versorgung sicherstellt, während die anderen sich die Rosinen picken können (z.B. dicht besiedelte Großstädte).

Die Richtlinie 97/67/EG über gemeinsame Vorschriften für die Entwicklung des Binnenmarktes der Postdienste der Gemeinschaft und die Verbesserung der Dienstequalität bestimmte die Notwendigkeit eines Universaldienstes, wobei die Ergänzungs-Richtlinie 2002/39/EG zuließ, dass jeder Mitgliedsstaat Dienste für Anbieter von Universaldienstleistungen, d.h. die Abholung, das Sortieren, den Transport und die Zustellung von Inlandsbriefsendungen und eingehenden grenzüberschreitenden Briefsendungen, entweder als beschleunigte oder als normale Zustellung, innerhalb eines Gewichts vom 100 Gramm (2003), ab 1. Januar 2006 dann 50 Gramm. Das Europäische Parlament hat am 31. Januar 2008 die vollständige Öffnung der Märkte für Briefe unter 50 gr bis 2013 beschlossen.

Tab. 42 Die Liberalisierung der Postmärkte

bereits liberalisiert	Deutschland, Finnland, Großbritannien, Niederlande, Schweden
Öffnung bis 1. Januar 2011	Belgien, Bulgarien, Dänemark, Estland, Frankreich, Irland, Italien, Österreich, Portugal, Slowenien, Spanien
Öffnung bis 1. Januar 2013	Griechenland, Lettland, Litauen, Luxemburg, Malta, Polen, Rumänien, Slowakei, Tschechien, Ungarn, Zypern

Das Ganze war dann ein klassischer Tauschhandel, der sich im Gesetz wie folgt zeigt:

- Prinzip der Gegenseitigkeit: Betrieben, die aus einem Land kommen, das selber noch nicht geöffnet hat, kann der Zugang verweigert werden
- Arbeitsrecht und Rechtsvorschriften über soziale Sicherheit bleiben unberührt
- Wenigstens ein Universaldienst pro Land, der die flächendeckende Versorgung garantieren soll, d.h. Abholung und Zustellung an mindestens fünf Arbeitstagen pro Woche. Zur Finanzierung der flächendeckenden Versorgung sind drei Möglichkeiten vorgesehen: öffentliche Ausschreibungen, öffentliche Ausgleichszahlungen sowie die Einrichtung eines Ausgleichsfonds.

Mindestlohndebatte

Rund 1.000 Unternehmen bieten in Deutschland Briefzustellung an, wobei diese von Verlagen, ausländischen Posten oder Logistikfirmen getragen werden, also Firmen, die Erfahrung mit der regelmäßigen Belieferung von Haushalten haben.

Die *Hermes Logistik Gruppe* wollte mit dem Logistik-Unternehmen *TNT* eine vollwertige Konkurrenz zur Post aufbauen. Durch die Forderung nach einem Mindestlohn wurde dies verhindert. Die Post hatte hierzu in den Verhandlungen mit der Deutschen Postgewerkschaft einen Tarifvertrag über einen Mindestlohn von 8-9,80 Euro je Stunde abgeschlossen, was ihr als größter Arbeitgeber im Arbeitgeberverband möglich war. Nachdem sich die Bundesregierung im November 2007 auf eine Einführung eines branchenweiten Mindestlohns im Briefzustellerbereich durch die Aufnahme in das Arbeitnehmer-Entsendegesetz (AEntG) geeinigt hatte, gingen Großteile des vom Springer-Verlag getragenen Konkurrenten PIN in Konkurs. Der Streit, ob die Post-Konkurrenten nicht zahlen können (auch wegen der *Umsatzsteuerbefreiung der Deutschen Post*) oder nur nicht zahlen wollen, geht ständig weiter. Auch die EU-Kommission ermittelt inzwischen wegen dieser Angelegenheit, wobei sie nicht die Rolle der Deutschen Post als Universaldienstleister in Frage stellt, sondern fragt, ob die Umsatzsteuerbefreiung der richtige Weg zur Förderung ist. Der EuGH hat Anfang 2009 bei der britischen Royal Mail geurteilt, dass diese Befreiung nur für jene Bereiche zulässig ist, in denen Universaldienste erbracht werden.

Während bei den *KEP (Kurier-, Express-, Paket-)-Dienstleistern* schon seit 1976 ein stetig wachsender Wettbewerb herrscht (z.B. *UPS, FedEX, DPD, GLS=früher German Parcel, TNT*), hat die Post bei den Briefen die Lage noch weitgehend unter Kontrolle....

9.3.3 Strom und Gas

9.3.3.1 Geschichte

Im Energiesektor gab es seit 1935 **Demarkationsverträge**. Dabei dürfen vertikal integrierte Unternehmen, d.h. die Strom und Gas transportieren und ausliefern, Gebiete untereinander aufteilen. Nachdem sie sich untereinander einig waren, wurden mit den jeweiligen Gebietskörperschaften (Städten und Gemeinden) Konzessionsverträge über die Leitungsverlegung und Nutzung geschlossen. Mit den nachgelagerten Gasversorgungsunternehmen wurden früher bei Abschluss langfristiger Verträge wiederum Gebietsabsprachen, Gesamtbezugsverpflichtungen *und Verschwiegenheitspflichten* vereinbart, so dass jeweils gegen Wettbewerb geschützte, geschlossene Absatzgebiete entstanden. 1985 legt die EU-Kommission das **Weißbuch Binnenmarkt** vor, in dem eine Liberalisierung des Energiemarktes erörtert wurde. 1992 wurde dann ein konkreter Vorschlag zum diskriminierungsfreien Zugang für neue Wettbewerber und eine vertikale Entflechtung, d.h. die Trennung von Einspeisung und Entsorgung gefordert. Die mit den Richtlinien zu Strom und Gas 1997/98 eingeleitete Liberalisierung regte die Marktteilnehmer paradoxerweise(?) zu einer Fusionswelle an, so dass es jetzt 4 Übertragungsnetzbetreiber gibt, die zusammen mit dem fünftgrößten Anbieter *Evonik* ca. 88% des Stroms produzieren. Etwa die Hälfte des Stromnetzes steht nun unter ausländischer Kontrolle.

Tab. 43 Die Energiefirmen in Deutschland

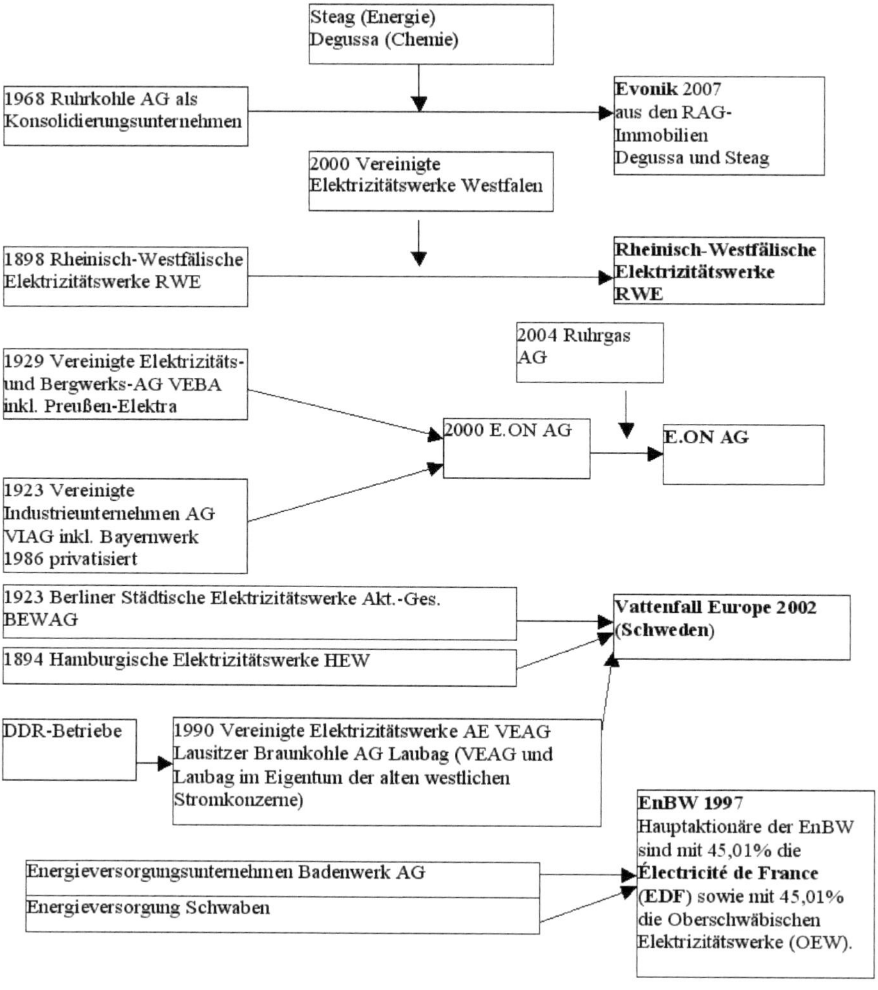

Steag (Energie)
Degussa (Chemie)

1968 Ruhrkohle AG als Konsolidierungsunternehmen

Evonik 2007
aus den RAG-Immobilien
Degussa und Steag

2000 Vereinigte Elektrizitätswerke Westfalen

1898 Rheinisch-Westfälische Elektrizitätswerke RWE

Rheinisch-Westfälische Elektrizitätswerke RWE

2004 Ruhrgas AG

1929 Vereinigte Elektrizitäts- und Bergwerks-AG VEBA inkl. Preußen-Elektra

2000 E.ON AG

E.ON AG

1923 Vereinigte Industrieunternehmen AG VIAG inkl. Bayernwerk 1986 privatisiert

1923 Berliner Städtische Elektrizitätswerke Akt.-Ges. BEWAG

1894 Hamburgische Elektrizitätswerke HEW

Vattenfall Europe 2002 (Schweden)

DDR-Betriebe

1990 Vereinigte Elektrizitätswerke AE VEAG Lausitzer Braunkohle AG Laubag (VEAG und Laubag im Eigentum der alten westlichen Stromkonzerne)

Energieversorgungsunternehmen Badenwerk AG

Energieversorgung Schwaben

EnBW 1997
Hauptaktionäre der EnBW sind mit 45,01% die **Électricité de France (EDF)** sowie mit 45,01% die Oberschwäbischen Elektrizitätswerke (OEW).

Zusammen beherrschen die vier 'Großen' ca. 80 Prozent des deutschen Strommarktes und üben die Netzbetreiberrolle für die vier deutschen Regelkreise im Stromnetz aus. In jedem Regelkreis muss eine Wechselstromspannung von 50 MHz gehalten werden, mit nur 0,05 MHz Schwankung, sonst könnte der Strom abreißen. Um das zu verhindern, ist die Zu- und Abschaltung von Regelenergie erforderlich,

Primärenergie innerhalb von 30 Sekunden, Sekundärenergie innerhalb von 5 Minuten, Minutenreserve in 15 Minuten. Nur die großen Betreiber liefern de facto die Primär- und Sekundärenergie. Die 4 Großen sind in der **Deutschen Verbundgesellschaft** zusammengeschlossen. Diese Gesellschaft arbeitet die Regeln für den Betrieb der Kraftwerke aus. Fünftgrößter Stromanbieter ist die *Evonik* (ca. 8%). Ein wichtiger Netzbetreiber außerhalb der Reihe ist die *DB Energie*, die das Hochspannungsnetz der Bahn betreibt.

Gas

RWE und E.ON dominieren den deutschen Gasmarkt, auch wenn *Gazprom* auf dem Vormarsch ist. Der größte deutsche Erdgas- (und Erdöl-) Produzent ist die RWE DEA. Die *DEA (Deutsche Erdöl AG)* war zunächst selbstständig, dann in den Händen von Texaco, deren Tankstellen dann DEA hießen, bevor die DEA von RWE gekauft wurde, wobei RWE die Tankstellen an Shell weitergab, so dass die Marke DEA aus dem Blickfeld verschwand. Das meiste Gas kommt aber aus Russland (*Gazprom*), Norwegen (*Statoil/Hydro*) und den Niederlanden (Gasunie). Die größten Erdgas-Versorgungsunternehmen in Deutschland sind *E.ON Ruhrgas, RWE Energy, Shell* und *ExxonMobil*. Beim Transport (Pipelines) sind nach *E.ON Gastransport* die niederländische *Gasunie* und *Wingas* führend.

Insgesamt gibt es 15 Ferngasunternehmen, von denen aber 5 E.ON-Beteiligungen sind. Die *Wingas* GmbH & Co. KG ist ein Gemeinschaftsunternehmen der BASF-Tochter *Wintershall* und der *Gazprom* mit Sitz in Kassel in der Rechtsform einer GmbH & Co. KG. Die Macht von Gazprom wächst, so dass Deutschland im August 2008 ein Energieabkommen mit Nigeria geschlossen hat, bei dem ab 2014 Flüssiggas (*Liquid Natural Gas LNG*) nach Deutschland geliefert werden soll, im Gegenzug baut Deutschland für Nigeria Infrastruktur (Stromnetz).

Stadtwerke als eigentliche Lieferanten

Eigentlich stehen am Ende der Kette mehrere Hundert (ca. 600) Stadtwerke. Die 4 großen Stromanbieter halten ca. 300 Beteiligungen an Stadtwerken, ebenso die 4 größten Gasfirmen, die etwa 350 Mehrheits- und Minderheitsbeteiligungen an ihren Abnehmern halten. Hier und in den anderen Ebenen stehen sich häufig die großen Konzerne und deren Töchter gegenüber.

9.3.3.2 Die Europäische Union als Triebfeder

1985 erörtert die EU-Kommission im Weißbuch Binnenmarkt eine Liberalisierung des Energiemarktes. 1992 wurde dann ein konkreter Vorschlag zum diskriminierungsfreien Zugang für neue Wettbewerber und eine **vertikale Entflechtung**, d.h. die Trennung von Einspeisung und Entsorgung gefordert. 1997 folgte die Binnenmarktrichtlinie Elektrizität 96/92/EG und 1998 die Binnenmarktrichtlinie Gas 98/30/EG, in denen die Marktöffnung, der diskriminierungsfreier Zugang, die Regelung der Pflichten von Übertragungs- und Verteilungsnetzbetreibern, die organisatorische, aber nicht eigentumsrechtliche Entflechtung von Einspeisung und Netz festgeschrieben.

Daraus entstand 1998 das *Energiewirtschaftsgesetz EnWG*, woraufhin die Bundesregierung versuchte, mit den so genannten Verbändevereinbarungen Strom und Gas den Markt zu liberalisieren. Die Bestrebungen der Bundesregierung und der Europäischen Union, den Markt zu liberalisieren, sind wenig erfolgreich gewesen, da die Verbindung aus Einspeisung und Netzbesitz eine kaum zu brechende Marktmacht konstituiert.

Deshalb wurden von der EU 2003 die so genannten **Beschleunigungsrichtlinien** 2003/54/EG und 2003/55/EG erlassen, die nach einer kleinen Änderung des ENWG 2003 zu einer radikalen Erweiterung des ENWG von 19 auf 118 Paragraphen führten[109].

Das EnWG formuliert nun 5 Ziele

1. Versorgungssicherheit (seit 1935)
2. Preisgünstigkeit (seit 1935)
3. Verbraucherfreundlichkeit (seit 2005)
4. Effiziente Versorgung (seit 2005)
5. Umweltverträglichkeit (seit 1998)

Die europäischen Elektrizitäts- und Erdgas-Richtlinien 2003/54/EG und 2003/55/EG legen europaweit die Öffnung der Energiemärkte fest, sofern dies nicht schon vorher geschah. Manche Länder haben ihre Energiemärkte bereits geöffnet,

---

[109] Um die Nationalstaaten noch enger am Zügel zu nehmen, wurden für Strom und Gas noch zwei Netzzugangsverordnungen, also unmittelbar geltendes Recht, 'nachgeschoben': Verordnung Nr. 1228/2003 über die Netzzugangsbedingungen für den grenzüberschreitenden Stromhandel und die entsprechende Verordnung 1775/2005 über die Bedingungen für den Zugang zu den Erdgasfernleitungsnetzen, die jeweils Regeln für Tarife und Zuweisung von grenzüberschreitenden Kapazitäten verlangen.

andere[110] werden sie 2007 öffnen. Europäische Großkunden haben seit 2004, die Verbraucher seit 01.07.2007 das Recht, ihren Lieferanten frei zu wählen. In Deutschland werden die Endnutzerpreise bei Strom für Haushalte bis zum Juli 2007 reguliert, während die Endverkaufspreise beim Gas für alle Kunden dereguliert sind.

Ringen um das Stromnetz

Wegen der schleppenden Liberalisierung des Strom- und Gasmarktes wurde weiter die Abspaltung des Netzes von der Einspeisung gefordert, wobei die Bundesregierung jetzt schon im Zeichen sicherheits- und industriepolitischer Überlegungen die Initiative der EU 2008 in letzter Minute so aufweichte, dass die eigentumsrechtliche Trennung nicht zwingend nötig ist, obwohl EON bereit wäre, das Netz abzugeben.

Der „stille Tod“ neuer Stromanbieter

Während Ende der 90er zunächst zahlreiche neue Energieanbieter mit innovativen Konzepten auf den Markt drängten, waren lau dem Bundesverband neuer Energieanbieter BNE wenige Jahre danach von den ursprünglich ca. 100 Newcomern nur noch sechs (!) netzunabhängige Stromlieferanten aktiv. Seit dem Sommer 2007 steigt die Anzahl der neuen Anbieter wieder: Derzeit beliefern 13 Mitglieder des Bundesverbandes neuer Energieanbieter ihre Kunden bundesweit mit Strom (z.B. **Ökostromanbieter** *Lichtblick*).

Der **Ökostrom** stellt ein besonderes Problemfeld dar. Zum einen sind manche Stromarten nicht kontinuierlich verfügbar (Windenergie, Solarenergie), was wegen der geringen zulässigen Schwankungsbreite im Netz bei größeren Einspeisemengen theoretisch Probleme verursachen könnte (Fluktuationsmanagement). Heftig umstritten ist auch die Errichtung von Kohlekraftwerken als Ersatz für die Kernkraftwerke.

---

[110] Bulgarien, Estland, Frankreich, Griechenland, Ungarn, Italien, Lettland, Litauen, Luxemburg, Polen, Rumänien, Slowakei, Slowenien und Schweden

Anreizregulierung

Mit der **Anreizregulierung** soll ab 2009 sowohl für die Strom- als auch für die Gasnetze eine neue Methode zur Regulierung der Netzentgelte[111] eingeführt werden. Mit statistischen Methoden werden hierbei die Kosten der Netzbetreiber miteinander verglichen und aus dem Ergebnis des Vergleichs die maximal zulässigen jährlichen Erlöse der einzelnen Netzbetreiber bestimmt. Statt die Entgelte nach Kosten zu berechnen, erfolgt nun die Vorgabe von Höchstgrenzen für die Gesamterlöse der jeweiligen Netzbetreiber. Damit soll zum einen der Regulierungsaufwand sinken, zum anderen erhalten die Netzbetreiber die Möglichkeit, bei effizienter Betriebsführung zusätzliche Gewinne zu erzielen. Die Netzbetreiber haben also einen Anreiz, ihre Effizienz zu verbessern. Durch regelmäßige Anpassung der Vorgaben durch die Regulierungsbehörden wird eine kontinuierliche Effizienzverbesserung erreicht[112]. Dies geschieht, indem man zumindest vorläufig davon ausgeht, dass die Produktivität jedes Jahr um 1,8% wächst, amtlich spricht man vom **X-Faktor**.

Infrastrukturinvestitionen

Im Dezember 2005 knickten im Münsterland Strommasten um mit tagelangen Stromausfällen bei Frosttemperaturen und es wurde diskutiert, ob dies aufgrund fehlender Infrastrukturinvestitionen geschah. Dies wurde aber vom Netzbetreiber RWE energisch bestritten, denn Untersuchungen zeigten, dass die Eismassen die Maximallast um das 14fache überschritten. Das Problem ist in der aktuellen Debatte ist natürlich, wozu eine Infrastruktur pflegen, die einem bald vielleicht von der EU weggenommen wird (Trennung des Netzes von der Produktion)? Insgesamt forderte

---

[111] Wichtig: Den eigentlichen Gaspreis kann die Bundesnetzagentur nicht beeinflussen wegen der sog. **Ölpreisbindung**, die keine gesetzliche Grundlage hat, sondern eine brancheninterne Vereinbarung zwischen Gasproduzenten, -importeuren und -versorgern ist. Sie wurde in den 1960er Jahren etwa zeitgleich mit der Gründung der OPEC eingeführt und von den Betreibern wie folgt erläutert: Niemand wusste, ob sich Erdgas wegen der enormen Investitionen für die Förderung und den Leitungsbau durchsetzen werde. Frei verfügbare Mengen wie beim Rohöl gibt es beim Erdgas praktisch nicht, da die Produzenten zur Absicherung ihrer Investitionen langfristige Lieferverträge abgeschlossen haben. Die Kopplung der Preise soll also eine Konkurrenz zwischen Rohöl und Erdgas zugunsten größerer Planungssicherheit für die beteiligten Unternehmen verhindern.

[112] Die Netzbetreiber sind nun zu folgendem verpflichtet: Angebot von Kapazitäten und Hilfsdiensten, Bearbeitung von Kapazitätsanfragen innerhalb von 2 Tagen, Veröffentlichung von Geschäftsbedingungen und Standardformularen, Durchführung von Bilanzausgleich, Veröffentlichung netzbezogener und netznutzungsrelevanter Information.

die Bundesnetzagentur aber noch mehr Infrastrukturinvestitionen von allen Akteuren (Monitoringbericht 2007).

Der Konflikt der EU-Kommission mit RWE und E.ON

Wegen der Marktmacht von E.ON und RWE ist die EU-Kommission auf Grundlage der Kartell-Verordnung (EG) Nr. 1/2003 gegen E.ON und RWE vorgegangen, zugleich aber auch gegen diverse andere europäische Firmen in anderen Staaten. Bei der Sicherstellung von E.ON-Unterlagen ergaben sich Hinweise, dass das EU-Siegel vor dem Raum mit den sichergestellten Dokumenten nachts gebrochen worden war, was E.ON hartnäckig bestritt, am Ende jedoch verfügte die EU Ende Januar 2008 dafür eine Geldbuße von ca. 38 Millionen Euro (**Siegelbruchaffäre**). 2008 erklärten sich RWE und E.ON schließlich bereit, das westdeutsche Gasnetz (RWE) zu verkaufen bzw. das ganze Netz (E.ON) abzutreten.

9.3.4 Eisenbahn

9.3.4.1 Geschichte

Tab. 44 Die Deutsche Bahn AG

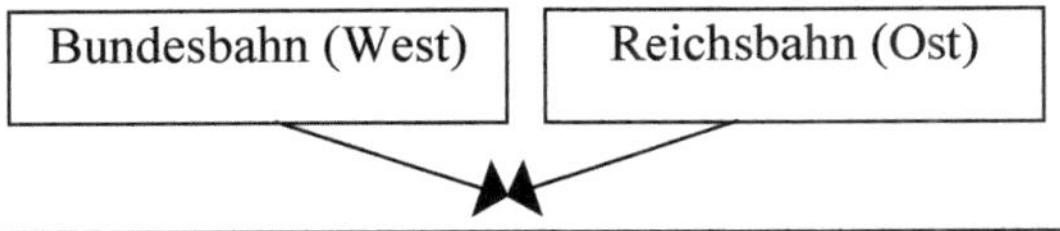

Deutsche Bahn
DB Reise & Touristik AG (später DB Fernverkehr AG), zuständig für den Personenfernverkehr
DB Regio AG, zuständig für den Personennahverkehr
DB Cargo AG (später Railion, jetzt DB Schenker), zuständig für den Güterverkehr
DB Netz AG, zuständig für Strecken und Streckenausrüstung (Gleise, Signalanlagen, Oberleitungen, usw.)
DB Station & Service AG, zuständig für die Bahnhöfe

9.3.4.2 Die Europäische Union als Triebfeder

Nachdem die Europäische Union 1991 in der Richtlinie 91/440/EWG verlangt hatte, dass die Eisenbahnen unabhängige Unternehmen werden, die Wettbewerbern Zugang zu ihrer Infrastruktur geben. Zur Herstellung von Transparenz und zur Vermeidung von Diskriminierung folgten im Jahre 1995 die Richtlinien 95/18/EG

(Erteilung von Genehmigungen) und 95/19/EG (Zuweisung von Fahrwegskapazität und Wegeentgelte).
Dann folgten die drei **Eisenbahnpakete,** bei denen zunächst die technische Angleichung der Länder im Fokus stand, um die Voraussetzungen für die volle Marktintegration im dritten Eisenbahnpaket zu schaffen.

Erstes Eisenbahnpaket 2001

Richtlinie 2001/12/EG (**erweiterte Zugangsrechte** auf dem 50.000 Kilometer umfassenden Transeuropäischen Schienengüternetz). Die Richtlinien 2001/13/EG und 2001/14/EG modernisierten und ersetzten die Richtlinien 95/18/EG und 95/19/EG.

Zweites Eisenbahnpaket 2004

- Richtlinie 2004/49/EG Eisenbahnsicherheit
- Richtlinie 2004/50/EG Interoperabilität (Kompatibilität) im konventionellen bzw. transeuropäischen Hochgeschwindigkeits-Bahnsystem.
- Richtlinie 2004/51/EG Öffnung des europäischen Güterverkehrs
- Verordnung (EG) 881/2004 Eine Europäische Eisenbahnagentur **European Railway Agency (ERA)** als zentrale Koordinierungsinstanz mit technischen und sicherheitsrelevanten Aufgaben

Drittes Eisenbahnpaket 2007

- Verordnung (EG) 1370/2007 Öffentliche Personenverkehrsdienste sollen ab 2009 ausgeschrieben werden, aber mit Ausnahmetatbeständen
- Verordnung (EG) 1371/2007 Fahrgastrechte ab Ende 2009 - Informationspflichten, Haftungsregelungen, Entschädigungsleistungen im Falle von Verspätungen und Ausfällen
- Richtlinie 2007/58/EG Öffnung des grenzüberschreitenden Schienenpersonenverkehrs, alle in der EU lizenzierten Eisenbahnunternehmen bekommen Zugang auch im grenzüberschreitenden Schienenpersonenverkehr. Voraussetzung hierfür sind weitgehende
- Richtlinie 2007/59/EG – europäischer Lokführerschein

Umsetzung in Deutschland

1994 wurde das Eisenbahnneuordnungsgesetz beschlossen, durch die so genannte Bahnreform eingeleitet wurde: Bestandteile der Bahnreform, die zweistufig 1994 und 1999 umgesetzt wurde, sind die Gründung der Deutschen Bahn AG als privatwirtschaftlich organisierte Eisenbahngesellschaft des Bundes, die Öffnung der Schienenwege für private Eisenbahnunternehmen sowie die Übertragung der Zuständigkeit für den Schienen-Personen-Nahverkehrs vom Bund auf die Länder.

In der zweiten Stufe der Bahnreform 1999 wurden die Lokomotiven, Wagen und Bahnbetriebswerke aufgeteilt und die jetzige Organisationsstruktur erreicht. Um den Übergang zu erleichtern, wurden sowohl der Bahn als auch den Ländern, die jetzt den Nahverkehr haben, Milliardenbeihilfen gewährt. Bundesbahn und Reichsbahn waren Bundesbehörden und die hoheitlichen Aufgaben (Genehmigungen) wurden dem ebenfalls neu gegründeten *Eisenbahnbundesamt* übertragen, während dem *Bundeseisenbahnvermögen BEV* die Schulden von Bundes- und Reichsbahn, die nicht für den Eisenbahnbetrieb notwendigen Immobilien und die Beamten (Pensionen!) zugeordnet. 2009 sollen das Eisenbahnbundesamt und BEV zusammengelegt werden.

Da die Regelungen hinsichtlich des diskriminierungsfreien Netzzugangs immer wieder zu Auseinandersetzungen führten, wurde dem Eisenbahnbundesamt 2001 die Aufgabe einer Regulierungsbehörde zugewiesen. 2006 ging diese Aufgabe auf die Bundesnetzagentur über. 2005 wurde mit der *Eisenbahninfrastruktur-Benutzungsverordnung (EIBV)* das Regelwerk hinsichtlich des diskriminierungsfreien Netzzugangs weiter präzisiert.

Die Bundesbahn, deren Personalbestand durch Übernahm der DDR-Bahn, die noch immer Deutsche Reichsbahn hieß, erheblich wuchs, versuchte im folgenden das Streckennetz und die Bahnhöfe zu modernisieren, wobei der Schwerpunkt auf den vielbefahrenen Strecken und den Geschäftskunden liegt (ICE-Strecken). Auch hier erfolgt ein Rückzug aus unrentablen Strecken bzw. deren Ausdünnung, also ebenfalls ein *Rückzug aus der Fläche*. Jedoch dringen Privatanbieter wie *Connex und die NordWestBahn*[113] nach, die mit eigenen Loks und eigenem Personal (und

[113] Die *Veolia Verkehr GmbH* ist das größte in Deutschland aktive private Bahn- und Busunternehmen. Die Tochter von Veolia Environment hieß bis zum 5. Mai 2006 Connex Verkehr GmbH und führte diesen Namen auch als Marke. Die NordWestBahn GmbH ist eine private Eisenbahngesellschaft, die seit dem Jahr 2000 mehrere Haupt- und Nebenbahnstrecken in Nord- und Westdeutschland betreibt. Sie ist ein Tochterunternehmen

eigenen Tarifen) der Bahn Konkurrenz machen. Die Bahn versucht wie die Post ebenfalls, Netzeffekte durch Ausdehnung in andere Länder zu erreichen, so dass die Gütertransportsparte (*Railion*, seit 2008 *DB Schenker*) ständig expandiert. Der Börsengang der Bahn, der nun voraussichtlich 2010 stattfinden soll, ist mit folgender Struktur geplant:

Tab. 45 Der Börsengang der Bahn

Bund (100%)		
Deutsche Bahn AG		Private Investoren
100% an	75,1%	24,9%
Infrastruktur Schienennetz, Bahnhöfe	DB Mobility Logistics AG Verkehr/Transport/Logistik Dienstleistungen	

Bei beiden Teilgesellschaften soll nach jetzigem Stand (2008) Hartmut Mehdorn in Personalunion Vorstandsvorsitzender sein.

Das Hauptproblem für die Bundesnetzagentur ist, dass das Gleisnetz im wesentlichen feststeht, es keine Möglichkeiten gibt, dieses mal eben zu verlegen oder zu erweitern, also die ganzen Ausweichmöglichkeiten, die es z.B. bei der Post oder der Telekom gibt, hier nicht existieren. Die Kontrolle der Trassen ist daher das Entscheidende und folgende Probleme spielen im Regulierungsalltag eine Rolle:

- Viele technische Standards und Anforderungen werden von der Bahn definiert
- Konzentration der Streckenpflege auf selbst genutzte Trassen.
- Bei der Trassenvergabe Bahn gewährt sich bei Netzplanung Priorität
- Fahrplan richtet sich vor allem nach großen Eisenbahngesellschaften
- Trassenpreissysteme werden von der Bahn gesetzt (wenngleich reguliert)
- Verbot für Schrotthändler, gebrauchte Schienenfahrzeuge an dritte Bahnen zu verkaufen
- Hohe Stationspreise für die Nutzung von Bahnhöfen und Haltepunkten

---

der Stadtwerke Osnabrück AG, der Verkehr und Wasser GmbH Oldenburg sowie der Veolia Verkehr GmbH, Berlin. Der Sitz der Gesellschaft ist Osnabrück.

Im Bereiche Eisenbahnen setzt die Bundesnetzagentur neben (ihre eigene Wortwahl!) „**repressiver Regulierung**" auch auf präventive Regulierung mit kurzen Firsten.

Marktdaten 2006

	Volumen	**Anteil der DB**
Güterverkehr	107 Mrd. Tonnenkilometer	84% Bahn
Personenfernverkehr	35 Mrd. Personenkilometer	99% Bahn
Personennahverkehr	43 Mrd. Personenkilometer	93% Bahn

Anteil Gleisnetz: Bahn 92%, die anderen zehn größten Eisenbahninfrastrukturunternehmen (EIU) 3%, 5% der Rest
Personenbahnhöfe und -halte 94% Bahn, 4% die anderen 10 größten, 5% der Rest

10. Die Gesundheits- und Sozialpolitik

10.1 Einführung

Ein Blick auf die Sozialausgaben der Bundesrepublik zeigt die herausragende Bedeutung der Sozialpolitik.

Gesamt: ca. 710 Mrd. Euro

• Rentenversicherung	32% = 232,9 Mrd. Euro
• Krankenversicherung	20% = 141,2 Mrd. Euro
• Arbeitsförderung	10% = 71,0 Mrd. Euro
• Pflegeversicherung	2% = 17,3 Mrd. Euro
• Unfallversicherung	2% = 11,3 Mrd. Euro
• Pensionen und Beihilfen	7% = 52,1 Mrd. Euro
• Jugend und Sozialhilfe	6% = 44,3 Mrd. Euro
• Kindergeld/Freibeträge	5% = 38,6 Mrd. Euro
• Entgeldfortzahlung	4% = 2,2 Mrd. Euro
• Betriebliche Altervorsorge	2% = 16,5 Mrd. Euro
• sonstiges	5% = 33,4 Mrd. Euro

[Stand von 2002]

Die Abgrenzung zu anderen Politikfeldern ist zuweilen nicht leicht, da sozialpolitische Maßnahmen häufig auch andere Bereiche betreffen. So kann die Arbeitsmarktpolitik sowohl wirtschafts- als auch sozialpolitischen Zwecken dienen. Hier wird ein weitgefaßter Sozialpolitikbegriff verwendet, andere enger gefasste Definitionen sind aber deshalb nicht schlechter oder gar falsch. In der politischen Analyse spielen die unterschiedlichen Wahrnehmungen derselben Sachverhalte insbesondere beim Problem sozialer Ungleichheit und deren Ursachen spielen eine zentrale Rolle, weil davon die Richtung und das Ausmaß der Sozialpolitik abhängen.

Die Wechselwirkung der nationalen Sozialpolitik mit der europäisch geprägten Wirtschaftspolitik begrenzt die Handlungsspielräume des Nationalstaates und das Standortargument spielt beim Pro und Contra von Sozialpolitik eine große Rolle. Die Knappheit der Mittel führt zu Allokationsproblemen, bei denen die Renten zunehmend unter Druck geraten und das Ausmaß der Sozialpolitik stand in der

Bundesrepublik stets in engem Zusammenhang mit der gesamtwirtschaftlichen Lage.

Die institutionellen Rahmenbedingungen der Sozialpolitik seit der Gründung der Sozialversicherungen im späten 19. Jahrhundert sind recht stabil geblieben. Die folgende Graphik zeigt die Maßnahmen der Sozialpolitik und ihre Zuordnung zu kleineren Politikfeldern, die nach einigen allgemeinen Überlegungen zur Sozialpolitik dann vorgestellt werden.

Tab. 46 Schaubild Sozialpolitik

Sozialpolitik im weiteren Sinne

Arbeit und Soziales

Arbeitslosengeld I (ALG I)
Arbeitslosengeld II (ALG II, ‚Hartz IV', früher: Arbeitslosenhilfe)
Sozialhilfe
Förderung nach SGB III

Arbeitsmarktpolitik
Ich AGs/Gründungszuschuß/ Einstiegsgeld
Teilzeitbefristungsgesetz
1.Euro-Jobs/Mini-Jobs
Personal-Service-Agenturen
Mindestlöhne

Gesundheit

Kranken-versicherung

Gesetzliche Kranken-versicherung GKV
Private Kranken-versicherung PKV

Pflege-versicher-ung

Gesetzliche und Private Pflegever-sicherung

Beihilfe (Beamte)

Unfälle

Unfall-versicher-ung

Berufs-genossen-schaften
Erwerbs- und Berufs-unfähigkeit

Rente

Renten-versicherung
Riester-/Rürup-Rente
Grundsicherung
Pensionen

Vorruhe-standsregelung
Altersteilzeit

Betriebliche Altersvorsorge

[Beitragssätze]

Wirtschaftspolitik
Privatinsolvenz
Vermögensbildung

Jugend+ Familie

Elterngeld
Kindergeld
Jugendhilfe
Kindertages-stätten

Familienpolitik
u.a. Ehe- und Unterhaltsrecht

andere Felder

Wohngeld

Wohungs(bau)-politik
[Eigenheim-zulage]
Sozial-wohnungsbau
Verdichtung der Innenstädte

Bafög

Bildungspolitik
„Bologna-Prozess" (3+2+3)
Schule („Pisa")
Ganztagsschulen
12 Schuljahre

10.1.1 Ziele und Kriterien der Sozialpolitik

Im Kern schwankt das Pendel der Sozialpolitik schon seit den alten Römern (damals als Problem der sog. Getreideempfänger, in vielen Staaten später als „Armenpolitik", siehe auch Kapitel 2) zwischen **Fordern und Fördern**. Je mehr man davon ausgeht, dass die Sozialbedürftigen Opfer gesellschaftlicher oder ökonomischer Umstände sind, desto eher wird man die Sozialpolitik ausbauen, um den Betroffenen zu helfen und um die Gesellschaft zu stabilisieren = „fördern". Je mehr man davon ausgeht, dass der/die Einzelne selbst verantwortlich/schuld ist, desto eher wird man die Leistungen drosseln, um keine falschen Anreize zu setzen = „fordern"

Die beiden wichtigsten Grundlagen ergeben sich aus den Artikeln 14 und 20 des Grundgesetzes, aus denen sich ergibt, dass der Staat soziale Gesichtspunkte in sein Handeln einfließen lassen kann und soll. Artikel 20 des Grundgesetzes enthält das **Sozialstaatspostulat** „Bundesrepublik Deutschland [...] [ein] ... **sozialer Bundesstaat.**"
Artikel 14 Abs. 2 formuliert die **Sozialpflichtigkeit/Sozialbindung des Eigentums**: „Eigentum verpflichtet. Sein Gebrauch soll zugleich dem Wohle der Allgemeinheit dienen". Die beiden Grundgesetz-Artikel sind eher vage gefasst, was eine relativ unspezifische Vorgabe ist, aber den Vorteil hat, dass der Staat nicht von vornherein auf bestimmte Bereiche eingeengt ist, die er nur durch eine Verfassungsänderung ausweiten könnte.

Es gibt eine Reihe von **Motive** und **Prinzipien**, die in der politischen Praxis regelmäßig zur Gestaltung und Diskussion sozialpolitischer Maßnahmen herangezogen werden.
Dimensionen sozialer Gerechtigkeit sind die **Chancengerechtigkeit bzw. Verfahrensgerechtigkeit** auf der einen Seite und die **Verteilungs- bzw. Ergebnisgerechtigkeit** auf der anderen Seite. Der Gerechtigkeitsbegriff ist nicht unproblematisch: was ist gerecht im Bezug auf jung versus alt, arm versus reich, Mann versus Frau, In-/Ausländer? Wichtig ist der Unterschied zur **Gleichheit**, die hier nicht angestrebt wird, es soll nicht jede/r dasselbe haben, sondern Ein- und Auszahlungen sollen an die individuellen Umstände angepasst werden. Dies ist in der Praxis schwierig umzusetzen und das Gerechtigkeitsziel erfordert weitaus mehr Regeln und Vorschriften als ein System, bei dem jeder (fiktives Beispiel)

einheitlich 800 Euro Rente ab 67 bekäme. Neben der Gerechtigkeit als allgemeinem Motiv gibt es auch noch konkretere Zielvorstellungen:

- **Umverteilung**: Die Sozialabgaben dienen zusammen mit den Steuern und den dadurch möglichen Förderungen, Subventionen und Steuererleichterungen auch der Umverteilung gemäß der Formel: „Starke Schultern können mehr tragen als schwache"
- **Marktkorrektur**: z.B. im Gesundheits- oder Wohnungswesen dienen Preisobergrenzen bzw. Mietzuschüsse bzw. Zuschüsse zum Lohn bei Niedrigstlöhnen dazu, politisch nicht gewünschte Marktergebnisse in die jeweils gewünschte Richtung zu korrigieren.
- **Fiskalische Motive**: Die Gestaltung einer Maßnahme kann auch davon abhängig sein, wer zahlen muss (Bund, Land, Kommune) und ob die Angelegenheit durch Beiträge oder den Staat gedeckt werden kann/soll.
- **Beeinflussung der Gesellschaft**: Solange es wenig Alte und viele Junge gab, stand die Förderung der Alten und die Bekämpfung der Altersarmut im Vordergrund (Rentenreformen von 1957 und 1972). Je mehr sich das demographische Verhältnis umkehrt, desto stärker wurden die Familien und Kinder gefördert (z.B. Elternzeit, vorher Erziehungsurlaub, Kindergeld ab dem 1. Kind) und die Renten gebremst, was man als **Pronatalismus** bezeichnet.

Die meisten Sozialausgaben entstehen im Rahmen der Sozialversicherungen. Diese werden nach folgenden grundlegenden Prinzipien gestaltet:

- **Fürsorgeprinzip** für Menschen, die aus eigener Kraft nicht ausreichend für sich sorgen können (Sozialhilfe)
- **Versorgungsprinzip**: insbesondere in der Kriegsopferfürsorge
- **Versicherungsprinzip**: Anspruch auf Leistungen basierend auf Beitragszahlungen (versus **Fiskalprinzip**: Beiträge als ‚Sozialsteuern', aus denen nicht zwangsläufig eigene Ansprüche erwachsen)
- **Solidarität/Solidarprinzip**: bei der die Gesunden in der GKV für die jeweils Kranken zahlen sowie **Generationenvertrag**, bei dem die Jungen für die Alten zahlen (Pflege, Rente und Gesundheit) als Gegenstück zur **Subsidiarität,** von der man spricht, wenn der Staat bzw. die Sozialversicherungen erst eintreten, wenn die Eigeninitiative nicht mehr greift

10.1.2 Diskurse

Neben der Frage, ob die Sozialpolitik ihren eigenen Zielen gerecht wird, stehen die ständigen *Spannungen zwischen Sozial- und Wirtschaftspolitik* im Zentrum der Debatte.

Das Steueraufkommen hängt direkt mit Wirtschaftskraft und Finanzbedarf zusammen, beides wiederum steht in direkter Wechselwirkung mit den Sozialausgaben.

Die fortgeschrittene Verbindung der EU- und der Euroländer hinsichtlich *Wechselkurs, Zinssatz, Geldmenge* und den *Staatsschulden* führt zu einem erheblich eingeengten Spielraum für die nationale Wirtschaftspolitik (Zins, Geldmenge, Wechselkurs, Verschuldung), der national sehr unterschiedlich gestaltete Sozialsysteme gegenüberstehen.

Die Unterschiede beziehen sich auf das Niveau und den Aufbau, so gibt es Systeme, die steuerfinanziert sind und solche wie das deutsche, die über Beiträge finanziert sind. Die Nähe und der Einfluß des Staates zu den Sozialversicherungsträgern variiert zwischen den Staaten unabhängig vom Leistungsniveau ganz erheblich, so dass Ländervergleiche, die in den Medien gerne vorgenommen werden, oft hinken.

In der Debatte wird die Wettbewerbsfähigkeit und das Standortargument gegen eine Ausweitung der Sozialsysteme ins Feld geführt werden. Wenn man die Debatte mal vom Einzelstaat ablöst, konkurrieren nach Schmidt 4 Argumentationen miteinander:

- Gemäß der **Überlastungsthese** wird die freie Wirtschaft durch die Sozialpolitik überlastet. Varianten: Sozialpolitik wirkt als Beschäftigungs-bremse und ist ein Argument zur Verlagerung von Arbeitsplätzen. Hohe Sozialabgaben öffnen die Schere zwischen Brutto- und Nettolöhnen und demotivieren die Menschen, sind Ursache für Staatsschulden und überdies eine Quelle von Missbrauch und Ineffizienz.
- Gemäß der **Zielkonfliktthese** konkurrieren Wirtschaftspolitik und Sozialpolitik miteinander, wobei in den Augen der Menschen wirtschaftlicher Erfolg und soziale Sicherheit beide wichtig sind und die Politiker, wenn sie die Wahlen überstehen möchten, *beide* Ziele im Auge behalten und austarieren müssen.
- Gemäß der **These der Funktionsverschmelzung** federt die Sozialpolitik federt die Härten einer effizienten Ökonomie ab. Diese These spielt auch in der

Fordismustheorie und im Neo-Marxismus eine wichtige Rolle, die Sozialpolitik mindert hier die Klassenunterschiede so, dass das kapitalistische System stabil gehalten werden kann.

- Harmonisch fällt hingegen die **Heilungsthese** aus: Die Sozialpolitik beugt der Armut und Kriminalität vor, stabilisiert die Ökonomie und fördert sie, in dem die Sozialkosten einen Anreiz zur Rationalisierung setzen.

Während des kalten Krieges argumentierte die DDR vor allem in den Fünfziger Jahren, dass Sozialpolitik im Grunde nur ein kapitalistisches Problem sei, denn die Sozialpolitik müsste all jene Probleme lösen, die der Kapitalismus erst hervorbrächte. De facto wurde jedoch auch im Osten Sozialpolitik betrieben, angefangen von der flächendeckenden Versorgung mit Kinderkrippenplätzen bis hin zur Rentnerbetreuung durch die Volkssolidarität.

In der Verfassung der Sowjetunion in der Fassung von 1947 heißt es im Übrigen ganz unmissverständlich, dass die Arbeit die Ehrenpflicht jedes Sowjetbürgers sei, denn so wörtlich „*Wer nicht arbeitet, soll auch nicht essen*“. Damit sollte modern ausgedrückt gesagt werden, dass auch im Kommunismus der Staat nur das ausgeben kann, was vorher gemeinsam erwirtschaftet wurde. Die Vorstellung, Sozialpolitik sei nur auf bestimmte Systeme beschränkt, lässt sich nicht halten.

10.2 Strukturen und Akteure

Die Sozialpolitik wurde durch die Bismarck'schen Reformen in den 1880er Jahren eingeleitet, wobei Deutschland damals Vorreiter war. Das Ziel war es, den aufkommenden Sozialdemokraten, die energisch bekämpft wurden, das Wasser abzugraben. So ging es dann Schlag auf Schlag:

1883 Krankenversicherung

1885 Unfallversicherung (bis 1900 ständige Ausweitung des Personenkreises)

1889 Rentenversicherung und später dann noch die

1927 Arbeitslosenversicherung

Man muss dabei aber bedenken, dass die Anspruchshöhe und die Zahl der Anspruchsberechtigten zunächst niedrig waren und erst im Laufe der Jahrzehnte immer mehr ausgeweitet wurden. Erst jetzt, seit Neujahr 2009, gilt zum Beispiel eine allgemeine Krankenversicherungspflicht.

Die 7 ursprünglichen **Merkmale der Sozial-Versicherung** haben sich im Wesentlichen bis heute gehalten:

- **Arbeitnehmerversicherung** (erst Arbeiter, dann Angestellte). Für die (west)deutsche Sozialpolitik war bis in die 1990er Jahre eine *Unterscheidung zwischen Angestellten und Arbeitern* typisch, die sogar ins Arbeitsrecht hinreichte, z.B. Lohn vs. Gehalt, differente Kündigungsfristen, eigene Rentensysteme (LVA vs. BfA) und Kassen (AOK vs. Anegstelltenkrankenkassen). Andere Gruppen wie die Selbständigen wurden erst später stärker eingebunden. Historisch war das System ursprünglich darauf ausgelegt, die Angestellten gegenüber den Arbeitern besserzustellen und so einen Keil zwischen beide Gruppen zu treiben. Erst die wiedervereinigte Bundesrepublik beendete diese Zweiteilung endgültig.
- **Pflichtversicherung** für die jeweils Anspruchsberechtigten, wobei dieser Personenkreis ständig ausgeweitet wurde
- zunächst gab es nur **nachträglichen Sozialschutz** und noch keine Prävention, denn vorbeugende Schutzmaßnahmen galten bis in die 1920 er Jahre als Produktionshemmnis
- **Rechtsanspruch** ,d.h. Sozialleistungen sind einklagbar, heute: Sozialgerichtsbarkeit
- **Beitragsfinanzierung** ,d.h. das System ist nicht steuerbasiert, später kamen jedoch zunehmend Zuschüsse des Bundes dazu
- **Selbstverwaltung** ,die heute **paritätisch** ist, d.h. von den Arbeitnehmer- und Arbeitnehmerorganisationen) getragen wird
- **Vielfalt der Versicherungsträger** (mit Ausnahme der DDR keine Einheitsversicherung)

Seit 1969 wurden systematisch die historischen Gesetze wie z.B. die alte **Reichs-versicherungsordnung (RVO)** in einem einheitlichen Werk, den **Sozial-gesetzbüchern (SGB)** gesammelt.

Im Kern handelt es sich um eine **korporatistische Staatsintervention**, d.h. der Staat betraut bzw. organisiert Verbände und Organisationen (Körperschaften, lat. corpora = Körper), die in seinem Auftrag die sozialen Angelegenheiten betreuen und/oder regeln. Erst in den 1990er Jahren wurde im Rahmen der Diskussion um den **aktivierenden Staat** die systematische Förderung bürgerschaftlichen

Engagements (**Zivilgesellschaft**) und die Einbindung nicht-staatlicher Gruppen („**Governance**") diskutiert.
Daraus ergibt sich die **Selbstverwaltung** mit **öffentlich-rechtlichen Körperschaften**. Diese sind demokratisch legitimiert durch **Sozialwahlen**: Versicherte, Rentner und Arbeitgeber wählen auf Vorschlag von Gewerkschaften und Arbeitergeberverbänden die Mitglieder der Vertreterversammlung in der Renten- und Unfall- und Krankenversicherung, diese wählen die Vorstände und Versichertenältesten und daraus gehen wiederum die Geschäftsführer und die hauptamtlichen Verwaltungsspitzen hervor. In der Regel finden jedoch **Friedenswahlen** statt, d.h. es gibt nicht mehr Kandidaten als Plätze, sondern vorgefertigte Listen, so dass in den Augen der Kritiker die demokratische Legitimität nur formal besteht. Die Aufsicht erfolgt durch das **Bundesversicherungsamt** BVA als Organ des Ministeriums.

Daraus resultieren für den Bereich Gesundheit **ca. 230 Krankenkassen**, die historisch gewachsen in 7 Spitzenverbänden organisiert waren. *Allgemeine Ortskrankenkassen AOK, Angestelltenkrankenkassen DAK, Techniker TK, KKH, Barmer, Innungskrankenkassen IKK, Betriebskrankenkassen BKK, Landwirtschaftliche Krankenkassen, Knappschaft* (historisch für Bergleute) *und die Seekassen.* Seit 2007 sind die Kassen zwangsweise einem Bundesverband untergeordnet worden.
Die Rentenversicherung, früher als Bundesversicherungsanstalt für Angestellte (BfA) und Landesversicherungsanstalten für Arbeiter (LVA) ist seit 2006 zur **Deutschen Rentenversicherung** (Bund-Land) geworden. Die Träger der Unfallversicherung sind in nach Branchen gegliederten **Berufsgenossenschaften BGs** organisiert, wobei eine stärkere Zusammenlegung in der Diskussion ist.

Weitere sozialpolitisch relevante Akteure ('Relevanz' meint hier das Volumen der Leistungserbringung und den politischen Einfluss) neben Regierung, den Versicherungen und den Arbeitnehmer- und Arbeitgeberorganisationen sind insbesondere die **Verbände der freien Wohlfahrtspflege**, die **Ärzte** (Kammern, Verbände), **Krankenhäuser** (Deutsche Krankenhausgesellschaft) und oberhalb der nationalen Ebene die **Europäische Union.**

Die Verbände der freien Wohlfahrtspflege

Der Begriff Freie Wohlfahrtspflege (FW) bezeichnet in Deutschland Vereinigungen, die sich zur Aufgabe gemacht haben, bei sozialer, gesundheitlicher und sittlicher Gefährdung bzw. Not vorbeugend oder heilend zu helfen, wobei dies auf freigemeinnütziger Grundlage und in organisierter geschieht. In der Bundesrepublik gibt es sechs Spitzenverbände der Freien Wohlfahrtspflege mit jeweils einer Vielzahl von Mitgliedsverbänden bzw. -organisationen:

- Der Paritätische Wohlfahrtsverband mit Sitz in Berlin[114]
- Deutsches Rotes Kreuz (DRK) mit Sitz in Berlin
- Arbeiterwohlfahrt (AWO)
- Deutscher Caritasverband (DCV) für die katholische Wohlfahrtspflege
- Diakonisches Werk der Evangelischen Kirche in Deutschland (DW der EKD) für die evangelische Wohlfahrtspflege
- Zentralwohlfahrtsstelle der Juden in Deutschland (ZWST) für die jüdische Wohlfahrtspflege.

Die Arbeit der Wohlfahrtsverbände wird zu weit über 90% aus staatlichen Mitteln bzw. den Sozialversicherungen finanziert. Mehrheitlich handelt es sich dabei um Leistungsentgelte (z.B. aus der Pflegeversicherung).

Die **Ärzte** und **Krankenhäuser** werden in Kapitel 10.7 eingehend besprochen.

Die **Bundesagentur für Arbeit** (BA, ehemals Bundesanstalt für Arbeit) ist das Verwaltungsorgan, das in Deutschland für die Arbeitsvermittlung und -förderung sowie die Leistungsgewährung unter anderem des Arbeitslosengeldes zuständig ist. Sie ist eine bundesunmittelbare Körperschaft des öffentlichen Rechts mit Selbstverwaltung und Anstaltscharakter. Sie ist mit etwa 97.000 Mitarbeitern die größte Behörde in Deutschland. Die Geschäftsstellen der BA wurden bis 2003 Arbeitsämter genannt, seit 2004 heißen sie Agenturen für Arbeit.

---

114 Unter dem Dach des "Paritätischen" sind etwa 10.000 Vereine, Organisationen, Einrichtungen und Initiativen versammelt, die das gesamte Spektrum sozialer Arbeit repräsentieren. Einige der Mitgliedsorganisationen sind das die Deutsche Arbeitsgemeinschaft der Selbsthilfegruppen mit Hunderten von Selbsthilfeorganisationen und Tausenden von Ortsgruppen, Advent-Wohlfahrtswerk, das Deutsche Jugendherbergswerk das Deutsche Kinderhilfswerk der Arbeiter-Samariter-Bund ASB, der Deutsche Blinden- und Sehbehindertenverband, der Sozialverband VdK, der Weiße Ring für Kriminalitätsopfer, die Deutsche Aidshilfe, die Deutsche Krebshilfe die Deutsche Lebens-Rettungs-Gesellschaft DLRG, die SOS-Kinderdörfer, die ehemalige DDR-Wohlfahrtsorganisation Volkssolidarität, die Beratungseinrichtung Pro Familia usw. usw...

10.3 Die Sozialpolitik der Bundesrepublik Deutschland

10.3.1 Die Sozialpolitik bis 1990

Die folgende Graphik zeigt die Sozialpolitik der Bundesrepublik, wobei hier an das in Kapitel 4.2.4 vorgestellte Schema der politischen Geschichte der Bundesrepublik angeknüpft wird.

Tab. 47 Die Sozialpolitik bis 1990

Demokratischer Staat	**Aktiver Staat**	**Schlanker Staat**	**Aktivierender Staat**
ab Beginn der 50er Jahre	**ab Mitte der 60er Jahre**	**ab Ende der 70er Jahre**	**ab Mitte der 90er Jahre**
1949-1956 Rekonstruktion=> Parität von Arbeitgeber und Arbeitnehmer außer Unfallversicherung 1957 Große Rentenreform	Kindergeld/Wohngeld und Sozialhilfe-Reform 1961 1969 Beitragsbemessungs-grenze statt Versicherungspflichtgr enze, dafür 1972 2. große Rentenreform mit Erweiterung der Anspruchsberechtigten 1971 Bafög kostenlos	Kürzung von Kindergeld, Sozialhilfe, Wohnungsgeld, Beschränkung der Ansprüche auf Arbeitslosengeld 77-82 nach 1982 Umbau: Anrechenbarkeit von Kinderziehungszeiten, Erziehungsgeld, Erziehungsurlaub, Vorruhestandsregeln 3. große Rentenreform 1992 (1989 beschlossen) Abkopplung vom Bruttolohn Bafög als Darlehen	Neuregelungen von befristeten Tätigkeiten/ Zeitarbeit Minijobs 1 Euro-Jobs Hartz IV Studiengebühren Reform des Sozialwohnungsbaus Arbeit bis 67 Förderung der Privatvorsorge durch Riester- und Rürup-Rente Nachgelagerte Rentenbesteuerung

Modifiziert nach Schmidt

Zunächst stand in den Fünfziger Jahren die Herausbildung und Einübung der neuen staatlichen Prozeduren nach Überwindung der ersten Nachkriegsjahre im Vordergrund, in der einschneidende Maßnahmen wie der **Lastenausgleich** (Vermögensausgleich) und die Integration der Vertriebenen vorgenommen wurden. Das Sozialversicherungssystem wurde wiederhergestellt, wobei die paritätische Selbstverwaltung durch Arbeitnehmer und Arbeitgeber etabliert wurde.

Der größte Schritt in den Fünfziger Jahren war 1957 die **1. große Rentenreform**, bei der man auf die Altersarmut reagierte und die Renten um 60% (Witwenrenten um 81%, Waisenrenten um 57%) anhob. Die Renten wurden auf eine neue Bemessungsgrundlage[115] umgestellt, wobei die Rentenentwicklung an die Bruttolöhne angepasst wurde, was man **Dynamisierung** nannte. Demographische Probleme sah man nicht, denn viele waren wie Kanzler Adenauer von der Regel: „Kinder kriegen die Leute immer“ überzeugt.

Die 1960er und frühen 1970er Jahre waren von 2 vorangegangenen Jahrzehnten mit kontinuierlichem Wirtschaftswachstum geprägt und so stand der im Rahmen **des aktiven Staates** der Ausbau des Sozialstaates auf dem Programm. Der Staat agierte als fürsorglicher, planender Staat auf Basis steigender Einnahmen. Dazu gehörten auch die **Bildungsexpansion** mit dem Ausbau des Bildungswesens und der Studienförderung und die **Kindergeld, Wohngeld- und Sozialhilfe-Reform 1961** mit der Etablierung der modernen Sozialhilfe und des Wohngeldes zur Verbesserung des Wohnstatus ärmerer Schichten. In der Rentenpolitik kam es zur **2. großen Rentenreform 1972** mit Erweiterung der Anspruchsberechtigten (flexible Altersgrenze, Öffnung für nicht-abhängig Beschäftigte, Selbständige, Hausfrauen, Studierende, Behinderte, Anhebung der Kleinrenten, vorzeitige Rentenanpassung). Da lange Zeit nahezu Vollbeschäftigung herrschte mit ca. 200.000 Arbeitslosen, spielte die heute so wichtige Arbeitsmarktpolitik noch eine Nebenrolle.

Wie schon in Kapitel 4 berichtet, kam es zum Bruch durch die **Ölkrise 1973** mit steigenden Preisen bei gleichzeitiger wirtschaftlicher Stagnation (**Stagflation**), erstmals gab es über 1 Million Arbeitslose. Der Übergang von aktiver Gestaltung zum defensiven Krisenmanagement während der Regierung Schmidt beinhaltete die Kürzung von Kindergeld, Sozialhilfe, Wohnungsgeld sowie die Beschränkung der Ansprüche auf Arbeitslosengeld in den Jahren 1977-82. Im Ergebnis bekamen 1984 von den Erwerblosen nur noch 40% Arbeitslosengeld; 26% Arbeitslosenhilfe, der Rest nichts (vgl. Schmidt). Nach dem die Arbeitszeit in den Sechziger Jahren vielerorts noch 48 Stunden betrug, war sie bis in die Achtziger Jahre auf 40 Stunden

---

115 Eckrente anhand von Durchschnittsarbeitsentgelt, persönlicher Prozentsatz nach Einkommen und Beitrag, „Versicherungsdauer" (real+anerkannt), Faktor für soziale Renten (z.B. Berufsunfähigkeit)

zurückgegangen. Die industrielle Rationalisierung und die Arbeitslosigkeit warfen die Frage auf, ob denn genug Arbeit für alle da sei oder ob man diese besser verteilen müsse. Ausgehend von diesen Überlegungen forderten die Gewerkschaften den Übergang zu der **35 Stunden-Woche**, die sich in den Neunzigern auch weitgehend durchsetzen konnte. Seither hat sich die Durchschnittsarbeitszeit wieder der 40 Stunden-Marke genähert und ist in manchen Verträgen schon auf bis zu 42 Stunden gestiegen.

Die Krise des Sozialstaates mit dem raschen Wachstum der Staatsschulden und der resultierenden Zinslast begünstigte weitere Reformen. Unter der Regierung Kohl wurde der so bezeichnete **Umbau des Sozialstaates** in Angriff genommen, wobei die Arbeitsmarktpolitik jetzt ins Zentrum rückte. Man versuchte den Arbeitsmarkt durch **Frühverrentungen**[116] durch das Vorruhestandsgesetz von 1984 und das Altersteilzeitgesetz von 1988 zu entlasten und ihn durch **Flexibilisierung**, d.h. der Zulassung befristeter Arbeitsverhältnisse und Teilzeitarbeit (ab 1985, danach immer weiter ausgebaut) aufnahmefähiger zu machen. Die Frühverrentungspolitik war ins Nachhinein weit umstrittener als während ihrer Einführung, wo sie als mildes Mittel zur Entlastung galt. Sie trug aber neben dem Phänomen, ältere Mitarbeiter als Ballast anzusehen („**Jugendwahn**"-Diskurs), zu einem grundlegenden Strukturwandel bei:
1985 kamen auf 1,5 Arbeitnehmer 1 Sozialleistungsempfänger (Renten, Arbeitslosengeld bzw. -hilfe, Sozialhilfe, Asylbewerberleistungen), 2005 betrug das Verhältnis 0,9:1, d.h. immer weniger Menschen müssen immer Leistungen finanzieren.
Der zweite Schwerpunkt war die **Familienpolitik**, so dass nach 1982 die Anrechenbarkeit von Kinderziehungszeiten, Erziehungsgeld und der Erziehungsurlaub, in Angriff genommen wurden. Aber schon 1989 war klar, dass der Bundesrepublik weitere Einschränkungen drohten. So kam es 1989 zur **3. großen Rentenreform**, die 1992 in Kraft trat. Es kam zur Abkopplung der Renten vom Bruttolohn und zum Beginn der planmäßigen Rentenschrumpfungen. Die Vorstellung, dass alle heutigen Probleme des Sozialstaates auf der Wiedervereinigung beruhen, ist nicht zutreffend: Nichts könnte dies besser illustrieren als der Umstand, dass die Abgeordneten am 09.11.1989 gerade über die

---

[116] Entlastung des Arbeitsmarktes durch vom Staat ermöglichte und kofinanzierte Frühverrentung (z.B. 55 Jahre, dann 3 Jahresgehälter Abfindung, ab 58 Frührentner)

große Rentenreform debattierten, als die Mauer fiel und sie sich spontan zur Nationalhymne erhoben....

10.3.2 Exkurs DDR bis 1990

Die Deutsche Demokratische Republik DDR brach rigoros mit dem alten System und schuf bis 1956 eine zentralisierte Pflicht- und Einheitsversicherung unter Leitung des Freien Deutschen Gewerkschaftsbundes FDGB (Sozialversicherung bei der **Staatlichen Versicherung der DDR**). Das Ziel war die Abschaffung der alten Unterschiede und die damit einhergehenden Beseitigung von als 'bürgerlich' verstandenen Lebensmustern (**Sozialfiguren**) wie der Beamten, der Unterscheidung von Angestellten und Arbeitern, von Privatpatienten, aber auch der Hausfrau.

Dafür wurden im Laufe der Jahre ständig neue **Zusatzversorgungssysteme** für politisch oder ökonomisch wichtige Gruppen (**Funktionseliten**) errichtet, z.B. ‚technische, wissenschaftliche, künstlerische, pädagogische, medizinische Intelligenz', sog. Sonderversorgungssysteme für Sicherheitsorgane (Stasi, Volkspolizei, Feuerwehr, Strafvollzug, Nationale Volksarmee NVA), Ehrenpensionen, Zusätze für verdiente Gewerkschaftler usw. Die Subventionierung von Mieten, Lebensmitteln und Verkehrswesen sorgte dafür, dass ein Mindestniveau nicht unterschritten wurde, also eine Art *indirekte Grundsicherung*, durch die niemand verhungern musste.

Die DDR legte den Schwerpunkt von vornherein auf die Familie und Kinder (**Pronatalismus**) mit bevorzugter Wohnungsvergabe für junge Familien und das Kinderkrippensystem, das es auch ermöglichte, dass bis zu 90% der Frauen berufstätig waren. Dafür gab es sehr niedrige Renten. Die DDR löste das Problem, in dem sie den Rentnern Hilfe über den Wohlfahrtsverband **Volkssolidarität** zukommen ließ und später die Zahl der Rentner durch legale Ausreisen in den Westen verringerte.

Im Gesundheitssystem wurde auf **Polikliniken** mit Niederlassungssperre gesetzt. Während die medizinische Versorgung in den Städten gesichert war, kam es auf dem Lande zum Schluss zu einer extremen Alterung der wenigen verbliebenen Landärzte, auf die dann doch nicht verzichtet werden konnte. Der Versuch der Regierung Honecker, das Konsumniveau der DDR anzuheben, trug zu einer rasch wachsenden Auslandsverschuldung bei, die maßgeblich zum Ende der DDR beitrug, als die Sowjetunion nicht mehr helfen konnte. Mit der Wiedervereinigung im Jahre 1990 wurden die westdeutsche und ostdeutsche Sozialpolitik wieder eins, wobei die Strukturen der westdeutschen Sozialpolitik wieder in die DDR eingeführt wurden.

10.4 Die Krise der 1990er Jahre

Durch das Schrumpfen des staatlichen Handlungsspielraums (Verschmelzen mit ärmeren Volkswirtschaften, Entkoppelung von Wirtschaft und Politik, Strukturprobleme) sowie den stetigen Rückgang der Beitragszahler/Innen (durch Arbeitslosigkeit, Abnahme von Vollzeitjobs, demographischen Wandel) wurden tiefgreifende Sozialreformen notwendig.

Abnahme des staatlichen Handlungsspielraums aus 3 Gründen:

- **Verschmelzung mit bzw. Kontakt zu ärmeren niedrigpreisigen Volkswirtschaften**
- **Entkopplung von Wirtschaft und Politik**
- **Strukturprobleme**
- Verschmelzung mit/Kontakt zu ärmeren niedrigpreisigen Volkswirtschaften

Faustregel der internationalen Volkswirtschaftstheorie: Treffen zwei Volkswirtschaften aufeinander, stellt sich bei unveränderten Rahmenbe-dingungen **(ceteris paribus)** ein neues Gesamtniveau ein, das sich nach den Anteilen in der Mischung richtet.

Beispiel: Volkswirtschaft A hat Niveau 100 und hat 60 Mio. Einwohner, Volkswirtschaft B hat Niveau 25 und 20 Mio. Einwohner. Nach Abbau aller Hürden resultiert: Niveau (AB) = (100*60+25*20)/(60+20)=6500/80=81,25, d.h. die Leistungskraft sinkt für A in AB auf 81,25%. Die Verschmelzung mit der DDR-Volkswirtschaft brachte neben der höheren Arbeitslosigkeit auch noch die Notwendigkeit zu umfangreichen Aufbauhilfen für den Osten. Für die heutige Sozialpolitik ist es müßig, zu diskutieren, ob man es damals hätte anders machen sollen oder können. Entscheidend ist heute nur noch, was tatsächlich rausgekommen ist.

Hinzu kam der stetig wachsende Kontakt mit den wesentlich billigeren osteuropäischen Ländern im Zuge der EU-Osterweiterung 2004, durch die das Standortargument nochmals an Schärfe gewonnen hat. Das eigentliche Problem, nämlich die **Öffnung des Arbeitsmarktes** für Osteuropa, wurde auf 2011 hinausgeschoben. Auch in der Konkurrenz mit Indien und China wird ein Abfluss von Arbeitsplätzen, Steuern, Exporterlösen, erörtert, es gibt aber auch Stimmen, dass diese Länder als Handelspartner für positive weltwirtschaftliche Effekte sorgen und ihr Aufstieg nicht nur negativ zu sehen sei. Einige Autoren meinen, die Abwärtsbewegung hätte schon vorher begonnen mit dem systematischen **Import von Armut** durch „Gastarbeiter" in den Sechzigern, Aussiedler insbesondere in den Achtzigern[117]. Die Gegenthese ist, dass die Gastarbeiter den ökonomischen Aufschwung der Sechziger erst möglich machten und zur Verbesserung der demographischen Struktur beitragen.

Das Problem für die Politik ist, dass Deutschland verglichen mit Osteuropa nicht einfach nur hohe Löhne[118] hat, sondern auch hohe *Lebenshaltungskosten*, so dass man, selbst wenn man das wollte, gar nicht auf das osteuropäische Lohnniveau herunter könnte.

Entkopplung von Wirtschaft und Politik

In den Zeiten des Nationalstaates waren die Beteiligten und ihr Handeln eng miteinander verkoppelt. Der Staat machte die Politik, die sich auf die nationale Wirtschaft auswirkte. Die Erfolge der Wirtschaft schlugen sich auch als höhere Steuereinkünfte, Löhne und Sozialabgaben nieder, so dass der Staat von den Ergebnissen seiner Wirtschaftspolitik auch unmittelbar profitierte (bzw. von Fehlern ebenfalls direkt getroffen wurde).

Heute, in Zeiten der Europäischen Union, kontrolliert/produziert der Nationalstaat nur noch ca. 50% der Politik (vgl. Kapitel 6) und ist insbesondere in der Fiskalpolitik entmachtet: Währung, Geldmenge, Zinssatz sind nun unter Kontrolle der Europäischen Zentralbank. 'Deutsche' Unternehmen sind häufig gar nicht mehr in deutschen Händen, so dass Gewinne nur noch zum Teil in Deutschland entstehen oder bleiben und der Standort nur noch in Teilfragen relevant ist, z.B. bei High-Tech, die man aus Sicherheitsgründen nicht nach China bringen möchte. Natürlich profitiert Deutschland umgekehrt auch von den Aktivitäten ausländischer Firmen in Deutschland, aber der enge Zusammenhang zwischen Staat und Firmen, wie er in der in Kapitel 4 gezeigten ‚**Deutschland AG**' noch vorhanden war und die damit verbundenen politischen Einflussmöglichkeiten sind weitgehend verloren.

---

[117] Der rasche Anstieg der Asylbewerber in den Neunzigern führte 1994 zu einer tiefgreifenden Gesetzesreform mit dem Modell des „**sicheren Drittlandes**"=>daraufhin Rückgang um ca. 90%

[118] Lohn: bestand 2006 aus 56,7% eigentlichen Lohnkosten, 22,4% tariflichen Lohnnebenkosten (Urlaubs- und Weihnachtsgeld, betr. Altersvorsorge, Zuschüsse, vermögenswirksame Leistungen) sowie Renten-, Arbeitslosen-, Krankenversicherung 20,9%

Strukturprobleme

Bei der demographischen Entwicklung war schon durch den Geburtenknick nach Einführung der Antibabypille schon in den siebziger Jahren klar, dass sich die Alterstruktur wandeln würde, jedoch kam es in den Neunzigern zur systematischen Ausgliederung der Älteren aus dem Arbeitsleben durch Vorruhestandsregelungen, die von den Parteien, den Gewerkschaften und den Arbeitgebern als vergleichsweise mildes Rationalisierungsmittel gut geheißen wurden. Ältere (ab 40) gelten heute in vielen Branchen nicht mehr vermittelbar und 1996 lag das **reale Rentenalter bei 59 Jahren** (heute ca. 61 Jahre).

Statt die veraltete Industrie-Produktion zu rationalisieren, holte man in den 60er Jahren 'Gastarbeiter', kümmerte sich aber in der Annahme, sie würden 'schnell wieder gehen', nicht um deren Integration und Förderung, so dass heute eine hohe **strukturelle Arbeitslosigkeit** dieser Gruppe in der zweiten Generation (zur Zeit 25%) herrscht.

Die alte Bundesrepublik überschätzte zudem die Leistungskraft der DDR-Ökonomie und glaubte an riesige Gewinne aus dem Verkauf der DDR-Industrie durch die Treuhandanstalt. Tatsächlich war jedoch sog. '**industrielle Mitversorgung**' aus dem Westen möglich, d.h. die Westfirmen konnten den Konsum der DDR-Bevölkerung weitgehend mit abdecken. Hierzu kamen andere Faktoren wie die missglückte **Währungsreform**, d.h. die Umstellung der Mark der DDR in D-Mark, die vielen Ost-Betrieben vor allem hohe Schuldenberge in D-Mark bescherte und sie von den alten Kunden im Osten Europas abschnitt, deren Währungen noch nicht frei handelbar (**konvertierbar**) waren, so dass heute in Ostdeutschland viele strukturschwache Regionen existieren.

Es wird immer gefordert, die Wirtschaft von Bürokratie zu entlasten, jedoch scheint der Spielraum, die **Deregulierungsreserve**, kleiner zu sein als gedacht: Laut des *Fraser Institute Economic Freedom Survey* lag Deutschland bereits 2006 auf Platz 17 der wirtschaftlichen Freiheit, ist also schon relativ dereguliert. Der staatliche Handlungsspielraum wird langfristig weiter schrumpfen und die demographische Entwicklung ist schwer und wenn überhaupt, nur langsam umkehrbar.

Der **Rückgang der Beitragszahlungen** lässt sich anhand des Einnahme-rückgangs in der Krankenversicherung demonstrieren. Die Zahl der Sozialversicherungspflichtigen sank in den Neunziger Jahren insgesamt und die Zahlungskräftigeren flohen in die Privatkassen PKV (Verluste von ca. 1,7 Millionen in 10 Jahren, die zahlungskräftiger sind). In den Privatkassen nehmen die

Patienten aber deutlich mehr Leistungen in Anspruch, so dass die PKV-Ausgaben sind von 1996-2006 um 45,5%, in der gesetzlichen Kasse GKV aber nur um 12,8% gestiegen sind, so ein Bericht der ZEIT im Jahre 2008.
Die Zahl der Arbeitslosen stieg bis 2005 auf 4,5 Mio. (plus 2 Mio. **stille Reserve** von Vorruheständlern, ABMlern[119], 290.000 1 Euro-Jobber, wie die Neue Zürcher Zeitung 2008 schätzte). Dazu gab es seit 1985 je nach Quelle nur einen geringen oder keinen Anstieg der Netto-Reallöhne und eine Zunahme der Geringverdiener, befristet Angestellten, Teilzeitstellen, Mini-Jobber sowie eine Expansion von Leih- und Zeitarbeit (Spiegel 2006.
Die Diskrepanz zwischen 40 Mio. Erwerbstätigen und den weniger als 30 Mio. Beitragszahlern kommt durch die Mini-Jobber, mithelfende Familienangehörige und ca. 4,4 Mio. Selbständige (davon 2,3 Mio. Solo-Selbständige ohne Angestellte laut Spiegel 7/2008[120]) zustande. Der Ausbau der Teilzeit im Teilzeitbefristungsgesetz war ursprünglich dazu gedacht, mehr Müttern Teilhabe am Arbeitsmarkt zu ermöglichen, so dass die Zunahme der Teilzeitstellen nicht nur Ausdruck einer Krise ist, sondern auch politisch gewollt war.

10.5 Die tiefgreifende Finanzreform der Sozialsysteme als Reaktion

Daraufhin wurde nach langen Debatten eine Reihe von tiefgreifenden Sozialreformen durchgeführt, die insbesondere einen Wechsel vom **Solidaritäts- zum Subsidiaritätsprinzip** brachten, d.h. während vorher bei Problemlagen der Staat bzw. die Solidargemeinschaft der Versicherten einsprang, gilt nun der Grundsatz, dass die Betreffenden erst einmal selber einstehen müssen, bevor jemand eintritt. Auf Deutsch: Weniger Staat, mehr Eigenverantwortung.

---

[119] Arbeitsbeschaffungsmassnahme ABM-Stellen: 1998 400.000; 2007 nur noch 50.000

[120] Bei den Selbstständigen ohne Angestellte findet sich gehäuft das Problem der Scheinselbstständigkeit. Mit der **Scheinselbständigkeit** versuchen die Beteiligten sowohl die Bindungen aus einem Arbeitsvertrag als auch die Sozialabgaben zu vermeiden. Daher wurde 1999 geregelt, dass jemand, der nur für einen Auftraggeber tätig ist, sozialversicherungspflichtig ist. Dies wird flankiert durch das Arbeitsrecht, in dem in geeigneten Fällen von Rechts wegen die Arbeitnehmereigenschaft vermutet werden kann.

Tab. 48 Die Sozialpolitik nach 1990

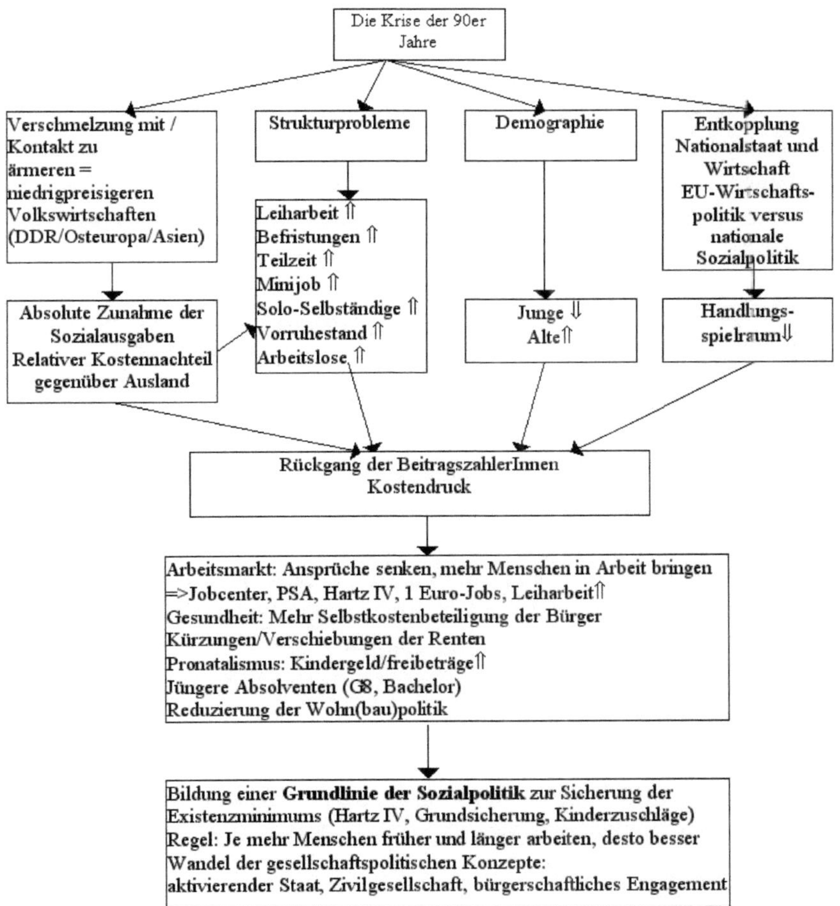

Dies manifestierte sich in der **Hartz IV-Reform**, bei der die Menschen nach längerer Arbeitslosigkeit erst dann **Arbeitslosengeld II** bekommen, wenn das eigene Vermögen bis auf einen kleinen Selbstbehalt aufgebraucht wurde und auch das Einkommen von Lebenspartner/Innen nicht mehr ausreicht.

Auch in der Renten-Politik wurde mit der **Riester-Rente** das **Privatvorsorgeprinzip** etabliert, wenngleich der Staat hier mit Zuschüssen behilflich ist.

Analog werden im Gesundheitssystem die Selbstbeteiligungen der Bürger ständig ausgebaut.
Neben der Reduktion der Sozialkosten wurde auch die Einnahmeseite in Angriff genommen, nämlich nach der Regel: *Je mehr Menschen arbeiten und je länger, desto besser.* Länger arbeiten bedeutet, junge Menschen früher in den Arbeitsmarkt zu bringen und ältere Menschen länger auf diesem Markt zu belassen. Die Erhöhung des Rentenalters auf der einen Seite (**Rente mit 67**) und die Beschleunigung der Schul- und Studienzeit durch die höchstens 8 jährige weiterführende Schule (**G8**) und die neuen mit dem internationalen **Bologna-Prozess** etablierten gestuften Bachelor- und Masterstudiengänge auf der anderen Seite ermöglichen die längere Arbeitsperiode.
Um mehr Menschen in Arbeit bringen, wurde das Prinzip **Fordern und Fördern** etabliert, bei dem die Menschen unter anderem mit Hilfe von **1 Euro-Jobs** in Arbeit verbleiben sollen. Zudem wurde die **Leih- und Zeitarbeit** deutlich ausgebaut.

Auf lange Sicht wird die Schrumpfung der Beitragszahler aber aus demographischen Gründen weitergehen, so dass der in der späten alten Bundesrepublik und der DDR praktizierte **Pronatalismus** durch eine Erhöhung des Kindergelds/und der -freibeträge und einige andere Maßnahmen fortgeführt wurde.
Als Minimalziel (**Grundlinie) der Sozialpolitik** wurde jetzt in allen Bereichen der Sozialpolitik die **Sicherung des Existenzminimums** etabliert.
Das Existenzminimum belief sich 2006 gemäß den Angaben der Bundesregierungen auf **7140 Euro** (4140 Euro täglicher Bedarf/Person + 2364 Euro Unterkunft + Heizung 636 Euro), was etwas unter dem Steuerfreibetrag von 7664 Euro liegt. Für Kinder (Durchschnitt) belief sich dies auf **3648 Euro** (2676 Euro + 804 Euro Unterkunft + 168 Euro Heizung) + Erziehungsaufwand der Eltern von 2160 Euro (FAZ 30/2008).

Die **Grundlinie der Sozialpolitik** besteht heute aus

- **Hartz IV**, d.h. einer monatlichen Zahlung bei einer längeren Arbeitslosigkeit, die in der Summe genau das Existenzminimum ergibt.
- **Grundsicherung**, d.h. wenn die eigene Rente nicht reicht, um Hartz IV-Niveau zu erreichen, wird diese auf dieses Niveau aufgefüllt. Diese Maßnahme soll die erwartete **Zunahme der Altersarmut** abfangen, die

auch aus den zunehmend instabilen Arbeitsverhältnissen gerade von Jüngeren, Alleinerziehenden sowie den Teilzeitbeschäftigten und Mini-Mini-Jobbern resultieren wird.

- **Kinderzuschläge** sichern ebenfalls das Existenzminimum für Familien.

In der Debatte sind auch **Mindestlöhne**, die aber noch nicht für alle Branchen etabliert sind. Die Wohnbaupolitik hat sich aus Kostengründen weg vom sozialen Wohnungsbau und anderen Wohnfördermaßnahmen hin zur Erleichterung des Bauens gewandelt. Als Reaktion auf die gesundheitlichen und ökonomischen Probleme der Älteren aus Kostengründen sollen die Menschen in den Städten enger zusammenrücken, die soll durch die **Nachverdichtung der Innenstädte** geschehen. Diese Maßnahmen haben bereits zu einer Entlastung der Sozialkassen und zu einem **Rückgang der Arbeitslosigkeit** beigetragen, die Ende 2008 auf knapp 3 Millionen Arbeitslose zurückging. Die Zahl der Erwerbstätigen war Ende 2008 um 2 Millionen Menschen höher als einige Jahre zuvor.

Auf der anderen Seite gab es natürlich auch heftige Kritik: Insbesondere die von Hartz IV Betroffenen klagen nicht nur über einen Verlust an *Wohlstand*, sondern auch an *Würde.*[121]
Gerade aus der Mittelschicht gab es Kritik, weil Menschen, die Vermögen erspart haben, dieses im Falle längerer Arbeitslosigkeit verlieren würden, während jemand, der nichts angespart hat, sofort von der staatlichen Förderung profitierten würde. Dies würde auch die Sinnfrage nach dem Zahlen von Beiträgen zur Arbeitslosenversicherung aufwerfen. Insbesondere ältere und kranke Menschen in strukturschwachen Gegenden wären damit zur Armut verurteilt, denn deren Vermittelbarkeit auf dem Arbeitsmarkt stünde häufig nur auf dem Papier.
Dies und die erwartete Zunahme der **Altersarmut** haben zu wachsenden **Statusängsten** und Unsicherheit geführt, die wiederum zur Entstehung einer **Unterschichtendebatte** beigetragen, bei der die Förderwürdigkeit von Lebensstilen[122] im Zentrum steht.

---

[121] Die Regelung, dass das Vermögen von Ehegatten und auch das Zusammenwohnen in Lebensgemeinschaften Einfluss auf die Hohe der Hartz IV-Ansprüche hat, erfordert anders als bei der früheren Arbeitslosenhilfe entsprechenden Befragungen und Kontrollen, was als sehr unangenehm empfunden wird.

[122] Die Angst vor dem eigenen Abstieg und der Verteilungskampf um die knappen Mittel spiegeln sich in einer starken Zunahme von Sozialproblemformaten im Fernsehen wieder.

In allen Industriestaaten haben demographische Probleme und der Wettbewerbsdruck den Druck auf die Sozialsysteme erhöht. Dies warf die Frage nach der effektiven **Strategie zur Reduktion der sozialen Sicherung** auf: Da alte Besitzstände können nur gegen großen Widerstand abgebaut werden können, lassen Politiker diese, wenn möglich, unangetastet, sorgen aber dafür, dass diese nicht weiter ausgebaut werden. Außerdem wird oft der Kreis der Anspruchsberechtigten nach und nach verkleinert. Zudem müssen die Politiker verhindern, dass neue Besitzstände entstehen. Da Maßnahmen mit Fernwirkungen weniger Problemdruck erzeugen, sind in die Reformen des Öfteren längere Übergangsfristen eingebaut. Aus dieser vielfach mit Erfolg angewandten Strategie folgt jedoch, dass die Jüngeren, die neu in das System eintreten, oft schon voll erfasst werden, während die Älteren noch die Besitzstände von früher haben. Dadurch gibt es häufig eine Ungleichverteilung der Lasten zu Lasten der Jüngeren, die sich anders als die vollzeitig unbefristet angestellten Älteren von Vertrag zu Vertrag hangeln (**Befristungskarrieren** mit **Patchwork-Biographien**) und lange in schlecht gesicherten und bezahlten, den sogenannten **prekären Arbeitsverhältnissen** verbleiben. Die Gesamtheit der Betroffenen wird auch **Prekariat** genannt. In Deutschland hält sich das Problem, das auch als **Generation P** (**Generation Praktikum**) bekannt ist, bei der Berufsanfänger in schlecht bezahlten Praktika arbeiten müssen, m Vergleich zu Frankreich bisher noch in Grenzen. Daraus darf man aber nicht folgern, dass die prekären Arbeitsverhältnisse eine Folge der aktuellen Reformen seien. Schon in den Neunzigern bahnte sich, wie von Ulrich Beck thematisiert, ein Wandel der Arbeitswelt an, der in einen Zerfall der Belegschaften in Stamm-/**Kern-** und **Randbelegschaften** mündete.

Die Stammbelegschaften waren die unbefristet Tätigen mit allen tariflichen Rechten der Vergangenheit, die Randbelegschaften umfassten all jene, die diese Rechte nicht mehr im vollen Umfang oder gar nicht mehr besitzen. Inzwischen sind **Zwiebelschalenmodelle** die Regel, bei der um den unbefristet vollzeitigen Kern die Befristeten kommen, dann die Zeit- und Leiharbeiter und schließlich die im Englischen auch als *consultants* oder *freelancer* bezeichneten freien Mitarbeiter und die Praktikanten. Das Statusgefälle ist häufig auch ein Altersgefälle und hier bahnt sich eine Konfliktlinie zwischen den Generationen an. Die Gewerkschaften stehen

---

Nach der **Super Nanny** als Erziehungsberatung und der Schuldnerberatung sind jetzt Kontrollfilme, die wahlweise die Polizei, das Sozialamt oder das Ordnungsamt in Aktion zeigen, beliebt.

bei der Entwicklung vor dem Dilemma, dass Tarifverträge in erster Linie den Kernbelegschaften zugute kommen, also den ‚Besitzenden', aber nicht den Randbelegschaften. Die Gewerkschaften haben das Problem aufgegriffen und bemühen sich um verstärkt um Zeit- und Leiharbeiter. Der Rückgang dauerhafter Arbeitsverhältnisse hat zusammen mit anderen gesellschaftlichen Veränderungen die Entstehung der **Patchwork-Biographie** ermöglicht, bei der die Betroffenen ihr Leben als einen Flickenteppich (patchwork) aus Job- und Familienfragmenten (z.B. Aushilfsjobs, geschieden lebend, öfters umgezogen) gestalten. Zuweilen wird dies als Lebenskünstlerschaft angehen, häufiger aber bloß als ein Problemzustand, aus dem es kein Entrinnen mehr gibt, weil Karrieren in der Mehrzahl der Fälle immer noch auf gradlinigen Entwicklungen fußen.

10.6 Vertiefung zur Sozialpolitik

Die folgenden Kapitel vertiefen die oben skizzierten sozialpolitischen Maßnahmen.

10.6.1 Arbeitsmarktpolitik

In Zeiten niedriger Arbeitslosigkeit wurde vor allem eine **passive (kompensatorische) Arbeitsmarktpolitik** durch Zahlungen betrieben, zu denen das Arbeitslosengeld I und II sowie das Vorruhestandsgeld und Kurzarbeitergeld gerechnet werden können. Diese Politik wurde zunehmend von der **aktive Arbeitsmarktpolitik** abgelöst, bei der nicht die Zahlungen, sondern der Versuch, Menschen in Arbeit bringen, im Vordergrund steht. Seit den 60er Jahren wurden daher Maßnahmen wie Beratung, Vermittlung, Weiterbildung, Training, Umschulung, und Arbeitsbeschaffungsmaßnahmen (ABM-Maßnahmen) intensiviert.

Allgemein nahmen die Anstrengungen, weniger Arbeit unter mehr Menschen aufzuteilen (Minijobs, Förderung der Teilzeit, Befristung, Leih- und Zeitarbeit) ebenso zu wie die Tendenz zu **„zweiten Arbeitsmärkten"**, die letztlich ohne Subventionen nicht tragfähig sind (Arbeitsbeschaffungsmaßnahmen ABM, SGB III-Training, 1 Euro Jobs). Daneben gab es auch verschiedene Versuche, Menschen aus dem Arbeitsmarkt zu drängen (Vorruhestandsregelungen, Förderung des Hausfrauendaseins, Hochschulen als „Warteraum") oder zumindest aus der Statistik[123].

---

[123] Ein neues Saisonkurzarbeitergeld seit 2006 sorgt dafür, dass sich ca. 500.000 Bauarbeiter im Winter nicht mehr schlechtwetterbedingt arbeitslos melden.

Die Arbeitsmarktpolitik der Gegenwart wird ganz wesentlich durch die Gesetze **Hartz I-IV** bestimmt, die 2003 (I+II), 2004 (III) und 2005 (IV) in Kraft traten. Zentrales Motiv dieses Gesetzespakets ist eine aktivere Arbeitsmarktpolitik mit besserer Vermittlungsquote.

Hartz I: Errichtung von **Personal-Service-Agenturen (PSA)** als Organisationen des Arbeitsamtes mit Zeitarbeit, insbesondere bei schwerer Vermittelbarkeit; Bildungsgutscheine für berufliche Weiterbildung, neue Regeln zur Zumutbarkeit

Hartz II: Mini-Job-Regeln, Arbeitsämter sind jetzt Jobcenter mit Fallmanagern, Ich-AGs

Hartz III: Bundesagentur für Arbeit, Landesämter sind jetzt KompetenzCenter für Koordinationsaufgaben (69 Kommunen verwalten Langzeitarbeitslose in Eigenregie, sog. Optionsmodell)

Hartz IV: Zusammenlegung von Arbeitslosenhilfe und Sozialhilfe zum Arbeitslosengeld II (ALG II)

Als entscheidend erwies sich **Hartz IV** mit der begrenzten Bezugsdauer des klassischen Arbeitslosengeldes, jetzt ALG I bei 18 Monate (seit 2008: Ältere bis maximal 24 Monate) mit dem anschließenden Übergang zum *Arbeitslosengeld II (ALG II)*, das aber nach dem Subsidiaritätsprinzip erst nach einem Rückgriff auf das Vermögen der Betroffenen (bis auf maximal 9.750 Euro) und auf bestimmte Angehörige gewahrt wird. Erforderlichenfalls ist auch der Umzug in eine kleinere Wohnung erforderlich; angemessene Wohnungs- und Heizkosten wurden 2007 mit 50 m² für 1, bis 90 m² für 4 Personen angesetzt. Hier werden auch *Lebens- und Bedarfsgemeinschaften* berücksichtigt. Die Regelleistung betrug 2007 347 Euro im Monat, ein durchschnittliches Ehepaar mit 2 Kindern über 14 Jahren erhielt 1040 Euro.

1 Euro-Jobs

früher als sog. 'gemeinnützige zusätzliche Arbeit', die damals noch größenmäßig unbedeutend war. Seit Hartz IV können ALG II-Bezieher einen in der Regel (darf auch mehr sein) 20-30-Stunden-Job mit 1 Euro/Stunde zugewiesen bekommen. Bei Nichtantritt/-durchführung kann es zur Kürzung des ALG II für drei Monate kommen. Es sollen Aufgaben im öffentlichen Interesse sein (z.B. Anlagenpflege). Diskutiert wird eine mögliche Verdrängung regulärer Jobs. 1 Euro-Jobber gelten formal nicht als arbeitslos.

Die **Ich-AG** diente der Förderung von Unternehmensgründungen durch gestaffelten Existenzgründungszuschuss (fallend von 600 auf 240 Euro), aus Kostengründen nach 220.000 Gründungen 2006 beendet, jetzt **Gründungszuschüsse** von 300 Euro im Monat bei Vorlage eines Businessplans und Einstiegsgelder.

Mini-Job (geringfügige Beschäftigung)
Zunächst Mitte der 90er Jahre als 620 DM-Job, dann später als 400 Euro Jobs, 1999 gab es ca. 6,5 Mio. Minijobber. Daneben gibt es die sogenannten **Midi-Jobs** bis 800 Euro, bei denen die Sozialabgaben stufenweise steigen. Die Möglichkeit zu ganz oder teilweise von Sozialabgaben befreiten Jobs ist sozialpolitisch umstritten: Einerseits verbilligt man die Jobs hierdurch und bringt Menschen in Arbeit. Andererseits erwerben sie keine anrechnungsfähigen Zeiten für die Rente, wenngleich die erwerbbaren Rentenansprüche aus derartigen Jobs wegen der geringen Bezahlung ebenfalls nur gering sind.

Die **Arbeitnehmerüberlassung (Leiharbeit, Zeitarbeit)** wurde seit ihrer Einführung 1972 immer mehr liberalisiert, 1985 war sie für 6 Monate zulässig, 2002 für 24 Monate, ab 2004 gab es keine Höchstdauer mehr, geregelt wird sie durch das Arbeitnehmerüberlassungsgesetz. Diese Arbeitsformen sind charakterisiert durch das Dreieck Verleiher (Arbeitgeber)- Entleiher (Kunde)-Leiharbeitnehmer. Als Vorteil dieser Arbeitsformen gilt, dass damit Schwankungen abgefangen werden können und Mensche leichter in Arbeit kommen, kritisiert wird jedoch, dass dies als Ersatz für reguläre Arbeitsplätze statt zum Abfangen von Schwankungen genutzt werden kann und dass die Zeit- und Leiharbeiter die ersten Verlierer in der Krise sind.

Mindestlohndebatte
Das Argument für Mindestlöhne stammt aus der sog. **Monopson-Theorie**: Bei einem Angebotsmonopol bleibt den Nachfragern nichts anderes über als den Mindestlohn zu zahlen, da sie wie bei einem Monopson (nur ein Kunde) niemanden finden, der einen niedrigeren Preis bietet bzw. bieten kann. Problematisch bei Mindestlöhnen ist jedoch, dass dann auch nicht mehr gezahlt werden muss, so dass der Anstieg im untersten Bereich mit einem Abflachen des mittleren Lohnbereiches verbunden sein kann[124].

---

[124] Hans-Böckler-Stiftung 19/2007

10.6.2 Steuern und Schulden

Steuerpolitik: Seit 1997 Rückgang des Eingangssteuersatzes oberhalb des Existenzminimums von 7.664 Euro von 26,9% auf 15%, aber auch des Spitzensteuersatzes von 56% 1989 auf 42%. 2007 gab es dann die sog. Reichensteuer von 45% ab 250.001 Euro Einkommen. Dazu seit 1998 5,5 % Solidaritätszuschlag.

Der sozialpolitisch entscheidende Punkt ist, dass die Steuerkurve im mittleren Bereich schneller als linear ansteigt, dies nennt man die **Progression**. Die Progression im Mittelbereich nennt man auch wegen der Kurvenform dem **Mittelstandsbauch**. Je mehr man verdient, desto höher der Steuersatz. Da die Bruttolöhne natürlich allein schon wegen der Inflation weiter steigen, rutscht man mit den Jahren, auch wenn man netto eigentlich immer noch dasselbe hat, in immer höhere Steuersätze, dies nennt man die **kalte Progression**, weil so stillschweigend die Steuerlast steigt.

Der Mittelstandsbauch und die kalte Progression erhellen, wie es möglich war, gleichzeitig die ganz Armen zu entlasten und den Spitzensteuersatz für die Reichen zu senken. In der politischen Diskussion empfinden es manche als widersinnig, dass der Staat bei den Steuereinnahmen die Mittelschicht im Auge hat, aber gleichzeitig von dieser auch mehr zivilgesellschaftliches Engagement einfordert. Die Steuerlast förderte daher die Kirchenaustritte (Kirchensteuerersparnis), so dass wiederum ein kostenbedingter Abbau kirchlicher Sozialdienste folgt. Die Gegenposition sagt, dass es hierzu einfach keine Alternative geben würde.

Seit den schwierigen Neuziger Jahren spielt die **Überschuldung**, d.h. wenn das Vermögen und Einkommen des Schuldners die Verbindlichkeiten nicht mehr decken kann, eine Rolle, denn 2007 waren 7,2 Millionen Deutsche waren 2007 überschuldet, davon 0,92% der unter 20-jährigen, 8,48% der bis 29-jährigen und 13,23% der 30-39-jährigen. Bei der neu etablierten **Privatinsolvenz** muss sich der Schuldner an die Schuldnerberatungsstelle wenden, es folgt dann ein Versuch einer außergerichtlichen Einigung mit den Gläubigern und eine Restschuldbefreiung nach 6 Jahren Wohlverhalten nach Eröffnung des Insolvenzverfahrens. Scheidung und Arbeitslosigkeit sind die häufigsten Ursachen für Zahlungsunfähigkeit von Haushalten.

10.6.3 Rentenpolitik

Zentrales Strukturmerkmal ist das **Umlageverfahren**, das auf der sog. **Mackenroth-These** von 1952 beruht, nach der ein langfristiger Kapitalstockaufbau unmöglich sei, schon allein aufgrund der Verluste durch den Krieg. Daher müssten die Jüngeren in einer Umlage für die gerade existierenden Älteren zahlen. Je mehr Kinder geboren wurden und je weniger Ältere es gab, desto stärker war die Rentenförderung ausgeprägt (Reformen von 1957 und 1972). Je mehr sich das Zahlenverhältnis änderte, desto knapper wurden die Renten und desto mehr gab es relativ gesehen für die Kinder[125].

Der demographische Wandel führte daher zu **Rentenkürzungen,** insbesondere der **Rente mit 67** statt mit 65 (schrittweise bis 2030): Dies ist eine faktische Rentenkürzung, denn bei einer Lebenserwartung von 80 Jahren würde die Bezugsdauer 80-65=15 auf 80-67=13 Jahre reduziert. Das tatsächliche **Renteneintrittsalter** ist niedriger, so wird die Reduktion in der Realität durch Abschläge auf die vorzeitige Rente erreicht.

Fraglich ist jedoch, ob diese einschneidende Maßnahme überhaupt ausreicht. Die Prognose der Lebenserwartung bis 2030 nähert sich in den Schätzungen der Ärztekammern schon der 90 Jahres-Marke. Nehmen wir mal an, der Durchschnittsbürger würde 90 statt 80 Jahre alt. Dann müsste er mit derselben Rente, die jetzt 13 Jahre reichen muss, 23 Jahre auskommen. Dies wäre, wenn man nicht die Rente um (13/23 = 56%, also 100-56 =) *44%* kürzen will, nur durch massive Rentenbeitragserhöhungen oder durch die schon in der Diskussion befindliche **Rente ab 70** zu bezahlen.

Die Situation der Rentenkassen hat zu einer Reihe flankierender Maßnahmen geführt:

- Rentenreformen 2004: Anrechnung von Schule und Hochschule entfällt, Rentner haben jetzt die Pflegeversicherungsbeiträge selbst zu zahlen
- Permanenter Abbau von **'Kuren'** der Rentenversicherungen (früher LVA/BfA)**:** Die Rehabilitationen (,Reha')/Heilverfahren wurden seit 1957 ganz wesentlich von Rentenversicherungen getragen. Trotz Kritik *('morgens Fango, abends Tango')* waren diese lange Zeit profitabel für Versicherungen und Versicherte durch die Wiederherstellung der

[125] So sinkt z.B. bei Hinterbliebenenrenten der Satz 2001 von 60% auf 55%, jedoch wird ein Kinderzuschlag für jene Hinterbliebenen gewährt, die Kinder erzogen haben.

Arbeitsfähigkeit. Seit den Achtzigern ständiges Schrumpfen der Intervalle und Dauer (anfangs alle 2 Jahre und bis zu 6 Wochen).

- Zusammenlegung der Berufs- und Erwerbsunfähigkeitsrente zu einer zweistufigen Erwerbsminderungsrente, bei der es nur noch auf die konkrete Restleistungsfähigkeit auf dem Arbeitsmarkt, jetzt *unabhängig* von Beruf/Kenntnissen ankommt (seit 2000).

Die Veränderungen auf dem Arbeitsmarkt mit Minijobs, Teilzeitarbeit usw. vergrößern allmählich die Gruppe der **Niedrigrenten,** was mittelfristig die Altersaarmut fördert. Darum gibt es nun die **Grundsicherung** als strukturelles Hartz IV-Äquivalent seit 2003: Wer ein bestimmtes Minimum unterschreitet, hat ein Recht auf Grundsicherung, aber erst nach Anrechnung des eigenen Vermögens (2007: 2 Mio. Rentner).

Die zusätzliche **private Rentenvorsorge** für alle wurde durch die **Riester - und Rürup-Rente** etabliert, gesteuert durch Rentenversicherungsabteilung ZfA (Zentralstelle für Altersvermögen). Die Reform 2001/02 fand unter Arbeits- und Sozialminister Walter **Riester** statt, was den Namen der Riester-Rente erklärt.
Die nach dem Sachverständigen Bernd Rürup genannte **Rürup-Rente (Basisrente)** kann seit 2005 zusammen mit weiteren Beiträgen zur Basisversorgung von der Steuer abgesetzt werden, maximal jedoch 60% von 20.000 Euro Einzahlungen 2005 (schrittweise auf 100% bis 2025). Dadurch sollen Sparanreize gesetzt werden, wie auch durch die **nachgelagerte Rentenbesteuerung.** Ab dem Jahr 2005 werden 50% der Renteneinkommen steuerpflichtig, was ein erheblicher Sprung war und ca. 2-3 Millionen Rentner (differierende Schätzungen) steuerpflichtig machen wird. Je nach Eintrittsalter wird dieser Betrag schrittweise auf 100% gesetzt, die dann ab 2040 gültig sind. Dieser Wechsel vom vorher besteuern (also während des Einzahlens) zum nachher (während des Rentenbezugs) besteuern dient als steuerlicher Anreiz zur Vorsorge (**Alterseinkünftegesetz**).
Die nachtgelagerte Besteuerung wird wohl auch das Problem der **Beamtenpensionen** lösen. Beamte bekommen je nach Dauer ihres Dienstes und ihrer letzten Dienststellung staatliche Pensionen statt Renten (Volle Dienstjahre*1,79365=% des letzten Gehaltes als Pension, maximal 71,75% ab 2010, während der 'Eckrentner' = Normalrentner unter 50% liegt). Erst seit den Neunziger Jahren fingen die Länder an, Rentenfonds für die Pensionen

einzurichten, also Rücklagen für die Zahlungsverpflichtungen zu schaffen. Kurzsichtige Verbeamtungen nach der Wiedervereinigung werden daher die Länderhaushalte ab 2020 auf das Schwerste belasten, Pensionen werden in vielen Bundesländern der größte Haushaltsposten sein. Es ist absehbar, dass der Staat diese Pensionen durch eine verstärkte nachgelagerte Besteuerung so weit wie möglich wieder abschöpfen wird.

Eine dritte Säule neben gesetzlichen Renten und Pensionen stellt die **Betriebliche Altersversorgung („Betriebsrente")** dar, die durch das Betriebsrentengesetz BetrAVG geregelt wird und die als persönliche Direktzusage, Pensionskasse/Direktversicherung (steuerlich begrenzt möglich), Pensionsfonds (theoretisch Risiko eines Börsen-Crashs), durch Arbeitgeber (dann erst nach 5 Jahren Ansprüche) oder durch Entgeltumwandlung gezahlt wird.

In den Achtziger und Neuziger Jahren hat der Staat wiederholt die Sozialabgaben auf Renten modifiziert. Dies war Teil der sogenannten **Verschiebebahnhofpolitik**, bei der der Staat versucht hat, Löcher in der einen Sozialkasse jeweils mit dem Geld der anderen Kassen zu stopfen. Das ging so lange gut, wie es immer irgendwo, wenn auch nur vorübergehend Überschüsse gab.

10.6.4 Familienpolitik

Je weiniger Kinder geboren wurden, desto mehr wurde für die Kinder (ab dem Achtziger Jahren) investiert, wobei die Familienpolitik zunehmend kindzentriert wurde, d.h. das Kind Vorrang vor den Eltern erhielt (Unterhaltsrecht). Im Zentrum steht die finanzielle Förderung der Familie, mit begleitendem Schutz insbesondere für die Zeit nach der Geburt. Alternativ wäre auch eine institutionell betonte Politik denkbar („französisches" Modell), bei dem die Familie von der Erziehung entlastet wird statt direkt Geld zu bekommen. Ein solches Modell galt im Westen durch die DDR-Kinderkrippenpolitik als ideologisch belastet, jedoch findet nun ein allmählicher Übergang zum Kinderkrippenausbau und der Ganztagsschule[126] statt.

---

[126] Im 7. Familienbericht der Bundesregierung wird zwischen Familienlastenausgleich und Familienleistungsausgleich unterschieden: „Familienpolitische Leistungen, die aus dem Kriterium der Bedarfsgerechtigkeit und der Lebensstandardsicherung abgeleitet sind, zielen darauf ab, bestimmte Belastungen der Eltern zu kompensieren, die durch die Geburt und Erziehung der Kinder entstehen. Diese Instrumente lassen sich unter dem Oberbegriff des Familienlastenausgleichs zusammenfassen. Daneben ist es eine weitere Aufgabe der staatlichen Familienpolitik, jene Leistungen der Erziehung, Versorgung und Bildung der Kinder zu kompensieren, die die Familien für die Gesellschaft erbringen, die aber nicht über

Die Familienpolitik fußt heute auf vier Säulen:
1. Finanzielle Leistungen für Kinder
2. Flankierende Schutzmaßnahmen für Schwangerschaft und Geburt
3. Institutionelle Leistungen der Jugendhilfe
4. Schutz der Ehe

Der **Kinderfreibetrag** soll das „**sächliche Existenzminimum**"[127] des Kindes steuerfrei stellen. Die aktuelle Höhe dieses Freibetrags beträgt 3.648 Euro für Verheiratete/1.824 Euro für allein Erziehende (= nicht verheiratete, dauernd getrennt lebende oder geschiedene Eltern) Kindergeld und Freibetrag werden gegeneinander abgewogen, das Finanzamt klärt jeweils, was günstiger ist: Kindergeld oder Ausnützen des Kinderfreibetrags.

Das **Kindergeld** betrug 2002 Kind 1 154 Euro, Kind 2 154 Euro, Kind 3 154 Euro, Kind 4 179 Euro 3, Kind 5 und mehr 179 Euro plus Kinderzuschlag für alle, die ohne Kind über dem Satz für das Arbeitslosengeld II, mit Kind aber darunter liegen. Der **Erziehungsfreibetrag** als Freibetrag für den Betreuungs- und Erziehungs- oder Ausbildungsbedarf steht Eltern für jedes Kind unter 25 Jahren zu. Die Höhe dieses Freibetrags beträgt 2.160 Euro für Verheiratete/1.080 Euro für Alleinerziehende. Den **Ausbildungsfreibetrag** gibt es für volljährige Kinder in Ausbildung, die nicht bei Ihren Eltern leben. Pro Kind und Kalenderjahr können 924 Euro geltend gemacht werden. Auf den Freibetrag angerechnet werden aber alle Einkünfte und Bezüge des Kindes, die über einem Betrag von 1.848 Euro liegen.
Flankierende Schutzmaßnahmen für Schwangerschaft und Geburt umfassen das **Mutterschaftsgeld** und das Recht auf unbezahlte Freistellung: Die **Elternzeit** dauert maximal 3 Jahre, anspruchsberechtigt sind Mütter und Väter. Sie können die Elternzeit gleichzeitig oder nacheinander nehmen. Eine Teilzeitbeschäftigung von bis zu 30 Stunden pro Woche ist möglich (zuvor: **Erziehungsurlaub**). Der **Mutterschutz** umfasst Rechte auf Teilzeit-arbeit/Beschäftigungsverbote für gefährliche Tätigkeiten und Kündigungs-schutz. Das **Elterngeld** (früher Erziehungsgeld) für Mütter und Väter kann zusammen für 14 Monate (kürzer als

---

den Markt abgegolten werden. Diese Leistungen fasst man als Familienleistungsausgleich zusammen..."

[127] Genau das löst Streit aus: werden dadurch die bestraft, die mehr für ihre Kinder tun als das nötigste? Dazu gibt es die Konflikte um schichtenspezifische Verteilung: Endet Hilfe für soziale Schwache „nur in größeren Flachbildschirmen"? (FAZ 12.02.2008)

Elternzeit) genommen werden und umfasst 67% des Nettoeinkommens, jedoch maximal 1800 Euro. Zuschüsse werden Niedrigverdienern unter 1000 Euro gewährt. Gut- und Normalverdiener sind besser gestellt als vorher, Nicht-Erwerbstätige können jetzt auf 150 Euro kommen.
Die institutionellen Leistungen der Jugendhilfe umfassen alle Angebote der außerschulischen Kinder- und Jugendarbeit, z. B. Jugendklubs und Freizeiteinrichtungen, die Förderung der Jugendverbände, die Kindertagesbetreuung (Kindertagesstätten, Schulhorte, Kinderläden, Kinderkrippen, Kindertages-pflege), Hilfen zur Erziehung (u.a. Erziehungsberatung, Vollzeitpflege, Sozialpädagogische Familienhilfe, Heimerziehung) und Hilfen für körperlich oder psychisch behinderte Kinder und Jugendliche.
Der Schutz der Ehe ist finanziell beim **Ehegattensplitting** und Familiensplitting (günstigere Steuerklasse für Verheiratete) bedeutsam. Jedoch hat der Gesetzgeber das Unterhaltsrecht modifiziert: Beim Unterhalt wurde bisher auf langfristige Versorgung der Frau Wert gelegt („als ob nie geschieden würde"), nach dem neuen Recht ab 2008 liegt der Fokus auf dem Kind („so als ob nie geheiratet worden wäre"). Der Unterhaltsanspruch der Frau endet evtl. schon, wenn das Kind drei Jahre alt ist.

10.6.5 Wohnungs(bau)politik

Genereller Trend: Der Staat wollte im ersten Schritt bezahlbaren Wohnraum für jeden (sozialer Wohnungsbau). **Sozialer Wohnungsbau** bezeichnet den staatlich geförderten Bau von Wohnungen, für soziale Gruppen, die ihren Wohnungsbedarf nicht am freien Wohnungsmarkt decken können. Mit dem wirtschaftlichen Aufschwung sollte das **Wohngeld** seit 1965 das mögliche Wohnniveau anheben.
Wohngeld nennt man die Unterstützung des Staates für Bürger, die aufgrund ihres geringen Einkommens einen Zuschuss zur Miete oder zu den Kosten selbst genutzten Wohneigentums erhalten. Die Zahl der Haushalte mit zumindest teilweiser Wohngeldunterstützung sank im Jahr 2006 wegen Hartz IV auf 691.000 (gegenüber 3,5 Millionen Haushalten im Jahre 2004). Das entspricht etwa 1,7 Prozent aller Haushalte.
Darüber hinaus sollte durch die **Eigenheimzulage** das Wohneigentum gefördert werden, um insbesondere Familien mit Kindern verstärkt den Zugang zum Neubau oder Erwerb eigenen Wohneigentums zu erleichtern (2006 abgeschafft). Mit der Beschränkung des finanziellen Spielraums zieht sich der Staat seit 1988 aus der

aktiven Wohnbaupolitik allmählich zurück. Die Menschen müssen in Zukunft auch wegen der Alterung und der damit verbundenen Wegeprobleme mehr zusammenrücken (§13a BauGB zur planmäßigen **Nachverdichtung der Innenstädte**).
2001 kam das Gesetz zur Reform des Wohnungsbaurechts: Durch Subventionen (Baukosten- und Aufwendungszuschüsse, Zinsverbilligung) werden die Mieten unter die Kostenmiete gesenkt und die Wohnungen dadurch für die berechtigten unteren Einkommensgruppen geöffnet, aber nur für die Laufzeit der Verträge.
Dazu gibt es noch **kommunale Wohnungsbestände** mit oft sozialpolitisch beeinflussten Miet- und Belegungsregelungen aufgrund politischer Entscheidungen ihrer öffentlichen Gesellschafter. Diese werden aber zunehmend, unter dem Schuldendruck der Kommunen, verkauft. Es existieren darüber hinaus noch verschiedene Arten von staatlichen Bausparförderungen.

10.6.6 Aktuelle Probleme der Bildungspolitik

10.6.6.1 Geschichtliche Aspekte

In den Sechziger Jahren kam es zur **Bildungsexpansion** als Antwort auf den ‚**Sputnik-Schock**'. Beim Sputnik-Schock hatte die Sowjetunion als erstes einen Satelliten ins All geschossen und obendrein später mit Juri Gagarin auch noch den ersten Menschen ins All gebracht, dazu kam der durch den Mauerbau abgebrochene Zustrom von Fachkräften aus dem Osten. Im Endergebnis wurden vier große Reformen ab Ende der 60er Jahre durchgeführt:

- Vereinheitlichung des Gymnasialsystems, das bis dahin noch unter einer Vielzahl von Namen wie z.B. 'Oberrealschule', 'Mädchengymnasium' usw. auftrat
- Schaffung des heutigen Fachhochschulsystems Ende der 60er Jahre aus den alten Ingenieurfachschulen
- Errichtung zahlreicher neuer Hochschulen in den frühen 70ern mit Ausbau des BAföG
- Schrittweise Erhöhung des Hauptschulabschlusses von 8 auf 10 Schuljahre

Dazu kam die Diskussion um **Gesamtschulen**, die alle drei Schulformen vereinigen sollten, die dann auch Wirklichkeit werden sollte und um **Gesamthochschulen**, die Vorstellung, am Ende alle Studiengänge in einer einzigen Hochschulform zu haben. Auch um diese Option zu haben, wurden die neuen Unis und FHs wie z.B. in Bielefeld direkt aneinander gebaut.

10.6.6.2 Schulpolitik

Das Bildungswesen der Bundesrepublik Deutschland hat seit dem Kriege eine zunehmende Ausdifferenzierung erfahren. Jedoch ist die Wahrscheinlichkeit für den Besuch einer Schule oberhalb der Hauptschule und die Aufnahme eines Studiums statistisch umso wahrscheinlicher, je höher die soziale Schicht eines Kindes ist.

Daraus leiten Kritiker die **soziale Selektivität** des Systems ab. Gegenpositionen behaupten, dass nicht die Schule, sondern das Umfeld, insbesondere die **Bildungsferne** der unteren Schichten das Problem sei. Deshalb argumentieren wieder andere, dass die Schule genau deshalb integrativ und nicht selektiv sein sollte, die Kinder würden viel zu früh in die Schubladen des dreigliederigen Schulsystems gesteckt, weshalb Gesamtschulen auch besser wären. Eine Gegenposition herzu sagt, dass Intelligenz letztlich eine beachtliche genetische Komponente hat und diese nicht immer, aber insgesamt doch mit dem Schulerfolg korrelierte. Den Schulenstreit könnte man hier endlos weiterführen, klar ist jedoch, dass das Thema **Ungleichheit im Fokus der Debatte steht.**

Das dreigliedrige Schulsystem aus Gymnasium, Realschule und Hauptschule trennt die Kinder nach dem 4. Schuljahr auf (je nach Land auch 6. Schuljahr). Empirisch ist das System danach wenig durchlässig, auch die Zahl der Hochschulabsolventen ohne Abitur (seit den Neunzigern möglich) ist sehr gering. Die internationale **PISA-Studie** zeigte ein Leistungsgefälle zwischen Bundesländern, aber auch zwischen sozialen Schichten und eine schlechte Integration von ausländischen Kindern, der Migrationshintergrund ist also ein relevanter Prognosefaktor.

- Kritik und Forderung der ‘Linken’: Das dreigliedrige Schulsystem konserviert und reproduziert soziale Ungleichheit. Deshalb wird die Einführung der Gesamtschule gefordert, die zwar auch unterschiedliche Kursniveaus kennt (A, B, C), aber eine Durchlässigkeit bis ins 10. Schuljahr ermöglicht. Gemeinsames Lernen würde gerade die Schwächeren fördern, ohne die anderen zu bremsen.
- Kritik und Forderung der ‘Rechten’: Die Gesamtschule hat sich empirisch als Heruntersetzen der Standards erwiesen (Rückstand in Studien bis zu 1,5 Schuljahre). Die ereichte Schulform ist eine Frage der Leistung, nicht der Herkunft.

Der Blick ins Ausland fällt uneinheitlich aus: Frankreich bewegt sich langsam aufs deutsche Modell zu (Diskussion um teilweise Aufgabe des Zentralabiturs), während Finnland ein Beispiel für erfolgreiche Gemeinschaftsschulen ist. Ist eine Schulform also nur so gut wie die Politiker, die sie betreiben? Ein großes Problem in der

Debatte ist, dass der Föderalismus zu einer Auseinanderentwicklung der Standards geführt hat, und die Landespolitiker Daten zu Ländervergleichen zurückhalten, die Intransparenz behindert auch die Suche nach erfolgreichen Konzepten.

Die Hauptschule wurde jedoch in den meisten Ländern zur 'Restschule' und ein schleichender Übergang zum zweigliedrigen Schulsystem, sofern nicht schon Gesamtschulen existieren, ist bereits im Gange.
Die DDR kam wie viele europäische Staaten mit 12 Schuljahren aus, so dass sich nach der Wiedervereinigung Widerstand in den neuen Ländern gegen Aufstockung auf 13 Jahre regte. Zusammen mit dem Versuch, die Betreuung der Kinder zu intensivieren, kam im Westen das G8 (Abitur mit 12 Schuljahren) in Verbindung mit der Ganztagsschule. Dieser Umbruch ist im vollen Gange und wegen der organisatorischen Umstellungen und Mehrbelastungen für die Kinder auch in der Kritik.
Die zahlungskräftigen Schichten wechseln zunehmend aus dem staatlichen System in Privatschulen (1992: ca. 450.000, 2006 656.000 Schuler), der Staat bezuschusst jedoch auch die Privatschulen, da diese dem Staat durch die Schülerbetreuung auch Geld sparen.

10.6.6.3 BAföG und Studiengebühren

Die Hochschulpolitik ist von Spannungen zwischen Förderung und Geldknappheit gekennzeichnet. Das Hochschulrahmengesetz (HRG) des Bundes schloss allgemeine Studiengebühren aus. Das Bundesverfassungsgericht entschied am 26. Januar 2005, dass der Bund den Ländern nicht verbieten kann, Studiengebühren zu erheben. Nach der Urteilsverkündung wurden in bislang sieben Bundesländern Gesetze zur Einführung allgemeiner Studiengebühren verabschiedet. In den meisten Gebührenländern müssen die Studierenden ab dem Sommer 2007 pro Semester in der Regel 500 Euro an ihre Hochschule überweisen.
Das Bundesausbildungsförderungsgesetz (kurz: **BAföG**) regelt die staatliche Unterstützung für die Ausbildung von Schülern und Studenten. Hauptziele des BAföG sind die Erhöhung der Chancengleichheit im Bildungswesen sowie die Mobilisierung von Bildungsreserven in den einkommensschwächeren Bevölkerungsschichten.
Seit 1957 gab es die Studienförderung nach dem sogenannten *Honnefer Modell*, ab 1971 wurde BAföG als Vollzuschuss (es musste also nichts zurückgezahlt werden)

für individuell bedürftige Schüler und Studenten gewährt. Dann erfolgte ein Um- und Rückbau der Förderung in den Achtziger und Neunziger Jahren, 200 erhielten noch 818.000 Schülerinnen und Studenten BAföG. Die Förderung abhängig von Ausbildung, Einkommen, Alter, Einkommen/Vermögen von Eltern und Familie. Für das zinslose staatliche Darlehen wird ein Teilerlass gewährt, wenn die Ausbildung besonders früh erfolgreich abgeschlossen worden ist[128]. Für die Nichtberechtigten werden auch zunehmend Studienkredite, z.B. von der *Kreditanstalt für Wiederaufbau KfW* angeboten.
Nachdem in den siebziger Jahren der Anteil niedriger Schichten an den Universitäten durch die staatliche Förderung, insbesondere die Bafög-Vollförderung, ständig anwuchs, nimmt dieser Anteil seit der Jahrtausendwende beständig ab. Bourdieus Habitus-Theorie erlebt infolgedessen einen deutlichen Aufschwung in der Diskussion.

10.6.6.4 Der Bologna-Prozess

Es gibt in der Bildungspolitik das Dilemma aus wachsenden Studierendenzahlen plus -bedarf und dem Kostendruck, das durch kürzere Studiengänge, Strukturierung oder Verschulung gegen Abbruchquoten und Studiengebühren, die für die Bildung verwendet werden sollen, gelöst werden soll. Im Ergebnis sollen jüngere Absolventen früher in den Arbeitsmarkt eintreten und Sozialbeiträge zahlen. Die Bundesrepublik beteiligte sich dabei an dem sogenannten Bologna-Prozess als gesamteuropäischer Initiative zur Schaffung vergleichbarer Studiengänge und –Abschlüsse. Aus der Sorbonne-Erklärung 1998 der Bildungsminister Frankreichs, Deutschlands, Italiens und Großbritanniens resultierte ein Jahr später die **Bologna-Deklaration** mit dem Ziel, bis zum Jahr 2010 einen gemeinsamen europäischen Hochschulraum zu schaffen. Ziele waren u.a.

- die Einführung gestufter Studiengänge Bachelor-Master-PhD nach dem 3+2+3-System, dazu gleich mehr
- die Einführung des Credit Point Systems (ECTS-System), das die Studienleistungen in einem Studiengang europaweit vergleichbar machen und die Anerkennung an andren Hochschulen erleichtern soll
- und die Graduate Schools (eigene Einrichtungen zur Promotion)

[128] Das Meister-Bafög, mit dem die berufliche Aufstiegsfortbildung von Handwerkern und anderen Fachkräften finanziell gefördert wird, ist nicht im Bundesausbildungs-förderungsgesetz, sondern im Aufstiegsfortbildungs-förderungsgesetz (AFBG) geregelt.

Die EU hatte zwar 1989 die **Hochschuldiplomrichtlinie** zur gegenseitigen Anerkennung der Hochschuldiplome erlassen, wurde aber durch den **Bologna-Prozess** überrollt.
Beim Bologna-Prozess handelt es sich um eine *rechtlich unverbindliche Absprache* zwischen den Bildungsministern von inzwischen 46 europäischen Staaten. Auf den alle zwei Jahre stattfindenden Ministertreffen (2001 in Prag, 2003 in Berlin, 2005 in Bergen, 2007 in London, 2009 in Leuven) legen sie fest, welche Ziele im Bologna-Prozess erreicht werden sollen. Gleichzeitig sind die Minister für die Umsetzung der verschiedenen Konzepte auf Länderebene verantwortlich. Unterstützt werden sie dabei von einer Arbeitsgruppe auf europäischer Ebene, der Bologna Follow-Up Group (BFUG), und nationalen Komitees, den nationalen Bologna-Gruppen.

Nachdem früher ein Diplom (in einem Fach) oder ein Magister (in einer Fächerkombination) oder ein Staatsexamen (in einer staatlichen Prüfung) erlangt wurde, soll es nun in der Regel nach drei Jahren ein erster Abschluss, der Bachelor (wörtlich ‚Geselle') erlangt werden. Dieser Abschluss ist *berufsqualifizierend* ausgelegt, wobei immer noch diskutiert wird, ob das überhaupt möglich ist, weshalb sich die meisten Juristen und die Mediziner immer noch gegen die Reform wehren.
Danach sollen die Studierenden die Möglichkeit haben, im selben Fachgebiet einen **konsekutiven Master** zu machen, wobei dieser evtl. auch eine Spezilaisierung enthält, oder in ein anderes nahe verwandtes Fach wechseln zu können als nicht-konsekutiver Master, wobei die Frage, ob ein nicht-konsekutiver Master wirklich soviel können muss, kann oder soll kann wie eine konsekutiver Master, immer noch diskutiert wird).
Die Masterstudiengänge sollen auch berufsbegleitend sein, wenn möglich. Ursprünglich wurde der Bachelor zunächst unter der Vorstellung eingeführt, nur für ca. 30% der Studenten Masterstudienplätze einzurichten, da der Master für die wissenschaftlich Interessierten und Geeigneten gedacht war.
Jedoch ist die Frage nach den Folgen für die Bachelorabgänger ungelöst, denn dieser gilt z.B. in den Augen vieler Ingenieurwissenschaften nicht mehr als vollwertig ausgebildet, sondern eher als *reflektierter Praktiker*, was natürlich entsprechend mit dauerhaften Abstrichen bei Lohn und Karriere verbunden ist. Ob dem so ist, wird sehr kontrovers diskutiert, eine Diskussion um Lockerung der Masterplatzbeschränkungen ist zurzeit bundesweit im Gange.

Die Verschulung auch der geisteswissenschaftlichen Studiengänge soll den Studierenden mehr Orientierung und Anleitung geben, die Abbrecherquoten sind jedoch in einigen Fächern immer noch hoch und die Verschulung wird wegen der zeitlichen Belastungen mit einer Flut von Noten und Leistungsscheinen auch kritisch gesehen (‚Lernfabrik'). Dafür ist jedoch die Abschlussprüfung am Ende des Studiums entfallen, die Zeitverluste durch lange Vorbereitungsphasen brachte und natürlich auch nicht ohne Risiko war, jetzt zählt das ganze Studium.
Umstritten war auch die Gleichstellung von Mastern der Universitäten und der Fachhochschulen, das Promotionsrecht haben die Universitäten jedoch für sich behalten. Hier soll jedoch in Zukunft ebenfalls eine stärker strukturierte und verschulte Promotion erfolgen, die von speziellen, an die Universitäten angegliederten **Graduate Schools** betreut wird, an die Stelle der freien, aber oft auch zeitintensiven Promotion treten. Der Titel *PhD* (Philosophical Doctor) hat aber nichts mit Philosophie zu tun, sondern meint in Anlehnung an das amerikanische Vorbild, dass eine wissenschaftliche Doktorarbeit verfasst wurde.
Es gibt noch zahlreiche weitere Aspekte, zum Beispiel die Debatte, ob und inwieweit die innere Gliederung der Studiengänge in Module einen Wechsel an andere Hochschulen erleichtert oder nicht, aber eins ist gewiss: Bei der Reform gibt es kein Zurück, denn die angloamerikanischen Staaten haben dieses System ja bereits, Europa einschließlich Russland hat sich angeschlossen und sogar China etabliert nun erste Bachelor- und Masterstudiengänge, d.h. es handelt sich inzwischen um einen weltweiten Reformprozess, aus dem ein einzelnes Land wohl nicht mehr aussteigen kann.

10.7 Aktuelle Probleme der Gesundheitspolitik

10.7.1 Einführung

Das Politikfeld Gesundheitspolitik ist umstritten wie kein anderes und viele Debatten werden schon seit Jahrzehnten geführt. Für Neueinsteiger in dieses Gebiet sind aber sicherlich die gegenwärtigen Probleme besonders interessant. Zunächst wird ein Überblick über die Akteure im Gesundheitswesen gegeben.

Tab. 49 Schaubild Gesundheitspolitik

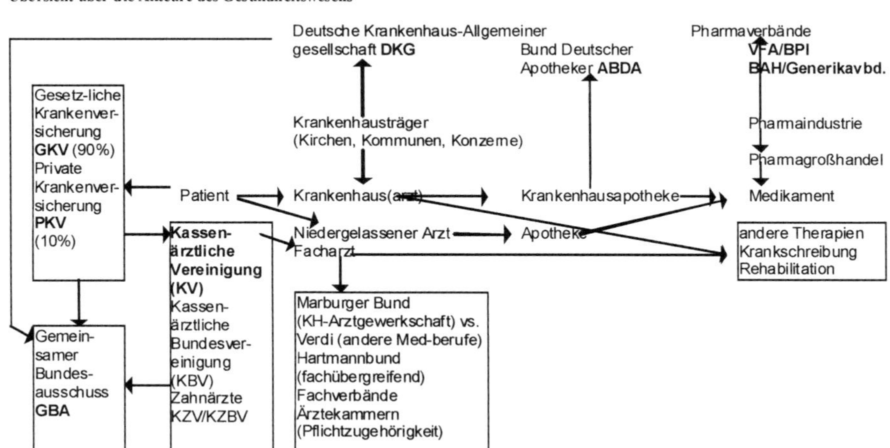

<u>Erläuterung:</u>

Patienten gehen zum Arzt, von dort aus oder ggf. auch direkt zum Facharzt oder der Klinik. Die Apotheken geben Medikamente zur Behandlung heraus, der Patient kann aber auch andere Behandlungen, z.B. Operationen benötigen.

Die Kassenärzte sind in den *Kassenärztlichen Vereinigungen (heute vertragsärztlichen Vereinigungen)* zusammengefasst, daneben pflichtmäßig in der Ärztekammer. Hinzu treten fächerübergreifende Verbände wie der *Hartmannbund* und Facharztverbände. Krankenhausärzte sind zudem oft im *Marburger Bund*, der auch eine Arztgewerkschaft repräsentiert, während andere Heilberufe oft in der Gewerkschaft *VerDi* sind.

Krankenhäuser wurden früher von Kirchen betrieben, dann auch von Kommunen, jetzt vermehrt von privaten Konzernen, und sind in der *Deutschen Krankenhausgesellschaft* organisiert. Die Apotheker sind im ABDA organisiert, die Pharmafirmen statt wie früher im Bundesverband der pharmazeutischen Industrie BPI zunehmend in Fachverbänden wie dem VFA)(forschende Firmen), BAH (vor allem Hersteller freiverkäuflicher Mittel) und dem Generikaverband (Nachahmerpräparate). Insgesamt 90% der Patienten sind in den gesetzlichen Kassen GKV, 10% sind privat versichert (PKV). Ärzte, Kassen und Krankenhäuser sind im Gemeinsamen Bundesausschuß als bundesweitem Beschlussgreimum vertreten.

Drei Charakteristika des deutschen Systems waren lange Zeit:

- eine strenge Trennung zwischen ambulanten Sektor und dem Kliniksektor (so dass die DDR-Polikliniken 1991 nach der Wiedervereinigung aufgelöst wurden)
- **Sachleistungsprinzip** statt **Kostenerstattung** in den gesetzlichen Kassen
- **Kollektivverträge**: „Alle Ärzte und alle Kliniken mit allen Kassen“

10.7.2 Einnahmerückgang und Kostenanstieg

Als zentrales Problem des deutschen Gesundheitswesens gilt die Kombination aus Einnahmerückgang und Kostenanstieg.

10.7.2.1 Kostenanstieg

Strukturelle Kostentreiber sind die **Ärzteschwemme,** der **Bettenberg** in den Kliniken und die **Arzneikosten- und Medizingeräteexpansion.**

- **Ärzteschwemme**

Die Arztzahl und die resultierende Arztdichte pro Einwohner betrug:

1983 173.000 = ein Arzt pro 452 Einwohner

1990: 237.500 = ein Arzt pro 345 Einwohner

1997: 291.000 = ein Arzt pro 282 Einwohner

Drei Faktoren waren hierfür maßgeblich:

- Das sogenannte Kassenarzturteil des Bundesverfassungsgerichts von 1960, nachdem die damals geltenden Niederlassungsbeschränkungen (1 Kassenarzt pro 500 Einwohner) unwirksam waren

- Eine nicht wirksam durchgesetzter Studienplatzbegrenzung (Numerus Clausus), die durch Verwaltungsgerichtsklagen (Kapazitätenklagen) unterlaufen wurde
- Dazu kamen Anreizwirkungen (Sozialprestige), das Einkommen eines Kassenarztes nahm von 1962-1972 jährlich um 13% zu, was heute natürlich längst fernab des Möglichen liegt

Die Ärzte sind aber räumlich ungleich verteilt, mit der Folge einer Unterversorgung auf dem Lande und einer Überversorgung in der Stadt (sowie West-Ost-Gefälle, die sogenannte **Fehlallokation**).

- **Bettenberg**

Die massive Expansion der Kliniken (**Bettenberg**) wurde durch die **duale Klinikfinanzierung**, bei der neben den Kassen auch der Staat aktiv war und das Kostendeckungsprinzip begünstigt, d.h. was die Kliniken ausgaben, wurde lange Zeit auch bei Budgetüberschreitung bezahlt, was natürlich verheerende Anreize setzte.

Hinzu kommt aber noch die *medizinische Dimension* mit dem **Forschungsparadox** und **demographischer Entwicklung,** d.h. dem Altern der Bevölkerung

Das Forschungsparadox sagt, besagt, dass an die Stelle besiegter Krankheiten andere, teurere Krankheiten treten, so dass der medizinische Fortschritt die Kosten treibt. Dazu gehört der Rückgang der Infektionen, insbesondere der früher oft tödlichen Lungenentzündungen, die ein Grund dafür waren, warum es früher sehr viel weniger Pflegefälle gab, denn die Bettlägerigkeit und das Nichtwissen um die Zusammenhänge begünstigte derartige Infektionen erheblich[129]. Hinzu kommt die allmähliche Zurückdrängung der Krebskrankheiten und die immer bessere Lebensverlängerung gehört. Es resultiert die unübersehbare Zunahme der Lebenserwartung, die Zunahme der Wohlstandskrankheiten (Übergewicht, Zuckerkrankheit, Bluthochdruck) und ein Anstieg der Pflegefälle (Zunahme von Demenzerkrankungen, die sehr pflegeintensiv sein können)

Im Ergebnis werden die Kosten schneller steigen als durch den demo-graphischen Wandel zu erwarten.

Es wurde jedoch in der Forschung wiederholt bezweifelt, dass die Zusammenhänge so einfach sind. Drei Effekte des Alterns wurden erörtert, nämlich der

---

[129] Es wird die Ansicht vertreten, dass die moderne Gesellschaft besonders kalt sei und Alter und Tod verdränge. Richtig ist aber auch, dass die Menschen der heutigen Gesellschaft mit noch nie dagewesenen Anforderungen hinsichtlich Alter und Pflege konfrontiert sind.

Medikalisierungseffekt, d.h. ältere Menschen kosten mehr, da auch schwere Krankheiten länger überlebt werden, der **Kompressionseffekt**, nach dem eigentlich nur die letzten Lebensjahre teuer sind, die eben dann immer später liegen und die sogenannte **Bi-Modalität**, bei der den negativen Effekten eine Verbesserung der Durchschnittsgesundheit entgegenwirkt (Lauterbach).
Die nackten Zahlen sprechen jedoch eine klare Sprache zugunsten des Medikalisierungseffekts. Die Kassenausgaben für Rentner sind erheblich schneller gestiegen als für Versichertendurchschnitt, nämlich von 1980-2000 um 152% für Rentner gegenüber 68% für den Rest. Optimistische Prognosen gehen für 2040 von ca. 20% Kassenbeitrag aus, moderate Prognosen von etwa 26% aus, es gibt aber erhebliche Divergenzen in den Modellen und letztlich weiß niemand, was die Zukunft bringt, außer dass sie bestimmt nicht billiger wird....
Ein weiterer Punkt sind die **Verwaltungskosten**: Bürokratischer Aufwand der Kassen stieg von 106 Euro/Kopf/Jahr (1992) auf 161 Euro/Kopf/Jahr (2003), wobei die Kassen dies auf immer kompliziertere und aufwendigere Gesetze zurückführen.

Die **Pflegeversicherung** kam 1995 zur GKV noch hinzu, weshalb die Pflegekassen in der Regel an die analogen gesetzlichen Krankenkassen anknüpfen. Im Kern geht es um die drei **Pflegestufen I-III** je nach Pflegebedürftigkeit, mit steigenden Erstattungen. Problem: Selbst die Tagespflege kann heute gut 70 Euro pro Tag kosten (sofern *legale* Pflegekräfte und –tarife benutzt werden), da jedoch die Durchschnittsrente bei ca. 1050 Euro liegt, können sich die Ersparnisse bei längerer Pflege dennoch erschöpfen, dann erfolgt der Rückgriff der Sozialkassen auf die Angehörigen (Abschöpfung bis auf Selbstbehalt)[130].

10.7.2.2 Einnahmerückgang

Warum sinken die Einnahmen?

Die Zahl der Sozialversicherungspflichtigen sinkt insgesamt, die Zahl der Arbeitslosen stieg bis 2006 ständig an, die Löhne, die ja die Einnahmebasis darstellen, stagnieren hingegen. Die Zunahme der Geringverdiener, Befristeten, Teilzeitstellen, Mini-Jobber, Expansion von Leih- und Zeitarbeit ist nicht

[130] Pflegestufe I = 90 Min/Tag mit Grundpflege 45 Min/Tag bis Stufe III mit 300/240 Min und 1432 Euro Pflegekostenerstattung
2003 (2012: 1550 Euro, dann Pflegegeld für Angehörige 700 Euro). Aktuell: 2,8 Mio. Pflegebedürftige, 1,44 Mio. häuslich, 0,64 Mio. häuslich

einnahmeförderlich. Das Bestreben der Politik, durch Einbeziehung aller Einkünfte neue Einnahmequellen zu erschließen wie schon bei den freiwillig Kassen-Versicherten, die Erhöhung der Beitragsbemessungsgrenze z.B. durch Ehegattensplitting und Steuermitfinanzierung ist in allen Parteien gegeben, Uneinigkeit besteht nur über den Weg dahin wegen (Um)verteilungseffekten:
Bürgerversicherung (auch bekannt als **niederländisches Modell**): Dahinter verbirgt sich der Versuch, die Besserverdienenden in die GKV einzubinden, indem sie je nach Variante aus der PKV zurückgeholt bzw. deren gesamte Einkommensarten (Mieten und Zinsen) ausgeschöpft werden sollen. Paradox: Kritiker führen an, dass die Einbeziehung von Mieteinnahmen letztlich die Mietkosten treiben und die Verrechnung von Verlusten könnte ebenfalls drohen.
Kopfpauschale (auch bekannt als **Schweizer Modell**): viele Varianten laufen auf eine tendenzielle stärkere Belastung der unteren Schichten hinaus. Jedoch wird in beiden Konzepten lediglich mehr Geld ins System gepumpt, die Probleme bleiben ansonsten bestehen. Natürlich werden auch Effizienzgewinne versprochen, aber sobald es an die konkreten Vorschläge geht, kommt praktisch immer heraus, dass 'Effizienz' durch *Leistungskürzungen* gewonnen werden soll, weshalb der Staat in den letzten Jahren neue Wege gegangen ist, um Kosten zu drücken, wie noch gezeigt werden wird.

10.7.3 Debatten und Diskurse

Frage: Wird die Krise nicht übertrieben?

Der Anteil am Bruttoinlandsprodukt (BIP) der Ausgaben der Gesetzlichen Kassen (GKV) liegt seit mehr als 10 Jahren konstant bei 6,5%, der Anstieg der gesamten Gesundheitskosten/Jahr in den letzten 10 Jahren belief sich nur von 9,9 auf 10,9% des BIP, die Lebenserwartung liegt im guten europäischen Durchschnitt, noch gibt es freie Arztwahl, Versicherung und Zugang nahezu für alle (z.B. im Gegensatz zu USA), wenig bis keine Wartelisten (im Gegensatz zu England!), existierende Listen nicht ökonomisch bedingt (Transplantationen sind wegen Organmangel zu gering) und noch erfreuen sich die Bundesbürger eines westlichen medizinischen Standards. Aber dies war nur durch eine Kette unablässiger Reformen mit zunehmenden staatlichen Eingriffen und Anstieg des GKV-Satzes von 11,8% (1980) auf 14,3% (2000), möglich wobei die Pflegeversicherung getrennt bezahlt werden muss und die Selbstbeteiligungen der Patienten stetig erweitert wurden, man denke nur an Brillen, Zähne, Medikamente usw....

Daher lautet eine weitere Frage: Gibt es ein **Steuerungsversagen** im Gesundheitswesen? Dafür gibt es Anhaltspunkte:

- Der Föderalismus bietet Angriffsfläche für Partialinteressen, manchmal mauern im Bundesrat Bundesländer aus Standortgründen gegen Sparpläne.
- Das Gesundheitswesen ist außerdem ein wichtiger Legitimitäts- und Akzeptanzfaktor in modernen demokratischen Nationalstaaten, denn die Bevölkerung reagiert sehr empfindlich auf Reformen und man traut sich schlicht nicht, hart durchzugreifen.
- Lange Zeit wurden die Kosten einfach auf die Patienten durch Nachverhandlungen von Ärzten und Kassen sowie das **Kostendeckungsprinzip** der Krankenhäuser, bei dem ungeplante Mehrausgaben letztlich von den Kassen gedeckt werden mussten, abgewälzt (**Externalisierung** der Kosten).
- Die Versuch des Staates, die Akteure ab 1977 in der **Konzertierten Aktion im Gesundheitswesen (KAiG)** zu koordinieren, scheiterte schon am Konsensprinzip (1994: letzte Tagung), d.h. Beschlüsse wären nur bei Einstimmigkeit gültig gewesen. Der Einsatz von Experten im **Sachverständigenrat** erfüllte ebenfalls nicht die Erwartungen der Politiker.
- **Verteilungskämpfe** befördern den Zerfall politischer Akteure. Im Jahre 1992 zerfiele als Reaktion auf die Seehofer'schen Sparmassnahmen der Pharmaverband BPI in die Teilverbände in VFA, BPI, BAH und Generikaverband. Von 2006-2008 ist der Marburger Bund gegen VerDi als Arztgewerkschaft angetreten und innerhalb der Ärzteschaft drängen Fachverbände den gemeinsamen Ärzteverband Hartmannbund immer mehr zurück

Dennoch gehen die Reformen ständig weiter nach dem Motto: Steter Tropfen höhlt den Stein: Reformpfade werden auf lange Sicht trotz Rückschlägen und Brüchen weiter verfolgt.

10.7.4 Aktuelle Reformstrategien

Reforminstrumente sind die

- Erweiterung des Versichertenkreises
- Kontinuierliche Erhöhung der Zuzahlungen und Leistungsausgliederung
- Preis- und Mengensteuerung durch Gesamtbudgets für Arzthonorare

- Zusammenfassung der Akteure des Gesundheitswesens
- Förderung des Wettbewerbs durch Auflösung der sektoralen Grenzen

Erweiterung des Versichertenkreises: 1883 waren bei Gründung der Kassen ein Fünftel der Erwerbstätigen und ein Zehntel der Bevölkerung in den Kassen, 1971 wurde die Versicherungspflicht- und Beitragsbemessungsgrenze so erhöht, dass 60% der 7,1 Mio. Angestellten versicherungspflichtig wurden, 1972 kamen Landwirte und Angehörige in die Kassen, 1975 auch Behinderte und Studenten, 1981 selbständige Künstler und Publizisten, 1983 Rentner werden wieder wie vor 1969 beitragspflichtig, 1989 waren bereits 99,9% der Bevölkerung gesetzlich oder privat versichert, ab 01.01.2009 gibt es erstmals eine Versicherungspflicht für die gesamte Bevölkerung.

Kontinuierliche Erhöhung der Zuzahlungen und Leistungsausgliederung
Man kann seit Beginn der Kostendämpfungspolitik eine langsame, aber stetige Zunahme von Selbstbeteiligungen beobachten: Fahrtkosten seit 1977, Brillen/Hörhilfen seit 1977, Zahnersatz/Kieferorthopädie seit 1977, Bagatellarzneien seit 1983, Krankenhauszuzahlung seit 1983, Definition von 70 Leistungen (Individuelle Gesundheitsleistungen IGeL wie Reise-, Sport- und Umweltmedizin, Check-Ups) als privat 1998, Praxisgebühr 2004, freiverkäufliche Arzneien seit 2004, künstliche Befruchtung ab 2004, Streichung von Sterbe- und Entbindungsgeld, sowie Sterilisationen 2004. In der Literatur wird zuweilen diskutiert, ob die Kostendämpfungspolitik seit 1977 (Krankenversicherungs-Kostendämpfungsgesetz KVKG) nicht gescheitert und im Prinzip vorbei sei, tatsächlich geht sie jedoch ununterbrochen weiter.

Preis- und Mengensteuerung durch Gesamtbudgets für Arzthonorare, Niederlassungsbeschränkungen für Ärzte ab 1992/1998, Mengensteuerung (Richtgrößen, Regelleistungsvolumina, auch nach 2009[131]), Preisobergrenzen für

[131] Dadurch kam es zum Phänomen der **Budgetferien**, bei dem ein Arzt, wenn er sein Budget ausgeschöpft hat, am Ende des Quartals Urlaub machen muss, um eine Überschreitung mit Regressen abzuwenden.

Arzneien und **Fallpauschalen** in Klinik, die sogenannten **Diagnosis Related Groups DRGs**[132].

Zusammenfassung der Akteure des Gesundheitswesens im Gemeinsamen Bundesausschuss GBA, der von Apotheken und Pharmaindustrie abgesehen nun praktisch alle großen Akteure im Gesundheitswesen enthält und über die Leistungen zulasten der gesetzlichen Krankenkassen entscheidet. Nach über 35 Jahren Reformen mit einem ständig fortschreitenden Konzentrationsprozess der Gremien gibt es seit Juli 2008 nur noch *einen bundesweit* zuständigen Ausschuss mit 3 hauptamtlichen unparteiischen Mitgliedern, 5 ehrenamtlichen Vertretern der Ärzte, Zahnärzte und Krankenhäuser (Deutsche Krankenhausgesellschaft DKG) sowie 5 Vertreter des Spitzenverbandes Bund der Krankenkassen, der nun anstelle der früheren 7 Kassenverbände im GBA sitzt.

Förderung des Wettbewerbs durch Auflösung der sektoralen Grenzen

Früher gab es die Trennung in den ambulanten und stationären Bereich (Sektor), d.h. in Praxen und Kliniken, die unabhängig voneinander arbeiten. Die Kassen wiederum waren früher nach Kassenarten getrennt und die Apotheken arbeiteten auf sich allein gestellt.

Wie kann man nun Kosten senken und Wettbewerb fördern, wenn kein unbegrenzter Wettbewerb möglich ist? 96% der Kassenausgaben waren 2006 immer noch vorgeschrieben (FAZ 2006). Es gibt einen medizinischen und ethischen Zwang, auch unwirtschaftliche Krankheiten zu therapieren, auch teure Therapien können je nach Erkrankung zwingend sein (z.B. Diabetes), es gibt also begrenzte Spielräume für Arzt und Patient. Zudem hängen die Merkmale *alt, arm und krank* statistisch leider eng zusammen, d.h. die Gruppen mit den größten Risiken und dem tendenziell geringsten Einkommen hat die größte Nachfrage, so dass die größte ‚Kundengruppe' ironischerweise die ökonomisch am wenigsten begehrte Gruppe ist.

Das **Solidaritätsprinzip** (gesund-krank, reich-arm, jung-alt, Kinderlose-Kinderreich, Männer-Frauen) und das **Sachleistungsprinzip** mit einem **imperfekten Markt**, bei dem die Ärzte Leistungen verordnen, Leistungserbringer die Leistungen erbringen, die Patienten konsumieren und die Kassen zahlen, begünstigen aus

---

[132] Bei den Fallpauschalen gibt es eine feste Gebühr, was den Anreiz für die Kliniken erhöht, die Behandlung kurz zu halten. Die Liegedauern im Krankenhaus sind ständig zurückgegangen.

ökonomischer Sicht ein Marktversagen durch Entkopplung von Beiträgen und Leistungen. Darum lautet die These einiger Autoren, dass eine Wettbewerbsstärkung eine **Risikoentmischung** fördern würde, d.h. Reichen/ Jungen/Gesunden versuchen aus teuren Kassen zu fliehen, was den Staat zur Gegensteuerung zwingt, damit die teuren Kassen nicht zahlungsunfähig werden (**Wettbewerbsillusion**). Darum zielt die Politik des Staates schon seit vielen Jahren drauf ab, Kosten durch Bildung immer größerer Einheiten zu sparen. Die Kosten sinken, die Effizienz steigt und die Leistungen bleiben oft erhalten, wie die folgende Graphik zeigt:

Tab. 50 Wettbewerb im Gesundheitswesen

Lockerung der sektoralen Grenzen
Aufgabe von Schutzklauseln
Kostendruck

⇓

Ärzte	**Apotheken**	**Kliniken**	**Kassen**
Modellvorhaben 1988 Integrierte Versorgung ab 2000 ständig ausgebaut (ambulant-stationär, Haus- und Fachärzte, ab 2004 ohne Zustimmung der KV, ab 2007 auch heilberufsübergreifend) mit Disease Management Programmen DMPs 2006 mit 8 Mio. Versicherten 2007 AOK Ba.-Wü. schreibt hausärztliche Versorgung aus	Lockerung des Mehrbesitzverbotes 2004 Etablierung von Versandapotheken 2004 Beschränkungen der Preis-aufschläge für Apotheken 2004 EuGH wird Ende 2008 Fremdbesitzverbot kippen (EU-Kommission geht parallel gegen Mehrbesitzverbot vor, BReg will nachgeben)	Aufgabe der Kostendeckung 1992 Fallpauschalen (DRGs) ab 2003	RSA 1994 verkoppelt Kassen Wechsel zwischen Kassenarten und Wettbewerb erlaubt 1995 2004/7: Wahlleistungen Fusionen zwischen Kassenarten erlaubt 2007 Kassen können insolvent werden 2007/8
⇓	⇓	⇓	⇓
Einzelpraxen nehmen ab Gemeinschaftspraxen, seit 2007 auch Teilzeit-, und angestellte Ärzte sowie MVZ, zuvor Praxisnetze Laborgemeinschaften Zentrale Notfallpraxen Gerätegemeinschaften Ärzte 'an' Krankenhäusern	Einkaufsgemeinschaften Kooperationen (u.a. *MDVA* mit 7.000 Mitgliedern, *vivesco, meine Apotheke*)	Wachstum privater Anbieter 'kalte Fusionen' zwischen örtlichen Kliniken *2006: Bereits 2 Fusionsverbote wegen Markt-macht*	1977: **1750** Kassen (1059 BKKs, 177 IKKs, 389 AOKs) 1991: **1209** Kassen 2006: **253** Kassen (199 BKKs) 2007: **238** Kassen, Tendenz weiter fallend
2007/2008 Rhön Klinikum AG beginnt mit Aufbau einer MVZ-Kette (zur Zeit 17 MVZ)			

Der Widerspruch aus Wettbewerb und Versorgungspflicht wurde also durch *Schaffung immer effizienterer und größerer Einheiten* überwunden. Große Einheiten sind natürlich nicht von allein effizienter als kleine, aber sie verfügen,

wie sich bei den **Klinikketten** gezeigt hat, über eine deutliche **Einkaufsmacht**, d.h. sie können durch große Orders die Preise erheblich drücken.
Dabei wurden vorher abgeschottete Sektoren (ambulanter Praxis- und stationärer Klinikbereich) gegeneinander geöffnet und die Möglichkeiten der Zusammenarbeit immer flexibler gehandhabt, also über Ärztehäuser (**Medizinische Versorgungszentren MVZ**), in denen in Zukunft auch verschiedene Heilberufe zusammenarbeiten dürfen, was früher ebenso undenkbar war wie die Möglichkeit zu angestellten Ärzten oder niedergelassenen Ärzten in Teilzeit, das Idealbild war vorher der selbständige, stets verfügbare und einsatzbereite Einzelkämpfer. Das hat wiederum bei den Jüngeren zur Flucht aus dem Arztberuf geführt, die sich seit den Neunziger Jahren ständig beschleunigt hat, so dass es zwar eine Ärzteschwemme gibt, die Alterstruktur aber allmählich ungünstiger wird.
Die Kassen wiederum waren früher nach Kassenarten getrennt und Mitglieder konnten nicht raus. Jetzt können Kassen schon lange gewechselt werden und in Zukunft können Kassen auch kassenartenübergreifend fusionieren. Der Europäische Gerichtshof wird zwar das deutsche Apothekenrecht wahrscheinlich gelten lassen, dennoch haben sich viele Apotheken schon zu *Einkaufsgemeinschaften* zusammengeschlossen.

10.7.5 Die Kassen im Fokus der großen Koalition

Während der großen Koalition hat sich der Gesetzgeber insbesondere die Kassen vorgenommen, sowohl die gesetzlichen als auch die privaten Kassen. Die folgende Graphik gibt einen kurzen Überblick.

Tab. 51 Die gesetzlichen Kassen (GKV) und Privatkassen (PKV) in den 1990er Jahren

	GKV	**PKV**
Rechtsgrundlage	SGB V	Versicherungsaufsichtsgesetz VAG Versicherungsvertragsgesetz VVG, SGB V
Organisationsform	öffentlich-rechtliche Körperschaften	Aktiengesellschaften VVaG
Grundversorgung	für alle Normalversicherten	Standardtarif ab 1994
Kontrahierungszwang	für alle Normal-Versicherten (Ausnahmen möglich)	nein
private Wahlleistungen und Zusatzversicherungen	----	je nach Vertrag

Selbstbehalte	----	je nach Vertrag
Alters- und Sozialklauseln	Solidaritätsprinzip Umlageverfahren	Äquivalenzprinzip Altersrückstellungen
Risikostrukturausgleich	seit 1994, seit GKV-WSG als Morbi-RSA	----
Gebührenordnung	EBM	GOÄ (Hebesätze = mehr für dieselbe Leistung)
Versichertenstruktur	Gesamt: 70,3 Mio. Pflicht: 28,6 Mio. Freiwillig: 28,6 Mio. Rentner: 16,9 Mio. kostenfrei: 20,0 Mio.	8,4 Mio. ca. 7 Mio. GKV-Zusatzversicherte 5 Mio. Krankenhauszusatz 2 Mio. Krankentagegeld 0,8 Mio. Pflegezusatz [Mehrfachnennungen möglich]
Pro-Kopf-Ausgaben 2005	2070 Euro	2345 Euro
Leistungsprofil/ Zuständigkeiten der GKV [PKV-Profil im langfristigen Mittel sehr ähnlich!]	Krankenhäuser 34,1% VDAK/AEV Ärzte 15,0% AOK Arzneimittel 17,7% BKK Zahnärzte 6,9% AOK Physio/Balneo/Logopädie 5,6% IKK Interne Verwaltungskosten 6,1% Sonstiges (Tagegeld, Einlagen, Prävention etc.) IKK	

Der Staat hat seit den Neunzigern systematisch das Problem der Flucht der Besserverdienenden und Gesünderen aus teuren Kassen behandelt. Um ein Auseinanderdriften der Kassen zu verhindern, wurde insbesondere der **Risikostrukturausgleich** eingeführt, bei der Kassen mit ‚gesünderer Klientel' solchen mit 'kränkerer' Klientel Geld zukommen lassen muss, um einen einigermaßen einträglichen Beitragssatz zu erhalten. Während der großen Koalition haben sich die Politiker zur Entmachtung der gesetzlichen Kassen entschlossen, indem sie die Gründung eines Bundesverbandes statt der bisherigen 7 Spitzenverbände der gesetzlichen Kassen (GKV) erzwangen und den Kassen der direkte Zugriff auf das Geld durch die Bildung des **Gesundheitsfonds** ab 2009 genommen wird.

Dafür können die gesetzlichen Kassen auch **Wahl- und Zusatzleistungen** anbieten, was früher die Domäne der Privatkassen (PKV) war. Die Privaten mussten inzwischen **Altersrückstellungen** bilden, durch die dafür gesorgt wird, dass ältere Versicherte weniger Beiträge zahlen müssen als von ihrem Krankheitsrisiko her angemessen wäre.

Außerdem wird durch einen neuen Basistarif ab 2009 ein Sozialalement eingeführt, bei dem Patienten, die ihre Beiträge nicht mehr zahlen können, in einen billigeren Basistarif wechseln können, in dem ihnen eine Versorgung auf GKV-Niveau zusteht. Dies und die Erschwerung des Wechsels von GKV in die PKV, in dem man jetzt drei Jahre lang ein Gehalt über einem bestimmten Niveau verdient haben muss, bevor man wechseln darf, hat die PKV bereits zu Klagen veranlasst, da dadurch die Beiträge der Privatversicherten insgesamt deutlich steigen werden. Der Gesetzgeber scheint durch die letzte Gesundheitsreform, das **Gesetz zur Stärkung des Wettbewerbs in der gesetzlichen Krankenversicherung (GKV-Wettbewerbsstärkungsgesetz – GKV-WSG**), zunehmend auf ein Modell hinzusteuern, das ein Gemisch aus GKV und PKV (**Hybridmodell**) darstellt, d.h. alle Kassen werden sich immer ähnlicher.

Tab. 52 Das ‚Hybridmodell' der GKV und PKV seit 2009

	GKV	**PKV**
Grundversorgung	für alle Normalversicherten	*seit GKV-WSG (Basistarif)*
Kontrahierungszwang	für alle Normal-versicherten (Ausnahmen möglich)	*seit GKV-WSG (Ausnahmen möglich)*
private Wahlleistungen und Zusatz-Versicherungen	*seit GKV-WSG (ohne PKV und ohne Solidaritätsklausel!)*	je nach Vertrag
Selbstbehalte	*seit GKV-WSG*	je nach Vertrag
Steuermitfinanzierung	*seit GKV-WSG über Gesundheitsfonds*	*BVerG-Urteil vom 14.03.2008 zur steuerlichen Absetzbarkeit*
Alters- und Sozialklauseln	Solidaritätsprinzip Umlageverfahren	Äquivalenzprinzip Altersrückstellungen *seit GKV-WSG (halber Tarif bei Bedürftigkeit)* *Basistarif ab 55 Jahren*
Risikostrukturausgleic h	seit 1994, seit GKV-WSG als Morbi-RSA	*seit GKV-WSG 'fiktiver Risikoausgleich'*
Insolvenzfähigkeit	*seit GKV-WSG*	ja
Gebührenordnung	EBM	Anpassung an EBM wird zur Zeit diskutiert
Kooperationsmodelle	Seit GKV-GMG 2004: GKV-PKV dürfen zusammenarbeiten, z.B. DAK-HanseMerkur	

Zukunft: **Hybridmodell** aus?

- Grundversorgung zu Standardsätzen
- Wahlleistungen und Zusatzversicherungen
- Steuermitfinanzierung

jedoch **keine** Einheitsversicherung, der verfassungsrechtliche Probleme im Weg stehen

10.7.6 Vertiefung: Die großen Reformen im Überblick

Tab. 53 Die großen Reformen im Überblick

Jahr	Gesetz	Kernpunkte
[1976	Beginn der Kostendämpfung unter Min. Ehrenberg]	
1988	Gesundheitsreformgesetz GRG (Blüm) wirksam 1989	Negativliste für Arzneimittel, Erhöhung der Kassen-Wahlfreiheit für Patienten
1992	Gesundheitsstrukturgesetz GSG (Seehofer-Reform wirksam 1993)	Volle Kassen-Wahlfreiheit für Patienten, Wettbewerb zwischen Kassen ab 1996 Risikostrukturausgleich 1994, d.h. Kassen mit ungünstiger (armer, alter) Klientel bekommen Zuschüsse von den anderen Vollkostendeckung für Hospitäler beendet/Positivliste für Arzneien (gescheitert) Zulassungsbeschränkungen für Niedergelassene Ärzte/Budgetierung/Festbeträge für Arzneien, Zuzahlungen für Arzneimittel
1996-1998	Beitragsentlastungsgesetz 1996 1.+2 GKV-Neuordnungsgesetz 1997 Gesetz zur Stärkung der Solidarität in der GKV 1998	Zuzahlungen für Arzneimittel erhöht Verbesserte Möglichkeiten für Einzelverträge zwischen Kassen und Medizinanbietern Langfristige Einführung der Fallpauschalen (DRG) (Achtung: vieles wurde 1998 noch mal durch Rot/Grün modifiziert, hier nur die wesentlichen Maßnahmen mit Bestand)
2000	GKV-Gesundheitsreformgesetz 2000 (Andrea Fischer)	Globalbudget (gescheitert) weiterer Ausbau des Risikostrukturausgleiches Positivliste (schließlich wieder gescheitert)
2004	Gesetz zur Modernisierung der gesetzlichen Krankenversicherung GMG (Ulla Schmidt)	Übergang zu 46:54 Finanzierung durch Arbeitgeber und Arbeitnehmer (0,4% für Zahnersatz, 0.5% Erhöhung in 2006 für das Krankengeld)/Ausschluss von freiverkäuflichen Medikamenten/Praxisgebühr von 10 Euro Steuerfinanzierung von Versicherungsfremden Leistungen/Medizinische Versorgungszentren und andere Maßnahmen zur Lockerung der Grenze ambulant-stationär/Einführung des Gemeinsamen Bundesausschusses GBA als zentrales Steuerungsgremium aus KV, Kassen und DKG Zuzahlungen bis 2% des Bruttoeinkommens

2005	Arzneimittelversorgungswirtschaft-lichkeitsgesetz AVWG 2005 (Ulla Schmidt)	Ende der Naturalrabatte, Apothekenzuschlag begrenzt Preisstopp zwei Jahre für Arzneien, Festbeträge gesenkt, Zuzahlungsfreiheit für niedrigpreisige Präparate (Druck auf Generika)
2007	Gesetz zur Stärkung des Wettbewerbs in der gesetzlichen Krankenversicherung (GKV-Wettbewerbsstärkungsgesetz – GKV-WSG) (Ulla Schmidt)	Pflichtversicherung für alle Rabattverträge zwischen Kassen und Pharmafirmen Ein Spitzenverband für Krankenkassen Basistarif in der PKV (für alle) Gesundheitsfonds übernimmt die Kontrolle über die Einnahmen der Kassen

11. Forschungs- und Technologiepolitik

11.1 Einführung

Die Europäische Union hat schon vor der Erweiterung feststellen müssen, dass ihre Wettbewerbsfähigkeit durch die Globalisierung und den raschen gesellschaftlichen und technischen Wandel bedroht ist, insbesondere in wirtschaftlich bedeutsamen Politikfeldern wie der **Forschungs- und Technologie (FuT)-Politik**, der Politik zum Schutz des geistigen Eigentums (**Intellectual Property Rights IRP**) und der Bildungspolitik mit einer Abwanderung von Spitzenkräften ins europäische Ausland (**'brain drain'**) und der Arbeitsmarktpolitik ausgemacht. Die Staats- und Regierungschefs der Europäischen Union verabschiedeten deshalb im Frühjahr 2000 auf einer Tagung in Lissabon ein Programm zur wirtschaftlichen und sozialen Weiterentwicklung der Europäischen Union. Dieser auf zehn Jahre angelegte „**Lissabon-Prozess**" umfasste einen Katalog konkreter strategischer Ziele, der die Europäische Union bis zum Jahr 2010 zum wettbewerbsfähigsten und dynamischsten wissensbasierten Wirtschaftsraum der Welt soll(te). Insgesamt umfasst die Lissabon-Strategie vor allem die fünf Handlungsfelder Arbeitsmarkt- und Beschäftigungspolitik, Güter- und Dienstleistungsmärkte, öffentliche Haushalte sowie die Bildungs- und Forschungspolitik, die sich wiederum in 28 Haupt- und 120 untergeordnete Ziele gliedern. Die Kernelemente der Lissabon-Strategie sind:

- Wirtschaftsreformen zur Ausschöpfung des Binnenmarktpotentials (freier und fairer Wettbewerb und Marktöffnung in ehemaligen Monopolbereichen wie z.B. Gas, Strom und Post)
- Integration der Finanzmärkte durch gemeinschaftsweite Regelungen für Aktien und andere Wertpapiere (die europäische Aktiengesellschaft, auch Europa AG genannt, ist eines der Projekte)
- Informationsgesellschaft: Der Aktionsplan ‚eEurope' soll die Verbreitung und den Zugang zum Internet für die Bürger verbessern
- Investitionen in Bildung und Forschung: Das Ziel ist, dass die Mitgliedsstaaten wenigstens 3% des Bruttosozialproduktes jährlich für Forschung auszugeben. Außerdem soll die europäische Forschung kohärenter und besser gebündelt werden, hierzu dient die Schaffung eines Europäischen Forschungsraumes (**European Research Area ERA**).
- Modernisierung der Bildungs- und Ausbildungssysteme: Hier gehört insbesondere der multilaterale **Bologna-Prozess**, dem mittlerweile 46

Staaten beigetreten sind, zur Schaffung eines kompatiblen und transparenten Systems von europäischen Hochschulabschlüssen zu verstehen, dessen Kernstück die Einführung eines einheitlichen dreistufigen Systems aus Bachelor-Master und Promotion ist. Analog wurde für die berufliche Bildung der **Kopenhagen-Prozess** ins Leben gerufen.

- Abbau der Arbeitslosigkeit mit modernisierten (d.h. liberalisierten) Arbeitsmärkten

Die europäische Innovationspolitik ist in diesem Konzept eine Querschnittspolitik insbesondere aus Forschungs-, Bildungs- und Wirtschaftspolitik und zielt ausdrücklich auf die Förderung von Innovationen in Unternehmen ab (vgl. auch Grande).

Der Innovationsbegriff der EU zielt auf *wirtschaftlich verwertbare* Erfindungen: „Da der wirtschaftliche Nutzen der erfolgreichen Nutzung von Neuerungen letztlich von den Unternehmen realisiert wird, sind sie das Herz des Innovationsprozesses. Innovationspolitik muss letztlich auf die Unternehmen abzielen, auf ihr Verhalten, ihre Fähigkeiten und ihr Umfeld."

Trotz dieses enormen konzeptionellen Aufwandes waren die Ergebnisse schon bei der Zwischenprüfung durch die Kok-Kommission am Ende des Jahres 2004 eher ernüchternd. Der Rückstand ist auf die USA noch größer geworden, es hat von 1997 bis 2003 keine Zunahme der Arbeitsproduktivität gegeben, das Wirtschaftswachstum stagniert nicht nur, sondern ist seit 2000 rückläufig, die FuE-Ausgaben stiegen von 1.9 auf gerade mal 2.0%. Hinter den Kulissen war schon da von einem Scheitern des Lissabon-Prozesses die Rede, im Kern ist es bis 2009 bei diesen Befunden geblieben. Die EU ist jedoch als Akteur nicht alleinverantwortlich oder -zuständig, ihre Kontrolle über die Politikfelder ist vielmehr begrenzt. Neben der EU sind insbesondere die Nationalstaaten aktiv, sowie internationale Regime. In den Kernbereichen der FuT-Politik, der IRP-Politik und der Bildungspolitik konkurriert die EU überdies noch mit europäischen Organisationen und Initiativen, die zum Teil schon älter als die gleichartigen Aktivitäten der EU sind.

Damit ist das *analytische Hauptproblem*, das **nicht-hierarchische Mehrebenensystem**, eingegrenzt, denn kein Akteur verfügt über die alleinige Kontrolle der Ressourcen und jede Ebene, sei es die EU, die Nationalstaaten, internationale Organisation oder gar die Bundesländer verfolgt eigene Ziele.

Dadurch ist die einzelne Politikebene für sich genommen zwar schwach, dafür ist keine Ebene alleiniger Anlauf- oder Druckpunkt für Forderungen und Interessengruppen, so dass die Einzelebenen dadurch entlastet werden (**Paradox der Schwäche** nach Grande). Die EU ist also in vielen hier relevanten Bereichen nur *eines* von teils überlappenden, teils konkurrierenden Regimes, was die Probleme der EU bei der Steuerung und Förderung von Innovation durch regulative Politik aber nur teilweise erklären kann. Wenn die EU nämlich in einem **regulativen Wettbewerb** durch besonders attraktiv gestaltete Regelungen von den Akteuren bevorzugt würde, würde dies auch ohne direkten politischen oder juristischen Zwang Anpassungsdruck auf die anderen politischen Akteure, z.B. die USA, ausüben. Tatsächlich liegen die Dinge eher umgekehrt, insbesondere im Patentrecht, wo es den USA zunehmend gelingt, ihre Vorstellungen innerhalb der EU und in internationalen Abkommen durchzusetzen.

11.2 Das System der deutschen und europäischen Forschung

Die Forschungslandschaft und ihre Förderung sind deshalb besonders interessant, weil hier das komplette Spektrum an Steuerungs- und Organisationsformen in einem einzigen System zusammengeschlossen ist:
Staat und Markt, Hierarchie, horizontale Kooperation und Selbststeuerung und dies über mehrere Ebenen und in allen erdenklichen Größenordnungen.
In der deutschen wie der europäischen Forschungs- und Technologiepolitik lassen sich gewisse Grundmuster ausmachen, nämlich die *Koexistenz europäischer, nationaler und regionaler Forschung*, die *institutionelle Trennung von Forschung und Forschungsförderung*, die *Koexistenz öffentlicher und privater Forschung*, die sich *gegenseitig ergänzenden Forschungseinrichtungen* und die *längerfristige Mittelbindung*, die schnellen forschungspolitischen Schwenks entgegenwirkt.

1. Das Nebeneinander europäischer, nationaler und regionaler Forschung:

Jede Ebene verfügt über eigene Forschungsgelder, -strategien und Institutionen. Für die europäische Ebene ist besonders wichtig, dass die europäischen Großforschungseinrichtungen in der Regel *nicht über die* EU, sondern über zum Teil schon seit Jahrzehnten bestehende zwischenstaatliche Regelungen betrieben werden. Dabei geht es häufig um Großprojekte bzw. sehr langfristige Förderstrategien wie z.B. in der Molekularbiologie beim **European Molecular**

Biology Laboratory EMBL, das 1974 aus der 1963 gegründeten European Molecular Biology Organisation EMBO hervorging. 17 westeuropäische Staaten und Israel waren 2004 an dieser führenden molekularbiologischen Einrichtung beteiligt. Da auch das **europäische Patentamt EPO** ohne die EU gegründet und organisiert wurde, ist die europäische Forschung in wichtigen Teilbereichen *nicht unter Kontrolle der EU.* Die unzureichende Kontrolle ist ein zentrales Problem der EU-Politik in der Forschungs- und Technologiepolitik.

2. Trennung von Forschung und Forschungsförderung:

Die Forschungseinrichtungen bekommen in der Regel keinen festen Etat zugewiesen, sondern der Staat bzw. die von ihm getragenen Fördereinrichtungen behalten die Kontrolle über die Gelder.

3. Mittelbindung:

Kurzfristige Schwenks der Forschungspolitik sind natürlich theoretisch immer möglich, aber in der politischen Wirklichkeit dominiert die Kontinuität. Die verfügbaren Mittel sind insgesamt selbst über die Wiedervereinigung hinweg kontinuierlich ohne echte 'Sprünge' angestiegen, und viele Forschungsgebiete und -einrichtungen verfügen über eine lange Fördertradition. Diese weitreichende Mittelbindung beschränkt die forschungspolitischen Handlungsspielräume der Akteure, setzt aber zugleich den Forderungen von politischen, universitären oder industriellen Interessengruppen **(pressure groups)** Grenzen.

4. Koexistenz von öffentlicher und privater Forschung:

In allen EU-Staaten gibt es öffentliche und private Forschung. Staat und Privatwirtschaft arbeiten aber zum Teil wegen langer Planungs- und Entwicklungsdauern bei gleichzeitig hohem Mitteleinsatz langfristig zusammen, z.B. bei militärisch-industriellen Kooperationen wie dem *Eurofighter*. Bei Großtechnologien erscheint die Zusammenarbeit zwischen Staat und Privatwirtschaft auch aus Wettbewerbsgründen sinnvoll, man denke an den Wettlauf der Bahnsysteme (TGV, ICE, Transrapid) oder den Wettlauf Airbus-Boeing. In der Biotechnologie hingegen haben öffentliche und private Konsortien wegen der Patentfragen mehr gegen- als miteinander gearbeitet.

5. Es gibt darüber hinaus spezialisierte Einrichtungen für Grundlagen- und für angewandte Forschung, ebenso ist die Spezialisierung auf definierte

Fragestellungen die Regel. Ziel des bundesdeutschen Systems ist z.B. die Abdeckung des wissenschaftlichen Spektrums durch ein komplementär wirkendes System von Fachgesellschaften.

Die folgende Abbildung zeigt die grundlegende Gliederung der deutschen Forschungslandschaft in universitäre, außeruniversitäre und privatwirt-schaftliche Forschung:

Tab. 54 Die Struktur der deutschen Forschung

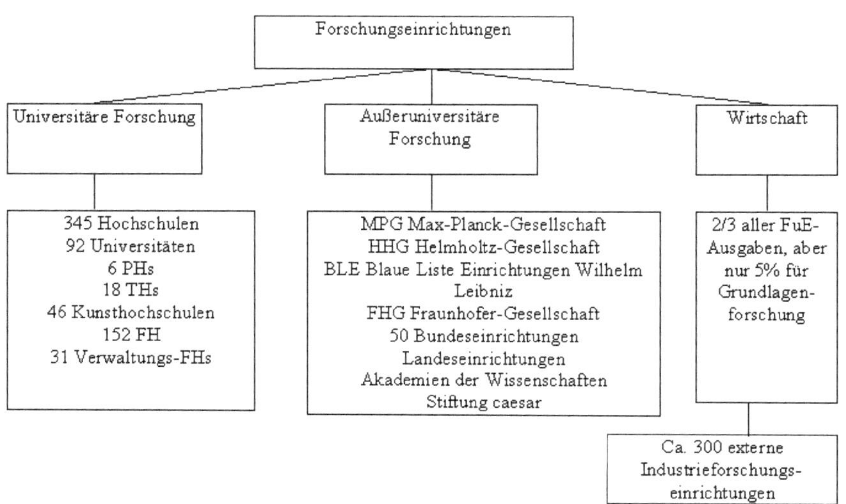

Das ganze System ist mehrfach **komplementär** angelegt, d.h. die Einrichtungen sollen sich gegenseitig sinnvoll ergänzen: Staatlich und privat, Grundlagenforschung versus angewandte Forschung, Bundesbehörden, Ländereinrichtungen außeruniversitär versus universitär.

Die universitäre Forschung wird an verschiedenen Hochschultypen betrieben, zu den Universitäten als wissenschaftlichen Hochschulen treten noch zahlreiche Fachhochschulen hinzu. Die öffentliche außeruniversitäre Forschung wird in den von Bund und Ländern gemeinsam finanzierten Instituten der *Fraunhofer-Gesellschaft (FhG), Hermann von Helmholtz-Gemeinschaft (HGF), Max-Planck-Gesellschaft (MPG) und den in der Wissenschaftsgemeinschaft Gottfried Wilhelm Leibniz (WGL) zusammengeschlossenen Instituten der Blauen Liste (BL oder auch BLE)* geleistet. Hinzu treten an Bundesbehörden angegliederte Bundeseinrichtungen sowie Ländereinrichtungen, wobei die Aufteilung auf die Länder historisch gewachsen ist, also nicht durch einen spezifischen Länderschlüssel gesteuert wird. Hinzu kommen noch die Akademien der Wissenschaften.

Tab. 55 Die Struktur der außeruniversitären Forschung

Außeruniversitäre Forschung durch	**Inhalte**	**Beispiele**
Max-Planck-Gesellschaft MPG	grundlagenorientierte anwendungsoffene internationale Spitzen-Forschung, Vereinigung freier Forschungsinstitute	Max-Planck-Institut für Gesellschaftsforschung
Helmholtz-Gesellschaft HHG	15 Großeinrichtungen zielen auf langfristig angelegte Forschungen ab	Polarforschung, Desy, Deutsches Krebsforschungszentrum DKFZ,
Blaue Liste (BL oder BLE) Wilhelm Gottfried Leibniz	80 eigenständige Institute, Museen und Einrichtungen mit Servicefunktionen, inklusive Fachinformationseinrichtungen und zentrale Fachbibliotheken, keine begrenzte Thematik	z.B. ZUMA; ZBMeD Zentralbibliothek für Medizin Köln GESSI (Gesellschaft sozialwissenschaftlicher Struktureinrichtungen)
Fraunhofer-Gesellschaft (FHG)	für angewandte Forschung	in Zusammenarbeit mit der Industrie, die auch Aufträge geben kann
50 Bundeseinrichtungen mit FuE-Aktivitäten (BMBF:2002:148)	an Ministerien, das Bundeskanzleramt* oder das Auswärtige Amt (AA) angegliedert	u.a. Bundesamt für Strahlenschutz BfS und Bundesamt für Naturschutz BfN unter BMU;
Ländereinrichtungen mit Forschungsaufgaben FuE-Aktivitäten (BMBF:2002:161)	Historisch gewachsene Aufteilung	z.B. Akademie für Technikfolgen-abschätzung TA in Baden-Württemberg (wurde geschlossen)
7 Deutsche Akademien der Wissenschaften **	in Union der dt. Akademien der Wissenschaften	Länderfinanziert, Akademieprogramm Bund- und Länder finanziert
Stiftung caesar (Center of Advanced European Studies and Research)		getragen von Bund, Land NRW

*Stiftung Wissenschaft und Politik SWP **sowie internationale Gelehrtengesellschaft Deutsche Akademie der Naturforscher in Halle

Eine aktiv betriebene Forschungs- und Technologiepolitik erfordert Selbst-Steuerung und Förderung. In der Bundesrepublik wird diese Steuerung von Bund

und Ländern vorgenommen, in der **Bund-Länder-Kommission (BLK)** wirken die Regierungschefs von Bund und Ländern, die kommunalen Spitzenverbände, der Wissenschaftsrat und die Sozialpartner mit. Der **Wissenschaftsrat** (WR) ist für die Evaluierung der wissenschaftlichen Landschaft der Bundesrepublik zuständig und kann Stellungnahmen und Empfehlungen sowohl zu einzelnen Institutionen als auch zu ganzen Problemkreisen abgeben, die häufig, wenn auch nicht immer befolgt werden.

Eine besondere Rolle im System spielt die **Deutsche Forschungsgemeinschaft DFG**. Die DFG fördert Forschungsvorhaben in allen Wissenschaftsgebieten. Dies umfasst die Förderung von Einzelvorhaben und Forschungskooperationen, Auszeichnung für herausragende Forschungsleistungen sowie Förderung wissenschaftlicher Infrastruktur und wissenschaftlicher Kontakte (ebenda). Um der Vielfalt der Forschungsfelder gerecht zu werden, wurden 48 Fachkollegien eingerichtet, die sich in insgesamt 201 Fächer untergliedern (2003).

Die DFG als Selbstverwaltungsorganisation der deutschen Wissenschaft ist formal ein privatrechtlicher Verein, dem die meisten deutschen Universitäten, außeruniversitäre Forschungseinrichtungen, wissenschaftliche Verbände sowie die Akademien der Wissenschaften angehören. Die DFG erhält ihre Mittel von Bund und Ländern, die in allen Entscheidungsgremien vertreten sind, wobei die Wissenschaftler die Mehrheit haben. Die folgende Abbildung zeigt die Systematik der deutschen Forschungsförderung:

Tab. 56 Die Systematik der deutschen Forschungsförderung

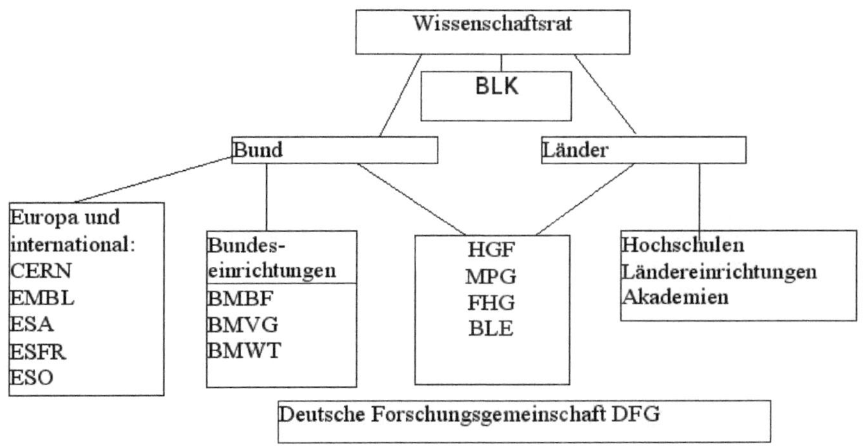

Die Deutsche Forschungsgemeinschaft ist

- ist die zentrale Förderorganisation für die Forschung in Deutschland,
- fördert wissenschaftliche Exzellenz durch Wettbewerb,
- berät Parlamente und Behörden in wissenschaftlichen Fragen,
- setzt Impulse für die internationale wissenschaftliche Zusammenarbeit und
- hat sich die Förderung junger Wissenschaftlerinnen und Wissenschaftler zum Ziel gesetzt.

Die deutsche Forschungsförderung ist mit der europäischen Forschung über eine Vielzahl nebeneinander bestehenden Einrichtungen verbunden. Die Einrichtungen sollen die Kommunikation zwischen der nationalstaatlichen und europäischen Ebene erleichtern und bündeln, ihre *Mehrgleisigkeit*, die typisch für die Forschungslandschaft ist, steht jedoch einer zentralen Koordination und -steuerung eher im Weg. Inhaltlich wird ein breites Spektrum an Fächern gefördert, die Vielzahl der Organisationsarten ermöglicht die Abdeckung der gesamten Forschungslandschaft.

11.3 Das Patentrecht als Rechtsrahmen

Die Politik zum geistigen Eigentum, dem Intellectual Property Rights (IPR), umfasst Patente, Copyright, Design und den Marken-/Gebrauchsmusterschutz, wobei politisch die Patente von besonderer Relevanz sind und deshalb im Zentrum der Betrachtung stehen werden. Am Anfang der industriellen Biotechnologie stand die Patentrechtsreform der USA von 1980. Die Verwertung in den USA hat sich Anfang der 80er Jahre grundlegend gewandelt. Bis dahin herrschte ein forschungspolitisches Klima vor, bei dem das Ziel des Forschers primär die wissenschaftliche Reputation durch herausragende Entdeckungen mit nachfolgender Publikation war (**Open Science-Model**). Dieses Verhalten wurde durch die Regierung gefördert, die bei Förderung von öffentlichen Forschungseinrichtungen (**Public Research Organisations, kurz: PROs**) die *non-exclusivity* (öffentliche Zugänglichkeit) der Forschungs-ergebnisse voraussetzte. Diese Anreizstruktur war aus Sicht der US-Forschungs-politiker weder für die Industrie noch für die Forscher wirklich anregend, weshalb der **Bayh-Dole Act** erlassen wurde, der für die PROs den Übergang von der Open Science zum **Licensing Model** bedeutete, bei dem die Forscher auch die Möglichkeit zur patentrechtlichen und ökonomischen Verwertung ihrer Ergebnisse erhielten. Die folgende Tabelle zeigt das Mehrebenensystem des Patentrechts.

Tab. 57 Das Mehrebenensystem des Patentrechts

Akteur	**Gesetz/Regime**	**Besonderheiten**
UNO (World Intellectual Property Organization WIPO)	Internationales Patent-schutzübereinkommen (Patent Cooperation Treaty PCT)	Ältestes Übereinkommen
WTO (Welthandels-organisation World Trade Organization)	TRIPS-Abkommen	Anerkennung von Pharmapatenten durch Entwicklungsländer bei Möglichkeit zur Zwangslizenz
USA (US Patent Office USPTO)	US-Patentrecht	Kennt Neuheitsschonfrist (grace period) und vorläufigen Antrag (provisional application)
Europäisches Patentamt (EPA) = European Patent Office EPO	Europäisches Patentübereinkommen (EPÜ) = European Patent Convention	Zentralisiertes Verfahren
EU (Europäische Union)	Euro-Patent (gemeinschaftsweites Patent; bisher nicht realisiert) Lizenzregelungen (sog. Technology Transfer Block Exemption TTBER) Biopatentrichtlinie	Biopatentrichtlinie wurde national heterogen umgesetzt
EMEA (Europäische Arzneimittelagentur)	Schaffung von Schutzmechanismen für innovative Medikamente, die denselben Effekt haben wie Patente	
Nationalstaaten	Nationale Regeln	Zersplitterung durch unterschiedliche Patentgesetze, unterschiedliche Erteilung von Patenten und zögerliche Umsetzungen von EU-Richtlinien (z.B. Biopatentrichtlinie, Copyright-Richtlinie)

Das internationale Patentschutzübereinkommen (**Patent Cooperation Treaty PCT**), dem heute 110 Staaten angehören, ist das Kernstück weltweiten Patentrechts mit der gegenseitigen Anerkennung der Patente. Betreut wird das PCT von der World Intellectual Property Organisation WIPO, die seit 1974 eine UNO-Agentur ist und Nachfolgerin der Sekretariate ist, die die ersten Patente, Marken und Urheberrechtskonvention von 1883 (Paris) bzw. 1886 (Bern) betreuten.

Die Welthandelsorganisation WTO bzw. noch ihr Vorläufer GATT (General Agreement on Tariffs on Trade) hat das **TRIPS**-Abkommen (Agreement on the Trade related aspects of intellectual property rights) erarbeitet, dessen Herzstück die allgemeine Verlängerung der Patenlaufzeit von 12 auf 20 Jahre ist.

Das **Europäische Patentübereinkommen EPÜ** (European Patent Convention EPC), das 1977 in Kraft trat, ist die Grundlage der Arbeit des Europäischen Patentamtes, das 1978 seine Arbeit aufnahm. Das EPO ermöglicht internationale Patentanmeldungen im Rahmen des internationalen Patentschutzabkommens PCT mit einem einheitlichen, vereinfachten Verfahren. Für Europa gibt es ein zentralisiertes Verfahren, bei dem für bis zu 27 Länder gleichzeitig ein Patent angemeldet und erteilt werden kann. Nach der Prüfung der Patentanmeldung folgt die Erteilung oder Zurückweisung mit Beschwerdemöglichkeit für den Antragsteller und Anfechtungsmöglichkeit für Betroffene. Patente können im Zuge dieses Verfahrens ggf. modifiziert oder gar widerrufen werden.

Die USA sind patentrechtlich weltweit die Schrittmachernation: Die generelle 20 jährige Schutzfrist für Neuerungen wurde von den USA gefordert und im TRIPS-Abkommen durchgedrückt, in der WTO hat die USA insbesondere auf China Druck ausgeübt, die Bindungswirkungen von Patenten zu akzeptieren. Das US-Patentrecht ist dem Grundprinzip nach dem europäischen Patentrecht sehr ähnlich, d.h. es können Erfindungen patentiert werden, die neu sind (*inventive*, was meint, dass es sich nicht ohnehin offensichtliche Sachverhalte handelt) und die eine praktische Anwendung, die *utility*, besitzen. Bei der utility lässt das US Patent Office (USPTO) in praxi auch Patente für *theoretisch denkbare* Anwendungen zu. Zwei Verfahrensbesonderheiten in: den USA sind die vorläufige Bewerbung **(provisional application)**, d.h. die Möglichkeit, formlos einen Antrag einzureichen und den vollständigen, formgerechten Antrag binnen eines Jahres nachzureichen und die **Neuheitsschonfrist (grace period)**, bei der bis ein Jahr nach Veröffentlichung ein Patentantrag nachgereicht werden kann, z.B. weil sich die praktische Anwendung eines Sachverhaltes erst nach der Veröffentlichung zeigt. Die USA haben ihr Patentwesen mittlerweile einigen wichtigen Reformen unterzogen, z.B. durch Klarstellungen bei der Veröffentlichungspflicht oder auch strengeren

Anforderungen an die Klärung der Funktion von Genen, die zum Patent eingereicht werden (im Jahre 2001).

Im Bereich der Patente hat die EU im Gegensatz zum Urheberrecht und zur Lizenzierung vergleichsweise geringe Fortschritte erzielt. Bei den Patenten selbst bemüht sich die EU seit 1989 um ein gemeinschaftsweit gültiges Patent, das sogenannte **Gemeinschafts- oder Europatent.** Dieses scheiterte bisher regelmäßig, z.B. an der Frage der Übersetzung in die Gemeinschaftssprachen, der Gültigkeit der Übersetzungen und den damit verbundenen Haftungsfragen.

Die Patent-Befürworter tragen insbesondere folgende Punkte vor:

- Forschung und Innovation werden belohnt, die Forschungseinrichtung erhält so ihren Einsatz zurück und kann ihn für weitergehende Forschung nutzen. Dies ist überhaupt die Grundvoraussetzung, damit sich die immer kapitalintensivere biotechnologische Forschung rentiert. Patente machen Forschung zum Teil also überhaupt erst möglich.

- Mit der Patenterteilung ist das Risiko eines Plagiats beseitigt, die Innovation kann veröffentlicht werden, die früher häufige Doppelarbeit (oder die z.B. bei Immunhormonen in den achtziger Jahren vorgekommenen Doppelent-deckungen) entfallen.

- Die früher notwendige Erfordernis der Geheimhaltung wichtiger Forschungs-erkenntnisse war zudem ein erhebliches Forschungshemmnis, das jetzt wegfällt. Auch so fördern Patente Innovation. Patente haben also Anreizfunktion und tragen zu einer sinnvollen Steuerung von Forschungsressourcen bei.

Diese Einrichtung ist jedoch zweischneidig: Profitieren tut in der Wertschöpfungskette nur ein Teil, während alle anderen erhöhte Kosten tragen müssen. Das liegt noch in der Natur des Patentwesens begründet, wird jedoch zum Gegenstand der Kritik, wenn Patentschutzfristen immer mehr ausgeweitet werden, jetzt bereits auf 20 Jahre. Betriebswirtschaftlich würde man einer **Überbelohnung** sprechen. Die Kritiker sehen in den Patenten ein kostentreibendes Forschungshemmnis, das sich weniger als Innovation denn in Form von Lizenzgebühren und gebührenpflichtigen Datenbanken bemerkbar machen wird. Ein anderes Problem ist das Patentniveau, denn eigentlich sollen nur Erfindungen, die 'inventive', also *nicht naheliegend* sind, belohnt werden. Der Softwaresektor ist ein abschreckendes Beispiel für **Trivialpatente**, Fischermann (2005) berichtet z.B.

von einem US-Patenthalter, der das Ausschneiden und Einfügen von Texten in Computerdokumenten für sich beanspruchte. Kritiker meinen auch, dass die Patentämter solche Patente aus Bequemlichkeit und Unsicherheit durchwinken würden. In den USA belaufen sich die Kosten für Patentstreitigkeiten von der Größenordnung her bereits auf ein Viertel der Forschungs- und Entwicklungs-(F+E)-Ausgaben.

Neben der offiziellen Linie, dass der Schutz geistigen Eigentums eine wichtige Voraussetzung für den Schutz kapitalintensiver Industrieforschung darstellt, gibt es auch die These, dass der Ausbau des Patentschutzes dazu dienen soll, den momentan vorhandenen Innovationsvorsprung einiger weniger Hersteller zu konservieren, zum Schaden der Forschung oder auch um die auf dem Gebiet der Biotechnologie sehr schnell aufholenden Staaten Korea und China durch Lizenzgebühren langfristig *auf Abstand zu halten*. Gerade auf China hat die USA massiven Druck wegen fortlaufender Patentverletzung ausgeübt, aber auch die Markenpiraterie stellt ein Problem dar. Jedoch entsteht durch Markenpiraterie nicht nur amerikanischen, sondern auch europäischen Firmen erheblicher Schaden[133] auf den Weltmärkten, der in die Milliarden geht.

---

[133] Markenpiraterie ist nicht nur wegen der entgangenen Umsätze ein Problem, sondern auch wegen der häufigen Qualitäts- und Sicherheitsmängel der Kopien.

11.4 Die Forschungsrahmenprogramme der EU

Kernelement der Forschungspolitik der EU sind die *Forschungsrahmenprogramme*, die bisher die folgenden Laufzeiten und Aufgabenvolumina aufwiesen:

- RP1: 1984 – 1987: 3,3 Mrd. EUR
- RP2: 1987 – 1991: 4,4 Mrd. EUR
- RP3: 1990 – 1994: 6,6 Mrd. EUR
- RP4: 1994 – 1998: 13,2 Mrd. EUR
- RP5: 1998 – 2002: 15,0 Mrd. EUR
- RP6: 2002 – 2006: 17,5 Mrd. EUR

Teilnahmeberechtigt sind Rechtspersonen wie Forschungseinrichtungen, Hochschulen und Unternehmen, einschließlich KMU, aber auch natürliche Personen aus jedem beliebigen Land der Welt. Dem Subsidiaritätsprinzip folgend müssen die Projekte *länderübergreifend* sein, d.h. nur Konsortien von Partnern aus unterschiedlichen Mitgliedstaaten und assoziierten Ländern können sich bewerben; bei Mobilitäts- und Ausbildungsmaßnahmen müssen die Stipendiaten in der Regel in ein anderes als ihr Herkunfts- beziehungsweise Aufenthaltsland gehen. Maßnahmen, die besser auf nationaler oder regionaler Ebene durchgeführt werden können, d.h. ohne grenzüberschreitende Zusammenarbeit, können mit dem Rahmenprogramm nicht unterstützt werden. Außerdem muss sich ein Vorhaben auf einen der Schwerpunkte des Forschungsrahmenprogramms beziehen. Darüber hinaus wird das **double funding-Prinzip** benutzt, d.h. ein Vorschlag wird nicht nur ausschließlich durch die EU finanziert. Die EU fördert proaktiv, d.h. sie fordert zur Einreichung von Vorschlägen auf statt passiv darauf zu warten, wer und was kommen möge.

Es gibt zahlreiche Studien zum Forschungsvergleich EU-USA, deren Tenor immer recht ähnlich ist:

Es gibt zu wenig Kooperationen zwischen den europäischen Firmen bei der Nutzung neuer Technologien, ebenso ist die Verbindung zwischen Hochschulen und Industrien schwächer als in den USA. Die öffentliche Förderung ist zu zersplittert, zu unkoordiniert, zu bürokratisch und häufig nicht sachbezogen, sondern regional- und strukturpolitisch motiviert. Die USA stellen ganz andere Kapitalmengen für die Forschungsförderung zur Verfügung und hat einen besseren Personal- und Wissenstransfer zwischen Universität und Industrie, die sich in einem stärkeren Anwendungsbezug und verbesserten Wissenstransfer der Forschung widerspiegelt. Beim Vergleich der Forschungs- und Entwicklungs (F&E)-Aufwendungen in der EU und in den USA zeigt sich ein großer Abstand, sowohl bezogen auf das Volumen als auch auf den entsprechenden Anteil des BIP. Die F&E-Intensität in den Ländern und Regionen der EU ist sehr unterschiedlich, von 1 % des BIP oder weniger in den Mitgliedstaaten des Mittelmeerraums bis zu über 3% in Finnland bzw. Schweden. Die Unterschiede zwischen den Regionen innerhalb der Länder sind sogar noch größer. Hinzu käme ein europäisches Umfeld, das in der Regel weder das Scheitern von Unternehmern noch das Hin- und Herwechseln zwischen Industrie und Universität wirklich akzeptieren würde. Die universitäre Ausbildung ist in Deutschland ironischerweise so gut, dass sie den **brain drain** der ausgebildeten Wissenschaftler in die USA erleichtert. Die EU hat diese Probleme erkannt und hat in den 90er Jahren die Förderaktivitäten laufend verstärkt. Die EU drängt die öffentlichen Forschungseinrichtungen zur verstärkten Kooperation mit der Industrie, denn nur so kann Wissen in Geld umgesetzt werden.

Der Fokus der FuT-Politik verschob sich konsequenterweise in den 90er Jahren zunehmend zu innovationspolitischen Überlegungen, bei den kleine und mittlere Unternehmen als potentielle Innovationsträger in den Blickpunkt rückten, was aber an den *Koordinationsdefiziten* in der EU nichts ändern konnte. Dies führte zum Konzept des **Europäischen Forschungsraumes (European Research Area ERA)** und der Schaffung eines festeren institutionellen Rahmens, insbesondere eines **Europäischen Forschungsrates (European Research Council ERC)**, der inzwischen realisiert wurde. Der deutsche Wissenschaftsrat fordert wie viele europäische Akteure, mehr Freiräume für Forschungsprojekte mit ungewissem Ausgang zu schaffen, um so die Risikobereitschaft von Forschern zu fördern. Ein Forscher der TU Berlin hat aber festgestellt, dass sein DFG-Antrag passe in einen Hefter, sein Förderantrag bei der Bundesregierung benötige hingegen schon einen Aktenordner, für die EU müsse man aber einen laufenden Meter und mehr einreichen (FAZ 2004). De facto ist die Förderpolitik nach wie vor so ausgelegt, dass große Organisationen mit erfahrenen Bürokratien gegenüber kleinen und mittelgroßen Newcomern eindeutig im Vorteil sind. Strukturelle Defizite bei der praktischen Umsetzung können jedes forschungspolitische Konzept behindern oder unwirksam machen.

Im Zentrum der Debatte und Forschungsförderung steht die Förderung von Neuerungen, also Innovationen, die dann in **Spin-Offs**, also unternehmerischen Ausgründungen aus Forschungseinrichtungen verwertet werden. Für die Ursprünge der Spin-Offs lassen sich *Inkubatoreinrichtungen*, was eigentlich wörtlich Brutstätte heißt (vom Anzüchten von Keimen im Brutkasten [Kubus]), wo die neuartige Methoden/Anwendungen entwickelt wurden und *Herkunftseinrichtungen*, wo die Studenten bzw. Mitarbeiter rekrutiert werden, unterscheiden. Als besonders wichtige praktische Hilfe hat sich die Bereitstellung von Infrastruktur wie Räumlichkeiten erwiesen, als wichtigste Hemmnisse in Reihenfolge der Häufigkeit erwiesen sich Finanzfragen, Mangel an qualifiziertem Personal, Genehmigungsverfahren und Gesetze, mangelndes betriebswirtschaftliches Know-How, unzureichende Marktkenntnisse, mangelnde technische Informationen. Die Nähe zu anderen Firmen in 'Zusammenballungen' (**Clustern**) fördert ein innovatives Klima. Neben dem in Büchern vorhandenen **expliziten Wissen** gibt es auch das **implizite Wissen (tacit knowledge)**, man könnte sagen, das Gewußt-wie, die Erfahrung der Praxis, die sich aus reinem Bücherwissen nicht gewinnen lässt.

Die Innovationstheorie steht jedoch vor dem Problem, dass wirklich wertvolle Erfindungen in der Regel abgeschottet werden, d.h. die Offenheit untereinander um so mehr zurückgeht, je näher man an das Geld kommt. Das war aber mit Blick auf die in den Neuziger Jahren intensiv diskutierte **Theorie der Wissensgesellschaft** nicht überraschend. Demnach sind rohstoffarme Länder mit relativ hohen Produktionskosten darauf angewiesen, sich durch Qualität und hochwertige Produkte auf dem Markt zu behaupten, was jedoch auf Dauer nur geht, wenn ein gewisser Wissensvorsprung aufrechterhalten werden kann[134]. Der Abfluss dieses Wissens (**brain drain**) stellt daher die größte Gefahr dar, was wiederum eine hohe Hürde für den Informationsaustausch ist.

---

[134] Daraus folgte auch, dass sich Firmen auf ihre **Kernkomptenzen** konzentrieren sollten, d.h. nur das machen sollten, was sie am besten können. Den Rest sollten sie nach draußen vergeben (outsourcen), im Extremfall sogar zum **virtuellen Unternehmen** werden, bei dem die 'Firma' im Prinzip nur noch aus der gemeinsame Idee der Akteure besteht. Diese Extremform ist aus vielerlei wirtschaftsjuristischen Gründen zwar nicht möglich, aber eine **Virtualisierung**, bei der nur noch die Projektsteuerung in der Firma verbleibt, wird erfolgreich praktiziert.

12. Energie- Umwelt- und Rohstoffpolitik

Energie und Umweltpolitik hängen eng zusammen, da beim Energieverbrauch umweltschädliche Effekte entstehen. **Fossile Brennstoffe**, also jene, die sich durch natürliche Prozesse über Jahrmillionen gebildet haben wie Kohle, Öl und Erdgas, setzen bei der Verbrennung Kohlendioxid (CO_2) und andere Abgase frei, die sich in der Atmosphäre anreichern und so die Abstrahlung von Wärme von der Erdoberfläche verhindern. Dies nennen wir den **Treibhauseffekt** und alle dazu beitragenden Gase **Treibhausgase**. Der Treibhauseffekt führt zum allmählichen Anstieg der Temperaturen auf der Erde und so neben komplexen Wetterveränderungen auch zum Abschmelzen des Eises am Nord- und Südpol, wodurch wiederum der Meeresspiegel ansteigt. Einige pazifische Inseln, später aber auch andere Küstenregionen wie die der Niederlande sind von einer dauerhaften Überschwemmung bedroht.

Andererseits wächst jedoch die Menschheit ständig an und was noch viel wichtiger ist, große bevölkerungsreiche Staaten wie die BRIC (Brasilien, Russland, Indien und China) zeigen einen stetigen Aufschwung, der durch die Finanzkrise letztlich wohl nur vorübergehend gebremst wird, so dass der Energie- und Rohstoffbedarf der Erdbevölkerung weit schneller wächst als die Bevölkerung selbst. Der Mangel an Energie und Rohstoffen und die Umweltprobleme sind die beiden Problemfelder der wachsenden Industrie-produktion und werden deshalb nun genauer unter die Lupe genommen.

Für die politische Analyse sind die **Akteurskonstellation** und ihre **Zielkonflikte** von zentraler Bedeutung. Die *Konsumenten* hätten Energie und Rohstoffe am liebsten billig und ständig verfügbar. Für die *Produzenten* sind Energie und Rohstoffe oft die wichtigsten Einnahmequellen des Landes, aber in der Regel auch erschöpflich, weshalb die Produzenten sehr drauf achten, wem sie wann wie viel davon geben. Die kurzfristige Einnahmesteigerung konkurriert mit der langfristigen Vorratshaltung. Die *Umweltschützer* sehen, dass auch die Umwelt selbst eine erschöpfliche Ressource ist, so dass der Energie- und Rohstoffverbrauch am besten gebremst werden soll, und wenn dies nicht geht, wenigstens umweltfreundliche Verfahren und Produkte verwendet werden.

Für den *Sicherheitspolitiker* sind Energie und Rohstoffe vor allem eine Frage von Macht und Abhängigkeit und die Versuche, durch Schaffung von Institutionen einen verlässlichen Rahmen zu schaffen, reichen diesen nicht aus. Besser scheint da

die direkte Kontrolle, so dass die Staaten anstelle der früher so mächtigen Privatfirmen die Sache mehr und mehr selbst in die Hand nehmen.
Die *Sozialpolitiker* sehen im Preisanstieg vor allem eine Gefahr für die unteren Schichten da die knappen Einkünfte zunehmend in Heizkosten und Stromrechnungen abfließen.
Aus Sicht des *Wirtschaftspolitikers* ist wiederum nicht das Bevölkerungswachstum, sondern mehr der überproportionale Verbrauchs-zuwachs durch die aufstrebenden Flächenstaaten wie China und Indien ein Problem.
Analytische Probleme ergeben sich auch aus der **asymmetrischen Information**: Nur die Produzenten kennen die Kosten und die Vorräte wirklich und beides erzeugt Druck auf die Politik, mehr Transparenz zu schaffen. So werden sowohl die Förderfähigkeiten der russischen Gazprom wie auch die Ölvorräte der OPEC immer in Zweifel gezogen.
Wenn man all diese Akteure nun zusammenbringt, resultiert ein spannungsreiches Politikgeschehen, wie die folgenden Kapitel darlegen werden.

12.1 Energiepolitik

Energie muss zunächst erstmal *gewonnen* werden, egal ob dies durch Ölförderung, Wind- oder Atomkraft geschieht, dann muss diese *verarbeitet* bzw. *umgewandelt* werden, von dort aus schließlich noch zu den Verbrauchern gelangen und dort bei Bedarf verbraucht werden. Daraus ergibt sich sogleich die **Definition der Energiepolitik**:
Energiepolitik ist die Politik der Gewinnung, der Verarbeitung, des Transports und des Verbrauchs von Energie und umfasst im weiteren Sinne auch die Verbindungen mit der Wirtschafts-, Umwelt-, Technologie- und Sicherheitspolitik.
Während in Nationalstaaten klar ist, dass die Staaten die Kontrolle über die Energie und ihre Nutzung haben, hat die Europäische Union vielfältige Einflussmöglichkeiten über den gemeinsamen Binnenmarkt (Energie als Ware), die Umweltpolitik (Vermeidung von CO2-Emssionen) und in Fragen der Versorgungssicherheit (Vorratshaltung über 90 Tage). Die Kontrolle über die Ressourcen und die Zusammensetzung der genutzten Energie (den **Energiemix**) verbleibt aber auch nach dem neuen, geplanten europäischen Lissabon-Vertrag bei den Nationalstaaten. Daher hat die EU nur eine begrenzte Kontrolle über die Ressourcen, was sich z.B. in Verhandlungen mit Russland als deutliche Schwächung erweist. Umgekehrt sind die Nationalstaaten vor Zugriffen durch die

EU geschützt, die schon mal gefordert hat, dass die Mitgliedsstaaten im Notfall „Solidarität" zeigen müssten, d.h. dass denjenigen, die mehr Energiereserven haben bzw. kaufen können, den anderen was abgeben sollen, ob sie wollen oder nicht. Die Gaskrise Anfang 2009, bei der süd- und osteuropäische Staaten mitten im Winter ohne Heizung da saßen, hat gezeigt, dass Energie durchaus knapp werden kann. Noch ist genug Energie für alle da, aber 2001 veröffentlichte die EU ihr „Grünbuch" (Strategiepapier) zur Versorgungssicherheit, in dem gezeigt wurde, wie sich Bedarf und Produktion bis 2030 entwickeln würden. Sie gingen dabei von einer EU mit 30 Staaten bis 2030 aus, nämlich den 27 heutigen, der Türkei und evtl. noch zwei weiteren ex-jugoslawischen Republiken. Dieses Szenario zeigt die Energieproduktion (gefärbte Felder) nach Energiearten und den zusätzlich notwendigen Import (dick umrandetes weißes Feld) bis 2030, umgerechnet in Millionen Tonnen Rohöleinheiten.

Tab. 58 Schaubild Energiebilanz der EU

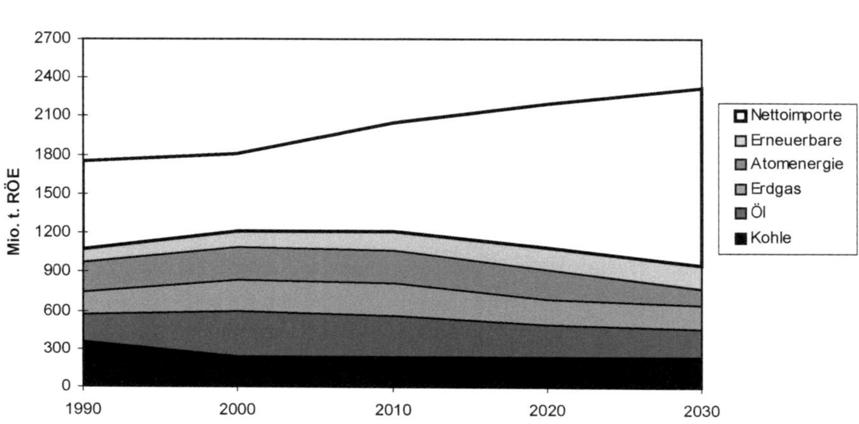

Quelle: Grünbuch der EU zur Versorgungssicherheit.

Das Ergebnis war ernüchternd:

- Die Eigenproduktion geht zurück, der Verbrauch steigt, daraus folgt eine Zunahme der Importabhängigkeit.
- Erneuerbare Energien (Öko-Energie wie Solarthermie, Wasserkraft, Wind, Biokraftstoff) können nur einen winzigen Teil des Energiebedarfs decken, wobei dieses Szenario bereits deutlich verstärkte Anstrengungen im Bereich der Öko-Energien voraussetzt.
- Die umweltschädlichen fossilen Brennstoffe wie Öl, Gas und Kohle spielen weiterhin die Hauptrolle.
- Auch die Kernenergie wird auf lange Sicht unverzichtbar sein, auch wenn dies in der Europäischen Union auf vielfältige Kritik stieß.
- Da die importierten Energien ähnlich gegliedert sein werden wie die selbst produzierten, steigt die Abhängigkeit von Öl und Gas besonders stark an: Wie eine Studie des Jahres 2004 gezeigt hat, ist die EU von nur drei großen und einigen mittleren Lieferländern abhängig, die abgesehen von Norwegen politisch auf der westlichen 'Sympathieskala' ganz unten rangieren, weil sie instabil und/oder dem Westen feindlich gesonnen sind.

Hauptlieferanten der EU-27 im Jahr 2004

	Öl (%)	**Gas (%)**
[EU selbst]	18	37
Russland	**26**	**29**
Norwegen	**13**	**17**
Algerien	**3**	**13**
Saudi-Arabien	9	--
Libyen	8	--
Iran	5	--
Sonstige	18	4

Aus diesen Überlegungen folgt eigentlich ganz zwangsläufig, was die Europäische Union in ihrem Energiepolitikpapier von 2007 festgehalten hat: Man muss in Zukunft sehen, dass man genug Energie bekommt, dass diese nicht zu teuer ist und am besten auch die Umwelt nicht verpestet und so heißt es im *EU-Dokument „Energiepolitik für Europa 2007“:*

„Angesichts der zunehmenden Abhängigkeit Europas von Energieeinfuhren braucht die Europäische Union (EU) eine neue Energiepolitik, deren Hauptziele

· die **Wettbewerbsfähigkeit** (Wirtschaftlichkeit, competitiveness),
· die **nachhaltige Entwicklung** (Umweltverträglichkeit, sustainability) und
· die **Versorgungssicherheit** (security of supply) sind“.

Wenn man sich nun die Maßnahmen der Europäischen Union, denen in aller Regel sinngemäße und entsprechende Maßnahmen auf deutscher Ebene gegenüberstehen, ansieht, stellt man fest, dass das gar nicht so einfach ist (siehe Tabelle auf der folgenden Seite). Wenn man die Energie durch Steuern verteuert oder technische Auflagen macht, mag dies der Versorgungssicherheit dienen, da weniger Energie verbraucht wird, auf kurze Sicht verursacht dies aber erstmal deutlich höhere Kosten, die Europa gegenüber den USA, China usw. in Nachteil bringen.

Tab. 59 Übersicht der Maßnahmen der EU zur Energiepolitik

Ziel	**Maßnahmen**	**Richtlinie/Politik**
Verringerung des Energieverbrauches um 20% bis 2020 durch	technische Normen (bessere Dämmung von Gebäuden und strengere Vorgaben für Kfz)	Gebäuderichtlinie (2002/91/EG, Energieausweis), Energieeffizienzaudits für Gebäude/Industrie/Verkehr (2006/32/EG, Leitlinienentwicklung geplant im Aktionsplan Energieeffizienz 2007-2012)
effizientere Nutzung	Erhöhung der Energiekosten durch Steuern und Emissionszertifikate	Besteuerung von Strom und Energieerzeugnissen 2003/96/EG mit Förderung umweltfreundlichen Stroms Richtlinie 2003/87/EG Emissionszertifikatehandel für industrielle Emittenten ETS, jetzt Energiepaket 2008: Zertifikate reduzieren und Versteigerungen fördern ('cap and trade') sowie andere Sektoren (Stahl) einbinden Emissionsstandards für Kfz (Benzin DIN EN228, Diesel DIN EN 590, Biodiesel DIN EN 14214), hierzu 2008 Diskussion um verschärfte CO2-Abgasnormen für Autos 2012/2015
	Forschungsförderung	7. FRP Programm Intelligente Energie für Europa II mit den Zweigen SAVE (Gebäude), ALTENER (erneuerbare Energien bei Energieerzeugung) und STEER (erneuerbare Energien im Verkehr) 780 Mio. Euro 2007-2013, eigene EU-Agentur: IEEA
Erhöhung des Anteils erneuerbarer Energien auf 20% bis 2020, um herkömmliche Energie-träger zu ersetzen	Förderung von Ökostrom (z.B. Solartechnik) und -wärme (z.B. Erdwärme) durch Subventionen/garantierte Preise	„Förderung der Stromerzeugung aus erneuerbaren Energiequellen im Elektrizitätsbinnenmarkt" - Richtlinie für erneuerbare Energien, auch „RES-E"-Richtlinie genannt, die 21% für die Stromproduktion bis 2010 festgelegt hatte Wärme-Richtlinie 2004/8/EG über die Förderung der Kraft-Wärme-Kopplung Vgl. auch 1.+ 2. Energie- und Klimapaket der Bundesregierung 2007/2008
(Substitution)	Finanzielle Förderung des Anbaus von Biokraftstoffen, Beimischungspflicht zu Benzin/Diesel	Richtlinie 2003/30/EG zur Förderung der Verwendung von Biokraftstoffen oder anderen erneuerbaren Kraftstoffen im Verkehrssektor sollte eine Erhöhung des Anteils von Biokraftstoffen im

		Verkehr von 2% (2005) auf 5,75% im Jahre 2010 (und 10% im Jahre 2020) erreicht werden, vgl. auch „Aktionsplan für Biomasse 2005". Die EU-Strategie für Biokraftstoffe 2007-2009 stellte fest, dass das Ziel verfehlt wird (Ist 2007: 2%) und forderte eine intensive Förderung auch über die Gemeinsame Agrarpolitik GAP Vgl. auch 1.+ 2. Energie- und Klimapaket der Bundesregierung 2007/2008
Nutzung möglichst vieler verschiedener Energie-träger (Diversifizierung)	EU rät zur Beibehaltung von Kernenergie („Ausstieg überdenken")	u.a. in: Energiepolitik für Europa 2007
Gemeinsamen EU-Energiemarkt schaffen	EU-weite Verknüpfung der nationalen Liefernetze/ Stromnetze	Projekt TEN (Transeuropäische Netze)
	Trennung von Netzbetrieb und Stromerzeugung, um Preise zu drücken	Diskussion noch im Gange
Vorratshaltung	Richtlinien 68/141/EWG und 98/93/EG: 90 Tage-Vorratshaltungsregel für die 3 wichtigsten Mineralölarten	
Ausbau der Beziehungen zu den Lieferländern	regelmäßige Konsultationen („Energiedialoge") der EU mit Lieferländern (z.B. Russland, Algerien, Norwegen, Afrika, Golfstaaten, OPEC) Allgemeine Wirtschafts- und Partnerschaftsab-kommen der EU mit Lieferländern	Partnerschaftsabkommen Russland, Memorandum of Understandings (Algerien, Aserbeidschan, Kasachstan) und regelmäßige Konsultationen (Norwegen, Algerien mit Assoziationsabkommen und Freihandel ab 2017, EU-GCC, jetzt auch EU-Afrika, flankiert durch Euro-Mediterranean Partnership (Barcelona-Prozess, EUROMED), Europäische Nachbarschafts-politik (ENP), 2005 Energiegemeinschaft Südosteuropa für Gas+Strom
	Pipelinebau mit dem Ziel, Russland zu umgehen (Nabucco-Pipeline)	
	Aufbau von nationalen Sonderbeziehungen zur Energie (z.B. Frankreich-Algerien, Dtl. Norwegen)	

Der Effekt der Forschungsförderung ist völlig ungewiss: Bei der *Kernfusionsforschung*, bei der man Energie durch Verschmelzung statt durch Spaltung von

Atomkernen gewinnt, herrschte in den letzten 30 Jahren mehr oder minder Stillstand, was mit den Schwierigkeiten, der Fusionsprozess stabil unter Kontrolle zu halten zusammenhängt, aber vielleicht kann umgekehrt auch schon morgen der unerwartete Durchbruch kommen.

Erneuerbare Energien, z.B. aus Sonne, Wind, Erdwärme, Ackerpflanzen haben den Vorteil, dass sie Europa unabhängig von anderen Ländern machen und umweltfreundlich sind sie auch, jedoch mindert die Subventionierung bzw. je nach Land auch Preisgarantie natürlich den Anreiz, die Technologie zu verbessern, so dass sich finanzielle Förderung auf die Effizienz ungünstig auswirkt. Zudem schädigt das Ethanol die Technik der älteren Autos, es reduziert auch die Klopffestigkeit. Außerdem sind europäische Pflanzen sowohl finanziell als auch ökologisch dem brasilianischen Zuckerrohr haushoch unterlegen (ca. 40-60%). Jedoch holzen die Brasilianer dafür auch den Regenwald ab und außerdem würde der Import brasilianischen Biosprits die Abhängigkeit der EU noch verschärfen. Die Öko-Politik steckt deshalb in einer Sackgasse und die **Welternährungsorganisation FAO** und die Industriestaatenorganisation OECD fordern den sofortigen Stopp der jetzigen Politik auf dem Gebiet. Vor dem Hintergrund des oben Gesagten könnte es logisch erscheinen, die Kernenergie[135] zu fördern. Jedoch ist weder das Atommüllproblem gelöst noch das Unfallrisiko, das in den Ex-Ostblockstaaten deutlich höher ist als in Deutschland.

Es scheint für den kostengeplagten Verbraucher verlockend, dass man die Strompreise der Monopolisten bremsen will, aber dadurch könnten Anreize entstehen, wie es die Bundesregierung selbst schreibt, mal richtig „die Waschmaschine laufen zu lassen". Nicht nur für die Umwelt, sondern auch für die Versorgungssicherheit ist das vollkommen kontraproduktiv.

Der Dialog zwischen Akteuren ist primär immer sinnvoll, jedoch versuchen die EU und die Nationalstaaten unabhängig voneinander, sich Ressourcen zu sichern. Im Umgang mit Russland ist die Situation besonders verfahren: Die EU versucht ständig ein Abkommen mit Russland zu schließen, schon seit 1997. Gleichzeitig

---

[135] Der Ausstieg aus der Atomenergienutzung wurde 2002 durch eine Novellierung des Atomgesetzes umgesetzt, dem eine Vereinbarung zwischen der Bundesregierung und den 4 großen Stromunternehmen im Juni 2000 (Atomkonsens) vorausging. Es gilt das Verbot des Neubaus von Atomkraftwerken und die Befristung der Regellaufzeit der bestehenden Kernkraftwerke auf durchschnittlich 32 Jahre seit Inbetriebnahme, ergänzt durch eine Obergrenze der produzierten Strommenge.

versucht die EU jedoch Russland durch eine südöstlich laufende Pipeline, die **Nabucco-Pipeline**, zu umgehen. Gleichzeitig versucht Deutschland mit Hilfe Russlands durch die **Nord-Ostsee-Pipeline** andere EU-Staaten wie Polen zu umgehen. Umgekehrt versucht Russland europäische Ölförderfirmen wie die BP auf dem eigenen Territorium zu verdrängen. Wenn man das zusammenfasst, überrascht es nicht, dass die Beziehungen der EU zu Russland eher kühl sind....

Quintessenz (I)

Die drei Ziele Umweltverträglichkeit, Versorgungssicherheit und Wirtschaftlichkeit lassen sich mit einer Einzelmaßnahme nicht erreichen. Man kann sich jedoch mit Hilfe eines Maßnahmenmixes allen drei Zielen kontinuierlich nähern. Latente Widersprüche zwischen den Zielen bzw. Maßnahmen müssen, wenn man nicht alles auf eine Karte setzen will, schon *wegen der Unsicherheit über die zukünftige Entwicklung* in Kauf genommen werden.

Neben der Konsumenten- gibt es aber auch die Produzentenperspektive:

Umgekehrt haben aber auch die **Produzenten** ihre Probleme beim Versuch, Ressourcen und Preise zu kontrollieren. Es stellen sich vier große Fragen:

- Staatliche oder private Ölgesellschaft? Eine staatliche Gesellschaft sorgt dafür, dass alles in den Händen der Politik bleibt, eine private Gesellschaft ermöglicht aber gerade kleinen Staaten, ohne große Eigeninvestitionen an ihre Rohstoffe dranzukommen.
- Preise hoch oder niedrig halten? Hohe Preise können Ausweichreaktionen oder politischen Gegendruck der Verbraucherstaaten auslösen, niedrige Preise können zum Raubbau an den eigenen Ressourcen führen.
- Kartelle bilden oder nationaler Alleingang? Kartelle haben mehr Macht, können aber den Einzelstaat unter Umständen in seiner Wirtschaftspolitik hindern.
- An wen wie viel liefern? Man kann auf feste Beziehungen zu wenigen Kunden setzen, sich dadurch aber auch abhängig machen. Russland ist z.B. handelsmäßig sehr von der EU abhängig, weshalb Russland kein Interesse haben kann, die EU als zahlungskräftigen Kunden nachhaltig zu schädigen.

Quintessenz (II)

Auch Produzenten sind mit strategischen Dilemmata konfrontiert, die schon zu wiederholten Politikwechseln in einzelnen Staaten bzw. der OPEC geführt haben (und wohl auch in Zukunft führen werden). Diese Dilemmata haben sich bislang auch hemmend auf die Bildung einer '**Gas-OPEC**' ausgewirkt, d.h. nach dem Vorbild der Organisation erdölexportierender Staaten OPEC ein Kartell zu bilden, auch wenn das seit 2001 bestehende und sich jährlich einmal treffende **Gas Exporting Countries Forum GECF**[136] am 23.12.2008 in Moskau einen Plan zur engeren Zusammenarbeit fasste.

12.2 Umweltpolitik

12.2.1 Einführung

Die Umweltpolitik ist ein relativ junges Politikfeld, das eigentlich erst mit der Studie „Die Grenzen des Wachstums" des Club of Rome in den Siebzigern an Bedeutung gewann. Diese Studie fokussierte zwar einen zukünftigen Ressourcenmangel, jedoch wurde der Öffentlichkeit auch klar, dass ein ungezügelter Verbrauch selbst bei ausreichenden Ressourcen die Umwelt dauerhaft schädigen könnte. Nicht umsonst entstand die Partei 'Die Grünen' in den späten Siebziger Jahren.

Die Umweltpolitik ist natürlich nicht nur auf die Energiepolitik ausgerichtet, man denke hier nur an den Schutz bedrohter Tierarten oder zum Beispiel an die Vermeidung und Entsorgung von Abfällen. Auch die Schädlichkeit von alltäglich verwendeten Substanzen ist ein Problem, die potentiellen Risiken von Chemikalien werden jetzt in der Chemikalienrichtlinie REACH geregelt. Hartnäckig hält sich die These, dass durch Umwelteinflüsse die Spermienzahl der Menschen immer weiter zurückgehen könnte, erschwert wird die Debatte aber durch Zweifel an der Verlässlichkeit der historischen Vergleichsdaten. Wenn es jedoch um aktuelle politische Konfliktstoffe geht, steht die **Treibhausproblematik** und somit die Frage der Schäden durch Verbrauch fossiler Brennstoffe ganz oben auf der politischen Agenda, weshalb diese im Zentrum der Ausführungen stehen soll.

12.2.2 Themen, Akteure und Instrumente

Das Thema Umwelt erlebte Auf- und Abschwünge entsprechend der Wirtschaftslage. In besseren wirtschaftlichen Zeiten wurde die Umweltpolitik groß geschrieben, in Zeiten der Finanzkrise ist die Autoproduktion vorrangig. Im

---

[136] Ägypten, Äquatorialguinea, Algerien, Bolivien, Brunei, Indonesien, Iran, Katar, Libyen, Malaysia, Nigeria, Russland, Trinidad and Tobago, Venezuela, VAE, Norwegen mit Beobachterstatus. Der wichtigste Gas-Lieferant Russlands, Turkmenistan, fehlt jedoch.

Klimaschutzbereich hat die Europäische Union immer mehr die Federführung übernommen.

Man kann in der Umweltpolitik generell folgende Entwicklungen beobachten: Die ersten Ansätze für den Natur- und Tierschutz gehen auf die dreißiger Jahre zurück. Zunächst war der Naturschutzgedanke noch etwas verengt auf sogenannte **Naturdenkmäler**, das waren z.B. beeindruckende uralte Bäume, dann jedoch setzte sich die Einsicht durch, dass die Natur als Ganzes schützenswert ist, da sie ein zusammenhängendes System, ein Ökosystem, bildet, in dem man nicht einfach Einzelteile weglassen kann.

Mit dem Aufschwung der chemischen Industrie nach dem Krieg und dem wachsenden Wohlstand wurde zum Beispiel durch Schaumberge auf den Flüssen klar, dass die Umwelt durch die Produktion in Mitleidenschaft gezogen wurde. Natürlich gab es schon vorher Umweltprobleme, z.B. die Luftverschmutzung in Industriegebieten, aber erst Ende der Sechziger Jahre wurde den Verantwortlichen bewusst, dass der Umweltschutz *systematisch angegangen* werden muss. In Deutschland entwickelte sich der Politikbereich daher ab den späten Sechziger Jahren, wobei die Initiative zunächst von der Regierung ausging und dann neben der Partei *Die Grünen* auch ökologische Bewegungen, von denen *Greenpeace* die bekannteste ist, auftraten.

1974 wurde das **Umweltbundesamt** gegründet, dessen wichtigste gesetzliche Aufgaben die wissenschaftliche Unterstützung der Bundesregierung, der Vollzug von Umweltgesetzen (z.B. Emissionshandel, Zulassung von Chemikalien, und Pflanzenschutzmitteln) und die Information der Öffentlichkeit zum Umweltschutz sind.

Aus der wachsenden Bedeutung des Themas folgte 1986 die Bildung eines gesonderten **Bundesumweltministeriums**. Es ist seither für die Umweltpolitik des Bundes verantwortlich.

Anfänglich ging es um **end-of-pipe-Technologien**, d.h. man achtete vor allem auf das, was aus dem Auspuff oder Schornstein oder aus Abwasserrohren[137] kommt, ohne zu fragen, wie es denn erzeugt wurde. Heute stehen hingegen der gesamte Produktionsprozess und die Förderung von umweltfreundlichen Technologien im Fokus. Durch diesen *präventiven Ansatz* sollen Schadstoffe und Abfälle nach Möglichkeit gar nicht erst entstehen.

---

[137] So stand der **Gewässerschutz** anfangs ganz oben auf der Prioritätenliste, da sich insbesondere der Rhein in einem sehr schlechten Zustand befand.

Entsprechend wird nicht mehr nur mit Ge- und Verboten (**ordnungsrechtlichen Instrumenten**) und technischen Grenzwerten bzw. erlaubten Höchstkonzentrationen von Schadstoffen, sondern verstärkt mit **ökonomischen Anreizen** wie den Emissionszertifikaten, bei denen für die Verschmutzung der Luft eine Berechtigung erwerben muss, dazu später mehr. Weitere Anreizmethoden sind zum Beispiel Subventionen, Steuervergünstigungen oder garantierte Preise für umweltfreundliche Energien. Die umweltökonomischen Anreize sollen die Mängel der anderen Verfahren beseitigen, wie zum Beispiel den fehlenden Anreiz, deutlich besser als der Grenzwert zu sein statt ihn nur einzuhalten (**konservierender Effekt** der Grenzwerte). Außerdem sollen die Kosten der Verschmutzung, die bisher **externalisiert** wurden, d.h. auf die Öffentlichkeit abgeladen wurden (**negative Externalität**), jetzt internalisiert werden, also der soll zahlen, der die Verschmutzung erzeugt hat (**Verursacherprinzip**). Daneben wurde zunehmend auf sanfte Mittel wie die Information (z.B. durch imagefördernde Umweltsymbole wie den **Umweltengel**) und Selbstkontrolle im Rahmen von **Öko-Audits** gesetzt.

In allen Phasen der Umweltpolitik kamen auch **planungsrechtliche Instrumente** zum Einsatz, wie zum Beispiel die Bebauung von Schutzgebieten verhinderten sowie die **Umweltverträglichkeitsprüfung UVP** bei Bauvor-haben. Die planungsrechtlichen Instrumente haben aber den Flächenverbrauch durch expandierende Wohn- und Gewerbegebiete nicht wirklich bremsen können, weil die Konkurrenz zwischen den Kommunen die Motivation zur strengen Handhabung untergräbt. Im Gegenteil ist die Anwendung der Umweltverträglichkeitsprüfung nach der Jahrtausendwende deutlich gelockert worden, um eine raschere und dichtere Bebauung der Innenstädte durchzusetzen (**beschleunigtes Verfahren** nach dem neuen §13a Baugesetzbuch BauGB).

Nachdem man sich von der Illusion verabschieden musste, moderner Müll würde sich auf den Kippen irgendwann ‘von alleine zersetzen’ und mit der sich anbahnenden Rohstoffknappheit hat der Recycling-Gedanke einen immer größeren Aufschwung genommen[138]. Zunächst vor allem auf Altglas und Altpapier und die Ablage schädlicher Altbatterien gerichtet, wurde durch *Pfandregelungen* (Dosenpfand, Mehrwegflaschen), aber auch die *Rücknahmepflicht* von Altautos und

[138] Die expandierenden Abfallmengen hingen auch damit zusammen, dass anders als früher Abfälle nicht mehr im Haushaltsofen verbrannt wurden, was mit dem Plastik auch nicht mehr ging. Bis 1978 gab es noch metallene Mülleimer, denn diese dienten vor allem als **Ascheneimer**. Mit Einführung der Plastikmülltonnen wurde das Einfüllen von Asche dann verboten.

die Pflicht zur Abgabe von Elektronikschrott sowohl die Müllvermeidung im **Dualen System Deutschland** ('grüner Punkt') als auch das **Recycling** auf immer größere Bereiche des Alltags ausgedehnt[139].
In den Neunziger Jahren ist dann der Begriff der **Nachhaltigkeit (sustainability)** immer mehr in den Vordergrund getreten. Nachhaltig wirtschaften heißt vereinfacht, so zu wirtschaften, dass sich die Ressourcen regenerieren können und kein Raubbau stattfindet. Ein einfaches Beispiel wäre der Fischfang, wo man am besten nur so viel fischt, dass sich die Bestände wiederholen, denn eine ständige Überfischung führt schlimmstenfalls zur Ausrottung der Fischarten.

Der **Klimawandel** rückte mit extrem heißen Sommern wie im Jahr 2003 in den Mittelpunkt. Im Zentrum der aktuellen Bemühungen steht die *Treibhausgas-reduktion* und der Versuch, Energie effizienter zu gewinnen bzw. durch Sparmaßnahmen sowohl die Ressourcen als die Umwelt zu schonen. Bei der Energie ist es mit der Nachhaltigkeit etwas schwieriger, weil die Zeit, bis sich neues Öl oder Gas gebildet hat, nach menschlichen Maßstäben quasi 'ewig' dauert, und jeder verbrauchte Öltropfen somit 'weg' ist. Dies gilt jedoch nicht für erneuerbare (regenerative Energien) wie aus **Biomasse** (wie Nutzpflanzen oder Holz) und andere nicht-erschöpfliche Naturenergien wie Wasserkraft, Wind- und Solarenergie. Deshalb überrascht es nicht, wenn die Europäische Union die Förderung dieser Energien, insbesondere den sogenannten 'Biosprit' aus Argarpflanzen, intensiv fördert, auch wenn die Nutzung von Nahrungspflanzen für die Spritproduktion sehr kritisch diskutiert wird[140].

Umwelt und Gesundheit spielen in der Praxis vor allem bei Ablagerungen im Körper eine Rolle. Autoabgase und das früher bleihaltige Benzin, das durch die Bundesrepublik in den Achtziger Jahren auch vom europäischen Markt gedrängt wurde, sind nicht nur klimarelevant, sondern bilden eine ständige atembare

---

[139] Gleichzeitig hat zur Vermeidung von Müllkippen auch die (Rest-)Müllverbrennung wieder einen Aufschwung genommen, wobei z.B. Temperaturen von 800° in der Wirbelschichtfeuerung verhindern, dass sich **polyzyklische Aromaten** bilden, also ringförmige Kohlenwasserstoffe wie das **Dioxin**, die im Körper erhebliche biologische Schäden verursachen können.
[140] So kam es durch massive Aufkäufe von Mais durch die USA für die Biosprit-Produktion in Mexiko zu einer Knappheit der Tortilla als Grundnahrungsmittel, die sogenannte **Tortilla-Krise**.

Schadstoffquelle (**Feinstäube**). So wurde unter anderem auch der Katalysator als Abgasreiniger zur Pflicht.

Das noch in den siebziger Jahren verbaute **Asbest** war wegen seiner extremen Feuerfestigkeit geschätzt. Die Asbestnadeln können jedoch eingeatmet werden und zerstören dann das Lungengewebe über Wechselwirkungen mit den in den Lunge sitzenden Immunzellen, was zur Vernarbung (Fibrose) und zum Krebs führen kann (und allzu oft auch führt). Schon länger war bekannt, dass das wirksame Insektenmittel **DDT** sich langfristig im Fettgewebe des menschlichen Körpers anreichert, weshalb es verboten wurde. Mittlerweile wird aber in der UNO erörtert, da die Nachfolgeprodukte allesamt weniger wirksam waren, ob man es nicht zum Beispiel bei schweren Insektenplagen wieder anwenden sollte. **Polyzyklische Aromaten**[141] (ringförmige Kohlenwasserstoffe) sind auch deshalb so gefährlich, weil die Ringstrukturen bestimmten Hormonen ähneln und sie deshalb weitergehenden biologische Veränderungen auslösen können. Neben den eben schon erwähnten Dioxinen sind hier die **polychlorierten Biphenole PCB** interessant. Die Einleitung dieser Aromaten in das Wasser kann die Geschlechtsorgane von Wassertieren schädigen[142].

Ein weiteres Gebiet ist der **Lärmschutz**, der vor allem planungsrechtlich (Lärmschutzwände, Flugverbote etc.) oder über den Arbeitsschutz gehandhabt wird, weil gerade im produzierenden Gewerbe Schwerhörigkeit als Lärmfolge früher recht häufig war. Je jünger die Menschen werden, desto häufiger spielt jedoch *privater Lärm* durch Kopfhörer eine Rolle, so dass die Zahl der Hörgeschädigten wieder deutlich zunimmt, die Politik ist sich jedoch unschlüssig, ob und wie sie hiergegen vorgehen könnte.

Die Vielfalt der umweltpolitischen Materien hat eine ebenso große Vielfalt an Regeln und Maßnahmen hervorgebracht, die das Umweltrecht unüberschaubar

---

[141] Hier geht es nicht um Aroma im Sinne von Duft oder Geschmack, sondern um die chemische Struktur, bei der die Elektronen in Kohlenstoffringen freier beweglich sind, man spricht vom Benzol- oder aromatischen Ringssystem.

[142] Einen Sonderfall stellen die **Fluor-Chlor-Kohlenwasserstoffe FCKW** dar, die sich aufgrund ihrer großen Stabilität sehr gut als Kühlmittel und z.B. auch als Treibgas für Sprays handelte, die aber in die Atmosphäre aufsteigen können und dort den zur Abwehr kosmischer UV-Strahlen nötigen dreiwertigen Sauerstoff (**Ozon**) zerstören, so dass sich über den Polkappen ein **Ozonloch** bildete, was recht bald zum FCKW-Verbot führte. Mit dem DDT und Asbest hatte auch das FCKW hervorragende technische Eigenschaften, was die rasche Verbreitung erklärte und auch gewisse politische Widerstände gegen die Abschaffung, denn in allen drei Fällen wurde bislang noch kein technisch gleichwertiger Ersatz gefunden.

machen. Deshalb wird schon seit vielen Jahren gefordert, ein einheitliches **Umweltgesetzbuch** zu schaffen, was unter anderem auch durch die ständigen Änderungen und Ergänzungen der Vorschriften immer wieder zurückgeworfen wurde. Auch die große Koalition hoffte, das Projekt endlich mal abschließen zu können, aber vor den Wahlen wird dies wohl wieder nicht gelingen.

12.2.3 Die Umweltpolitik der EU

Die Umweltpolitik der Europäischen Union ist ein insgesamt noch relativ junges Politikfeld, bei dem, wenn man rein nach den Aktivitäten und der Menge der Richtlinien geht, die **Klimaschutzpolitik** den bei weitem größten Anteil der umweltpolitischen Aktivitäten ausmacht und die deshalb gleich noch ausführlich betrachtet wird.

Im Moment hat die EU für ihr **Aktionsprogramm Umwelt** 4 Maßnahmenfelder definiert:

1. Klimawandel
2. Natur und biologische Vielfalt
3. Umwelt und Gesundheit
4. Nachhaltige Nutzung der natürlichen Ressourcen und Abfallwirtschaft

Die EU bemüht sich, umweltpolitische Ziele zum Beispiel auch in die Agrarpolitik einfließen zu lassen, das EU-Förderprogramm **LIFE+** ist jedoch das einzige ausschließlich für Umweltschutz gedachte Programm. Es kommt zum Zuge, wenn etwas über andere Förderprogramme nicht gemacht werden kann (ist also nachgeordnet = **subsidiär**) und wurde für die Jahre 2007-2013 mit 2,1 Mrd. Euro ausgestattet. 78% der Gelder sind dabei für Projekte vorgesehen, der Rest für interne Zwecke, so zum Beispiel für die Durchführung von Umweltstudien seitens der EU. Für Umweltbelange hat die EU inzwischen die **Europäische Umweltagentur** eingerichtet.

Im **Naturschutz** sind vor allem die auch als **Flora-Fauna-Habitat-Richtlinie (FFH-Richtlinie)** bekannte Naturschutzrichtline der EU 92/43/EWG von 1992 und die **Vogelschutzrichtlinie** 79/409/EWG von 1979 hervorzuheben. Im Naturschutz gibt es zwei Säulen, nämlich die Schaffung von Schutzgebieten nach dem Konzept '**Natura 2000**', in denen Vorhaben nur nach strenger Umweltverträglichkeitsprüfung zulässig sein sollen und der Artenschutz für solche Arten, die sich nicht auf ein bestimmtes Gebiet beschränken (lassen). Das 1973 geschlossene

Washingtoner **Artenschutzabkommen CITES** (Convention on International Trade in Endangered Species in Wild Flora and Fauna), das 1975 in Kraft trat und 2007 170 Vertragsstaaten umfasste, schützt rund 33.000 Arten vor Handel und Konsum durch Bescheinigungen und Genehmigungen. Die EU hat dies durch die **Artenschutz-Verordnung 338/97** umgesetzt, die einiges noch strenger regelt als CITES.

Im Bereich **Umwelt und Gesundheit** ist sicherlich die **Feinstaub-Richtlinie** am bekanntesten. Es ist bekannt, dass grobe Partikel häufig schon in den oberen Luftwegen hängen bleiben, und dann ggf. ausgehustet werden können, während feinere Partikel bis in die Lunge vordringen können. Auch die Schädlichkeit von alltäglich verwendeten Substanzen ist ein Problem, die Prüfung der potentiellen Risiken von Chemikalien wird jetzt durch die **Chemikalienrichtlinie REACH** (Registration, Evaluation, Authorisation and Restriction of Chemicals) geregelt. Ein relativ junges Gebiet in der EU ist die aktive **Wasserpolitik** durch Schaffung der **Wasserrahmenrichtlinie** 2003. Ausgehend von der Überlegung, dass Wasser reichlich vorhanden ist, trinkbares Wasser jedoch knapp, soll in Zukunft unter anderem das Problem der sehr unterschiedlichen Wasserpreise in Europa angegangen werden. Die Graphik auf der nächsten Seite zeigt die große Palette von europäischen Maßnahmen in der **Klimaschutzpolitik**, die dann erläutert werden.

Tab. 60 Klimaschutzpolitik der EU

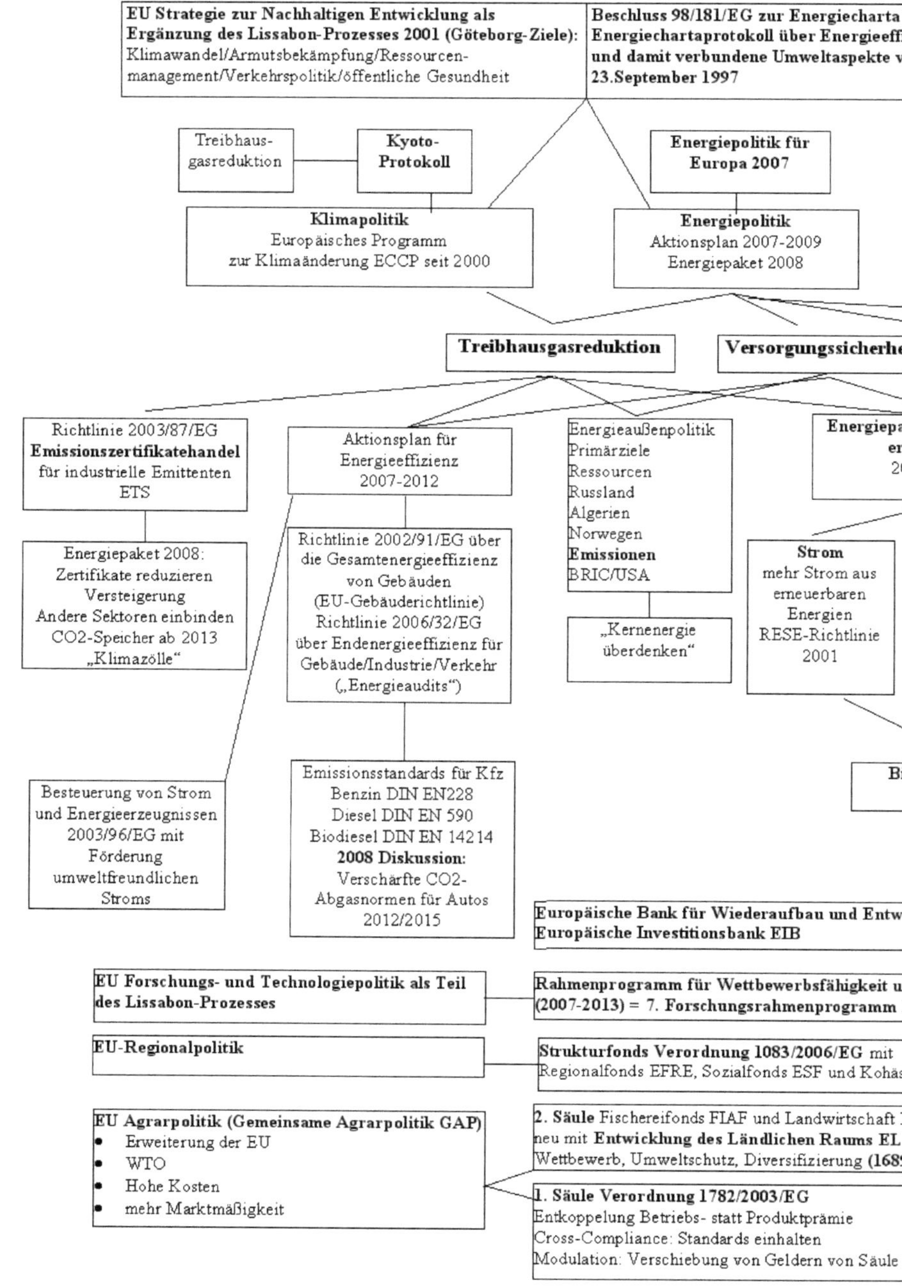

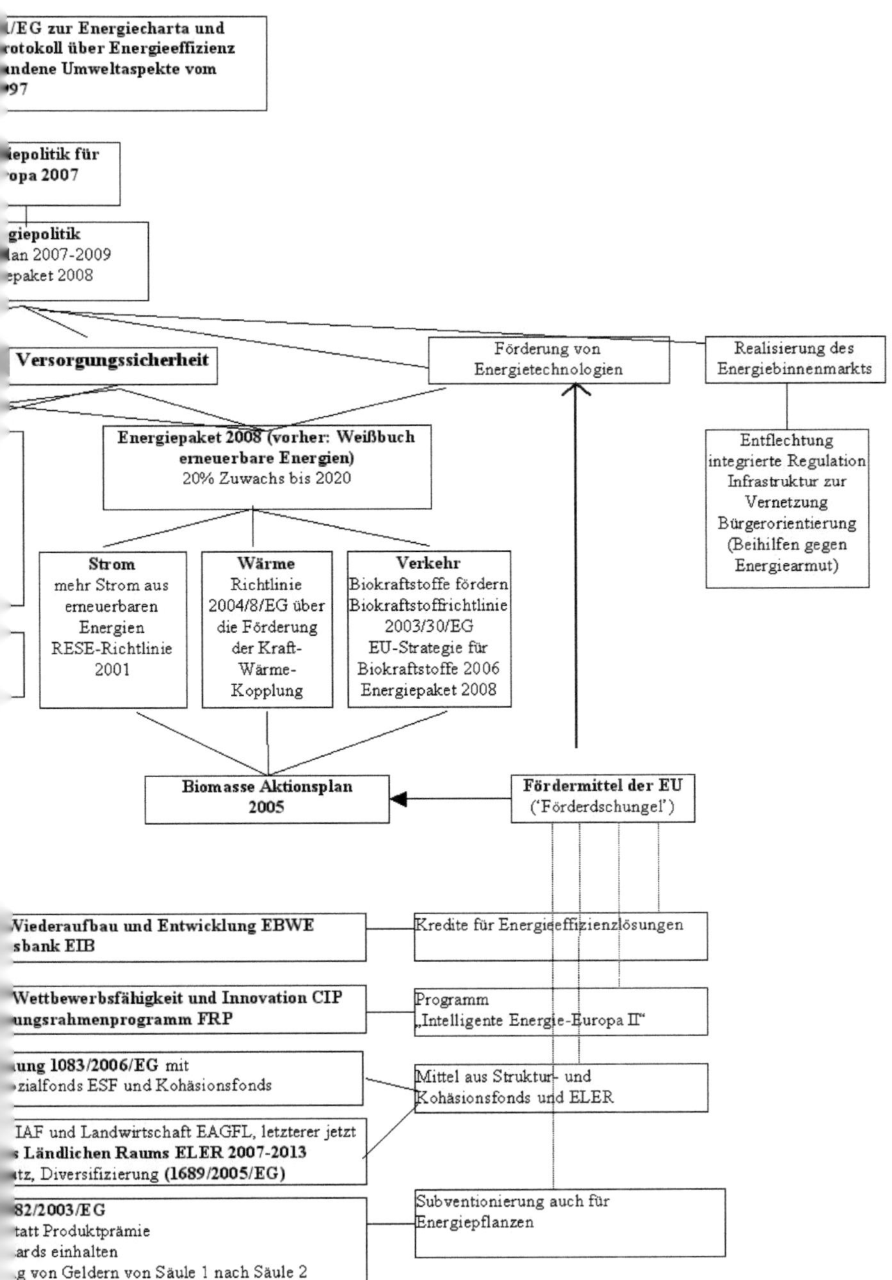
/EG zur Energiecharta und
rotokoll über Energieeffizienz
ndene Umweltaspekte vom
97
iepolitik für
opa 2007
giepolitik
lan 2007-2009
epaket 2008
Versorgungssicherheit
Förderung von Energietechnologien
Realisierung des Energiebinnenmarkts
Entflechtung
integrierte Regulation
Infrastruktur zur Vernetzung
Bürgerorientierung
(Beihilfen gegen Energiearmut)
Energiepaket 2008 (vorher: Weißbuch erneuerbare Energien)
20% Zuwachs bis 2020
Strom
mehr Strom aus erneuerbaren Energien
RESE-Richtlinie 2001
Wärme
Richtlinie 2004/8/EG über die Förderung der Kraft-Wärme-Kopplung
Verkehr
Biokraftstoffe fördern
Biokraftstoffrichtlinie 2003/30/EG
EU-Strategie für Biokraftstoffe 2006
Energiepaket 2008
Biomasse Aktionsplan 2005
Fördermittel der EU
('Förderdschungel')
Wiederaufbau und Entwicklung EBWE
sbank EIB
Kredite für Energieeffizienzlösungen
Wettbewerbsfähigkeit und Innovation CIP
ungsrahmenprogramm FRP
Programm
„Intelligente Energie-Europa II"
ung 1083/2006/EG mit
zialfonds ESF und Kohäsionsfonds
Mittel aus Struktur- und Kohäsionsfonds und ELER
IAF und Landwirtschaft EAGFL, letzterer jetzt
s Ländlichen Raums ELER 2007-2013
tz, Diversifizierung (1689/2005/EG)
82/2003/EG
tatt Produktprämie
ards einhalten
g von Geldern von Säule 1 nach Säule 2
Subventionierung auch für Energiepflanzen

Erläuterung
Zunächst hat sich die Europäische Union Ziele für die Energie- und Klimaschutzpolitik gesetzt. In die Umweltpolitik floss dabei das sogenannte **Kyoto-Protokoll** ein, in dem sich auf globaler Ebene die beteiligten Staaten zur grundlegenden Reduktion von Treibhausgasen entschlossen haben. Diese soll mit einem breit angelegten Maßnahmenpaket angestrebt werden. Ein Instrument ist der **Zertifikatehandel**, bei dem solche Firmen, die CO_2 im Rahmen ihrer Produktion ausstoßen (emittieren), ein Zertifikat erwerben müssen, das ihnen den Ausstoß erlaubt. Ziel der Maßnahme ist es, den CO_2-Ausstoss zu verteuern und Anreize für Umweltschutz zu schaffen. Die Effekte des bisherigen Zertifikatehandels waren begrenzt, weil es zu viele von diesen Zertifikaten gab und deren Preis verfiel. Die EU arbeitet daran, die Zahl der Zertifikate zu verringern und diese knappen Zertifikate versteigern zu lassen. Insbesondere sollen auch mehr Industriebranchen gezwungen werden, diese Zertifikate zu erwerben, obwohl sich die Firmen mit dem Hinweis auf Wettbewerbsnachteile gegenüber nicht EU-Staaten natürlich wehren und der ganze Plan wegen der Finanzkrise zur Disposition steht.
Ein weiteres Instrument ist die Begrenzung von **Emissionen aus Kfz**, also die Verringerung von Autoabgasen. Die Maßnahmen sind stark umstritten, da sie die Autoindustrie, die, wie die Finanzkrise zeigt, ein wichtiger Arbeitgeber und Exportfaktor ist, relativ stark unter Druck setzen würden. Über die Details ist, so scheint es, das letzte Wort noch nicht gesprochen. Ein weiterer Aspekt ist die **Förderung der Energieeffizienz**, durch die nicht nur Energie gespart werden soll, sondern auch die Umweltschäden verringert werden sollen. Ein aktuelles Beispiel ist das **Verbot der Glühbirnen**, die schrittweise von 2009 bis 2012 aus dem Handel kommen sollen, um Energiesparlampen Platz zu machen, die zugleich weniger Kohlendioxid erzeugen. Zur Förderung effizienter und umweltfreundlicher Technologien stehen Mittel aus diversen, im unteren Teil der Graphik befindlichen Förderquellen zur Verfügung.
Aber auch der **Energieausweis für Gebäude** soll zwei Fliegen mit einer Klappe schlagen, nämlich Energiesparen und Emissionen vermindern. Die Maßnahmen zur Förderung erneuerbarer Energien verringern zugleich die Abhängigkeit von anderen Energiequellen und helfen der Umwelt. Im Ergebnis gibt es *erhebliche Überlappungen* zwischen der Energie- und Klimaschutzpolitik der EU und bei der politischen Analyse sollte man sich weniger von der offiziellen Zuordnung einer

Maßnahme zu einem Politikfeld leiten lassen als von ihren *Inhalten*, weil man sonst das Ausmaß der umweltpolitische relevanten Aktivitäten doch eher unterschätzt.

12.2.4 Umsetzung der europäischen Klimaschutzpolitik in Deutschland

Schon ab 1983 konnte durch die Großfeuerungsanlagen-Verordnung (damals „**saurer Regen**"- und **Waldsterben**-Debatte, 'technische Anleitung Luft' **TA Luft**) die Menge der klassischen Treibhausgase Schwefeldioxid (SO_2), Stickoxide (NOx), Kohlenmonoxid und Stäube in 10 Jahren um 90% reduziert werden. Deshalb steht nun das CO_2 als 'übrig gebliebenes' Treibhausgas im Fokus. In den neunziger Jahren geriet die Energie- und Klimapolitik immer stärker ins Fahrwasser der europäischen Umweltpolitik, wobei dies nicht als "Machtverlust", sondern als sinnvolle Koordination nationaler Umweltpolitiken erscheint. Deutschland übernimmt auch in der EU oft die Initiative bei Umweltthemen.

So ist das deutsche **Erneuerbare Energien Gesetz (EEG)** Vorbild für zahlreiche ähnliche nationale Regelungen geworden. Entsprechend sind viele Gesetze in Deutschland von den europäischen Maßnahmen abgeleitet bzw. wie das Energieeinsparungsgesetz EnEG von 1976 an die europäischen Vorgaben angepasst worden.

Europa	**Deutschland**
Richtlinie 2002/91/EG	Novelle der **Energieeinsparverordnung** ENEV mit Energieausweisen für Gebäude und Auflagen für Neubauten ab 01.01.2008
Treibhausemissionszertifikate nach Richtlinie 2003/87/EG	Treibhausgas-Emissionshandelsgesetz (TEHG)
Weißbuch Erneuerbare Energien	**Erneuerbare Energien Gesetz EEG** 2000 (ähnlich wie in 18 EU-Staaten) mit festen Vergütungssätzen für Biomasse, Geothermie, Photovoltaik, Wasserkraft, Windkraft

Daten EU 2005 für alternative Energien: 66,1% Biomasse, 22,2% Wasserkraft, 5,5% Windkraft, 5,5% geothermische Energie (Erdwärme) und 0,7%! Sonne (Solarthermie und Photovoltaik)

12.2.5 Konflikte zwischen Umwelt- und Sozialpolitik

Mit Nachlassen der Finanzkraft des Staates zieht sich der deutsche Staat immer mehr auf die „Grundlinie der Sozialpolitik" zurück, d.h. die Sicherung des Existenzminimums. Die Grundsicherung ist inzwischen auch in ein Urteil des Bundesverfassungsgerichts (zur Absetzbarkeit von Krankenversicherungsbeiträgen) eingeflossen. Die Europäische Union schwenkt mit der Universaldienstrichtlinie auf diesen Kurs ein, denn die EU erlaubt Subventionen und andere Mittel, die ansonsten gegen die Marktprinzipien der EU verstoßen, wenn ein Dienstleister die flächendeckende Grundversorgung garantiert.

Die Energieknappheit bringt immer mehr die Frage nach **Sozialtarifen** aufs Tableau, denn wenn die Energiepreise sich nach den dem moderat-optimistischen Szenarien 'nur' verzwei- bis -dreifachen bis 2030, dann wird es für die ärmeren Schichten kritisch. Es ist jedoch zu bedenken, dass die Sozialtarife den ökologischen Maßnahmen gegenläufig sind, da sie Energie billiger machen. Ähnlich wie bei anderen Sozialtarifen müssen die Kosten letztlich von den nicht unter den Tarif fallenden Bürgern mitgetragen werden, was ein Grund für den schleppenden Verlauf der Debatte ist.

Die sozialen Aspekte haben auch bei der Umsetzung der Novelle der Energieeinsparverordnung für Altbauten eine große Rolle gespielt. Dem derzeitigen Umweltminister Sigmar Gabriel schwebten Auflagen für Altbauten zur Verbesserung ihrer Wärmedämmung usw. vor. Diese Kosten wären jedoch schnell in den fünfstelligen Bereich pro Haus gegangen und letztlich hätte dies einen massiven Mietkostenschub herbeigeführt, der im Unterschied zu den Energiekosteneinsparungen recht bald spürbar gewesen wäre. So wurden die Maßnahmen für Altbauten erheblich reduziert, obwohl dies energetisch und ökologisch der Bereich mit dem größten Potential ist.

12.3 Rohstoffpolitik

12.3.1 Grundlagen

Die Rohstoffe lassen sich in drei Gruppen gliedern:

Tab. 61 Rohstoffarten

Metalle	Aluminium, Blei, Chrom, Eisen, Kadmium, Kobalt, Kupfer, Lithium, Magnesium, Mangan, Molybdän, Nickel, Niob, Tantal, Titan, Wolfram, Zink, Zinn
Edelmetalle	Gold, Palladium, Platin, Rhodium, Silber
Industrie-minerale	Baryt, Bentonit, Feldspat, Fluorit, Gips und Anhydrit, Glimmer, Graphit, Kalisalz, Kaolin, Phosphat, Quarzsand, Schwefel, Steinsalz, Zement, Zirkon

Allen Industrierohstoffen ist gemeinsam, dass sich die meisten Rohstoffe in relevanten Mengen nur in wenigen Ländern finden. Bei fast allen Rohstoffen machen die 'Top 5' der Förderländer 50%, häufig sogar über 90% der Fördermenge aus. Manchmal sind die regionalen Ungleichheiten extrem: So finden sich laut Bundesregierung 2007 45% der aktuellen 'Produktion' (Förderung) des Lithiums in Chile, 71,9% der Magnesiums in China, 88,0% des Niobs in Brasilien, 87,1% des Wolframs in China und 77,8% des Platins in Südafrika. Wenig überraschend sind bei den Ländern mit den meisten Rohstoffen die großen Flächenstaaten oft auf den vorderen Plätzen, denn dass ein kleiner Staat zufällig auf den großen Reserven eines Rohstoffes liegt, ist in der Regel nicht so wahrscheinlich. Bei Metallen und Edelmetallen gehören die großen Staaten wie folgt zu den 5 größten Förderern.

Tab. 62 Rohstoffvorkommen in großen Staaten

Land	**Metall/Edelmetall**
Australien	Aluminium, Blei, Eisen, Mangan, Nickel, Niob, Tantal, Titan, Zink, Silber
China	Aluminium, Blei, Eisen, Kadmium, Lithium, Magnesium, Mangan, Molybdän, Wolfram, Zink, Zinn, Gold, Silber
Brasilien	Aluminium, Kobalt, Mangan, Niob, Tantal, Zinn
USA	Blei, Kupfer, Lithium, Magnesium, Molybdän, Zink, Gold, Palladium, Platin,
Russland	Eisen, Kobalt, Magnesium, Nickel, Wolfram, Palladium, Platin, Rhodium

Entsprechend sieht es bei den Firmen aus. Das erforderliche Know-How und die großen Investitionen begünstigen die Entstehung großer Anbieter und hemmen den Eintritt neuer Wettbewerber. Auch hier kontrollieren die jeweils 5 größten

Förderfirmen in der Regel mehr als 50% des Abbaus. Große Konzerne sind Ende 2008 u.a. *BHP Billiton (Australien), CVRD (Brasilien), Alcoa, RioTinto (Großbritannien), Xstrata (China), AngloAmerican (Großbritannien) und Norilsk Nickel (Rußland).* Für große Aufregung im Rohstoffsektor sorgte der (dann doch) gescheiterte Plan von BHP Billiton, Rio Tinto 2008 zu übernehmen.

12.3.2 Die Rohstoffstrategie der Bundesrepublik

Man kann zwar bei fast allen nicht-energetischen Rohstoffe noch auf viele Jahrzehnte Nachschub hoffen, z.B. für das Titan sind schon Lagerstätten für 120 weitere Jahre bekannt (**Ressourcen**; die vermutlich existierenden Mengen, auch als **Reserven** bezeichnet, sind für die meisten Rohstoffe noch erheblich größer). Man darf jedoch nicht die *Wirtschaftlichkeit* des Abbaus vernachlässigen, der im Zweifel immer teurer wird, je schwieriger die Lager zu erreichen sind. Die Abbaukosten machen das Thema auch kurzfristig schon spannend.

Die **Rohstoffstrategie** der insgesamt rohstoffarmen Bundesrepublik[143] umfasst u.a.

- Materialsparen durch Recycling, das wie man sieht, nicht nur ökologische Motive verfolgt
- effizientere Materialverwendung
- vermehrte Forschung und Datensammlung, um unter anderem die möglichen Bezugsquellen zu vermehren (**Bezugsquellendiversifizierung**)und um knappe Materialien besser ersetzen (substituieren) zu können
- vertragliche Bindungen von Rohstoffquellenländern
- eine verstärkte **Rückwärtsintegration**, d.h. deutsche Firmen, die Rohstoffe verarbeiten, sollen sich die Quellen kaufen, damit sie ihnen keiner wegnehmen kann und die
- verstärkte Suche nach heimischen Quellen.

Der wichtigste politische Akteur ist hier die **Bundesanstalt für Geowissenschaften und Rohstoffe BGR**, die auf ihrer Homepage auch zahlreiche Informationen bereithält.

---

[143] Quellen: Bundesregierung 2007 Elemente einer Rohstoffstrategie der Bundesregierung März 2007
BGR 2007 Reserven, Ressourcen und Verfügbarkeit von Energierohstoffen 2007
Bundesregierung 2008 Zwischenbilanz der Rohstoffaktivitäten der Bundesregierung

12.3.3 Rohstoffpolitische Konfliktfelder

Da momentan die Eroberung und dauerhafte Aneignung fremder Territorien in der politischen Praxis nicht mehr durchsetzbar ist, müssen neben dem Versuch, andere Staaten durch genehme Regierungen politisch zu kontrollieren, andere Wege her, nämlich insbesondere die Strategien 'raus aus Meer' und rein 'in die Arktis' (Nordpol) und Antarktis (Südpol).

12.3.3.1 Die International Seabed Authority ISA

Das **Allmende-Problem** bezeichnet die Gefahr, dass egoistische Akteure ein öffentliches Gut ausplündern und sei es nur aus Furcht, dass der andere es sonst tun würde. Klassisches Beispiel ist die Überfischung der Weltmeere. Um dem entgegenzuwirken, wurde die UN-Organisation **International Seabed Authority ISA** gegründet. Nach der UN-Seerechtskonvention 1982 konnte 1994 eine Übereinkunft zu ihrer Gründung erzielt werden. Sie ist für alle internationalen Gewässer einschließlich des Meeresbodens und die Ressourcen zuständig (*organizes all seabed issues, ocean floor and subsoil beyond territorial limits of national jurisdiction*). Die ISA verwaltet u.a. die sogenannten **Manganknollen-**Gebiete, in denen am Meeresboden Knollen aus hochwertigem Metall lagern, die man gewissermaßen 'abgrasen' kann. Die Qualität der enthaltenen Metalle lässt das Kosten-Nutzen-Verhältnis günstig erscheinen. Bei den großen Manganknollen-Gebieten zwischen Mexiko und Hawaii hat sich die Bundesrepublik zwei Areale, die zusammen 75.000 km² groß sind, gesichert, die **Area W1** und **E1.** Diese grenzen u.a. an chinesische russische und japanische Gebiete. Das Geld fließt der ISA zu, wobei ein Areal ausgebeutet werden darf, das andere darf nur beforscht werden und muss der ISA erhalten bleiben, so dass die ISA einer raschen Ausschöpfung durch kapitalstarke Industriestaaten entgegenwirkt.

12.3.3.2 Wettlauf in der Arktis

1994 trat neben der ISA auch das **UN-Seerechtsabkommen** definitiv in Kraft, wodurch statt 3-Meilen-Zonen nun 12-Meilen-Zonen und für die wirtschaftliche Nutzung 200-Meilenzonen definiert wurden. Jedoch heißt es im Artikel 76, dass bei einem verlängerten Festlandssockel (der sogenannten **Isolinie 2500**) die 200 Meilenzone um diesen Sockel herum ausgedehnt werden kann. Bei der **UN-**

Festlandssockelkommission müssen Anträge gestellt werden, die in den kommenden Jahren entschieden werden[144].

In der Arktis ist deshalb ein hektischer Wettlauf im Gange, bei dem u.a. Russland Anspruch auf 1.2 Millionen km² Gebiete mit Rohstoffen erhebt und mit Norwegen, Dänemark, Kanada und den USA um die Gebiete konkurriert. Zu dem Zwecke wollen russische Geologen beweisen, dass der sogenannte **Lomonossow-Rücken**, ein Festlandssockel unter dem Meer ein Ausfluss der russischen Festlands ist. Nun wird sich zeigen, ob die Neorealisten recht hatten, die einen Zusammenbruch der internationalen Kooperation (Global Governance) befürchten, wenn Nationalstaaten vitale Interessen verfolgen oder ob die UN-Kommission ihre Position behaupten kann und somit die Neo-Institutionalisten, die eher von der Stabilität internationaler Kooperationen ausgehen, die Nase vorn haben werden.

12.3.3.3 Die Antarktis

De facto wird die Antarktis durch ein Stillhalteabkommen geschützt, das noch einige Jahrzehnte anhält, gleichwohl haben sich viele Staaten sich schon mit Forschungsstationen platziert. Überdies gibt es auch noch territoriale Ansprüche aus den Zeiten der Südpolexpeditionen, so erhebt z.B. Norwegen Anspruch auf mehrere Millionen Quadratkilometer des ca. 14 Millionen Quadratkilometer großen Südpols, der im Gegensatz zum Nordpol ja eine Landmasse unter dem Eis besitzt.

---

[144] Vgl. u.a. SZ vom 27.07.2007, die ZEIT vom 16.08.2007

13. Das Internet als Chance und Herausforderung

13.1 Einführung

Das Internet spielt in der Wissenschaft neben den Funktionen, die es für unser Alltagsleben ohnehin hat, eine dreifache Rolle, nämlich als **Internet Governance**, wenn es um die Kooperation auf der technischen Ebene geht sowie als **IT Governance**, wo es um die rechtlichen Aspekte geht und schließlich um die **Internetsicherheit** im engsten Sinne, die leider in der Politikwissenschaft immer noch sehr vernachlässigt wird, obwohl es sich um eine zentrale Herausforderung der Sicherheitspolitik handelt.

Tab. 63 Begriffe der Internetpolitik

Dimension/ Begriff	**Formal**	**Tatsächliche Begriffsverwendung**
Technik Internet governance	Steuerung und Koordination des Internets, kurzum aller Kommunikation zwischen den Endnutzern	Kontrolle über die Internetadressenverwaltung, dem einzigen zentralen Element des Internets **(Politikwissenschaft)**
Recht IT Governance	Steuerung und Koordination aller Computerangelegenheiten	Zunehmend: Entwicklung von Netzwerkstandards in Unternehmen mit Blick auf Zugriffs- und Dokumentationsregeln (**Jura, BWL**)
Sicherheit im engsten Sinne Cybersecurity (Infosec)	All Fragen der Computer- und Netzwerksicherheit	Mehrdimensional: Abwehr von Hackern und Industriespionage Abwehr von Angriffen auf kritische Infrastrukturen **(Cyber war)** Aktives Aufspüren von Kriminellen und Terroristen

Man hätte die Begriffe auch anders füllen oder definieren können, aber in der Praxis ist es halt so gekommen und man sollte sie, um Missverständnisse zu vermeiden, auch so anwenden.

Das zentrale analytische Problem ist die Spannung zwischen dem Erfordernis, in einem weltweiten, dezentral angelegten Netzwerk zu kooperieren und dem Unabhängigkeits- und Sicherheitsbedürfnis der Akteure. Demzufolge finden sich nebeneinander internationale Kooperationen unter Einbindung nicht-staatlicher

Akteure, also **Governance-Strukturen** und national geprägte, zur Abschottung tendierende Sicherheitsstrukturen. Das Politikfeld ist durch einen sehr dynamischen technischen Wandel gekennzeichnet, der langfristige Planungen und Prognosen schwierig bis unmöglich macht.

13.2 Geschichte und Aufbau des Internets

Im Jahre 1969 wurde aus 4 Computer das ARPAnet (dezentrales Netz gegen Atomschläge) gebildet, mit dessen Hilfe die USA verhindern wollten, dass ihre Zentrale durch einen gezielten Atomschlag ausgelöscht werden könnte. 1973 initiiert die **DARPA (Defence Advanced Research Projects Agency)**, das ist die amerikanische Agentur, die die militärisch nutzbare Forschung beobachtet, analysiert und fördert, die Erstellung eines Netzprotokolls, durch das man Daten auch zwischen größeren Computernetzwerken nach einem einheitlichem Muster transportieren konnte. 1981 bestand das Internet, wenn man das schon so nennen konnte, immer noch aus weit weniger als 1000 Computern.

Das Internet wurde 1983 durch die Schaffung des IP/TCP 'geboren', einem Verfahren, durch das Daten paketweise durch Leitungen geschickt werden konnten, wobei der Zielrechner diese wieder richtig zusammenbauen kann und zwar unabhängig von den verwendeten Computern.

Technisch besteht das Internet also aus einem rechnerunabhängigen Protokoll (Satz technischer Regeln) zur Verbindung von Rechnern, dem **Internet Protocol IP** und einem Protokoll zum Datentransfer, dem **Transmission Control Protocol TCP.** Durch die Schaffung des IP/TCP im Jahre 1983 konnten Teilnetze wie das ARPAnet und das Netz der europäischen Teilchenphysikforschung CERN usw. zusammengeschaltet werden.

Man erkannte rasch, dass ein solches System bald nicht mehr von Einzelpersonen oder Gruppen gepflegt werden konnte. So entschlossen sich die bestehenden Gruppen, insbesondere die **Internet Engineering Task Force IETF**, 1992 die **Internet Society ISOC** ins Leben zu rufen, in der Firmen, Behörden und Universitäten gemeinsam das Netz pflegen und im Moment versuchen, das Internet Protocol Version 4 IPv4 durch die Version 6 zu ersetzen IPv6, dazu gleich mehr. Bis 1994 war das Internet dennoch eine Randerscheinung. Dies änderte sich schlagartig mit der Schaffung des **World Wide Webs** 1994, mit dem die 'Geburt' des Internets als Massenmedium stattfand. Das besondere am World Wide Web war die Möglichkeit, Hinweise auf andere Seiten (**Internetlinks**) zu setzen, so dass man durch Klicken auf den link zur anderen Seite springen konnte. Dies ermöglichte das Surfen im Internet. Es gab zwar schon vorher die Möglichkeit, links zu bilden, dies war aber technisch sehr viel komplizierter und erst mit dem *Hypertext Transfer Protocol http* in Verbindung mit dem Word Wide Web WWW war der Durchbruch geschafft, so dass viele Internetadressen mit dem klassischen http://www anfangen. Navigationsleisten, die *Internet Browser*, erleichterten zusätzlich das Leben, wobei Microsoft es schaffte, den zunächst führenden Netscape Navigator zu verdrängen. Dann traten Suchmaschinen aufs Feld wie *Yahoo* und *lycos*, aber mittlerweile hat die 1998 gegründete Firma *Google* die Marktführerschaft übernommen. Das Internet förderte eine Firmengründungseuphorie, man sprach wegen der Endung '.com', englisch 'dot com', auch von der **Dotcom-Blase**. Man glaubte, eine neue Firmen- und Verkaufsphilosophie durchsetzen zu können, die sogenannte *New Economy*, die den Erfolgsaussichten im Internet mehr Bedeutung zumaß als dem materiellen Wert.

Mit der Pleite des Versandhauses *boo.com* im März 2000 begann der Absturz, an dessen Ende vor allem kapitalstarke Firmen mit solideren Geschäftsmodellen übrig blieben wie z.B. google. Belebt wurde das Netz auch durch die Möglichkeit des Dateitausches, was zu einer raschen Expansion illegaler Musiktauschbörsen wie das später von Bertelsmann übernommene *Napster* führte. Ab 2005 kamen dann **soziale Netzwerke** auf *wie facebook, StudiVZ, Xing* usw., die zu Kommunikationsplattformen gerade für Jüngere wurden. Diese *social networks* förderten einen neuen Internetboom, man spricht auch vom **Web 2.0**, um den Wandel und den neuen Aufschwung gleichermaßen deutlich zu machen.

Tab. 64 Die Internetgrobstruktur

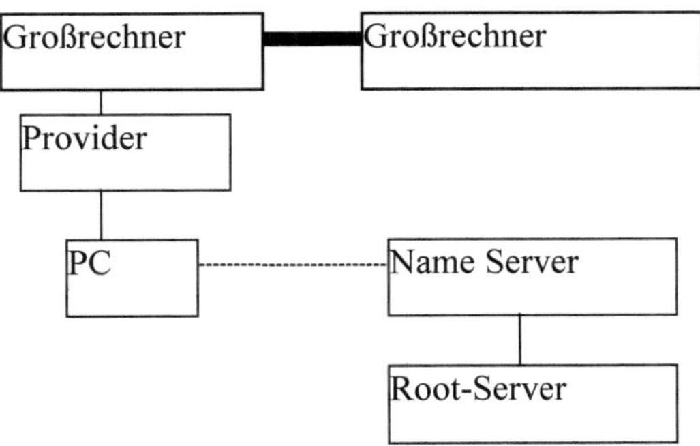

Das Rückgrat (**Backbone**) des Internet bilden Großrechner mit Hochgeschwindigkeitsleitungen, von denen aus die Daten lokal ein- und ausgehen. Über den Anbieter (Provider, z.B. *t-online, arcor, freenet*, Uni- oder Firmenrechner usw. usw.) geht es via Modem, kabellos (wireless local area network WLAN) oder Switch/Router (=Verteiler) zum Einzelrechner.
Jeder PC hat eine Nummer der *Form xxx.xxx.xxx.xxx* , wobei xxx 1-255 sein kann. Diese Nummern können direkt eingetippt werden, z.B. http://192.0.34.163 oder als Domain http://www.icann.org. Wenn ein Rechner z.B. „www.icann.org" nicht kennt, kann ihm auf automatische Anfrage ein *Nameserver (Domain Name Server DNS)* helfen, die Rechnernummer zu finden, Nameserver sind quasi Internet-Telefonbücher. Es gibt dreizehn Haupt-Nameserver, die *Root-Server*, von denen 10 in den USA stehen. Obwohl über die Root-Server keine Daten laufen, kann das Internet durch Blockade dieser Auskunftsfunktion lahmgelegt werden, weil dann immer mehr Rechner ungelöste Anfragen vor sich herschieben.
Das *backbone* muss man sich übrigens wirklich als riesige Kabel vorstellen. Schiffe mit Seilwinden lassen diese Kabel auf den Meeresboden hinab. Es gibt zum Beispiel ein Kabel, das in einem Stück Nordeuropa mit Südostasien verbindet und eines, das rund um ganz Afrika gelegt wurde. Satelliten können einfach noch nicht genug Daten übertragen, um auf solche Übertragungsmethoden verzichten zu können. Das backbone wurde vielen erst bewusst, als Anfang 2008 ein Schiff versehentlich ein Kabel vor Afrika durchtrennte und einige Staaten vorübergehend vom Netz nahm. Der backbone-Markt ist von mangelndem Wettbewerb bedroht, so dass EU und USA der Bildung des größten backbone-Anbieters MCI Worldcom durch Fusion nur sehr zögerlich zustimmten: *MCIWorldcom (Verizon); SprintLink, AT&T Worldnet, Cable&Wireless, Genuity* kontrollieren den weltweiten backbone-Markt[145] als die „big five".

[145] Die US-Regierung ließ in den Neunzigern kommerzielle *backbones* zu, regulierte aber nicht die Verbindung zwischen diesen backbones (interconnection policy), so dass man als User am besten beraten war, sich einem großen backbone anzuschließen, was über die Netzeffekte rasch zur Konzentration führte.

13.3 Internet-Governance

Die Internet Governance läuft zweigleisig. Technische Aspekte werden international in einer Kooperation staatlicher und nicht-staatlicher Organisationen entwickelt, also im neo-institutionalistischen Sinne. Die Adressen (domains) als Zentralelement werden neorealistisch unter Aufsicht der größten Internetmacht, den USA, gepflegt und weiterentwickelt.

13.3.1 Die Internet Society ISOC

1992 wurde von den bis dahin für die Betreuung der Internettechnik aktiven Gruppen als Dachorganisation die **Internet Society ISOC** ins Leben gerufen, in der Firmen, Behörden und Universitäten in gemeinsamer Kooperation technische Fragen des Internets erörtern und versuchen, das Internet zu pflegen. Ein besonders drängendes Thema ist die Pflege des Datenübertragungsprotokolls, des Internet Protokolls IP.

Die ISOC versucht schon seit Jahren endlich eine neue Internet Version IPv6 einzuführen, deren Kern darin besteht, auf ein 16er Zahlensystem überzugehen. Dies ist für Menschen zwar sehr viel unanschaulicher als das Dezimalsystem und das Binärsystem mit den beiden Zahlen 0 und 1, erlaubt jedoch, Informationen viel dichter zu packen. Das Risiko besteht darin, dass das Internet inzwischen extrem gewachsen ist und winzigste Umsetzungsfehler -zig, wenn nicht Hunderte von Milliarden kosten könnten. Jedoch drängt die Zeit, da man inzwischen dazu übergegangen ist, nicht nur Computern, sondern z.B. auch Autos und Kühlschränken Internetadressen zu geben, was unter anderem die computergestützte **Fernwartung** möglich macht oder auch das Nachbestellen von Lebensmitteln über das Internet. Dadurch erschöpfen sich jedoch, was man gar nicht für möglich hielt, die Internetadressen (IP-Adressen) für Computer, von denen es im Moment maximal nur $(256)^4$ = 4,2 Milliarden geben kann und nur der Übergang auf das IPv6 kann das absehbare Ende des bisherigen Internets noch verhindern.

13.3.2 Die ICANN

Die ICANN ist ein klassisches **private government**, d.h. eine Organisation, der von Staats wegen Aufgaben übertragen wurden, wofür die Organisation staatlichen Einfluss akzeptieren muss. Deshalb koordiniert die ICANN die Internet-Domain-Namen (z.B. .org., .com) mit Hilfe von *Supporting Organisations* SOs, bzw. lagert die Aufgabe an nationale Einrichtungen aus, wie in Deutschland an die DENIC und

dazu die IP-Adressen und in Zusammenarbeit mit der IETF Protokoll-Parameter und Port-Adressen der Internet-Protokoll-Familie.
Die folgende Graphik zeigt die Aufgaben der ISOC und der ICANN:

Tab. 65 Aufgaben der ISOC und ICANN

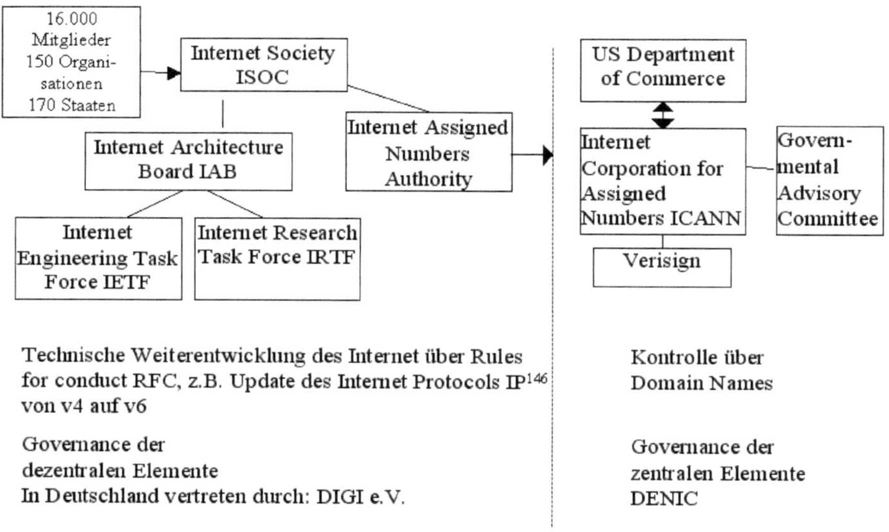

Die ICANN ist mit dem US-Handelsministerium über ein **Memorandum of Understanding** MoU (formal Joint Project Agreement) verknüpft. Die anderen Regierungen der Welt haben bei ICANN lediglich einen Beraterstatus, sie sind in dem „Regierungsbeirat" Governmental Advisory Committee (GAC) vertreten, der einen eigenständigen Sitz bei der EU-Kommission in Brüssel hat[146]. Versuche, eine Nachfolgeorganisation zu gründen, sind bisher im Sande verlaufen, die USA betonen die Notwendigkeit der Kontrolle schon aus Sicherheitsgründen und um

[146] Das „Board of Directors" der ICANN besteht aus 21 Mitgliedern aus aller Welt. 15 Mitglieder haben Stimmrecht: Acht werden von einem Nominierungskomitee gewählt, zwei von der Address Supporting Organization (ASO), zwei von der country-code Name Supporting Organization (ccNSO) und zwei von der Generic Name Supporting Organization (GNSO), dazu kommt der Vorstandsvorsitzende (Chief Executive Officer CEO). Sechs Mitglieder ohne Stimmrecht werden von beratenden Organisationen nominiert. 2000 wurden fünf Mitglieder als Vertreter der Nutzerschaft eines Kontinents öffentlich gewählt, mit Ablauf der Mitgliedszeit 2003 wurde die öffentliche Wahl jedoch abgeschafft.

Diktaturen den Einfluss aufs Netz zu verbauen (neo-realistisches Vorgehen: ICANN ist das einzige Zentralelement des Internets und somit seine Achillesferse =>Keine Governance in machtrelevanten Sektoren[147]). Auf dem Weltgipfel zur Informationsgesellschaft WSIS (**World Summit on the Information Society**) 2005 wurde beschlossen, ein internationales **Internet Governance Forum (IGF)** zu schaffen, das alle relevanten Belange der Internet Governance erörtern soll, die nicht von anderen Gremien aufgenommen werden.

13.3.3 Die DOI Foundation

Die Regel, dass rein technische Angelegenheiten in länderübergreifender und gleichberechtigter Kooperation geregelt werden, also in Governance-Strukturen, während machtrelevante Bereiche keine echte Governance kennen, kann auch an der DOI Foundation, einer technischen Organisation gezeigt werden. Dateien, z.B. Veröffentlichungen, wechseln öfters ihren Ort im Internet, obwohl es immer noch dieselben Dateien sind. Hier kann schon eine Umstrukturierung einer Website genügen, dies geschieht in der Regel also ohne böse Absicht. Dadurch führen links aber immer öfter ins Leere, und welcher Internetnutzer kennt nicht die Fehlermeldung '*404 not found*'?

1996 wurde die Idee geäußert, man müsste an die Datei selbst eine Identifikationsnummer heften, so dass man sie, egal, wo sie hingeschoben wurde, wiederfinden kann. So wurde der *Digital Object Identifier DOI* erfunden, der dem Dokument eine eindeutige Nummer gibt, auf die man nur klicken muss, um das Dokument wiederfinden zu können. Dieser besteht aus einem *Kopf (prefix)*, der nach einheitlichen Regeln konstruiert wird, der *Anhang (suffix)* kann relativ frei gestaltet werden, mit Nummer, Buchstaben usw.

z.B. *doi: 10.1234/5678b51*

Die 1998 gegründete International DOI Foundation IDF, in der jede Institution Mitglied werden kann (**open membership**-Konzept) koordiniert die Arbeit von mehreren Registration Agencies, bei denen man gegen eine geringe Gebühr prefixe bestellen kann. Dadurch wird sichergestellt, dass nicht zwei Personen weltweit versehentlich denselben *prefix* wählen und jedes mit einem DOI versehene Dokument einmalig bleibt. Aktuell arbeitende Registration Agencies sind u.a. die

[147] Theoretisch könnten in Krisensituationen Teile des Netzes von ICANN abgeschaltet werden

Copyright Agency Ltd., die Deutsche Technische Informationsbibliothek, Nielsen Book Data, CrossRef, auch in China hat eine Agentur ihre Arbeit aufgenommen. Die Agenturen teilen sich die Arbeit bei der Lösung technischer Fragen und Probleme, um das DOI-System gemeinsam zu pflegen und weiterzuentwickeln. Ende 2008 waren schon über 2000 *prefixes* und rund 40 Millionen DOIs vergeben.

13.3.4 Netzneutralität

Bisher gilt im Internet das Prinzip der **Netzneutralität**, d.h. Daten werden, egal, von wem sie kommen und wohin sie gehen, unterschiedslos durch das Netz transportiert. Dieses Prinzip ist jedoch nirgendwo verankert, sondern stammt quasi noch aus der Internetsteinzeit. Einige Netzbetreiber wollen jedoch selber bestimmen, wer ihre Netze benutzt, bzw. jene, die bereit sind, dafür zu zahlen, bevorzugt transportieren. Man kann einerseits argumentieren, dass eine solche *Breitbandmaut*, wie sie zuweilen genannt wird, den Ausbau der Infrastruktur vorantreiben würde. Anderseits besteht jedoch die Gefahr, dass die hierzu nötigen Filter zu einer de facto-Zensur des Internets führen werden, die das Internet als Kommunikationsplattform über kurz oder lang zerstören würden. Entsprechend scharf wird die Diskussion geführt, z.B. ob man das Prinzip der Netzneutralität gesetzlich (z.B. in einer EU-Richtlinie) festschreiben soll.

13.4 IT-Governance

Das Computerrecht kennt in der Praxis vor allem drei große Problem-Komplexe:

- Das Internet-Namensrecht (z.B. unbefugte Benutzung von Namen, sog. *domain grabbing*)
- Das rasch expandierende Internethandelsrecht durch den grenzüberschreitenden Online-Handel (ebay, amazon usw.)
- Die Erstellung, Bedeutung, und Archivierung elektronischer Dokumente (Vorsicht: Ein per Hand unterschriebener Brief zählt meist mehr als eine formlose mail, jedoch ist auch eine e-mail ein Dokument mit gewissem Beweiswert!)

zu 3.: Das Modell des *Committee of Sponsoring Organizations of the Treadway Organization* (COSO) spielt im Wirtschaftsrecht eine wachsende Rolle. Das COSO-Modell ist seinerseits mit dem IT-Standard CobiT (Control Objectives for Information and Related Technology) eng verknüpft. Das COSO-Modell soll der Effektivität und Effizienz der Geschäftstätigkeit (*operations*), der Zuverlässigkeit der Finanzberichterstattung (*financial reporting*) und der Einhaltung von Gesetzen und anderen Vorschriften (*compliance*) dienen, indem für jede Unternehmensaktivität (*unit, activity*) 5 Ebenen durch die Kontrolleure erfasst werden sollen[148].

Es wird häufig übersehen, dass die Sammlung und Überwachung der eigenen Daten auch dem eigenen Schutz dienen kann, z.B. als sogenannter **audit trail (Nachverfolgbarkeit):** Bei Forschungsprozessen kann es für den Nachweis der Echtheit erforderlich sein, nachvollziehen zu können, wer wann welche Dateien aus welchem Grund geändert hat, um Manipulationen auf die Schliche zu kommen, bzw. solche wirksam ausschließen zu können. Seit dem 01.12.2006 gibt es die **e-discovery** in den USA: Bei Klagen kann die gegnerische Seite die Herausgabe der gesamten internen e-mail-Kommunikation zum Klagegegenstand verlangen (US-Zivilgesetz). Vernichtung der e-mails ist eine Vernichtung von Beweismitteln. Der deutsche IT-Verband BITKOM warnt davor, dass dies auch deutsche Firmen betreffen kann.

13.5 Internetsicherheit als sicherheitspolitische Herausforderung

Die Sicherheitspolitik hat sich seit dem Ende des kalten Krieges erheblich gewandelt und nirgendwo lassen sich die Ursachen, Aspekte und Folgen dieses Wandels so gut zusammenfassen wie in der Internetsicherheit.

13.5.1 Sicherheitspolitik

Als Gegenstände der deutschen Sicherheitspolitik gelten insbesondere:

- **Terrorismus**, d.h. alle gewaltsamen politischen Aktivitäten, bei denen mit Hilfe von Anschlägen Angst und Schrecken erzeugt werden soll. Durch die Drohung mit Anschlägen kann bzw. soll die Aufmerksamkeit der Öffentlichkeit für ein politisches Problem erzeugt werden, die Durchführung

---

[148] ·Kontrollumfeld (*control environment*): Verhalten, Einstellung, Problembewußtsein des Managements, Risikobeurteilung (risk assessment): mit Identifikation und Bewertung der Risiken
Kontrollaktivitäten (*control activities*): alle Grundsätze und Verfahren, die sicherstellen, dass die Entscheidungen des Managements beachtet und die erkannten Risiken nicht gefährlich werden können
Systeme der Information und Kommunikation (*information & communication*): alle Systeme, die Informationen sammeln und bereitstellen, Überwachung des Internen Kontrollsystems (monitoring): Beurteilung der Wirksamkeit von Kontrollen durch die Mitarbeiter des Unternehmens.

kann auch der Destabilisierung von Staaten dienen, z.B. um einen Regimewechsel herbeizuführen. Durch die Auslandsmissionen der Bundeswehr geht es längst nicht mehr nur um Anschläge in Deutschland selbst.

- **Proliferation**, d.h. die Ausbreitung von Nukleartechnologie in Staaten wie Nordkorea
- **Failed States** was wörtlich gescheiterte Staaten sind, was einen teilweisen oder völligen Verlust der Funktionen eines Staates meint, egal ob dieser eine Demokratie oder Diktatur ist. Für failed states können Bürgerkriege, schwache Regime, aber auch äußere Einflüsse verantwortlich sein. Die betroffenen Gebiete bilden einen schwach oder nicht kontrollierten Raum, der für allerlei unerwünschte Aktivitäten genutzt werden kann[149].
- **Organisierte Kriminalität**, insbesondere Geldwäsche, Drogen und Menschenhandel
- **Ressourcenknappheit**, so dass die Sicherung der Transportwege, Ressourcen und Kommunikation mit den Förderstaaten vordringlich ist.
- **Migration**, insbesondere der Zustrom illegaler Arbeitskräfte von Afrika
- **Pandemien** wie AIDS, die nach und nach die ökonomische Basis vieler im südlicher Teil Afrikas gelegenen Staaten zerstören

Inzwischen setzt sich in sicherheitspolitischen Diskursen zunehmend ein erweiterter Sicherheitsbegriff durch (vgl. u.a. Busse 2007)

- Klassischer 'enger' Sicherheitsbegriff: Ein Staat oder politisches System ist sicher, wenn die Sicherheitsapparate personell und materiell gut ausgestattet sind und umfangreiche Befugnisse besitzen.
- Erweiterter Begriff: Ein Staat oder politisches System ist nur dann sicher, wenn dieses in einem stabilen Umfeld eingebettet ist

Daher ist eine Analyse der technischen, ökonomischen und sozialen Entwicklungen erforderlich, bei der Fragen nach den Stabilitätsbedingungen von Politikfeldern in

---

[149] Klassisches Beispiel ist Somalia, das als völlig desorganisiert gilt, aber de facto in 5 Regionen zerfallen ist, von Nord nach Süd in die seit 1991 bestehende und gut funktionierende *Republik Somaliland*, den kleinen *Staat Maakhir*, die *autonome Region Puntland*, die wiederum kleine *Region Galmudug* und Rest-Somalia um die Hauptstadt Mogadischu, das zunehmend von der Union der islamischen Scharia-Gerichte kontrolliert wird. Fehlende Polizeifunktionen erlauben es anderen Staaten, illegal vor Somalia zu fischen, umgekehrt boomt dafür die Piraterie. Der Versuch, die Ölfelder Somalias zu erschließen, führt zu einem Gemisch aus Kooperation und Konkurrenz zwischen den Staaten der internationalen Gemeinschaft.

einer durch Knappheit dominierten Zukunft im Mittelpunkt stehen. Dazu kommen Fragen wie die der Sicherheit der Versorgung und des Internets. Die deutsche Sicherheitspolitik arbeitet ebenfalls mit einem erweiterten Sicherheitsbegriff meint mit Erweiterung aber vor allem die Bedrohungsarten.

Das alles ist keine Wortspielerei. Schon die alten Römer hatten das Problem, dass die Kaiser oft von den eigenen Sicherheitsleuten umgebracht wurden, zum Teil wegen ganz banaler Gründe, die nichts mit politischer Gegnerschaft zu tun hatten, wie z.B. ausstehendem Sold. Auch Militärdiktatoren brauchen die Armee als Machtbasis, werden aber auch allzu oft von dieser aus dem Amt entfernt. Die kommunistischen Staaten verfügten über leistungsfähige Geheimdienste, die jedoch den Zusammenbruch des Systems nicht stoppen konnten, als die wirtschaftlichen Kräfte verbraucht waren. Im Konzept des erweiterten Sicherheitsbegriffs ist bei Militärmissionen die wichtigste Frage nicht, wie man in ein Land *hinein*kommt, sondern wie man wieder *heraus*kommt und, welche Ziele man mit der Mission erreichen will.
Die Erweiterung des Sicherheitsbegriffes wird auch durch das Phänomen der **Versicherheitlichung** begünstigt, wonach ein Thema bei der Öffentlichkeit mehr Aufmerksamkeit erlangt, wenn es als Sicherheitsproblem präsentiert wird.
Aber die militärischen Fragen sind nach dem Ende des kalten Krieges nicht unwichtiger geworden. Im Gegenteil beteiligt sich die Bundeswehr an immer mehr Auslandsmissionen, nämlich

- im Rahmen der NATO im Kosovo (KFOR-Mission) und in Afghanistan (ISAF),
- im Rahmen der Militärmissionen der EU in Bosnien (EUFOR) und im Kongo (EUFOR Kongo),
- im Rahmen von Uno-Missionen im Sudan (UNMS), Äthiopien und Eritrea (UNMEE) sowie in Georgien (UNOMIG) und ihm Rahmen des
- Anti-Terror-Kampfes an der Aktion *Endavour* im Mittelmeer und an *Enduring Freedom* von Djibouti aus.

Die Bundeswehr musste in den letzten zwei Jahrzehnten eine erhebliche Transformation durchmachen, um sich von einer klassischen Armee, die sich entlang einer langen Front z.B. mit großen Panzerarmeen auseinandersetzen muss, zu einer flexiblen, mobilen und an vielen Orten gleichzeitig einsetzbaren Armee zu wandeln.

Elemente der **Transformation der Bundeswehr** sind insbesondere

- die **vernetzte Operationsführung** (mit intensivierter und integrierter Kommunikation zwischen den beteiligten Akteuren),
- die Gliederung in **Eingreifkräfte** für den Kampfeinsatz, zu dem auch die Spezialtruppe KSK gehört, und **Stabilisierungskräfte**, die z.B. den Wiederaufbau von Staaten absichern.
- Im Fokus stehen mehr **Mobilität** und **Aufklärung**.

Neben den Truppenteilen Luftwaffe, Heer und Marine ist noch die **Streitkräftebasis SKB** als eine Art Serviceplattform für die Waffengattungen hervorzuheben, von der unter anderem auch die Universitäten der Bundeswehr, der **Militärische Abschirmdienst MAD** und andere Querschnittsaufgaben betreut werden.

13.5.2 Das Internet im Fokus der Sicherheitspolitik

Der größte Teil moderner Angriffe auf Computer erfolgt über Netzwerke und das Internet, *so dass Internetsicherheit auch Computersicherheit ist*, die Achtziger Jahre, wo man Viren eigentlich nur über verseuchte Disketten einschleppte, sind längst vorbei. Es gibt *drei potentielle Schwachstellen*, nämlich den Menschen, den Computer und das Netzwerk zwischen den Computern. Die wichtigsten Bedrohungen lassen sich in folgenden Gruppen zusammenfassen:

Da sind zunächst die Versuche, in Computer einzudringen, um Passwörter, (persönliche Idnetifikationsnummern (PINs), kurz 'Geheimzahlen', oder sonstige Informationen einzusehen. Dies geschieht mit Hilfe von Schadprogrammen wie **Viren** (Programmen, die sich im Computer festsetzen), **Trojanern** (Programmen, die Vorgänge auf dem Computer nach draußen melden) und **Würmern** (Programmen, die sich ohne Computerwirt im Netz verbreiten können). Der Trend geht hin zur ständigen 'Verschlimmbesserung', z.B. Tastendruckmeldeprogrammen (**keyloggern**). Machten sich Viren oft früher rasch durch Störungen bemerkbar, laufen moderne Programme immer häufiger im Rechnerhintergrund mit stiller Informationsübermittlung.

Bei der Überwachung des Computers bzw. des Nutzerverhaltens denken wir oft an Spionage und an Kriminalität. Im Alltag sind solche Informationen aber vor allem für Marketingzwecke nützlich. Daneben gibt es natürlich auch noch Programme, die von Arbeitgebern eingesetzt werden, die z.B. regelmäßig den Bildschirm der Arbeitnehmer, wie er gerade ist, als *screenshot* abspeichern. Die Überwachung des Datenstroms fällt bei kabellosen Verbindungen (*wireless local area network WLAN*) oft leicht, beim Fahren durch die Großstadt werden die Computer mit ungeschützten WLAN-Verbindungen geradezu überschüttet. Palmtops und internetfähige Handys, also **Smartphones** wie das *Blackberry* sind ebenfalls leicht abzuhören, weshalb die französische Regierung für ihre Angestellten Blackberrys verboten hat. Für Smartphones gibt es auch **Handyviren**[150], deren Gefährlichkeit immer mehr zunehmen wird, wenn die Menschen vermehrt mit ihrem Handy bezahlen. UMTS-Handys sind oft *permanent online*, dadurch Funkzellen-überwachung möglich. Aber auch herkömmliche Festnetz-Computer strahlen ihre Daten jedoch auch so einige Meter ab, weshalb die **Abstrahlsicherheit** in schutzwürdigen Bereichen ein großes Thema ist.

Die Schwachstelle Mensch kann ganz einfach durch Laptopdiebstahl genutzt werden. Man kann User aber auch hereinlegen durch **social engineering**[151]. Beim **Phishing** lockt man Verbraucher per email auf eine Website und überredet ihn, seine PIN etc. einzugeben, beim komplizierter durchzuführenden **Spoofing** wird der Computer des Konsumenten trotz richtiger Adresseingabe auf die falsche Website geleitet. Beim Datenkidnapping hackt sich der Eindringling ein, verpackt die Daten (**Zippen von Dateien**) des Opfers, und verlangt dann Geld für Entzippen, ohne das das Opfer nicht mehr an seine Daten kommt.

Computer oder Teile des Internets können durch sog. **Denial of Service DoS**-Angriffe lahmgelegt werden, bei dem Computer durch zahlreiche sinnlose Anfragen auf die Knie zwingt. Damit kann man das Internet oder Institutionen, denen man feindlich gesonnenen ist, lahmlegen. Man kann **DoS** auch über Umwege als Distributed DoS durchführen.

---

[150] Am bekanntesten ist *FlexiSpy*, eine Software, welche auf dem Handy installiert werden muss, so dass man Gesprächsdaten einsehen kann, vor allem mit welchen Nummern telefoniert wurde oder wie lange. Zudem können SMS-Texte komplett gelesen werden. Eine weitere auch in der Polizeiarbeit genutzte technische Möglichkeit ist, das infizierte Handy als Wanze zu nutzen und Gespräche im Umkreis des Handys mitzuhören. Dabei hebt das Programm den Hörer ab, ohne dass der Nutzer es merkt.

[151] Social Engineering ist die hohe Kunst des Hereinlegens: Methoden Überzeugung, z.B. sich als Administrator am Telefon ausgeben, um ein Passwort zu erlangen, falsche Mails, **dumpster diving** (als Putzkolonnenmitarbeiter anfangen, um, dann in Mülleimern der Zielfirma zu wühlen) usw.

Man kann Computer mit Hilfe eingeschleuster Programme[152] für fremde Zwecke unter Kontrolle bringen und sie als Arbeitscomputer ('**Bot**' abgeleitet von Robot) verwenden, wobei die Computer die Arbeit sogar tun können, während andere Programme weiterlaufen, der Nutzer wundert sich dann vielleicht, warum heute sein Rechner 'wieder so lahm' ist.... In **Botnetzen** werden andere Rechner infiziert, um ihre Rechnerleistung im Hintergrund für Spamversendung (Spam-Bots) oder für DoS-Angriffe zu verwenden (Illegale Botnetze können inzwischen auch 'gemietet ' werden).

Es besteht weiterhin die Gefahr, dass Personen versuchen, kritische Infrastrukturen (KRITIS[153]) anzugreifen, z.B. Kraftwerke oder ähnlich wichtige Strukturen, was Anlass für die Gründung eines Arbeitskreises solcher Gefahren, des AK Kritis war.

Schließlich wird das Internet auch für den Aufbau von illegalen/feindlichen Netzwerken verwendet, wobei es eine *erhebliche Spannbreite* gibt: Musiktauschbörsen, Kinderpornographie, Extremismus bis hin zum Terrorismus.

Vernetzte Technik, aber fragmentierte Sicherheit:

Auf der technischen Seite gibt es, wie weiter oben gezeigt, eine globale Kooperation zwischen Akteuren in der Internet Society ISOC. Die Kontrolle über das Internet-Adresssystem (Root-Server) liegt historisch gewachsen beim Ursprungsland USA bzw. seit 1998 bei der Internet Corporation for Assigned Names and Numbers (ICANN), die als *private government* über Vereinbarungen mit dem US-Handelsministerium verbunden ist. Wie schon gesagt, sind die USA

---

[152] Manchmal gebiert Gutes auch Böses. Das erste große Botnetz bestand aus Freiwilligen, die sich ein Programm auf den Rechner luden, um dem **SETI-Projekt** bei der Suche nach ausserirdischem Leben zu helfen. Die Rechner werteten Signale aus dem All aus. Das brachte andere dann auf dunkle Ideen.

[153] (Quelle BSI): „Kritische Infrastrukturen sind Organisationen oder Einrichtungen mit wichtiger Bedeutung für das staatliche Gemeinwesen, bei deren Ausfall oder Beeinträchtigung nachhaltig wirkende Versorgungsengpässe, erhebliche Störungen der öffentlichen Sicherheit oder andere dramatische Folgen eintreten würden. In Deutschland zählen folgende Sektoren zu den Kritischen Infrastrukturen: Transport und Verkehr (Luftfahrt, Bahn, Straße, Wasserwege), Energie (Elektrizität, Atomkraftwerke, Mineralöl, Gas), Gefahrenstoffe (Chemie- und Biostoffe, Rüstungsgüter), IT und Telekommunikation, Finanz-, Geld- und Versicherungswesen, Versorgung (Notfall- und Rettungswesen, Wasserversorgung, Entsorgung), Behörden, Verwaltung und Justiz (einschließlich Polizei, Zoll und Bundeswehr), Sonstiges (Medien, Großforschungseinrichtungen, Kulturgut) In den genannten Infrastrukturen sind aufgrund der Abhängigkeit von der Informationstechnik u. a. folgende Systeme als besonders kritisch einzustufen: Leitstellen, Prozessleittechnik, Management- sowie Kommunikationssysteme.

aus Sicherheitsgründen nicht bereit, die Kontrolle abzugeben und de facto wird dies auch noch länger so bleiben, obwohl Berge an Papier mit Alternativszenarien produziert werden.

Werfen wir nun einen Blick auf die Lage in Deutschland. Neben den 'üblichen' Sicherheitsbehörden (**Bundesnachrichtendienst BND**, Verfassungsschutz, Polizei usw.) sind insbesondere das BSI, der ASW und die ENISA hervorzuheben:
Das **Bundesamt für Sicherheit in der Informationstechnik BSI** seit 1991 als Behörde des BMI für alle Aspekte der IT-Sicherheit zuständig, insbesondere alle Arten der Abhörsicherheit und der Abwehr von Computerattacken für staatliche Einrichtungen. Das BSI fördert hierzu entsprechende Technologien. Es ist historisch aus der Abteilung für Chiffrierwesen des BND hervorgegangen. Mit dem Aufkommen des Internets und dem nahenden Ende des kalten Krieges setzte sich die Auffassung durch, dass man eine Behörde benötigt, die die IT-Strukturen der Bundesrepublik schützt und der modernen Technik gerecht wird. So entstand 1989 im BND erst das ZSI (Z=Zentralstelle), aus dem dann 1991 das BSI wurde, dass dem Ministerium des Innern BMI untersteht.
Die Aufgaben der Behörde sind äußerst vielfältig und sie gilt auch international als äußerst leistungsfähig, unter anderem:

- Schutz der Regierungskommunikation, u.a. durch Kryptohandys für die Regierung, aber auch im **Informationsverbund Bonn-Berlin**
- Schutz von Behörden beim elektronischen Dokumentenverkehr, der durch das **eGovernment** immer mehr wird
- Schutz der NATO-Kommunikation unter anderem durch Verschlüsselungs-Technologien, wie dem System **Elcrodat**
- Arbeit auf dem Gebiet der Kommunikationssicherheit (**Comsec**), zu der auch die Gebäudeabschirmung gehört
- Mitarbeit im Arbeitskreis KRITS zum Schutz Kritischer Infrastrukturen vor Angriffen
- Arbeit an stabilen und resistenten Computertechniken (Hochverfügbarkeit[154], innere Abschirmung durch die **Mikrokerntechnologie**, bei der Rechner-bereiche intern noch mal abgeschottet werden usw.)

---

[154] Ein Unterproblem ist hier die Resistenz gegen einen **elektromagnetischen Puls EMP**, wie er z.B. bei einer Atombombenexplosion entstehen könnte und der die Elektronik nachhaltig zerstört.

Das BSI ist bürgerfreundlich und hält im Bereich 'BSI für Bürger' vielerlei Tipps und auch eine CD zur Computersicherheit bereit. Das BSI veröffentlicht auch Sicherheitshandbücher. Ein Besuch bei **www.bsi.bund.de** lohnt sich daher auch für jene, die sich für Sicherheitspolitik ansonsten nicht so interessieren.
Auf der Seite der Wirtschaft ist **die Arbeitsgemeinschaft für Sicherheit der Wirtschaft e.V. (ASW)** hervorzuheben. Ursprünglich gegründet als Reaktion auf den RAF-Terrorismus, ist sie heute die Zentralorganisation der Wirtschaft in Sicherheitsfragen. Sie wird getragen von den Spitzenorganisationen der deutschen Wirtschaft (DIHK, BDI, BDA), den regionalen Sicherheitsverbänden (VSWn) sowie mehreren Branchenverbänden.

Bereiche:

- Massendelikte, die die Wirtschaft tangieren (z.B. Diebstahl, Betrug, Untreue)
- Terroristische Bedrohungen im In- und Ausland
- Kriminalitätsphänomene in der EU
- Cybercrime (IT-Sicherheit, Hacker, Viren)
- Industrie- und Wettbewerbsspionage/Geheim- und Sabotageschutz
- Korruption/Bestechung
- Qualifizierung in der Sicherheitswirtschaft

Sicherheitsfirmen der Wirtschaft sind insbesondere *KDM, ControlRisks, Prevent, DESA* und *Toribos*, z.B. *Control Risks* bietet an: Sicherheitssystemüberprüfungen, Eindringtests (physisch, IT), Suche undichter Stellen, bauliche Verbesserungen, Bewerbercheck, Risikobewertung im Ausland etc..
Es ist aber nicht zu übersehen, dass die ASW einigen Firmen nicht mehr genügt und so wurde 2003 das **Sicherheitsforum**, ein Netzwerk der Sicherheitschefs großer Konzerne (Daimler, BMW, Porsche, VW, Bayer, Telekom, Post und Bahn) gegründet. Es ist kein Zufall, dass sich hier nur deutsche Firmen finden. Es ist im internationalen Maßstab aber üblich, sich in wirklich relevanten Fragen nur auf die eigenen Landsleute zu verlassen, vom Ende der Nationalstaaten kann in machtbezogenen Bereichen überhaupt keine Rede sein. Dabei wird aber nicht nur an den Patriotismus appelliert, das wäre naiv in einer Zeit, in der weniger ideologische Infiltration als *Sex*[155]*, Geld und Frust* (insbesondere von übergangenen

[155] Politische Zuverlässigkeit schützt z.B. nicht davor, sich in die falsche Person zu verlieben, weshalb in der Sicherheitsdebatte die Brauchbarkeit herkömmlicher Überprüfungen zunehmend bezweifelt wird. Die Empfehlung läuft darauf hinaus, die Überprüfungen von

Angestellten) die primären Motive für Geheimnisverrat darstellen, sondern man kann die eigenen Landsleute, auch wirksam sanktionieren, wenn sie aus der Reihe tanzen.

Auf europäischer Ebene gibt es die **ENISA (Europäische Agentur für Netzwerksicherheit, European Network and Information Security Agency**), die 2004 mit 33 Mio. Euro Budget und 50 Angestellten gegründet wurde zur Förderung der Sicherheit, aber mit Fokus auf freien Markt (nicht Kriminalität noch Spionage). Leider wurde die Agentur nach Griechenland vergeben, was nicht gerade in der Mitte der EU liegt, und die Griechen haben sie obendrein noch nach Heraklion auf Kreta verlegt, also in den hintersten Winkel der EU. Die ENISA bemüht sich jedoch, durch Übersichtsstudien die Materie durchschaubarer zu machen, diese Studien sind im Netz frei zugänglich.

Wenn man sich die Sicherheitslandschaft anschaut, ergibt sich, dass die Wirtschaft und das Internet global, die Sicherheitskreise national organisiert sind. Es findet sich eine *Zweigleisigkeit* Staat und Wirtschaft, die nur in Ansätzen überwunden wird (z.B. im staatlichen Arbeitskreis KRITIS, ASW-Tagungen).
Der Trend zum Nationalen greift sogar auf die Computernotfälle über, wo man in Europa zahlreiche faktisch unabhängig operierende Notfallteams (**Computer Emergency Response Teams CERTs**) hat. Die europäische CERT-Gruppe EGC hat nur 8 Mitglieder (Finnland, Frankreich, Deutschland, Niederlande, Norwegen, Ungarn, Schweden, England). Die NATO ist primär auf Selbstschutz ihrer eigenen IT-Systeme ausgelegt und nicht auf den Schutz der Mitglieder im Falle eines Angriffs, kann in der Praxis also nicht helfen, wenn es Ärger gibt.

Zwischenergebnis 1: Die internationale Vernetzung des Westens erfolgt bislang sehr schleppend und unsystematisch.

Woran liegt das? Die klassische und „offizielle" Sicht der Internetsicherheit, wie sie z.B. der Verfassungsschutz in seiner IT-Sicherheitsbroschüre vertritt, ist, dass die Aufgabe im Schutz des Westens vor seinen politischen Gegnern besteht, insbesondere Russland und China, sowie „Proliferationsstaaten" (d.h. an

---

Zeit zu Zeit zu wiederholen und einen ganzheitlichen Kontrollansatz zu fahren, der alle Lebensbereiche umfasst.

Atomwaffen interessierten Staaten) wie Iran und Nordkorea besteht, dazu tritt Schutz vor terroristischen Angriffen. Der Verfassungsschutz verweist darauf, dass Russland und China den Westen mit je drei Geheimdiensten computermäßig 'bearbeiten'.

Demgegenüber gibt es die „inoffizielle" und handlungsleitende(?) Sichtweise, nach der *jede* Information brauchbar ist, ob politisch oder wirtschaftlich, egal von wem. In dieser Perspektive können auch politische Freunde möglicherweise ein Problem darstellen:

Schon länger fürchten Staaten, dass in Microsofts Betriebssystem Hintertürchen '**backdoors**' eingebaut sind, durch die sich Geheimdienste an allen Sicherungen vorbei Zugriff zum Rechner verschaffen können. Nachdem unter anderem die Stadt München die Abkehr von Microsoft Windows erwog, dies aber auch wegen der ständigen und teuren neuen Microsoftversionen[156], ging Microsoft in die Offensive und hat das **Government Security Program GSP** ins Leben gerufen, bei denen Regierungen zumindest in 90% des Quellcodes (des Programmcodes) Einsicht nehmen dürfen, wovon bereits viele Staaten seit 2003 bzw. 2004, als das GSP noch mal erweitert wurde, gebraucht gemacht haben.

Microsoft bestätigte zwar offiziell eine Zusammenarbeit mit dem amerikanischen Geheimdienst **National Security Agency NSA** bei Windows Vista[157], verneint aber die Existenz von Hintertürchen. Diese Bekanntmachung sollte Kriminelle und Terroristen, die sich in Micosoft-Systemen herumtreiben, deutlich machen, dass sie sich nicht nur mit Microsoft anlegen, wenn sie es gar zu schlimm treiben. Jedoch fürchten die USA selber Hintertürchen, z.B. als versteckte Funktionen in Chips: daher werden keine asiatischen Chips mehr in sicherheitsrelevanter US-Technologie verwendet[158]. Deshalb will das US State Department auch keine chinesischen Computer mehr verwenden.

---

[156] Der Trend geht immer mehr dahin, dass Firmen alte Word-Versionen dauerhaft weiterbetreiben, um die Stabilität und Funktionsfähigkeit von kleinen Programmen (Makros), Dokumentvorlagen (Templates) und Dokumentenmanagementsystemen sicherzustellen. Diese versteckten Kosten eines Upgrades auf neue Word-Versionen übersteigen die Anschaffungskosten von Microsoft-Programmen um ein Vielfaches und erklären den wachsenden Widerstand gegen neue Versionen des Betriebssystems in der Wirtschaft.

[157] Welt kompakt 11.01.2007

[158] Financial Times 21 Juli 2006

Die Terrorbekämpfung kann aber auch für Geschäftsleute lästig werden, denn der US-Zoll kann bei Verdacht Laptops und Handys bei Einreise in die USA einbehalten und deren Inhalte kopieren. Dabei sind die Anlässe und Entscheidungsbefugnisse bewusst offen gehalten, damit sich potentielle Terroristen nicht sicher fühlen können, was aber für Geschäftsreisende bedeutet, dass man auch ihnen den Laptop legal abnehmen kann.

In den Neunziger wurde das Abhörsystem **Echelon** kritisch beobachtet, das mit Hilfe von Wörterbüchern Telefongespräche automatisch durchsucht und solche mit verdächtigen Schlüsselbegriffen für eine weitere Analyse aussondert. Die EU hat zur Jahrtausendwende einen Echelon-Bericht veröffentlicht, indem die Anlage kritisch betrachte wurde, unter anderem wurde der Verdacht geäußert, dass die USA Wirtschaftsspionage gegen Verbündete unter anderem auf Basis des angloamerikanischen UKUSA-Abkommens von 1948 vornehmen. So heißt es unter anderem, dass die europäischen Positionen während der Verhandlungen zur Freihandelsrunde GATT 1993 abgehört worden seien. Die USA räumen zwar ein, auch westliche Firmen abzuhören, aber vor allem, um den illegalen Export von **dual use**-Gütern (also solchen, die man nicht nur zivile, sondern auch militärisch nutzen kann) und Bestechungsversuche im internationalen Handel einzudämmen. Aber wie dem auch sei, durch **Kryptographie** (verschlüsselte Botschaften), **Steganographie** (versteckte Botschaften in anderen Botschaften, z.B. in Bildern) usw. sind wörterbuchbasierte Überwachungsanlagen wie Echelon zunehmend beeinträchtigt und nicht mehr so wichtig wie früher und so überrascht es nicht, dass die Echelon-Debatte immer mehr abflaut.

Ähnliche Vorbehalte werden auch gegen Großbritannien geäußert, dem man die wirtschaftliche Verwertung geheimdienstlicher Erkenntnisse vorwirft und auch Frankreich steht im Fokus der Kritik, so beklagte sich die Bundesregierung über die französische Industriepolitik und lehnte eine Kooperation im U-Bootbau mit der Begründung ab, die Franzosen wollten das Know-How ausplündern[159].

Aber selbst, wenn solche Vorbehalte ungerechtfertigt wären, ist eine Abhängigkeit von fremden Systemen wie dem **Global Positioning System GPS** mit einseitiger Kontrolle und Information ist nicht nur politisch, sondern auch im Störfall problematisch. So wurde zur Jahrtausendwende diskutiert, ob das GPS gegen das sogenannte Jahr 2000 (englisch Y2K, year 2 kilo)-Problem, also Programm-

---

[159] Vgl. u.a. SZ 21 Feb 2005

Störungen beim Jahrtausendwechsel sicher sei. Aber zum Glück hatten die USA recht und es gab keine Probleme mit GPS.

Zwischenergebnis 2: Vermutungen und Befürchtungen erweisen sich also in der sicherheitspolitischen Debatte als hochwirksamer Hemmschuh für Institutionenbildung.

Dabei ist ein **Wandel der Sicherheitsproblematik** zu beobachten, der Kooperationen sinnvoll erscheinen lässt:
Zunächst waren Viren mehr ein Entwicklerspielzeug auf der einen Seite, dazu gab es Hochsicherheitsspionage auf der anderen Seite. Die Lücke dazwischen wurde immer mehr durch kommerzielle Interessen und Kriminelle gefüllt. Die Methoden der IT-Spionage und IT-Kriminalität sind aber technisch recht ähnlich, der Verfassungsschutz ist z.B. jedoch nur für Abwehr staatlicher Spionage zuständig, Polizei für private Hackerangriffe, aber wer weiß, was von wem ist?=> Es gibt also *ein erheblich diffuseres Bedrohungsszenario* bezüglich Akteuren, Zielen und Methoden. Das neue Bundeskriminalamts-**(BKA)-Gesetz** mit den Online-Durchsuchungen kann auch als Reaktion auf die immer diffuseren Bedrohungen gesehen werden[160].
Der technische Wandel zum **NextGenerationNetwork NGN** (**Triple-Play** mit Internet, TV und VoIP) und Trend zum **e-government** vergrößert die Angriffsfläche erheblich.
Die geplante Vernetzung von ganzen Häusern bzw. Haushaltsgeräten[161] mit dem Internet ist auch mit Hinblick auf mögliche Funktionsstörungen des Netzes ein sicherheitstechnischer Wahnsinn.
Das Internet wird auch als Instrument der Machtpolitik genutzt: So kam es zu einem computertechnischen Großangriff auf Estland 2007, nachdem Estland ein russisches Kriegerdenkmal abgebaut hatte, das für die Russen die Opfer bei der Befreiung Estlands von Hitler darstellte, für die Esten jedoch als Besatzungssymbol

---

160 Sicherheitskreise bemängeln jedoch, dass trotz alledem die physische Präsenz der Polizei durch ständige Stellenkürzungen ständig vermindert würde. Vielleicht ist dies aber kein Widerspruch und die generelle Entwicklung geht von der physischen zur elektronischen Überwachung.

161 Beispiele sind Kühlschränke, die Essen beim Supermarkt nachbestellen. Ein Computervirus könnte den ganzen Aldi leerkaufen, während man ahnungslos bei der Arbeit ist.

erschien, und Estlands Netz daraufhin von Russland aus mit gewaltigen Datenmenge bombardiert wurde, wobei damit nicht gesagt ist, dass dies vom russischen Staat ausging oder 'nur' von nationalistisch gesonnenen Kreisen. Die NATO war jedoch sichtlich beeindruckt und widmet seither dem Schutz der Mitgliedsstaaten vor IT-Angriffen vermehrte Aufmerksamkeit.
Das FBI teilte mit, dass 2008 die Rechner der US-Präsidentschaftskandidatenteams von Obama und McCain gehackt wurden, um herauszufinden, was beide wirklich wollten. Der potentielle Täterkreis ist riesig. Aber auch kommerzielle Überwachungs- und Analysemethoden werden immer 'besser', so wollte Google die E-Mails ihres Dienstes *g-mail* automatisch durchsuchen lassen, um zielgruppengerechte Werbung verschicken zu können. Die Werbung war hier nicht das Problem, sondern das inzwischen auch kommerzielle Anbieter Wörterbuchsuchen im Stile Echelon technisch bewältigen können.

Die Internetsicherheit ist jedoch in der Praxis weiter schwierig: Physische Vernetzung macht Systeme anfälliger, Abschottung hemmt aber den Informationsfluss, bremst mitunter die wirtschaftliche und technische Entwicklung und ist im Alltag umständlich => Sicherheit scheitert oft am IT-Alltag, z.B. an idiotischen Passwörtern für Online-Dienste (z.B. *hrglm7pfh*), die sich niemand merken kann und die von den *usern* deshalb durch simpel zu hackende Passwörter wie 'eigener Name', 'Name Freund/in', 'Name der Firma', 'Name Kind', 'Name Haustier', 'Name Monat', 'Name Hobby' oder das Wort 'Passwort' (!), nur um die Klassiker zu nennen, ersetzt werden.
Die Erörterung von Sicherheitslücken verrät dem anderen die Schwachstellen („in die Karten schauen lassen"), daher ist die Zusammenarbeit mit Fremden in Sicherheitsfragen nicht einfach. Man spricht auch vom **Exploit-Problem** (exploit = ausbeuten, ausnutzen), das BSI sagt, dass zwischen Entdeckung der Schwachstelle bis zur Ausnutzung (**exploit gap**) oft nur wenige Tage liegen. Auch die Freigabe von Sicherheitstechnologie wie der Handyverschlüsselung **secusmart** ist problematisch, denn wer garantiert einem, dass sich nicht die falschen Leute so etwas zulegen?[162].

[162] Man hört häufig das Argument, dass man doch heute jeden Schlüssel irgendwann knacken könne. Es kommt aber darauf an, diesen rechtzeitig zu knacken, also nicht z.B. erst 5 Minuten *nach* dem Anschlag...

Vernetzte Geheimdienste haben zwar den großen Vorteil, zwei Fliegen (technisch ähnliche Spionage und IT-Kriminalität) mit einer Klappe zu schlagen, jedoch besteht bei einem unbeschränkten Informationsverbund die Gefahr der Bildung eines virtuellen „Über-Geheimdienstes" mit unklaren Verantwortlichkeiten und Informationsflüssen. Es gib in der Sicherheitspolitik offenkundige Spannungen zwischen nationalen Schutzinteressen und der Kooperationsnotwendigkeit bei länderübergreifenden Bedrohungen. Hier helfen *informelle Netzwerke* weiter, bei denen man sich unter Hand mal einen Gefallen tut.
Der Bundesverband der deutschen Industrie fordert eine intensivierte Kooperation zwischen Wirtschaft und Behörden. Dies kann aber kann mit Blick auf die aktuelle industriepolitische Renaissance zur **administrative capture** führen, bei der man Gefahr läuft, dass Behörden zum Helfer im Konkurrenzkampf gegen ausländische Firmen mutieren. Eine verstärkte Kooperation muss also sorgfältig überlegt und umgesetzt werden.

Zudem ist eine Abwägung zwischen Sensibilisierung und Panikmache nötig. *Aber die größte Gefahr für die Nutzer sind immer noch sie selbst:*
Da ist zunächst einmal die Speicherung von Internetsuchen durch kleine Programme (**cookies**) und die Speicherung alter Websites durch *archive.org*. Auch Internettagebücher (blogs) können automatisch gefiltert werden. Je jünger die Nutzer werden, desto freigiebiger sind sie mit Offenlegung von Daten im Web 2.0 *(StudiVZ; SchülerVZ, Myspace, Wer-kennt-wen, Lokalisten, Xing, facebook*). Dabei werden z.B. auf *YouTube* auch peinliche Videos hochgeladen, die man nachher nicht wieder loswird.
Personensuchmaschinen wie *yasni, 123people* und *pipl* nehmen einen deutlichen Aufschwung. Im Personalwesen beobachtet man einen Vormarsch sogenannter **B-Profile**, bei der Einträge im Netz systematisch zusammengestellt werden und als inoffizielle Akte, daher 'B'-Profil, angelegt werden. Man kann sich natürlich fragen, wer 10 Jahre später noch nach einem leichtfertigen Interneteintrag der Sorte „Saufen ist geil, Mann, ey!" sucht. Aber wenn man wirklich mal Karriere machen will, werden sich schon welche finden, die nach so etwas suchen (und fündig) werden.
Obwohl die online-Durchsuchung Diskussionsstoff bietet, lassen viele Menschen den eigenen Rechners durch *google desktop search* sogar freiwillig online

durchsuchen. Festplatten auf alten PCs werden oft nicht oder nicht richtig gelöscht und auch der *kommerzielle Weiterverkauf von Datensätzen* boomt zur Zeit.
Farbdrucker liefern nicht nur schöne Bilder, sondern drucken immer häufiger kleine Punkte mit aufs Bild (**Druckercodes**), die Rückschlüsse auf den Drucker, die Fabriknummer und den Zeitpunkt machen und so kriminaltechnischen Mehrwert produzieren[163].
Aber selbst Firmen finden immer weniger dabei, ihre Daten außerhalb der Firma in externen Rechnern zu lagern, man spricht von sogenanntem **cloud computing**. Der Vorteil ist, dass man auf große externe Rechner und Speicher zurückgreifen kann, der unvermeidliche Nachteil ist, dass man dem anderen seine Daten übergibt. Es gibt cloud computing-Anbieter, die einem den Verbleib von Daten in bestimmten Ländern zusichern, aber auch hier muss man letztlich an das Gute im Menschen glauben[164].

Ergebnis:

Informationsaustausch zur Gefahrenabwehr ist nützlich und sinnvoll, gegenseitiges Vertrauen kann man jedoch nicht befehlen, sondern muss gebildet werden, z.B. durch Tauschhandel, Einfordern von Transparenz und man könnte vielleicht auch die ENISA aus dem Abseits holen? In den Medien gab es unter anderem viele Klagen über computertechnisch zudringliche Chinesen, z.B. im Spiegel und die Frage kam auf, warum der Westen so defensiv bleibt. Natürlich verfügt z.B. auch die Bundesrepublik über *Offensivkapazitäten* auf dem Gebiet, hier stehen die Abteilung 4 **Signals Intelligence** (SigInt) des **Bundesnachrichtendienstes BND** und militärisch das **Kommando Strategische Aufklärung** des Bundeswehr, das die **elektronische Kampfführung (Eloka)** wie auch die Satellitenaufklärung über das System **SAR-Lupe** bündelt, im Mittelpunkt des Interesses. Aber was bringt es, dem Gegner öffentlich mal zu zeigen, was man kann? Letztlich entblößt man dadurch nur seine operativen Fähigkeiten und so wundert es dann doch nicht, dass man nichts von Gegenreaktionen auf die äußeren Angriffe liest......

---

[163] Drucker Codes FTD 04 Nov 2005, S.35
[164] vgl. z.B. Handelsblatt 17 Dez 2008

Literatur? U.a. das *Chaillot Paper* No. 76 des **Europäischen Institutes für Sicherheitsstudien EU-ISS**

Medien zur Internetsicherheit? Wirtschaft: Financial Times Deutschland, Behörden/Militär: FAZ

Interesse? www.bsi.bund.de mit vielen Hilfen und Infos auch für ‚Normalbürger'

Notfälle? CERT-Bund www.bsi.bund.de/certbund

14. Literatur

Internetquellen (Auswahl)

http://europa.eu/index_de.htm
Das Portal der Europäischen Union

http://europa_eu/pol/index_de.htm
Übersicht über die Tätigkeitsbereiche der EU

www.mpifg.de/
Max-Planck-Institut für Gesellschaftsforschung mit vielen aktuellen Diskussionspapieren und anderen Downloads

www.thinktankdirectory.org
ThinkTankDirectory Deutschland
Thematisch gegliedertes Verzeichnis von Stiftungen und anderen Organisationen, die politische Konzepte entwickeln

www.verbaende.com
Das Verbändeverzeichnis des Deutschen Verbände Forums bietet die Volltext-Recherche in einem stets aktuellen Datenbestand von über 12.000 Adressen deutscher Verbände und Organisationen

www.swp-berlin.org/
Stiftung Wissenschaft und Politik – der Think Tank der Bundesregierung

www.cap.uni-muenchen.de
Das Centum für angewandte Politikforschung ist das größte universitäre Politikberatungsinstitut in Deutschland

www.wikipedia.de
Internetlexikon

www.weltpolitik.net
Website mit vielen nützlichen Begriffserläuterungen

www.geheimdienste.org
Website mit einführenden Infos zum Thema Geheimdienste

http://www.loc.gov/crsinfo/
CSR
Congressional Research Service des amerikanischen Kongresse mit zahlreichen Reports, die jeweils umfänglich und gut verständliche Zusammenfassungen zu Politikbereichen enthalten

www.bundestag.de/wissen/analysen/index.html
Analysen und Gutachten des wissenschaftlichen Dienstes des Bundestags

http://www.vsjournals.de/index.php;do=viewmag/site=pvs/lng=de/area=pol/id=2/alloc=163/sid=0cf60df47d939e45941369b555eaaf13
Politische Vierteljahresschrift

www.sozialpolitik-aktuell.de
Viele Infos zur Sozialpolitik

www.bundestag.de/bic/index.html
Bundestag mit Datenbanken und Protokollen

www.bsi.bund.de
Das Bundesamt für Sicherheit in der Informationstechnik mit vielen nützlichen Infos und Downloads

Literaturquellen

Abels, H. Einführung in die Soziologie in zwei Bänden. In der Reihe von Abels, H, Fuchs-Henritz, W., Jäger, W., Schimank, U. (Hrsg.) Hagener Studientexte zur Soziologie. VS Verlag für Sozialwissenschaften

Albert, Hans (2000): Vier Kapitel zur Kritik illusionären Denkens. Mohr Siebeck Verlag, UTB Taschenbuchausgabe, 230 S.

Alemann von, U. (2005): Das Parteiensystem der Bundesrepublik Deutschland. Leske und Budrich Verlag, ISBN-13: 978-3810022370

Alemann von, U., Czada, R. (1998): Kongressbeiträge zur Politischen Soziologie, Politischen Ökonomie und Politikfeldanalyse. Hrsg. Vom Institut für Politikwissenschaft der FernUniversität – Gesamthochschule Hagen- FB Erziehungs-, Sozial- und Geisteswissenschaften, 58084 Hagen polis 39/1998

Bandelow, N.C. (1999): Lernende Politik. Advocacy-Koalitionen und politischer Wandel am Beispiel der Gentechnologiepolitik. Berlin, Edition Sigma.

Barrow, J.D. (1993): Die Natur der Natur: Wissen an den Grenzen von Raum und Zeit. Heidelberg: Spektrum Verlag 1993

Beck, U. (1986): Risikogesellschaft. Auf dem Weg in eine andere Moderne. Suhrkamp Verlag, Frankfurt im Nachdruck von 2000.

Behrens, M. et al. (2005): Globalisierung als politische Herausforderung. VS Verlag für Sozialwissenschaften.

Benz, A. (2004): Governance - Regieren in komplexen Regelsystemen, Wiesbaden: VS Verlag für Sozialwissenschaften, 2004

Benz, A., Lütz, S., Schimank, U., Simonis, G. (2007): Handbuch Governance - Theoretische Grundlagen und empirische Anwendungsfelder, Wiesbaden: VS Verlag für Sozialwissenschaften, 2007

Bertelsmann-Stiftung (1993): Hochschulpolitik im internationalen Vergleich. Verlag Bertelsmann Stiftung, Gütersloh 1993, 428 S.

Blatter, J., Janning F., Wagemann (2006): Qualitative Politikanalyse. Eine Einführung in Forschungsansätze und Methoden, VS Verlag für Sozialwissenschaften 2007, ISBN 978-3-531-15594-4.

Böhret., C., Jann, W, Kronenwett, E. (1988): Innenpolitik und politische Theorie. Westdeutscher Verlag, 3. Auflage

Bogumil, J., Jann, W. (2005): Einführung in die Verwaltungswissenschaft in Deutschland. VS Verlag für Sozialwissenschaften 2005, ISBN-10: 3531144154.

Bogumil, J., Schmid, J.. (2002): Politik in Organisationen: Organisationstheoretische Ansätze und praxisbezogene Anwendungsbeispiele, VS Verlag für Sozialwissenschaften 2001, ISBN-10: 3810030015.

Bogdandy, A. von (2005): Auswertung der rechtswissenschaftlichen Projekte. In: Mayntz, R., Bogdandy, A. von, Genschel, P. und Lütz, S. (2005): Globale Strukturen und deren Steuerung. Auswertung der Ergebnisse eines Förderprogramms der Volkswagenstiftung. Max-Planck Institut für Gesellschaftsforschung Köln 2005, 177 Seiten:1-62.

Bredow, W. von (2000): Militär, Staat und Gesellschaft in der Bundesrepublik Deutschland. Westdeutscher Verlag, Hagen 2000

Bundesregierung (2007): Elemente einer Rohstoffstrategie der Bundesregierung. März 2007, 32. S.

Coase, R.H. (1937), The Nature of the Firm, in: Economica 4, S.386-405.

Coase, R.H. (1960), The Problem of Social Cost, in: Journal of Law and Economics, Jg.3, S.1-44.

Czada, R., Schmidt, M.G. (1993) Verhandlungsdemokratie-Interssenvermittlung-Regierbarkeit. Westdeutscher Verlag, Opladen 1993, ISBN 3-531-12473-0

Czada, R. (1997): Neuere Entwicklungen der Politikfeldanalyse. Vortrag auf dem Schweizerischen Politologentag am 14. November 1997 in Balsthal:47-66. [Als Internetquelle einsehbar]

Czada, R., Lütz, S. (Hrsg.): Die politische Konstitution von Märkten. Wiesbaden: Westdeutscher Verlag, 2000 294 Seiten ISBN 3-531-13415-9

Czada, R., Héritier, A., Keman, H. (eds.): 1998: Institutions and Political Choice. On the limits of rationality. Amsterdam: VU Press, pp. 229-256 (first published 1991, Campus-Verlag, Frankfurt

Czada, R., Lütz, S., Mette: (2003): Regulative Politik. Zähmungen von Markt und Technik. VS Verlag für Sozialwissenschaften ISBN-Nr. 978-3-8100-2859-4

Dahrendorf, R. (1973): Arbeitsprogramm Forschung, Wissenschaft und Bildung. Wissenschaftliche und technische Information. Brüssel 1973, S.4-9.

Davidow, W.H., Malone, M.S. (1993): Das virtuelle Unternehmen: Der Kunde als Co-Produzent, Frankfurt/Main-New York 1993 (Übersetzung aus dem Englischen).

Döhler; M.; Manow P. (1997): Strukturbildung von Politikfeldern. Das Beispiel bundesdeutscher Gesundheitspolitik seit den fünfziger Jahren. Band 13 der Reihe Gesellschaftspolitik und Staatstätigkeit Leske und Budrich Verlag, Opladen 1997, 198 S.

Eichener, V., Voelzkow, H. (1994): Europäische Integration und verbandliche Interessenvermittlung. Metropolis Verlag, Marburg 1994 ISBN 3-89518-009-2

Eising R., FernUniversität in Hagen und Lenschow A., Universität Osnabrück: Governance und politische Steuerung in der Europäischen Union.

Elsner, W. (1984): Ökonomische Institutionenanalyse, in: Volkswirtschaftliche Schriften, Berlin, Heft 367.

Endres, A. (1997): Umweltökonomie, 3. Auflage Kohlhammer Verlag ISBN: 3170197215.

Europäisches Regieren. Ein Weissbuch. Kommission der Europäischen Gemeinschaften. Brüssel, den 25.7.2001, KOM(2001) 428 endgültig http://europa.eu.int/comm/governance/governance/index_en.htm

Fach, W. (1999): Die Hüter der Vernunft - Eine Einführung in das Ordnungsdenken Leske + Budrich, 1999, ISBN: 3-8100-2140-7

Fischhoff, B., Lichtenstein, S., Slovic, P., Derby, S.L., Keeney, R.L. (1981): Acceptable Risk. Cambridge University Press 1981, Chapters 1 and 2, p.1-46

Fuchs-Henritz, W., König, A. (2005): Werner Fuchs-Heinritz und Alexandra König: Pierre Bourdieu. Eine Einführung. UVK, Konstanz

Furubotn, E.G., Pejovich, S. (1972): Property Rights and Economic Theory: A Survey of Recent Literature, In: The Journal of Economic Literature, Vol.10:1137-1162.

Gäfgen, G. (1984): Entwicklung und Stand der Theorie der Property Rights: Eine kritische Bestandsaufnahme, in: Neumann, M.(Hrsg.) Ansprüche, Eigentums- und Verfügungsrechte, Schriftenreihe des Vereins für Socialpolitik, Band 140, Berlin 1984.

Galtung, J. (2007): Frieden mit friedlichen Mitteln: Frieden, Konflikt, Entwicklung und Kultur. Agenda Verlag ISBN : 978-3-89688-305-6.

Gellner, W., Strohmeier, G. (Hrsg.) Freiheit und Gemeinwohl - Politikfelder und Politikvermittlung zu Beginn des 21. Jahrhunderts. Nomos-Verlagsgesellschaft 2002

Goldthau, A. (2008): Rhetoric versus reality: Russian threats to European energy supply. In: Energy Policy 36 (2008) 686-692

Hasse, R, Krücken, G. (2005): Der Neue Institutionalismus. Transcript Verlag, ISBN 978-3-933127-28-0

Hein, W. (1996): Unterentwicklung - Krise der Peripherie, Opladen 1998, ISBN 3810016632.

Hellmann, G. (2006): Deutsche Außenpolitik. Verlag für Sozialwissenschaften, ISBN-10: 3531149067.

Holzer, V.L. (2006): Europäische und deutsche Energiepolitik. Europäische Schriften zu Staat und Wirtschaft. Nomos Verlag, Band 22.

Hèretier, A. (1995): Die Koordination von Interessenvielfalt im europäischen Entscheidungsprozess und deren Ergebnis: Regulative Politik als "Patchwork". MPIfG Discussion Paper 95/2 des MPIfG = Max-Planck-Institut für Gesellschaftsforschung:1-29.

Heinrichs, W. (1997): Kulturpolitik und Kulturfinanzierung, Beck Juristischer Verlag ISBN-10: 3406419291.

Henning, F.W. (1995): Die Industrialisierung in Deutschland 1800-1914, 9.Auflage, Schöningh Verlag, 308 Seiten.

Honneth, A. (2006): Schlüsseltexte der Kritischen Theorie. VS Verlag für Sozialwissenschaften, Wiesbaden 2006, ISBN 3-531-14108-4

Jachtenfuchs, M; Kohler-Koch, B. (1996): Europäische Integration. Leske + Budrich Verlag, Opladen, 1996

Jäger, W., Weinzierl, U. (2007): Moderne soziologische Theorien und sozialer Wandel. Verlag für Sozialwissenschaften ISBN -10: 3531140221.

Jaschke, H.G. (1991): Streitbare Demokratie und innere Sicherheit. Grundlagen, Praxis und Kritik. Leske und Budrich Verlag, Opladen 1991

Kant, Immanuel (1998): Kritik der reinen Vernunft. Nach der ersten und zweiten Originalausgabe 1781/1787. 1998 neu herausgegeben von Jens Timmermann. Felix Meiner-Philosophische Bibliothek 505, Hamburg 1998, 995 S.

Kleinfeld, R. (1996): Kommunalpolitik. Leske und Budrich Verlag, ISBN13: 9783810015808.

Kohler-Koch, B. (1992): Interessen und Integration. Die Rolle organisierter Interessen im westeuropäischen Integrationsprozeß. In: Politische Vierteljahresschrift, 33 Jg., Sonderheft 23/1992:81-119.

Kohler-Koch, B. (1996): Europäische Integration. Leske + Budrich Verlag, Opladen, 1996:225-248.

Kohler-Koch, B.; Conzelmann, Th., Knodt, M. (2004): Europäische Integration - Europäisches Regieren. Verlag für Sozialwissenschaften ISBN-10: 3810035432.

Kropp, S. (2007): Kooperativer Föderalismus und Politikverflechtung. Verlag für Sozialwissenschaften ISBN-10: 3531161903

Lange, S., Schimank, U. (2004): Governance und gesellschaftliche Integration. Verlag für Sozialwissenschaften. ISBN: 978-3-8100-4134-0

Leibfried, S., Pierson, P. (1999): European Social Policy. In: ZeS-Arbeitspapier 15/1999 des Zentrums für Sozialpolitik, Univ. Bremen, 41 S.

List, M., Reichhardt, W., Simonis, G. (1995): Internationale Politik - Probleme und Grundbegriffe. VS Verlag für Sozialwissenschaften; Auflage: 1 (1995), ISBN-10: 3810012289.

Lütz, S. (1998): Wenn Banken sich vergessen. Risikoregulierung im internationalen Mehr-Ebenen-System. MPIfG Discussion Paper 98/5 des MPIfG = Max-Planck-Institut für Gesellschaftsforschung, 32 S.

Lütz, S. (2006): Governance in der politischen Ökonomie. VS Verlag für Sozialwissenschaften, ISBN 978-3-531-15111-3.

Mäder, W. (1994): Bausteine Europas: Integrations- und Gesundheitspolitik der europäischen Gemeinschaft. Dümmler Verlag Bonn 1994, 206.S.

Mayntz, R. (1993): Gemeinwohl und Ärzteinteressen - die Politik des Hartmannbundes. Gütersloh

Mayntz, R. (1997): Soziale Dynamik und politische Steuerung. Theoretische und methodologische Überlegungen. Campus-Verlag, 340 S.

Mayntz, R., Bogdandy, A. von, Genschel, P. und Lütz, S. (2005): Globale Strukturen und deren Steuerung. Auswertung der Ergebnisse eines Förderprogramms der Volkswagenstiftung. Max-Planck. Institut für Gesellschaftsforschung Köln 2005, 177 S. (Im Internet erhältlich)

Müller, F. (2004): Klimapolitik und Energieversorgungssicherheit. Zwei Seiten derselben Medaille. Studie S14 der Stiftung Wissenschaft und Politik (SWP) April 2004, Berlin 2004

Müller, R.A. (1996): Geschichte der Universität. Von der mittelalterlichen Universitas zur deutschen Hochschule, Nikol Verlag, 288 Seiten.

Naschold F. (1993): Modernisierung des Staates. Zur Ordnungs- und Innovationspolitik des öffentlichen Sektors, Berlin 1993

Nipperdey, Th. (1994): Deutsche Geschichte 1800-1866. Bürgerwelt und starker Staat, C.H. Beck Verlag, München, 838 Seiten.

Nohlen/Schultze (Hrsg.) 1995: Lexikon der Politik, Bd.I, München: Beck-Verlag

North, M. (2000): Deutsche Wirtschaftsgeschichte. Ein Jahrtausend im Überblick. C.H. Beck Verlag.

Nuffield Council (2002a): Genetics and human behaviour – the ethical context. Published by Nuffield Council on Bioethics, October 2002, 213 S.

Nuffield Council (2002): The ethics of patenting DNA – a discussion paper of the ethical context. Published by Nuffield Council on Bioethics, October 2002, 80 S.

Parsons, W. (1995): Public Policy: An introduction to the Theory and Practice of Policy Analysis. Lyme, CT: Edward Elgar Press. ISBN: 1-85278-554-3.

Prittwitz, V.w. (1994): Politikanalyse. Leske+Budrich, Opladen, 328 S. ISBN: 3-8252-1707-8

Popper, Karl (2003): Die offene Gesellschaft und ihre Feinde. Mohr Siebeck Verlag, Band 1, 524 S. mit 29 Seiten Vorwort zu den deutschen Auflagen (S.I-XXIX) und Band 2, 575 S.

Popper, Karl (2005): Logik der Forschung. Mohr Siebeck Verlag, 11. Auflage, 601 S. mit 37 Seiten Vorwort zu den deutschen Auflagen (S.I-XXXVII)

Rásky, B. (1997) Kulturpolitik(en) in Europa - die nationalstaatlichen Rahmenbedingungen. Hrsg.: Ellmeier, A.; Rásky, B. (1997): Kulturpolitik in Europa - Europäische Kulturpolitik? Kultur-dokumentation des Internationalen Archivs für Kulturanalysen. Wien 1997, S.1-106.

Rawls, John (1994): Eine Theorie der Gerechtigkeit. Übersetzung von H. Vetter. 8. Auflage, Frankfurt am Main 1994, 688 S.

Reiche, D. (2005): Grundlagen der Energiepolitik. Peter Lang Verlag, 330 S.

Richter, R. (1987), Geldtheorie: Eine Vorlesung auf der Grundlage der Allgemeinen Gleichgewichtstheorie und der Institutionenökonomik, Berlin-Heidelberg-New York.

Rieger, E.; Leibfried: (1997): Die sozialpolitischen Grenzen der Globalisierung. In: PVS, 38.Jg.:771-796.

Rittberger, V. (2003). Internationale Organisationen: Politik und Geschichte. Verlag für Sozialwissenschaften, ISBN-10: 3810035823

Rudzio, W. (2006): Das politische System der Bundesrepublik Deutschland. Verlag für Sozialwissenschaften, ISBN-10: 3531147900

Scharpf, F.W. (1985): Die Politikverflechtungs-Falle. Europäische Integration und deutscher Föderalismus im Vergleich. In: PVS, 26.Jg., H.4:323-356.

Scharpf, F.W. (1992): Versuch über Demokratie in Verhandlungssystemen. MPIfG Discussion Paper 92/9 des MPIfG = Max-Planck-Institut für Gesellschaftsforschung,

Scharpf, F.W. (1997): Balancing Positive and Negative Integration. The Regulatory Options for Europe. MPIfG Working Paper 97/8.

Scharpf, F.W. (2000): Interaktionsformen: Akteurzentrierter Institutionalismus in der Politikforschung. UTB für Wissenschaft bei Leske+Budrich, Opladen,474 S.
ISBN: 3-8100-2709-X

Scharpf, F.W. (2002): MPIfG Working Paper 02/8, July 2002. The European Social Model: Coping with the Challenges of Diversity

Schenk, K.E. (1992), Die Neue Institutionenökonomie- ein Überblick über wichtige Elemente und Probleme der Weiterentwicklung, in: Zeitschrift für Wirtschafts- und Sozialwissenschaften, Vol.112(3), S.339-372.

Schimank, U. (2007): Theorien gesellschaftlicher Differenzierung. Verlag für Sozialwissenschaften, ISBN: 978-3-531-14773-4.

Schmidt, M.G. (1995): Demokratietheorien. Eine Einführung. Opladen 1995, ISBN 3-8100-2635-2

Schmidt, M.G.: Sozialpolitik in Deutschland. Historische Entwicklung und internationaler Vergleich. ISBN 3-531-14880-X

Schmidt, M.G. (1997): Policy-Analyse. In: Mohr, A. (1997): Grundzüge der Politikwissenschaft, S.567-605. Lehr- und Handbücher der Politikwissenschaft, Oldenbourg Verlag 1997, 2. Auflage. ISBN: 3-486-24239-3.

Schneider, H. (1992): Europäische Integration: die Leitbilder und die Politik. In: Politische Vierteljahresschrift, 33 Jg., Sonderheft 23/1992:3-35.

Schreyögg, G. (1994): Umwelt, Technologie und Organisationsstruktur: Eine Analyse des kontingenztheoretischen Ansatzes, 2.Auflage, Bern-Stuttgart-Wien 1994.

Schubert, K., Bandelow, N. (2003): Lehrbuch der Politikfeldanalyse. Lehr- und Handbücher der Politikwissenschaft, Oldenbourg Verlag 2003, 321 S. ISBN: 3-486-27292-6.

Schulze, G. (1995): Die Erlebnisgesellschaft –Kultursoziologie der Gegenwart. Campus Verlag, 5. Auflage, Frankfurt-New York, S.54ff..

Simon, H.A. (1984), On The Behavioral And Rational Foundations Of Economic Dynamics, in: Journal of Economic Behaviour and Organization, Vol.5, S.35-55.

Simonis, G., Martinsen, R. und Saretzki, T. (Hrsg.) Politik und Technik. Analysen zum Verhältnis von technologischem, politischem und staatlichen Wandel am Anfang des 21. Jahrhunderts. Deutsche Vereinigung für Politische Wissenschaft, Westdeutscher Verlag, 1. Auflage, 547 Seiten

Tömmel, I. (2003): Das politische System der EU. Oldenbourg Verlag, München, 2003, 321 S.

Van der Linde, C. (2007): External energy policy: old fears and new dilemmas in a larger Union. In: Fragmented Power: Europe and the Global Economy, Chapter 9, 266-307. Edited by André Sapir, Bruegel Books, Brussels 2007

Voelzkow, H. (1996): Private Regierungen in der Techniksteuerung. Eine sozialwissenschaftliche Analyse der technischen Normung. Campus Verlag 1996 ISBN 3-593-53427-6

Wagner, H. (2000): Europäische Wirtschaftspolitik - Perspektiven einer europäischen Wirtschafts- und Währungsunion (EWWU). Springer Verlag, Berlin-Heidelberg, 278 S.

Werle, R./ Schimank, U.: Gesellschaftliche Komplexität und kollektive Handlungsfähigkeit. Frankfurt a.M.: Campus, 2000.

Williamson, O.E. (1975), Markets and Hierarchies: Analysis and Antitrust Implications, London-New York 1975.

Williamson, O.E. (1989), Transaction Cost Economics, in: Handbook of Industrial Organization, Volume I, Edited by R. Schmalensee and R.D. Willig.

Zimmer. A. (1996): Vereine - Basiselemente der Demokratie. Eine Analyse aus der Dritte-Sektor-Perspektive. Leske + Budrich, Opladen 1996, ISBN 3-8100-1500-8.

15. Stichwortverzeichnis